Verdeckte Gewinnausschüttung und freigebige Zuwendung einer GmbH

Forum Unternehmens-, Steuer- und Bilanzrecht

Deutsche, europäische und internationale Rechtsfragen

Herausgegeben von Oliver Fehrenbacher / Michael Stöber

Band 1

PL ACADEMIC RESEARCH

Patrick Hoor

Verdeckte Gewinnausschüttung und freigebige Zuwendung einer GmbH

PL ACADEMIC RESEARCH

Bibliografische Information der Deutschen Nationalbibliothek
Die Deutsche Nationalbibliothek verzeichnet diese Publikation in der Deutschen Nationalbibliografie; detaillierte bibliografische Daten sind im Internet über http://dnb.d-nb.de abrufbar.

Zugl.: Konstanz, Univ., Diss., 2015

Dissertation der Universität Konstanz
Tag der mündlichen Prüfung: 14.12.2015
Referent: Prof. Dr. Oliver Fehrenbacher
Referentin: Prof. Dr. Birgit Elsa Bippus

Gedruckt auf alterungsbeständigem,
säurefreiem Papier.

D 352
ISSN 2366-293X
ISBN 978-3-631-67213-6 (Print)
E-ISBN 978-3-653-06726-2 (E-Book)
DOI 10.3726/978-3-653-06726-2

PL Academic Research ist ein Imprint der Peter Lang GmbH.

Peter Lang – Frankfurt am Main · Bern · Bruxelles · New York · Oxford · Warszawa · Wien

Diese Publikation wurde begutachtet.

www.peterlang.com

Vorwort

Die vorliegende Arbeit wurde im Wintersemester 2015/2016 von der Juristischen Fakultät der Universität Konstanz als Dissertation angenommen. Das Manuskript wurde hinsichtlich Literatur und Rechtsprechung auf den Stand Januar 2016 gebracht.

Mein besonderer Dank gilt meinem Doktorvater, Herrn Prof. Dr. Oliver Fehrenbacher, dem ich eine intensive Förderung zu verdanken habe und der mir stets mit Rat und Zuspruch zur Seite stand. Insbesondere bin ich für das kollegiale Miteinander an seinem Lehrstuhl dankbar, an dem ich als wissenschaftlicher Mitarbeiter tätig sein durfte. Frau Prof. Dr. Birgit Elsa Bippus danke ich für die zügige Erstellung des Zweitgutachtens.

Herzlichen Dank gebührt schließlich meiner Familie sowie meinen Freunden, die mich in der Zeit meiner Promotion begleitet und unterstützt haben. Hervorheben möchte ich zudem meine Eltern sowie Großeltern, die mir den eingeschlagenen Weg erst ermöglicht und wesentlich zum Gelingen der Arbeit beigetragen haben.

Berlin, im Januar 2016

Inhaltsverzeichnis

Abkürzungsverzeichnis

a.A. (A.A.)	anderer Auffassung
a.E.	am Ende
a.F.	alte(r) Fassung
Abs.	Absatz
AcP	Archiv für civilistische Praxis (Zeitschrift)
AG	Aktiengesellschaft, Die Aktiengesellschaft (Zeitschrift)
AktG	Aktiengesetz
Alt.	Alternative
Anm. d. Verf.	Anmerkung des Verfassers
AO	Abgabenordnung
Art.	Artikel
AStG	Gesetz über die Besteuerung bei Auslandsbeziehungen (Außensteuergesetz)
Aufl.	Auflage
BB	Betriebsberater (Zeitschrift)
Bd.	Band
BewG	Bewertungsgesetz
BFH	Bundesfinanzhof
BFH/NV	Sammlung amtlich nicht veröffentlichter Entscheidungen des BFH
BFHE	Sammlung von Entscheidungen des BFH
BGB	Bürgerliches Gesetzbuch
BGBl.	Bundesgesetzblatt
BGHZ	Sammlung von Entscheidungen des Bundesgerichtshofs in Zivilsachen
BKR	Zeitschrift für Bank- und Kapitalmarktrecht

BMF	Bundesministerium der Finanzen
BR	Bundesrat
BR-Drs.	Bundesratsdrucksache
BStBl.	Bundessteuerblatt
BT	Bundestag
BT-Drs.	Bundestagsdrucksache
BVerfG	Bundesverfassungsgericht
BVerfGE	Sammlung von Entscheidungen des Bundesverfassungsgerichts
bzw.	beziehungsweise
DB	Der Betrieb (Zeitschrift)
ders.	derselbe
DStJG	Deutsche Steuerjuristische Gesellschaft
DStR	Deutsches Steuerrecht (Zeitschrift)
DVR	Deutsche Verkehrsteuer-Rundschau (Zeitschrift)
e.V.	eingetragener Verein
EFG	Entscheidungen der Finanzgerichte (Zeitschrift)
ErbStB	Der Erbschaft-Steuerberater (Zeitschrift)
ErbStG	Erbschaftsteuer- und Schenkungsteuergesetz
ErbStR	Erbschaftsteuerrichtlinien
EStG	Einkommensteuergesetz
f., ff.	(fort) folgend(e)
FG	Finanzgericht, Festgabe
FR	Finanzrundschau (Zeitschrift)
FS	Festschrift
GA	Gewinnausschüttung(en)
gem.	gemäß
GewStG	Gewerbesteuergesetz
GG	Grundgesetz

ggf.	gegebenenfalls
GmbH	Gesellschaft mit beschränkter Haftung
GmbHG	Gesetz betreffend die GmbH
GmbHR	GmbH-Rundschau (Zeitschrift)
GrEStG	Grunderwerbsteuergesetz
GrS	Großer Senat
GS	Gedächtnisschrift
GuV	Gewinn- und Verlustrechnung
GWR	Gesellschafts- und Wirtschaftsrecht (Zeitschrift)
h.M.	herrschende Meinung
HFR	Höchstrichterliche Finanzrechtsprechung (Zeitschrift)
HGB	Handelsgesetzbuch
Hrsg.	Herausgeber
I. KStDVO	Erste Körperschaftsteuerdurchführungsverordnung
i.H.v.	in Höhe von
i.S.d.	im Sinne des
i.V.m.	In Verbindung mit
IDW	Institut der Wirtschaftsprüfer in Deutschland e. V.
ifst	Das Institut für Finanzen und Steuern
Inf	Die Information über Steuer und Wirtschaft (Zeitschrift)
IStR	Internationales Steuerrecht (Zeitschrift)
JbFSt	Jahrbuch der Fachanwälte für Steuerrecht
JStG	Jahressteuergesetz
JuS	Juristische Schulung (Zeitschrift)
JZ	Juristenzeitung (Zeitschrift)
KÖSDI	Kölner Steuerdialog (Zeitschrift)
KStDV	Körperschaftsteuerdurchführungsverordnung

KStG	Körperschaftsteuergesetz
lit.	littera (lat.)
m.w.N.	mit weiteren Nachweisen
n.F.	neuer Fassung
NJW (-RR)	Neue juristische Woche (-Rechtsprechungsreport)
Nr.	Nummer
NVwZ	Neue Zeitschrift für Verwaltungsrecht (Zeitschrift)
NWB	Neue Wirtschaftsbriefe (Zeitschrift)
NZG	Neue Zeitschrift für Gesellschaftsrecht (Zeitschrift)
NZI	Neue Zeitschrift für das Recht der Insolvenz und Sanierung (Zeitschrift)
OFD	Oberfinanzdirektion
OLG	Oberlandesgericht
R	Richtlinie
RAO	Reichsabgabenordnung
RFH	Reichsfinanzhof
RFHE	Sammlung der Entscheidungen des Reichsfinanzhofs
RG	Reichsgericht
RGBl.	Reichsgesetzblatt
RGZ	Sammlung der Entscheidungen des Reichsgerichts in Zivilsachen
rkr.	rechtskräftig
Rspr.	Rechtsprechung
RStBl.	Reichssteuerblatt
RT	Reichstag
Rz.	Randzeichen
S.	Seite(n)
sog.	sogenannt(e)
Sp.	Spalte

Stbg	Die Steuerberatung (Zeitschrift)
Stbjb	Steuerberater-Jahrbuch
StBW	Die Steuerberater Woche (Zeitschrift)
StC	SteuerConsultant (Zeitschrift)
StGB	Strafgesetzbuch
StuB	Steuer- und Bilanzpraxis (Zeitschrift)
StuW	Steuer und Wirtschaft (Zeitschrift)
Tz.	Textziffer
u.a.	unter anderem, und andere
Ugb	Die Unternehmensbesteuerung (Zeitschrift)
UStG	Umsatzsteuergesetz
UVR	Umsatz- und Verkehrsteuerrecht (Zeitschrift)
vGA	verdeckte Gewinnausschüttung(en)
v.	vom
WM	Wertpapiermitteilungen (Zeitschrift)
z.B.	zum Beispiel
Zerb	Zeitschrift für die Steuer- und Erbrechtspraxis
ZEV	Zeitschrift für Erbrecht und Vermögensnachfolge
ZGR	Zeitschrift für Unternehmens- und Gesellschaftsrecht
ZIP	Zeitschrift für Wirtschaftsrecht und Insolvenzpraxis
zit.	zitiert
ZPO	Zivilprozessordnung

1. Kapitel: Einführung

Die GmbH als Altruist in einer Welt der Egoisten?[1]

A. Hintergrund der Thematik

Verdeckte Gewinnausschüttungen bilden nach wie vor einen Schwerpunkt steuerrechtlicher Streitigkeiten. Mit Recht werden sie als das streitanfälligste Institut des Körperschaftsteuerrechts bezeichnet.[2] Doch beschränkten sich die Probleme bisher auf das Ertragsteuerrecht, kam jüngst ein weiterer Streitpunkt hinzu – das Schenkungsteuerrecht.[3]

Auf den ersten Blick haben Kapitalgesellschaften und freigebige Zuwendungen jedoch wenig gemein. Daher wurden Vermögenszuwendungen zwischen einer Gesellschaft und ihren Gesellschaftern von der Finanzverwaltung in schenkungsteuerlicher Hinsicht jahrzehntelang nicht aufgegriffen und bildeten weder in Wissenschaft noch Praxis einen Schwerpunkt der Erörterung. Dies änderte sich jedoch Mitte der 90er Jahre, angestoßen durch mehrere Entscheidungen des BFH zur Schenkungsteuerpflicht von Leistungen der Gesellschafter *an* eine GmbH, wonach jedenfalls eine steuerbare Zuwendung zwischen den Gesellschaftern ausgeschlossen wurde.[4] Die Finanzverwaltung bildete sich daraufhin erstmals eine Meinung und erließ 1997 entsprechende Verwaltungsanweisungen, die jedoch bei Leistungen eines Gesellschafters an die Gesellschaft auch eine steuerbare Zuwendung an einen Mitgesellschafter für möglich erachteten.[5] In der Folgezeit wurde es dennoch wieder ruhig um das Thema, weil die restriktive Auffassung der Verwaltung dazu führte, dass die Schenkungsteuerfinanzämter sich der Materie nicht ernsthaft widmeten.[6]

---

1 Vgl. *Herrmann*, in: Erman, § 516 Rz. 1 in Anlehnung an *Heck*, Das Prinzip Egoismus, passim.

2 *Frotscher*, FR 2002, 859. Schätzungen zu Folge befassen sich mindestens die Hälfte aller streitig geführten Verfahren vor den Finanzgerichten mit der Frage der Vermögenszuwendungen zwischen Kapitalgesellschaft und ihren Gesellschaftern oder Dritten, vgl. *Buciek*, Stbg 2005, 60.

3 Der Erste Senat des BVerfG hat die erbschaft- und schenkungsteuerrechtlichen Begünstigungen für Unternehmensvermögen der §§ 13a, 13b i.V.m. § 19 ErbStG für unvereinbar mit dem GG erklärt, *BVerfG*, Urteil v. 17.12.2014, 1 BvL 21/12, BStBl. II 2015, 50 ff. Das derzeitige Recht ist jedoch bis zu einer verfassungsgemäßen Neuregelung durch den Gesetzgeber, die bis zum 30.6.2016 zu erfolgen hat, weiterhin anwendbar.

4 *BFH*, Urteil 25.10.1995, II R 67/93, DStR 1996, 379 ff.; *BFH*, Urteil v. 19.6.1996, II R 83/92, DStR 1996, 1563 ff.

5 Gleichlautende Ländererlasse vom 15.3.1997, BStBl. I 1997, 350 ff., DStR 1997, 540 ff., Tz. 5.1 verweist auf Tz. 2.2.3.

6 *Hartmann*, GmbH-StB 2008, 203.

Erst im Jahr 2007 lebte die Diskussion erneut auf, als der II. Senat des BFH im Falle einer mittelbaren verdeckten Gewinnausschüttung der bisherigen Praxis entgegentrat und eine freigebige Zuwendung auf Gesellschafterebene ausschloss.[7] Hierbei beließ er es jedoch nicht, sondern deutete an, dass stattdessen eine freigebige Zuwendung der Kapitalgesellschaft an den nahestehenden Dritten vorliegen könnte. Die Ausführungen des II. Senats führten in der Folgezeit zu erheblicher Rechtsunsicherheit. Die Finanzverwaltung griff diese Rechtsprechung daraufhin in einem neuen Erlass auf und sah die Kapitalgesellschaft als Zuwendende an.[8] Nunmehr konnten sowohl unmittelbare verdeckte Gewinnausschüttungen an die Anteilseigner als auch mittelbare verdeckte Gewinnausschüttungen der Schenkungsteuer unterliegen. Um die sich hieraus ergebende steuerliche Mehrbelastung in Grenzen zu halten, schuf der Gesetzgeber die §§ 7 Abs. 8 und 15 Abs. 4 ErbStG.[9]

Schließlich bekam der II. Senat im Jahr 2013 die Gelegenheit, sich zur Schenkungsteuerpflicht *unmittelbarer* verdeckter Gewinnausschüttungen zu äußern. Er schloss jedenfalls im Verhältnis der Kapitalgesellschaft zum Gesellschafter eine freigebige Zuwendung aus und betonte, dass allein eine ertragsteuerliche Erfassung erfolgen könne.[10] Ob dies auch für die Fälle mittelbarer verdeckter Gewinnausschüttungen gilt, konnte dem Urteil indes nicht entnommen werden. Daher ist nach wie vor fraglich, wie sich die gesellschaftliche Veranlassung – als dogmatischer Ausgangspunkt verdeckter Gewinnausschüttungen – zum schenkungsteuerlichen Tatbestand der freigebigen Zuwendung nach § 7 Abs. 1 Nr. 1 ErbStG verhält.

B. Ziel der Arbeit

Ziel der Arbeit ist, die vielschichtigen und rechtsgebietsübergreifenden Probleme im Zusammenhang mit Vermögensverschiebungen zwischen Kapitalgesellschaften und ihren Gesellschaftern sowie nahestehenden Personen in einer einheitlichen Darstellung zu erfassen. Zwar nahm sich insbesondere die Aufsatzliteratur in einem kaum noch zu überblickenden Umfang der Thematik an. Dennoch erschöpfen sie die Ausführungen oftmals in der Darstellung von Einzelfragen oder einer bloßen Wiedergabe der Rechtsprechung. Hierunter leidet nicht nur die steuerliche Systematik, sondern auch die Nachvollziehbarkeit der jeweiligen Argumentation. Vor dem Hintergrund ihrer zahlreichen ertragsteuerlichen, zivilrechtlichen und gesellschaftsrechtlichen Querbezüge bedarf die Thematik jedoch einer strukturellen Gesamtdarstellung. Sie liegt an der Schnittstelle zu mehreren Rechtsgebieten, sodass deren Einflüsse nicht nur punktuell, sondern umfassend zu berücksichtigen sind. Diesem Anliegen versucht die Untersuchung gerecht zu werden. Sie soll darlegen,

7 *BFH*, Urteil v. 7.11.2007, II R 28/06, DStR 2008, 346 ff.

8 Gleichlautende Erlasse der obersten Finanzbehörden der Länder vom 20.10.2010, 3-S 3806/75, BStBl. I 2010, S. 1207 ff.

9 BGBl. I 2011, S. 2592 (2614).

10 *BFH*, Urteil v. 30.1.2013, II R 6/12; DStR 2013, 649 (650 ff.).

dass die scheinbar unentgeltlich vorgenommene Wertabgabe in Form einer verdeckten Gewinnausschüttung keine schenkungsteuerpflichtigen Folgen nach sich zieht.

Angesichts der einerseits sehr grundsätzlichen These und der andererseits existierenden Vielzahl an Erscheinungsformen verdeckter Gewinnausschüttungen gilt es, den Untersuchungsgegenstand einzuschränken. Daher betrachtet die Untersuchung nur die GmbH. Sofern von Kapitalgesellschaften gesprochen wird, sind hiermit Gesellschaften mit beschränkter Haftung gemeint.[11] Zudem werden nur die weit überwiegenden Erscheinungsformen verdeckter Gewinnausschüttungen zugrunde gelegt, wie etwa überhöhte Gehaltszahlungen oder vergünstigte Veräußerungen von Wirtschaftsgütern. Dies ist einer übersichtlichen Darstellung zuträglich und vermeidet, wesentliche Gesichtspunkte aus den Augen zu verlieren.

C. Gang der Untersuchung

Die Arbeit gliedert sich in sieben Teile. Der erste Teil der Untersuchung (2. Kapitel) stellt zunächst den dogmatischen Ausgangspunkt heraus. Es wird aufgezeigt, weshalb die Frage der Schenkungsteuerpflicht gerade bei gesellschaftlichen Vorgängen aufzuwerfen ist, sich im Ergebnis aber auch hierauf beschränkt. Im Vordergrund werden die verschiedenen steuerlichen Sphären der Gesellschaft stehen, um die Funktion der verdeckten Gewinnausschüttung im Steuerrecht herauszuarbeiten. Sodann wird im zweiten Teil der Arbeit (Kapitel 3) ein Überblick über die bisherige Rechtsprechung gegeben und die hiermit zusammenhängenden Reaktionen des Gesetzgebers und der Finanzverwaltung aufgezeigt. Dies erleichtert dem Leser, die bisherige Entwicklung zu überblicken, und vermeidet Wiederholungen. In den anschließenden Teilen widmet sich die Arbeit der Untersuchung und Einordnung verdeckter Gewinnausschüttungen anhand des Tatbestands der freigebigen Zuwendung. Hierbei beschäftigen sich sowohl der dritte Teil (4. Kapitel) als auch der vierte Teil (5. Kapitel) mit dem objektiven Tatbestand des § 7 Abs. 1 Nr. 1 ErbStG. Der Darstellung vom Grundlegenden zum Besonderen folgend beschäftigt sich das 4. Kapitel zunächst mit der Frage, ob eine *unmittelbare* verdeckte Gewinnausschüttung an einen Gesellschafter zugleich schenkungsteuerlich relevant ist. Dabei orientiert sich die Arbeit an den einzelnen Tatbestandsmerkmalen des § 7 Abs. 1 Nr. 1 ErbStG. Im 5. Kapitel wird auf den bisherigen Ergebnissen aufbauend die *mittelbare* verdeckte Gewinnausschüttung untersucht. Da hier jedoch Mehr-Personen-Konstellation zu betrachten sind, ist die Frage nach den Beteiligten des Zuwendungsvorgangs von grundlegender Bedeutung. Der Aufbau folgt daher nicht den einzelnen tatbestandlichen Voraussetzungen, sondern den Beziehungen der verschiedenen Personen zueinander. Im 6. Kapitel steht dagegen der subjektive Tatbestand im Fokus. Dieser ist zunächst herzuleiten und in einem zweiten Schritt auf beide zuvor behandelten Erscheinungsformen der verdeckten Gewinnausschüttung anzuwenden. Dem

11 Dies gilt jedenfalls, soweit in zivilrechtlichem Kontext nicht allgemein juristische Personen gemeint sind.

schließt sich im 7. Kapitel die Betrachtung konzernrechtlicher Sachverhalte unter besonderer Berücksichtigung des 2011 neu eingeführten § 7 Abs. 8 ErbStG an. Einerseits werden die unmittelbaren Auswirkungen der Gesetzesänderungen in Konzernsachverhalten dargestellt. Andererseits zeigt die Arbeit auf, dass den Normen über ihren Anwendungsbereich hinaus keine Bedeutung für die Grundkonstellationen verdeckter Gewinnausschüttungen zukommt. Die Arbeit schließt mit dem 8. Kapitel, in dem die wesentlichen Ergebnisse kurz zusammengefasst werden.

2. Kapitel: Die verdeckte Gewinnausschüttung als Gegenstand der Untersuchung

A. Einleitung

Aufgrund der Eingangs formulierten These, stellt sich die Frage, ob Wertabgaben von Kapitalgesellschaften an ihre Gesellschafter, die ertragsteuerlich als verdeckte Gewinnausschüttungen behandelt werden, zugleich der Schenkungsteuer unterliegen können. Hier soll im folgenden Kapitel zunächst der dogmatische Ausgangspunkt herausgearbeitet und verdeutlicht werden, weshalb sich die Problemstellung letztlich auf die Frage der Schenkungsteuerbarkeit verdeckter Gewinnausschüttungen beschränkt.

B. Abgrenzungsfunktion und außerbetriebliche Sphäre einer Kapitalgesellschaft

Betrachtet man die Ausgangssituation verdeckter Gewinnausschüttungen, so handelt es sich um scheinbar unentgeltliche Wertabgaben der Gesellschaft an ihre Gesellschafter. Hierauf gerichtete Rechtsgeschäfte zwischen Kapitalgesellschaften und ihren Gesellschaftern sind zivilrechtlich ohne weitere Voraussetzungen wirksam. Die Kapitalgesellschaft nimmt als eigenständige juristische Person am Rechtsleben Teil und kann insbesondere Partei schuldrechtlicher Verträge sein.[12] Dieser aus dem Trennungsprinzip folgende Grundsatz ist auch steuerrechtlich zu beachten.[13] Daher ist im Ertragsteuerrecht zwischen juristischen Personen (Körperschaftsteuer) und natürlichen Personen (Einkommensteuer) als Steuersubjekten zu unterscheiden. Schuldrechtliche Beziehungen zwischen der Gesellschaft und ihren Anteilseignern werden grundsätzlich anerkannt und wirken sich dementsprechend auf den Gewinn der Gesellschaft sowie auf das Einkommen der Gesellschafter aus.[14]

Dennoch folgt aus der Besteuerung nach der wirtschaftlichen Leistungsfähigkeit, dass gesellschaftsrechtliche Vermögensverschiebungen keine Auswirkungen auf die Einkommensermittlung der Gesellschaft haben dürfen. Ansonsten könnte der Gewinn der Gesellschaft mit steuerrechtlicher Wirkung vorab durch verdeckte

---

12 *Ellenberger*, in: Palandt, Überblick § 1 Rz. 1; *Saenger*, in: Erman, Vor § 1 Rz. 1; *J. Schmitt*, in MüKo BGB, § 1 Rz. 6 f.; *Bamberger*, in: Bamberger/Roth, § 1 Rz. 2; *Prütting*, in: Prütting/Wegen/Weinreich, § 1 Rz. 3; *Fahse*, in: Soergel, Vor § 1 Rz. 8.

13 Vgl. §§ 13 Abs. 1, Abs. 2 GmbHG; *Lambrecht*, in: Gosch, § 1 Rz. 20; *Hueck/Fastrich*, in: Baumbach/Hueck, § 13 Rz. 5 f.; *Wilhelmi*, in: BeckOK, GmbHG, § 13 Rz. 2.

14 *Kohlhepp*, in: Schnitger/Fehrenbacher, § 8 Rz. 231.

Vermögensverschiebungen – insbesondere mittels schuldrechtlicher Verträge – auf ihre Gesellschafter geschmälert werden.[15]

Die vergleichbare Problematik, dass „privat" veranlasste Vorgänge keine Auswirkungen auf den steuerlichen Gewinn haben dürfen, wird im Einkommensteuerrecht mittels des Veranlassungsprinzips verwirklicht.[16] Nur betrieblich oder durch eine der sieben Einkunftsarten des § 2 Abs. 1 EStG veranlasste Tätigkeiten werden bei der Einkommensermittlung berücksichtigt. Zudem stellt § 12 Nr. 1 EStG klar, dass die Privatsphäre eines Steuersubjekts von ihrer Erwerbssphäre abzugrenzen ist. Die Vorschrift führt daher im Ergebnis zu einer engen Auslegung der betrieblichen Veranlassung.[17]

Kauft der Einzelunternehmer U seinem Kind ein Auto für private Zwecke aus betrieblichen Mitteln, so liegt hierin zunächst eine Entnahme (§ 4 Abs. 1 S. 8 EStG) der entsprechenden Mittel aus dem Betrieb und sodann eine Schenkung der Mittel des U an sein Kind. Der Vorgang wird in Bezug auf den Unternehmer U ertragsteuerlich neutral behandelt, weil private Vorgänge seine wirtschaftliche Leistungsfähigkeit nicht mindern bzw. an der betrieblichen Erwirtschaftung der Mittel nichts ändern. In der Wertabgabe des U an sein Kind ist ein typischer Fall der Einkommensverwendung zu sehen, auf den zwar nicht mehr die Einkommensteuer, jedoch die Erbschaft- und Schenkungsteuer wegen der Steigerung der wirtschaftlichen Leistungsfähigkeit des Kindes zugreifen kann, § 7 Abs. 1 Nr. 1 ErbStG. Denn es herrscht grundsätzlich Einigkeit darüber, dass die Ertragsteuern auf am Markt erwirtschaftetes Einkommen abzielen, das ErbStG dagegen auf Vermögenserwerbe in sonstiger Weise.[18]

Kauft dagegen eine GmbH mit betrieblichen Mitteln ein Kfz für ihren Gesellschafter oder eine dem Gesellschafter nahstehende Person, muss auch hier verhindert werden, dass solche Gestaltungen Einfluss auf die steuerliche Bemessungsgrundlage der Gesellschaft haben, weil die Kapitalgesellschaft aufgrund ihrer rechtlichen Selbstständigkeit über eine eigene wirtschaftliche Leistungsfähigkeit verfügt.[19] Entsprechende Vermögensübertragungen müssen daraufhin untersucht werden, ob eine beachtliche – also betrieblich veranlasste – Einkommenserzielung oder eine steuerlich unbeachtliche Einkommensverteilung vorliegt. Hier setzt die verdeckte Gewinnausschüttung gemäß § 8 Abs. 3 S. 2 KStG an und behandelt den Vorgang – vom Grundsatz her – auf Ebene der Gesellschaft „neutral". Ihm wird die Auswirkung auf die steuerliche Bemessungsgrundlage genommen. Der dahinterstehende Zweck

---

15 Vgl. *BFH*, Urteil v. 3.2.1971, I R 51/66, BStBl. II 1978, 408 (410); *Gosch*, in: Gosch, KStG, § 8 Rz. 156 ff.

16 Vgl. zum Veranlassungsprinzip *Thürmer*, in: Blümich, EStG, § 12 Rz. 60 ff.

17 *Thürmer*, in: Blümich, EStG, § 12 Rz. 50; *Loschelder*, in: Schmidt, § 12 Rz. 1.

18 Vgl. nur *Gebel*, in: T/G/J, § 1 Rz. 15.

19 *Benecke*, in: Schnitger/Fehrenbacher, § 1 Rz. 7; *Frotscher*, in: Frotscher/Maas, KStG, Vor § 1 Rz. 6; *Hey*, Beihefter zu DStR 34 2009, 109 (110 f.); *Heger*, Beihefter zu DStR 34 2009, 117 (117 f.).

liegt in der Verwirklichung des objektiven Nettoprinzips.[20] Hiernach ist nur das disponible Einkommen für die Besteuerung verfügbar, weshalb erwerbsbezogene Aufwendungen grundsätzlich abziehbar sind.[21] Die hieran anschließende Einkommensverteilung stellt jedoch gerade keine Minderung des disponiblen Einkommens dar. Dagegen kommt dem subjektiven Nettoprinzip, nach dem auch unvermeidbare Privataufwendungen abgezogen werden dürfen,[22] für Kapitalgesellschaften keine Bedeutung zu. Private Aufwendungen sind nur bei natürlichen Personen denkbar.[23]

Nach der Rechtsprechung ist diese Abgrenzungsfunktion der verdeckten Gewinnausschüttung – die Einkünfteerzielung ist stets betrieblich, die Verwendung dagegen stets privat veranlasst – umfassend zu verstehen.[24] Sie führt dazu, dass Aufwendungen, die einkommensteuersystematisch der Privatsphäre zuzuordnen und somit unbeachtlich wären, steuersystematisch mit dem Institut der verdeckte Gewinnausschüttungen aufgegriffen werden. Insofern besteht jedenfalls eine grundsätzliche Vergleichbarkeit mit dem Rechtsgedanken des § 12 EStG,[25] wenngleich zu beachten ist, dass die körperschaftsteuerliche verdeckte Gewinnausschüttung darüber hinaus die Sphären verschiedener Steuersubjekte betrifft (Gesellschaft und Gesellschafter), während im Einkommensteuerrecht der betriebliche und der private Bereich desselben Subjekts zu unterscheiden ist.[26]

Wenn nun aber jegliche Vermögensübertragungen der Gesellschaft, die nicht betrieblich veranlasst sind, mit dem Rechtsinstitut der verdeckten Gewinnausschüttung als Vermögensverwendungen korrigiert werden, beschränkt sich die hier zu untersuchende Frage darauf, ob solche Wertabgaben zugleich schenkungsteuerliche Folgen nach sich ziehen können. Ein weiterer Übertragungsweg zwischen Gesellschaft und Gesellschafter, der auf freigebige Zuwendungen untersucht werden könnte, ist dann nicht denkbar. Im Gegensatz zu natürlichen Personen wäre eine steuerlich unbeachtliche Privatsphäre nicht denkbar, sondern nicht betrieblich veranlasste Vermögensverschiebungen könnten nur durch das Gesellschaftsverhältnis veranlasst sein.

Reichweite und Anwendungsbereich der verdeckten Gewinnausschüttung sind jedoch keinesfalls derart eindeutig. Letztlich betrifft dies die Problematik, ob eine Kapitalgesellschaft neben der betrieblichen und gesellschaftlichen Sphäre auch über

---

20 *Wilk*, in: H/H/R, § 8 Rz. 100; *Lang/Klingebiel*, in: D/P/M, § 8 Abs. 3 Teil C Rz. 4; *Frotscher*, in: Frotscher/Maas, KStG, § 8 Rz. 6; *Kohlhepp*, in: Schnitger/Fehrenbacher, § 8 Rz. 233; *Briese*, FR 2009, 991 (991).

21 *Tipke*, StRO (II), S. 763; *Schneider*, Beihefter zu DStR 34 2009, 87 (88).

22 *Tipke*, StRO (II), 784 ff.

23 *Frotscher*, in: Frotscher/Maas, KStG, Vor § 1 Rz. 5 und § 8 Rz. 46; *Hey*, Beihefter zu DStR 34 2009, 109 (110).

24 Vgl. *BFH*, Urteil v. 4.12.1996, 54/95, DStR 1997, 492 (493); *BFH*, Urteil v. 22.8.2007, I R 32/06, DStR 2007, 1954 (1955 f.); *BFH*, Urteil v. 28.11.1991, I R 13/90, BStBl. II 1992, 359 (362).

25 So auch *BFH*, Urteil v. 28.11.1991, I R 13/90, BStBl. II 1992, 359 (362).

26 *Frotscher*, in: Widmann, DStJG 20 (1997), 205 (210) Fn. 10.

eine außerbetriebliche Sphäre verfügt. Denn ist eine solche denkbar, stellen Ausgaben, die durch keine Einkunftsart des § 2 Abs. 1 EStG veranlasst sind, schon keine Betriebsausgaben dar und müssten infolge der Zuordnung zu einer außerbetrieblichen Sphäre und der daher fehlenden Auswirkung auf die steuerliche Bemessungsgrundlage nicht mittels einer verdeckten Gewinnausschüttung aufgegriffen werden. Sie würden steuerlich nicht berücksichtigt, ebenso wie private Geschäftsvorfälle des Einzelunternehmers von der Gewinnermittlung ausgenommen sind. Wertabgaben könnten hiernach nicht nur steuerlich beachtliche Betriebsausgaben oder verdeckte Gewinnausschüttungen darstellen, sondern ebenso Entnahmen und Liebhabereiaufwendungen.[27] Folglich wären im Rahmen dieser Arbeit nicht nur gesellschaftliche Vorgänge auf ihre Schenkungsteuerpflicht zu untersuchen, sondern es müsste stets auch eine Abgrenzung zur außerbetrieblichen Sphäre erfolgen und diese wertend einbezogen werden. Besondere Relevanz hätten insofern Wertabgaben der Kapitalgesellschaft an eine dritte Person, denn insoweit könnte, wie oben bei natürlichen Personen gezeigt, eine Entnahme und eine anschließende ertragsteuerlich unbeachtliche Zuwendung aus der außerbetrieblichen Sphäre vorliegen, worauf allein § 7 Abs. 1 Nr. 1 ErbStG Anwendung fände. Ist dagegen eine außerbetriebliche Sphäre abzulehnen und die Funktion der verdeckten Gewinnausschüttung umfassend zu verstehen, sind solche Wertabgaben an Dritte ohne gesellschaftliche Veranlassung praktisch ausgeschlossen und stellen daher mittelbare Vorteilszuwendungen an die Anteilseigner dar.

Aufgrund der hiervon abhängenden dogmatischen Einordnung verdeckter Gewinnausschüttungen und ihrer Bedeutung für die weitere Untersuchung, soll im Folgenden der Streit um die steuerlichen Vermögenssphären der Kapitalgesellschaft – trotz der umfassenden Behandlung im Schrifttum[28] – in seinen Grundzügen aufgegriffen werden.

I. Die außerbetriebliche Sphäre der Kapitalgesellschaft

Kapitalgesellschaften sind zivilrechtlich betrachtet Handelsgesellschaften.[29] Es handelt sich um die Rechtsfigur eines sog. Formkaufmanns, § 6 HGB. Die für Kaufleute geltenden Vorschriften sind daher für Kapitalgesellschaften verbindlich.

---

27 *Gerten*, Angemessenheit und Steuern, S. 24.

28 Gegen eine außerbetriebliche Sphäre: *Schallmoser*, in: H/H/R, KStG, § 8 Rz. 41 ff.; *Wassermeyer*, DB 1987, 1113 (1114 f.); *ders.*, in: Freundesgabe für Haas, S. 401 ff.; *Friedrich*, FR 1966, 297 (298 f.); *Lohaus*, StuW 1989, 358 ff.; Schuck, FR 1992, 537 (539 ff.); *Thiel/Eversberg*, DStR 1993, 1881 (1887); *Kister*, Liebhaberei, S: 57 ff.; *Oppenländer*, VGA, S. 65 ff.; *Kohlhepp*, VGA, S. 35 ff.
Für eine außerbetriebliche Sphäre: *Schulte*, in: Erle/Sauter, § 8 Rz. 59; *Schwedhelm*, in: Streck, § 8 Rz. 55; *Pezzer*, FR 2002, 1177 (1178); *Hey*, in: Tipke/Lang, § 11 Rz. 37; *Roser*, in: Gosch, § 8 Rz. 74 ff.; *Nippert*, Außerbetriebliche Sphäre, S. 194 ff. Kritisch zur Rechtsprechung auch *Fehrenbacher*, in: Schnitger/Fehrenbacher, § 8 Rz. 189.

29 Vgl. § 13 Abs. 3 GmbHG, § 3 Abs. 1 AktG.

Zivilrechtlich betrachtet können sie ausschließlich Handelsgeschäfte vornehmen. Das gesamte Vermögen der Kapitalgesellschaft muss in die Handelsbilanz aufgenommen werden, weil der Jahresabschluss nach §§ 264 ff. HGB sämtliche Vermögensgegenstände und Schulden sowie jegliche Aufwendungen und Erträge enthalten muss.[30] Aus zivilrechtlicher Sicht existiert folglich keine weitere Sphäre.

Im Steuerrecht stellt sich die Frage, ob diese zivilrechtliche Vorgabe auch für das Körperschaftsteuerrecht übernommen werden muss. Das Problem wird unter den Begriffen einer außerbetrieblichen Sphäre oder Privatsphäre behandelt und ist auch nach der Grundsatzentscheidung des BFH[31] bis heute umstritten.[32] Im Folgenden wird zunächst der steuerrechtliche Ausgangspunkt dargestellt und die Entwicklung der Rechtsprechung nachverfolgt. Daraufhin werden die jeweiligen Argumente analysiert.

1. *Steuerrechtlicher Ausgangspunkt*

Steuerobjekt der Körperschaftsteuer ist das Einkommen. Das KStG verweist in § 8 Abs. 1 KStG zur Bestimmung des Einkommens sowie zur Art der Ermittlung auf die Vorschriften des EStG. Diese Generalverweisung greift jedoch nur soweit keine speziellen Vorschriften des Körperschaftsteuerrechts anzuwenden sind oder Vorschriften des Einkommensteuerrechts ihrer Natur nach nicht auf Kapitalgesellschaften anwendbar sind.[33]

Ausgangspunkt der Problematik einer außerbetrieblichen Sphäre ist grundsätzlich die Regelung des § 8 Abs. 2 KStG und ihre Einordnung als Rechtsgrund- oder Rechtsfolgenverweis.[34] Die Norm bestimmt, dass bei unbeschränkt Steuerpflichtigen im Sinne des § 1 Abs. 1 Nr. 1 bis 3 (...) alle Einkünfte als Einkünfte aus Gewerbebetrieb zu behandeln (sind). Somit werden nach dem Wortlaut der Vorschrift „Einkünfte" vorausgesetzt. Diese wiederum sind in § 2 Abs. 1 EStG definiert. Daraus ergibt sich die Frage, ob jeder Vermögenszufluss wie auch Abfluss aufgrund dieser Norm zu einer gewerblich veranlassten Einnahme oder Ausgabe nach § 2 Abs. 1 S. 1 Nr. 2 EStG i.V.m. § 8 Abs. 2 KStG führt (Rechtsfolgenverweis) oder auch außerhalb der Einkunftsarten des § 2 Abs. 1 EStG einer außerbetrieblichen Sphäre zugeordnet werden kann (Rechtsgrundverweis). In einem weiteren Schritt stellt sich auch die Frage, ob bei einer Kapitalgesellschaft nur Betriebsvermögen existiert oder auch neutrales Betriebsvermögen denkbar ist. Dies wird insbesondere dann relevant, wenn typische Liebhabereiverluste der Kapitalgesellschaft beurteilt werden müssen,

---

30 Vgl. die §§ 242, 246 Abs. 1 S. 1, 265 Abs. 2 S. 1 HGB.

31 *BFH*, Urteil v. 4.12.1996, I R 54/95, DStR 1997, 492 (493). Seitdem st. Rspr., vgl. *BFH*, Urteil v. 7.11.2001, I R 14/01, DStR 2002, 667 (669 f.); *BFH*, Urteil v. 22.8.2007, I R 32/06, DStR 2007, 1954 (1955 f.); *BFH*, Urteil v. 15.2.2012, I B 97/11, DStR 2012, 554 (555).

32 Vgl. Nachweise eine Seite zuvor in Fn. 28.

33 Vgl. *Schwedhelm*, in Streck, § 8 Rz. 4; *Schulte*, in Erle/Sauter, § 8 Rz. 12, 20; *Hey*, in Tipke/Lang, § 11 Rz. 37.

34 *Roser*, in: Gosch, § 8 Rz. 75; *Fehrenbacher*, in: Schnitger/Fehrenbacher, § 8 Rz. 188.

also aus Tätigkeiten, die nicht mit Gewinnerzielungsabsicht unternommen wurden. Die gleiche Zuordnungsentscheidung ist bei Ansatz einzelner Vermögensvorgänge wie Schenkungen, Erbschaften oder Spenden zu treffen.

2. Historische Entwicklung des Streitstands

Schon der RFH setzte sich mit den möglichen Sphären einer Kapitalgesellschaft auseinander.[35] Er vertrat die Ansicht, dass nur eine einheitliche Sphäre existiere. Dies folge aus der zivilrechtlichen Verselbstständigung des Vermögens und einer nicht vorhandenen Vergleichbarkeit mit einem Einzelunternehmer, der auch Privatperson sein kann.

Auch der BFH folgte dieser Linie zunächst. In seinem Urteil vom 28. 2. 1956[36], hatte er über die Beurteilung einer Erbschaft durch einen Gesellschafter-Geschäftsführer zu entscheiden. Er führte aus, dass sämtliche Vermögensmehrungen einer Kapitalgesellschaft grundsätzlich steuerpflichtige Einkünfte seien, außer es gebe eine Spezialregelung, die eine Ausnahme vorsehe. Im konkreten Fall nahm der BFH eine solche Ausnahme an, indem er die Erbschaft als Einlage des Gesellschafters nach § 4 Abs. 1 S. 8 EStG beurteilte. Diese Regelung sei im Körperschaftsteuerrecht anwendbar. Hierunter fielen Leistungen, die auf gesellschaftsrechtlichen Vorgängen beruhen und von Gesellschaftern ohne Gegenleistung zugeführt werden.

a) Neuere Entwicklung

In seiner Entscheidung vom 7. 11. 1963[37] befasste sich der BFH mit der Abzugsfähigkeit von Jagdpacht-Aufwendungen einer Aktiengesellschaft. Der I. Senat hatte hiernach keine Bedenken eine Kapitalgesellschaft in jeder Beziehung wie eine natürliche Person zu behandeln. Dienten Ausgaben bei natürlichen Personen und Kapitalgesellschaften dem gleichen Zweck, wie im zugrunde liegenden Fall der Pflege und Förderung der Beziehung zu Geschäftsfreunden, sei es mit dem Grundsatz der steuerlichen Gleichbehandlung wirtschaftlich gleicher Vorgänge nicht vereinbar, Ausgaben unterschiedlich zu behandeln. Dabei unterschied der BFH hinsichtlich der Ausgaben verschiedene steuerliche Sphären: Einen Bereich der nicht abzugsfähigen Betriebsausgaben nach § 4 Abs. 5 EStG, einen Bereich der verdeckten Gewinnausschüttungen sowie einen außerbetrieblichen Bereich.

Schließlich erkannte der BFH in einer späteren Entscheidung eine außerbetriebliche Vermögenssphäre an.[38] Die Frage nach der Art der Einkommensermittlung stelle sich erst, wenn geklärt sei, was als Einkommen zu qualifizieren ist. Hiernach sollen Gewinne oder Überschüsse nicht zu Gewinnen i.S.d. §§ 4, 5 EStG umqualifiziert werden, sondern die Einkünfte hinsichtlich aller Einkunftsarten so ermittelt

35 *RFH*, Urteil v. 5.2.1929, I A 394/27, RStBl. 1929, S. 228 (229).
36 *BFH*, Urteil v. 28.2.1956, I 92/54, BStBl. III 1956, 154 (155).
37 *BFH*, Urteil v. 7.11.1963, IV 117/60 S, BStBl. III 1964, 181 ff.
38 *BFH*, Urteil v. 4.3.1970, I R 123/68, BFHE 98, 259 (261 f.).

werden, als ob es sich bei der Tätigkeit um originär gewerbliche Einkünfte handele. Nur wenn die Veranlassung einer Tätigkeit in den abschließenden Einkunftsarten des § 2 Abs. 1 EStG zu finden sei, könnten diese in die Gewinnermittlung einbezogen werden.

b) Grundsatzurteil und aktuelle Rechtsprechung

Nach Einführung des KStG 1977 äußerte der BFH jedoch wiederholt Zweifel an seiner bisherigen Rechtsprechung.[39] Schließlich entschied er im sog. Segelyacht-Urteil vom 4. 12. 1996[40], dass eine Kapitalgesellschaft über keine außerbetriebliche Sphäre verfüge. Damit gab er seine bisherige Rechtsprechung auf. Jegliche Aufwendungen und Einnahmen seien betrieblich veranlasst. Dies begründete er mit einer Vielzahl von Argumenten, die rechtssystematisch unterschiedlich einzuordnen sind. Der Wortlaut des § 8 Abs. 2 KStG bestimme, dass „alle" Einkünfte solche aus Gewerbebetrieb seien. Zudem ließe die neuere Entstehungsgeschichte eine dahin gehende Auslegung der Vorschrift nunmehr zu. Weiter gebe es auch in der Handelsbilanz keine außerbetriebliche Sphäre, sodass sich dies über § 5 Abs. 1 EStG in der Steuerbilanz niederschlage. Zudem fehle es an einer § 12 Nr. 1 EStG entsprechenden Vorschrift im Körperschaftsteuerrecht und es drohe darüber hinaus ein Wertungswiderspruch zu § 2 Abs. 2 S. 2 GewStG. Als eines der Hauptargumente verwies er abschließend auf das gliederungsrechtliche Anrechnungsverfahren und die sich hieraus ergebenden besonderen Probleme.

Zwischenzeitlich wurde jedoch das Anrechnungsverfahren durch das Halbeinkünfteverfahren ersetzt[41], mit der Folge, dass die Diskussion um eine außerbetriebliche Sphäre erneut in Gang kam.[42] Der BFH hält jedoch an seiner bisherigen Argumentation fest. Er bestätigte seine Rechtsprechung mit der Entscheidung vom 22. 8. 2007[43], in der er alle Argumente gegen eine außerbetriebliche Sphäre nochmals darlegte. Insbesondere ist er der Auffassung, dass es für die Überführung von Wirtschaftsgütern innerhalb der Sphären an einer Rechtsgrundlage fehle und überdies unterschiedliche Bewertungsmaßstäbe entstünden. Bei Anwendung einer Entnahme sei, anders als bei der verdeckten Gewinnausschüttung, der Teilwert und nicht der Fremdvergleichswert anzusetzen. Auch gehe das Halbeinkünfteverfahren (und heutige Teileinkünfteverfahren) von einer definitiven körperschaftsteuerlichen Vorbelastung der Kapitalgesellschaft aus.

---

39 *BFH*, Urteil v. 4.2.1987, I R 58/86, NJW 1987, 2253 (2256 f.); *BFH*, Urteil v. 25.11.1987, I R 126/85, NJW 1988, 1110; *BFH*, Urteil v. 28.11.1991, I R 13/90, DStR 1992, 426.

40 *BFH*, Urteil v. 4.12.1996, I R 54/95, DStR 1997, 492 ff.

41 Vgl. das Steuersenkungsgesetz vom 23. 10. 2000, BGBl. I 2000, 1433, BStBl. 2000, 1428 (1447 ff.).

42 Das Halbeinkünfteverfahren wurde zum Jahr 2009 durch das Teileinkünfteverfahren ersetzt. Vgl. das Unternehmenssteuerreformgesetz 2008 (UStRG 2008), BGBl. I S. 1912. Die Argumentation ist jedoch übertragbar.

43 *BFH*, Urteil v. 22.8.2007, I R 32/06, DStR 2007, 1954 ff.

3. *Auslegung des § 8 Abs. 2 KStG*

Nachfolgend wird insbesondere auf die Argumente des I. Senats eingegangen. Zwar sind diese unterschiedlicher systematischer Natur, im Kern geht es jedoch um die Frage nach der Qualität des § 8 Abs. 2 KStG.[44] Diese gilt es, durch Auslegung der Norm zu ermitteln.[45] Maßstab für eine Auslegung ist der Gesetzeszweck.[46] Dem Gesetzgeber ist es vorbehalten, den Kreis der steuerbaren Tatbestände und deren Umfang zu bestimmen. Begünstigende Normen können ausdehnend und steuerbegründende Normen restriktiv interpretiert werden.[47] Grenze der Auslegung ist jedoch stets der Wortsinn des Gesetzes.[48] Dabei ist zunächst auf den Wortlaut des § 8 Abs. 2 KStG einzugehen.

a) Wortlaut des § 8 Abs. 2 KStG

Das Gesetz verwendet in § 8 Abs. 2 KStG die Formulierung „alle Einkünfte". Der I. Senat des BFH beruft sich in seiner Argumentation auf den Wortlaut der Vorschrift, zitiert jedoch nur den Begriff „alle".[49] Der zusammenhängende Wortlaut muss hinsichtlich einer Auslegung jedoch berücksichtigt werden. „Alle Einkünfte" kann eine andere Bedeutung haben, als lediglich das Wort „alle".[50]

aa) Wortsinn „Einkünfte"

Fraglich ist daher, wie der Begriff „Einkünfte" i.S.d. § 8 Abs. 2 KStG zu verstehen ist. Hierbei ist der mögliche Wortsinn der Vorschrift zu untersuchen und alle Bedeutungen zu berücksichtigen, die dem allgemeinen und juristischen Sprachgebrauch entnommen werden können.[51]

Nach dem allgemeinen Sprachgebrauch des Wortes „Einkünfte" können hierunter jegliche Vermögensmehrungen fallen. Es kommt nicht darauf an, ob eine Einkunftsart i.S.d. § 2 Abs. 1 EStG tatbestandlich erfüllt ist. Auch einmalige Vermögenszugänge wie Erbschaften oder Schenkungen wären bei einer solch weiten Auslegung erfasst. Ebenso ließen sich hierunter jedoch nur solche Vermögensmehrungen fassen, die mit Einkünfteerzielungsabsicht erzielt wurden. Daher lässt sich eine eindeutige Festlegung nach dem allgemeinen Sprachgebrauch nicht treffen.

---

44 *Fehrenbacher*, in: Schnitger/Fehrenbacher, § 8 Rz. 188.

45 *Woerner*, FR 1992, 226 (228); *Tipke*, StRO (III), S. 1597 ff.

46 *Englisch*, in: Tipke/Lang, § 5 Rz. 49.

47 *BFH*, Urteil v. 20.5.1969, II 25/61, BStBl. II 1969, 550 (552); *BVerfG*, Urteil v. 24.1.1962, 1 BvR 232/60, BVerfGE 13, 318 (328 f.); *Meincke*, ErbStG, Einführung Rz. 12.

48 *Englisch*, in: Tipke/Lang, § 5 Rz. 57; *Meincke*, ErbStG, Einführung Rz. 12; *Larenz*, Methodenlehre der Rechtswissenschaft, S. 322: „Was jenseits des sprachlich möglichen liegt", könne nicht mehr „im Wege der Auslegung" verstanden werden.

49 *BFH*, Urteil v. 4.12.1996, I R 54/95, DStR 1997, 492 (493).

50 *Pezzer*, StuW 1998, 76 (78); *Oppenländer*, VGA, S. 67.

51 *Larenz/Canaris*, Methodenlehre, S. 141; *Woerner*, FR 1992, 226 (228).

Jedoch ist auch der spezifische juristische Sprachgebrauch zu beachten. Der Begriff „Einkünfte" muss im Zusammenhang mit der Verweisung des § 8 Abs. 1 KStG auf das EStG gesehen werden. Einkünfte sind nach § 2 Abs. 2 EStG der Überschuss oder der Gewinn aus einer Einkunftsart i.S.d. § 2 Abs. 1 EStG. Voraussetzung ist also, dass eine der sieben Einkunftsarten des EStG vorliegt. Nicht hierunter fallende Tätigkeiten oder Geschäftsvorfälle bleiben unberücksichtigt.

Dennoch könnte das Körperschaftsteuerrecht von einem eigenen Einkünftebegriff ausgehen. Dies zeigt auch auch ein Vergleich des Begriffs „Einkommen". § 8 Abs. 1 KStG verweist zur Qualifikation und Ermittlung des Einkommens auf das EStG. Eine Spezialregelung enthält das KStG nicht. § 2 Abs. 4 EStG beschreibt das „Einkommen" als den „Gesamtbetrag der Einkünfte, vermindert um die Sonderausgaben und die außergewöhnlichen Belastungen". Diese Vorschrift ist auf natürliche Personen zugeschnitten. Die §§ 10 ff. und 33 ff. EStG finden im Körperschaftsteuerrecht jedoch keine Anwendung, weil diese Vorschriften an persönliche Eigenschaften oder Besonderheiten einer natürlichen Person anknüpfen.[52] Das bedeutet, dass der Einkommensbegriff somit für beide Steuergesetze auseinanderfallen könnte. Dieses Ergebnis ließe sich durchaus auf § 8 Abs. 2 KStG übertragen, sodass der Einkünftebegriff ebenfalls unterschiedlich ausgestaltet sein könnte.[53]

bb) Zwischenergebnis

Mithilfe der Auslegung des Wortlauts lässt sich kein eindeutiges Ergebnis finden. Daher kommt es im Folgenden entscheidend auf die weiteren – im Wesentlichen historischen und systematischen – Argumente an. Hierbei gilt es zunächst, die im Normentstehungsprozess maßgeblichen Zweckvorstellungen herauszuarbeiten.[54]

b) Entstehungsgeschichte des § 8 Abs. 2 KStG

§ 8 Abs. 2 KStG wurde 1977[55] eingefügt und gibt inhaltlich unverändert den § 16 KStDV 1968[56] wieder. Der BFH begründet seine Rechtsprechungsänderung unter anderem mit der Übernahme des § 16 KStDV 1968 in das KStG 1977 und der nunmehr bestehenden Möglichkeit, die Regelung eigenständig auszulegen. Diese Auslegungsmöglichkeit sah die Rechtsprechung bis dahin als nicht gegeben an.

52 *Frotscher*, in: Frotscher/Maas, KStG, § 8 Rz. 45; *Klingebiel/Krämer*, in D/P/M, § 8 Abs. 1 Rz. 5.
53 *Kister*, Liebhaberei, S. 71 f.
54 *Englisch*, in: Tipke/Lang, § 5 Rz. 60 „subjektiv-teleologisch".
55 BGBl. I 1976, 2597 (2602).
56 BGBl. I 1969, 270 (273).

aa) Urteil des BFH vom 4. 3. 1970

So war der I. Senat in seinem Urteil vom 4. 3. 1970[57] der Ansicht, dass die durch den Unterhalt eines Gestüts entstandenen Verluste in die Gewinnermittlung mit einzubeziehen und alle Einkünfte einer GmbH als solche aus Gewerbebetrieb zu behandeln seien. Es könnten nur solche Vermögensvorfälle in die Gewinnermittlung einbezogen werden, denen eine Tätigkeit i.S.d. § 2 Abs. 1 EStG zugrunde liege.

Zu dieser Zeit war die Umqualifizierung der Einkünfte einer Kapitalgesellschaft in Form einer Rechtsverordnung geregelt. § 16 KStDV 1968 fingierte, dass alle Einkünfte buchführungspflichtiger Körperschaften als Einkünfte aus Gewerbebetrieb zu behandeln waren.[58] § 16 KStDV 1968 durfte jedoch nicht die §§ 5 und 6 KStG 1968[59], die auf das EStG und somit auf den Katalog des § 2 Abs. 1 EStG verwiesen, einschränken oder erweitern. Eine solche Abweichung wäre nicht von der Ermächtigungsgrundlage des § 23a Abs. 1 Nr. 1 lit. a und b KStG 1968 legitimiert gewesen. Hiernach durften Rechtsverordnungen über die Abgrenzung der Steuerpflicht und die Feststellung des Einkommens erlassen werden. Die §§ 5 und 6 KStG 1968 waren in der Normenhierarchie jedoch übergeordnet. Eine dahin gehende Auslegung des § 16 KStDV 1968, dass alle Einkünfte der GmbH stets als Einkünfte aus Gewerbebetrieb zu behandeln sind, hätte den Vorschriften der §§ 5 und 6 KStG widersprochen. Der BFH war daher zu Recht der Ansicht, dass die Rechtsverordnung keinen Steueranspruchs begründen dürfe, der sich nicht aus den Normen des KStG oder EStG selbst ergebe. Stimmen in der Literatur forderten daher, dass die Verordnung in das KStG übernommen werden sollte, damit keine Zweifel hinsichtlich der Existenz einer außerbetriebliche Sphäre bestünden.[60]

Dies geschah schließlich mit Inkrafttreten des KStG 1977. § 16 KStDV 1968 wurde durch § 8 Abs. 2 KStG übernommen.[61] Hiermit ist die Norm nunmehr einer eigenständigen Auslegung zugänglich, ohne an eine Ermächtigungsgrundlage gebunden zu sein. § 8 Abs. 1 und § 8 Abs. 2 KStG stehen dabei gleichberechtigt nebeneinander.[62] Dies führt jedoch zu der Frage, ob in § 8 Abs. 2 KStG eine Sonderregelung zu sehen ist, die einen abweichenden Einkünftebegriff regelt.

bb) Stellungnahme

Gegen eine solche Auslegung spricht die eindeutige Gesetzesbegründung zu § 8 Abs. 2 KStG 1977.[63] Denn mit der Einführung war keine inhaltliche Änderung gegenüber § 16 KStDV 1968 beabsichtigt. Die Begründung verweist ausdrücklich auf

57 *BFH*, Urteil v. 4.3.1970, I R 123/68, BFHE 98, 259 ff.
58 BGBl. I 1969, 270 (273).
59 BGBl. I 1969, 1869 (1871).
60 *Birkholz*, BB 1970, 612 (613); *Friedrich*, FR 1966, 297 (299); *Vangerow*, StuW 1967, Sp. 605 (611).
61 BGBl. I 1976, 2597 (2602).
62 *BFH*, Urteil v. 4.12.1996, I R 54/95, DStR 1997, 492 (493).
63 BT-Drs. 7/1470, S. 341.

das Urteil des I. Senats vom 4. 3. 1970[64]. Ob Vermögensmehrungen zu Einkünften i.S.d. EStG führen, sollte „wie bisher" nach dessen Bestimmungen entschieden werden. Tätigkeiten, die keiner Einkunftsart des § 2 Abs. 1 EStG zugeordnet werden können, sollten unberücksichtigt bleiben. § 8 Abs. 2 KStG 1977 hatte nicht die Umqualifizierung der Tätigkeiten selbst zum Ziel, sondern sollte die Gewinnermittlung als einzige Ermittlungsmethode anordnen. Der Gesetzgeber beabsichtigte mit der Gesetzesänderung den Dualismus der Einkunftsarten für solche Tätigkeiten auszuschalten, die § 2 Abs. 1 EStG aufzählt.[65]

Zudem wurde schon § 19 der I. KStDVO vom 6. Februar 1935, der dem damaligen § 16 KStDV entsprach, im Schrifttum ebenfalls in diesem Sinne verstanden.[66] Mirre-Dreutter führten aus, dass aus der Verordnung nicht abzuleiten sei, dass jede Mehrung des Betriebsvermögens einen Gewinn darstelle, auch wenn es sich um Kapitalzugänge handele, die sich nicht unter die aus einer gesetzlichen Einkunftsart bezogenen Einkünfte einreihen ließen.[67]

Zwar schließt allein eine Stellungnahme der Bundesregierung zur Gesetzesänderung die nunmehr mögliche Auslegung des BFH nicht aus,[68] jedoch sprechen aufgrund der Entstehungsgeschichte – also der Übernahme des § 16 KStDV 1968 bzw. der Vorgängerregelung § 19 der I. KStDVO vom 6. Februar 1935 – die besseren Argumente für die Annahme eines Rechtsfolgenverweises. Der systematischen Auslegung vorweggreifend, besteht auch keine Spezialität des § 8 Abs. 2 KStG gegenüber § 8 Abs. 1 KStG,[69] da dieser eindeutig durch § 7 Abs. 2 KStG in die Einkommensermittlung eingezogen wird. Die Folge einer solchen Betrachtung wäre, dass auch die weiteren Gewinnermittlungsvorschriften des EStG systematisch ausgeschlossen würden.[70]

Im Ergebnis lässt daher auch die Entstehungsgeschichte der Norm keine dahin gehende Auslegung zu, dass § 8 Abs. 2 KStG als reiner Rechtsfolgenverweis zu verstehen ist.

c) Systematische Analyse des § 8 Abs. 2 KStG

Die systematische Methode versucht, den Gesetzeszweck aus der Stellung der Norm in der Rechtsordnung, dem Gesamtgesetz, dem Gesetzesabschnitt oder aus dem Kontext mit anderen Vorschriften zu ermitteln.[71] Insofern ist der Einkünftebegriff

---

64 *BFH*, Urteil v. 4.3.1970, I R 123/68, BFHE 98, 259 ff.

65 *Nippert*, Außerbetriebliche Sphäre, S. 210 f.; *Kister*, Liebhaberei, S. 73; *Oppenländer*, VGA, S. 65 f.

66 *BFH*, Urteil v. 4.3.1970, I R 123/68, BFHE 98, 259 (261 f.).

67 *Mirre-Dreutter*, KStG, 1939, S. 175.

68 *Oppenländer*, VGA, S. 66, insbesondere Fn. 271.

69 So aber: *Oppenländer*, VGA, S. 96.

70 Zutreffend *Kohlhepp*, VGA, S. 29.

71 *Larenz*, S. 324 ff.; *Englisch*, in: Tipke/Lang, § 5 Rz. 63 „teleologisch-systematisch".

des Einkommensteuerrechts möglicherweise anders auszulegen als der des Körperschaftsteuerrechts, falls die Systematik des Körperschaftsteuerrechts dies gebietet.

aa) Maßgeblichkeit der Handelsbilanz

Zunächst könnte die Maßgeblichkeit der Handelsbilanz für die Steuerbilanz nach § 5 Abs. 1 EStG bei Kapitalgesellschaften dazu führen, dass sämtliches (Betriebs-) Vermögen der Gesellschaft auch in der Steuerbilanz anzusetzen ist und die Annahme eines außerbetrieblichen Bereichs somit nicht möglich wäre.[72]

Die §§ 238 Abs. 1 und § 246 Abs. 1 HGB normieren, dass die Buchführungspflicht einer Kapitalgesellschaft das gesamte Vermögen erfasst und jegliche Vermögensgegenstände und Schulden anzusetzen sind. Nach § 264 Abs. 2 HGB hat eine Kapitalgesellschaft im Jahresabschluss ihr gesamtes Vermögen auszuweisen. Eine außerbetriebliche Sphäre ist daher handelsrechtlich nicht denkbar. Dieses sog. Vollständigkeitsgebot gilt gemäß § 5 Abs. 1 EStG auch für die Steuerbilanz.[73] Dort ist das Betriebsvermögen anzusetzen, das nach handelsrechtlichen Grundsätzen ordnungsmäßiger Buchführung auszuweisen ist. Hierauf basiert die Gewinnermittlung nach § 4 Abs. 1 EStG.[74] Aufgrund dessen könnte auch steuerrechtlich jegliches außerbetriebliche Vermögen von Kapitalgesellschaften ausgeschlossen sein.

Innerhalb dieser Ansicht differenzieren manche zwischen der Vermögenssphäre einerseits und Vermögensabflüssen und Vermögenszuflüssen andererseits.[75] In Bezug auf Einnahmen und Ausgaben sollen unterschiedliche Sphären möglich sein. Das Veranlassungsprinzip müsse sich nicht zwingend auf die Steuerbilanz beziehen, sondern könne erst bei der Ermittlung der Einkünfte angewendet werden, also der Ableitung der steuerpflichtigen Einkünfte aus der Steuerbilanz.[76] Der Maßgeblichkeitsgrundsatz führe dazu, dass innerhalb der Steuerbilanz kein außerbetriebliches Vermögen abgebildet werden könne. Hieraus folge keine materiell-rechtliche Abweichung zum Einkommensteuerrecht, sondern nur eine technische. Diese bestehe darin, dass im Einkommensteuerrecht die nicht-betrieblich veranlassten Aufwendungen in der Steuerbilanz nicht berücksichtigt werden, wohingegen bei Kapitalgesellschaften eine Betriebsausgabe vorliege, die erst bei den Einkünften ausgeschieden werde. Die Kapitalgesellschaft verfüge daher ausschließlich über Betriebsvermögen. Es gebe jedoch Vorgänge, die nicht unter den Tatbestand des

---

72 *BFH*, Urteil v. 4.12.1996, I R 54/95, DStR 1997, 492 (493); *Frotscher*, in Frotscher/Maas, KStG, § 8 Rz. 36; *Wassermeyer*, DB 1987, 1113, 1114; *ders.*, in: Freundesgabe für Haas, S. 401 (402); *Friedrich*, FR 1966, 297 (298); *Lohaus*, StuW 1989, 358, 363; *Schuck*, FR 1992, 537, 540; *Thiel/Eversberg*, DStR 1993, 1881 (1882); *Oppenländer*, VGA, S. 67 ff.

73 *Krumm*, in Blümich, EStG, § 5 Rz. 221.

74 *Wied*, in Blümich, EStG, § 4 Rz. 49 ff.

75 *Frotscher*, in Frotscher/Maas, KStG, § 8 Rz. 37; *Pezzer*, Die verdeckte Gewinnausschüttung, S. 57.

76 Vgl. *Frotscher*, in Frotscher/Maas, KStG, § 8 Rz. 22 ff. und 34 ff.

§ 2 Abs. 1 EStG subsumiert werden könnten. Diese seien bei der Gewinnermittlung nicht zu berücksichtigen.

Stellungnahme: Dem letztgenannten Ansatz lässt sich zunächst entgegenhalten, dass die Grundsätze ordnungsmäßiger Buchführung gerade der Ermittlung des zutreffenden Gewinns dienen. Daher kann der Maßgeblichkeitsgrundsatz nicht auf die Bilanzierung von Wirtschaftsgütern in der Beständebilanz beschränkt sein, sondern muss auch für die Ertragsbilanz gelten.[77]

Darüber hinaus ist folgendes zu beachten: Der Maßgeblichkeitsgrundsatz im Einkommensteuerrecht greift erst im Rahmen der steuerlichen Gewinnermittlung nach § 4 Abs. 1 i.V.m. § 5 Abs. 1 EStG. Für buchführungspflichtige Steuersubjekte wird auf die Grundsätze ordnungsmäßiger Buchführung verwiesen. Zunächst muss der Tatbestand einer Einkunftsart nach § 2 Abs. 1 EStG vorliegen. Hieran schließt sich § 2 Abs. 2 Nr.1 EStG an, wonach der Gewinn i.S.d. §§ 4–7k (und 13a) EStG ermittelt wird. Der Maßgeblichkeitsgrundsatz begründet keine Einkünfte aus Gewerbebetrieb sondern setzt diese voraus.[78]

Im Bereich der Körperschaftsteuer hängt das Eingreifen der Bilanzierungsvorschriften des HGB davon ab, ob eine weite Auslegung des § 8 Abs. 2 KStG befürwortet wird oder aber angenommen wird, dass eine Einkunftsart des Einkommensteuerrechts tatbestandlich vorliegen muss. Der Maßgeblichkeitsgrundsatz ordnet nicht an, dass bestimmte Tätigkeiten steuerrechtlich beachtlich sind, sodass daraufhin die Gewinnermittlung erfolgt (und die Grundsätze ordnungsmäßiger Buchführung Anwendung finden).

Sofern also mit der Maßgeblichkeit der Handelsbilanz gegen die Annahme einer außerbetrieblichen Sphäre argumentiert wird, stellt dies ein Zirkelschluss dar. Die entscheidende Frage, ob ein Besteuerungsgrund vorliegt, ist vorgelagert. Dies kann nicht dadurch aufgelöst werden, dass die zu klärende Frage, welcher Einkünftebegriff gilt, im Sinne einer weiten Auslegung beantwortet und dann auf die §§ 4 und 5 EStG i.V.m. §§ 238 Abs. 1, 246 Abs. 1 HGB verwiesen wird.[79]

Auch gilt der Maßgeblichkeitsgrundsatz nicht uneingeschränkt. Dieser wird im Einkommensteuerrecht an zahlreichen Stellen durchbrochen bzw. überlagert. § 5 Abs. 2 bis 7 EStG enthalten steuergesetzliche Ausnahmen, die den Grundsätzen ordnungsmäßiger Buchführung vorgehen.[80] Zudem ist der systematische Zusammenhang des § 5 Abs. 1 EStG mit der Gewinnermittlung nach § 4 Abs. 1 EStG zu beachten, sodass das steuerliche Betriebsvermögen nicht mit der Handelsbilanz übereinstimmen muss. Notwendiges Betriebsvermögen ist auch dann zu berücksichtigen, wenn es nicht in der Handelsbilanz ausgewiesen ist.[81] Darüber hinaus gehen

77 *Kohlmann/Felix*, DB 1983, 1059 (1060); *Kohlhepp*, VGA, S. 31.

78 *Schulte*, in: Erle/Sauter, KStG, § 8 Rz. 59.

79 *Schulte*, in: Erle/Sauter, KStG, § 8 Rz. 59; *Nippert*, Außerbetriebliche Sphäre, S. 228; *Kister*, Liebhaberei, S. 74 f.

80 *Krumm*, in: Blümich, EStG, § 5 Rz. 1.

81 *BFH*, Urteil v. 5.12.1989, VIII R 322/84, BFH/NV 90, 499 (501). Ebenso ist notwendiges Privatvermögen nicht zu berücksichtigen, selbst wenn es in der Handelsbilanz

andere steuerrechtliche Prinzipien dem Maßgeblichkeitsgrundsatz regelmäßig vor, wie beispielsweise das Gebot der Besteuerung nach der wirtschaftlichen Leistungsfähigkeit oder das Gebot einer gleichmäßigen Besteuerung.[82] Nicht zuletzt ist auch der BFH der Ansicht, dass der Ansatz von Wirtschaftsgütern in der Steuerbilanz unabhängig von der Handelsbilanz erfolgen müsse und dem Maßgeblichkeitsprinzip daher vorgehe.[83] Der steuerrechtliche Betriebsvermögensbegriff basiere auf dem Veranlassungsprinzip. Die betriebliche Veranlassung liege vor, wenn ein objektiver wirtschaftlicher und tatsächlicher Zusammenhang zwischen Wirtschaftsgut und Betrieb bestehe.[84]

Im Ergebnis ist zwar grundsätzlich das gesamte Vermögen auszuweisen, § 8 Abs. 1 KStG i.V.m. § 5 Abs. 1 EStG. Jedoch sind Steuerbilanzrecht und Handelsrecht zu trennen.[85] Steuerrechtliche Sonderregelungen können Ausnahmen hinsichtlich des Maßgeblichkeitsgrundsatzes erfordern.[86] Daher ist auch der Verweis auf die handelsbilanzielle Maßgeblichkeit kein durchschlagendes Argument gegen eine außerbetriebliche Sphäre. Dies gilt nach der Änderung § 8 Abs. 2 KStG durch das SEStEG[87] umso mehr, als das Kriterium der Buchführungspflicht weggefallen ist. Zu Recht wird auch darauf hingewiesen, dass daher fraglich sei, ob an dem Kriterium der Maßgeblichkeit noch festgehalten werden kann.[88]

bb) § 12 Nr. 1 EStG

Die Betriebsvermögensbegriffe des Einkommen- und Körperschaftsteuerrechts könnten dennoch unterschiedlich zu beurteilen sein. Insofern wird vertreten, dass die Trennung der Vermögenssphären im Einkommensteuerrecht auf der gesetzlichen Regelung des § 12 Nr. 1 EStG beruhe und nicht aus einer allgemeinen steuerrechtlichen Wertung folge. Die Vorschrift sei jedoch nicht auf Kapitalgesellschaften übertragbar, sodass keine Überlagerung des Maßgeblichkeitsprinzips durch das Steuerrecht vorliege.[89] Eine Übertragung der Norm in das Körperschaftsteuerrecht hätte sich angeboten, wenn der Gesetzgeber eine außerbetriebliche Sphäre gewollt hätte. Dass eine unbesehene Übertragung des § 12 Nr. 1 EStG sinnwidrig wäre, ändere nichts daran, dass eine sinnvolle Übertragung denkbar und möglich sei.

---

ausgewiesen wird, vgl. für eine Personengesellschaft: *BFH*, Urteil v. 6.3.2003, IV R 21/01, DStRE 2003, 1372 (1373).

82 *Krumm*, in: Blümich, EStG, § 5 Rz. 165.

83 *BFH*, Urteil v. 19.7.1984, IV R 207/83, BStBl. II 1985, 6 (7 f.).

84 *BFH*, Urteil v. 6.3.1991, X R 57/88, BStBl. II 1991, 829 (830).

85 *Tipke*, StRO (II), S. 687.

86 *Hennrichs*, in: Tipke/Lang, § 9 Rz. 41; *Weber-Grellet*, BB 1999, 2660 f.; *Kister*, Liebhaberei, S. 74.

87 Gesetz über die steuerlichen Begleitmaßnahmen zur Einführung der Europäischen Gesellschaft und zur Änderung weiterer steuerrechtlicher Vorschriften. In Kraft getreten am 13. 12. 2006, BGBl. I S. 2782 ff.

88 *Hey*, in Tipke/Lang, § 11 Rz. 37.

89 *Oppenländer*, VGA, S. 68 f.

Handelsrechtliches Betriebsvermögen könne nicht mit Hilfe des § 12 Nr. 1 EStG in „steuerliches Privatvermögen" umgedeutet werden.[90]

Hiergegen wird vorgebracht, dass für Kapitalgesellschaften nichts anderes gelten könne als für Einzelunternehmer und Personengesellschaften.[91] Das Steuerrecht erkenne dort einen außerbetrieblichen Bereich an. Der Maßgeblichkeitsgrundsatz stelle im Steuerrecht lediglich ein Prinzip neben anderen dar. Daneben stehe das fundamentale Prinzip der Trennung zwischen betrieblicher und betriebsfremder Sphäre bei der Einkommensermittlung.[92]

Stellungnahme: Die Regelung in § 12 Nr. 1 S. 1 EStG erklärt „Aufwendungen für den Haushalt des Steuerpflichtigen" sowie für den „Unterhalt seiner Familienangehörigen" als nicht abzugsfähig. Ausgeschlossen sind nach § 12 Nr. 1 S. 2 EStG ebenfalls die Aufwendungen für die „Lebensführung", welche die „wirtschaftliche oder gesellschaftliche Stellung" des Steuerpflichtigen mit sich bringt, auch wenn sie zur „Förderung des Berufs oder der Tätigkeit des Steuerpflichtigen erfolgen". Diese Norm kann nicht auf Kapitalgesellschaften übertragen werden, weil sie auf natürliche Personen zugeschnitten ist. Eine Kapitalgesellschaft hat weder Gefühle noch Neigungen.[93]

Die Vorschrift ist jedoch nicht allein dafür zuständig, die betriebliche Sphäre von einer außerbetrieblichen Sphäre abzugrenzen. Vielmehr erschließt sich aus der abschließenden Aufzählung der Einkunftsarten in § 2 Abs. 1 EStG und dem Veranlassungsprinzip, dass steuerrechtlich irrelevante Tätigkeiten zu verschiedenen Vermögenssphären führen. § 2 Abs. 1 EStG wäre überflüssig, wenn jegliche Vermögensvorfälle beachtlich wären. Das Veranlassungsprinzip, das in § 4 Abs. 4 EStG normiert ist, setzt den Betrieb eines Gewerbes i.S.d. § 15 Abs. 2 EStG voraus, muss also durch die gewerbliche Tätigkeit veranlasst sein. Sofern dies nicht gegeben ist, kann der Vermögensvorfall nicht dem betrieblichen Bereich zugeordnet werden.[94]

Der Regelung des § 12 Nr. 1 EStG kommt lediglich klarstellende Bedeutung zu,[95] denn diejenigen Tätigkeiten, die § 12 Nr. 1 EStG als nicht abziehbar einordnet, erfüllen schon nicht den Tatbestand einer Einkunftsart nach § 2 Abs. 1 EStG.

Das Veranlassungsprinzip ist auch im Rahmen der Gewinnermittlung nach den §§ 4, 5 EStG zu berücksichtigen, wie § 5 Abs. 6 EStG klarstellt.[96] Hiernach sind die Vorschriften über Entnahmen, Einlagen und Betriebsausgaben zu befolgen, was wiederum hinsichtlich des Betriebsvermögens dazu führt, dass die Maßgeblichkeit durchbrochen wird.[97] Nur steuerrechtlich relevante Tätigkeiten sind in die

---

90 *Wassermeyer*, Freundesgabe für Haas, S. 401 (402).

91 *Pezzer*, StuW 1998, 76 (78).

92 *Pezzer*, Die verdeckte Gewinnausschüttung, S. 55.

93 *BFH*, Urteil v. 28.11.1991, I R 13/90, BStBl. II 1992, 359 (362); *Wassermeyer*, Freundesgabe für Haas, S. 401 (402); Pezzer, StuW 1998, 76 (78).

94 *Nippert*, Außerbetriebliche Sphäre, S. 246.

95 *Thürmer*, in: Blümich, EStG, § 12 Rz. 80.

96 *Reiß*, StuW 2003, 21 (25, 31).

97 *Reiß*, StuW 2003, 21 (31).

Gewinnermittlung einzubeziehen. Das Veranlassungsprinzip ist daher auch für den steuerrechtlichen Betriebsvermögensbegriff grundlegend.

cc) Zwischenergebnis

Es ist im Ergebnis nicht überzeugend, auf den Maßgeblichkeitsgrundsatz der Handelsbilanz abzustellen, um § 8 Abs. 2 KStG im Sinne eines Rechtsfolgenverweises zu interpretieren. Ebenso wie im Bereich der Personengesellschaften ist die Frage nach der Abgrenzung von einer privaten Sphäre dem Maßgeblichkeitsprinzip vorgelagert. Dem kann auch § 12 Nr. 1 EStG nicht entgegengehalten werden, weil dieser Vorschrift für die Sphärenabgrenzung nur eine klarstellende Funktion zukommt.

dd) Wertungswiderspruch zu § 2 Abs. 2 S. 1 GewStG

In seinem Urteil vom 4. 12. 1996[98] führt der Körperschaftsteuersenat des BFH als weiteres Argument an, dass bei Annahme einer außerbetrieblichen Sphäre ein Wertungswiderspruch zwischen § 8 Abs. 2 KStG und § 2 Abs. 2 GewStG drohe. Diese Meinung vertrat zuvor schon Wassermeyer, der von einer ansonsten „unüberbrückbaren Diskrepanz" spricht.[99]

Ein solcher Widerspruch ist möglich, wenn davon ausgegangen wird, dass das GewStG und das KStG denselben Steuergegenstand erfassen und somit der Gewerbeertrag und der Gewinn nach Körperschaftsteuerrecht übereinstimmen müssen. Im Folgenden wird zunächst die Rechtsprechung des BFH zu § 2 Abs. 2 S. 1 GewStG dargestellt und der mögliche Wertungswiderspruch aufgezeigt. Danach ist auf das allgemeine Verhältnis von Gewerbesteuerrecht und Körperschaftsteuerrecht einzugehen.

(1) Voraussetzung des § 2 Abs. 2 S. 1 GewStG

Nach § 2 Abs. 2 S. 1 GewStG gilt die Tätigkeit der Kapitalgesellschaft „stets und in vollem Umfang" als Gewerbebetrieb. Insofern könnte sich ein Wertungswiderspruch daraus ergeben, dass aufgrund dieser Norm jegliche Tätigkeiten einer Kapitalgesellschaft als gewerblich behandelt werden und dies auch für das Körperschaftsteuerrecht gelten muss.

(a) BFH

Im Hinblick auf § 2 Abs. 2 Nr. 1 GewStG a.F.[100] entschied der VIII. Senat des BFH zunächst, dass bei einer Personengesellschaft nur solche Tätigkeiten in gewerbliche Einkünfte umqualifiziert werden, die unter § 2 Abs. 1 EStG fallen. Dies sei zwingende Folge des § 7 GewStG, der auf die einkommensteuerlichen

---

98 *BFH*, Urteil v. 4.12. 1996, I R 54/95, BFHE 182, 123 (127).

99 *Wassermeyer*, DB 1987, 1113 (1114); *ders.*, Freundesgabe für Haas, S. 401 (403).

100 Entspricht weitestgehend dem heutigen § 15 Abs. 3 Nr. 1 EStG.

Gewinnermittlungsvorschriften verweist. Daran ändere auch § 2 Abs. 2 Nr. 2 GewStG a.F.[101] nichts, weil diese Vorschrift lediglich regele, dass eine gewerblich tätige Personengesellschaft, die ansonsten Einkünfte aus mehreren Einkunftsarten hätte, in gewerbesteuerrechtlicher Hinsicht nur gewerbliche Einkünfte haben könne.[102]

Der I. Senat des BFH entschied in seinem Urteil vom 22. 8. 1990[103] jedoch, dass die Tätigkeit einer Kapitalgesellschaft gewerbesteuerrechtlich auch dann in vollem Umfang als Gewerbebetrieb gelte, wenn die Tätigkeit nicht unter eine der sieben Einkunftsarten des § 2 Abs. 1 EStG fällt. Die Vorschrift fingiere für Gewerbesteuerzwecke die Tätigkeit einer Kapitalgesellschaft als Gewerbebetrieb, soweit die Gesellschaft tätig ist. Aus § 7 GewStG könne nichts anderes hergeleitet werden. Danach sei der nach den Vorschriften des EStG oder KStG zu ermittelnde Gewinn Grundlage des Gewerbeertrags. Liege nunmehr ein Gewerbebetrieb aufgrund der Regelung in § 2 Abs. 2 S. 1 GewStG vor, so habe die Vorschrift des § 7 GewStG zur Folge, dass der Gewerbeertrag nach denselben Grundsätzen zu ermitteln sei wie bei den Gewinnermittlungsarten. Aus § 7 GewStG ergebe sich nicht, dass für die Annahme eines Gewerbebetriebes die Voraussetzungen einer der sieben Einkunftsarten vorliegen müssten. Die Vorschrift regele lediglich die Ermittlungsmethode des Gewerbeertrags für den Fall, dass ein Gewerbebetrieb vorliegt. Bei einer Kapitalgesellschaft, die aufgrund gesetzlicher Vorschriften verpflichtet ist, Bücher zu führen und regelmäßige Abschlüsse zu machen, bedeute dies, dass der Gewerbeertrag gemäß § 8 Abs. 1 und 2 KStG i.V.m. §§ 4, 5 EStG im Wege des Bestandsvergleichs zu ermitteln sei.[104]

Bei Annahme einer außerbetrieblichen Sphäre besteht somit die Möglichkeit, dass der Gewerbeertrag nach Gewerbesteuerrecht und der Gewinn nach Körperschaftsteuerrecht nicht übereinstimmen. Dieser Widerspruch könnte nunmehr dadurch aufgelöst werden, dass § 2 Abs. 1 EStG auf Kapitalgesellschaften keine Anwendung findet und § 8 Abs. 2 KStG sämtliche Tätigkeiten einer Kapitalgesellschaft für beachtlich erklärt.

(b) Stellungnahme

Dem VIII. Senat ist darin Recht zugeben, dass es sich bei § 7 GewStG um eine reine Vorschrift zur Ermittlung der steuerlichen Bemessungsgrundlage handelt und § 2 Abs. 2 S. 1 GewStG als spezialgesetzliche Regelung den Steuergegenstand für die Gewerbesteuer festlegt. Es folgt die Ermittlung nach § 7 GewStG. Hieraus lassen sich jedoch keine Erkenntnisse dafür ableiten, welche Tätigkeit in gewerbesteuerlicher Hinsicht als der Betrieb eines Gewerbes gilt.[105]

---

101 Entspricht dem heutigen § 2 Abs. 2 S. 1 GewStG.

102 *BFH*, Urteil v. 3.10.1989, VIII R 184/85, BFHE 158, 385 (387).

103 *BFH*, Urteil v. 22.8.1990, I R 67/88, DStR 1991, 243 ff.

104 Bestätigt durch *BFH*, Urteil v. 8.8.2001, I R 104/00, BFH/NV 2002, 535 f.

105 *Gosch*, StuW 1992, 350 (351), *Nippert*, Außerbetriebliche Sphäre, S. 221 f.

Somit stellt sich die Frage, ob § 2 Abs. 2 S. 1 GewStG alle Tätigkeiten einer Kapitalgesellschaft als Gewerbe qualifiziert, ohne dass die Voraussetzungen des § 2 Abs. 1 EStG vorliegen. Der mögliche Wertungskonflikt könnte durch eine andere Auslegung des § 2 Abs. 2 S. 1 GewStG ebenso gut gelöst werden. In der Literatur wurde daher zutreffend kritisiert, dass nicht einzusehen sei, warum die Wertungen der gewerbesteuerrechtlichen Regelung auf den § 8 Abs. 2 KStG übernommen werden sollten, sodass diese vorgingen.[106]

Des Weiteren spricht die fast unveränderte Übernahme des § 2 Abs. 2 Nr. 1 GewStG a.F. in § 15 Abs. 3 Nr. 1 EStG für eine abweichende Beurteilung durch den Gesetzgeber. Die Regelung ordnet an, dass die nichtgewerbliche Tätigkeit mit „Einkünfteerzielungsabsicht" unternommen werden muss, damit sie zum Betriebe eines Gewerbes umqualifiziert wird. Hier setzt der Gesetzgeber also offensichtlich eine der sieben Einkunftsarten des § 2 Abs. 1 EStG voraus. Die Tatsache, dass mit der Gesetzesänderung keine materielle Rechtsänderung beabsichtigt war, sondern die Regelung lediglich aus rechtssystematischen Gründen in das EStG übernommen wurde,[107] spricht dafür, dass auch § 2 Abs. 2 Nr. 1 GewStG a.F. eine Einkunftsart des § 2 Abs. 1 EStG voraussetzte. Hieraus kann der Schluss gezogen werden, dass für § 2 Abs. 2 Nr. 2 GewStG a.F., der dem aktuellen § 2 Abs. 2 S. 1 GewStG entspricht, nichts anderes gelten kann. Denn weder aufgrund des Wortlauts noch der systematischen Stellung der Normen kann davon ausgegangen werden, dass beide Vorschriften unterschiedliche Rechtsfolgen herbeiführen sollten.[108]

Somit kann § 2 Abs. 2 S. 1 GewStG auch so verstanden werden, dass die Regelung lediglich alle Einkünfte in solche aus Gewerbebetrieb umqualifizieren und somit mehrere selbstständige Betriebe einer Kapitalgesellschaft ausschließen soll.[109] Gosch formuliert treffend, dass § 8 Abs. 2 KStG zwar „konsumiert", jedoch nicht erweitert wird.[110]

Im Ergebnis ist die Auslegung des § 2 Abs. 2 S. 1 GewStG durch den BFH daher keinesfalls zwingend. Die besseren Argumente sprechen vielmehr dafür, dass eine Tätigkeit i.S.d. § 2 Abs. 1 EStG Voraussetzung für eine gewerbliche Umqualifizierung ist.

(2) Steuersystematische Erwägungen

Doch selbst bei Annahme eines solchen Widerspruchs hat die gewerbesteuerliche Vorschrift kein Vorrang vor § 2 Abs. 1 EStG. Zwar erscheint ein Gleichlauf praktikabler, jedoch unterscheidet sich der Wortlaut grundsätzlich. § 8 Abs. 2 KStG spricht

---

106 *Gosch*, StuW 1992, 350 (351), *Nippert*, Außerbetriebliche Sphäre, S. 222.

107 Vgl. Begründung zum Entwurf eines Gesetzes zur vordringlichen Regelung von Fragen der Besteuerung von Personengesellschaften, BT-Drucks. 10/3663, S. 8, linke Sp.

108 *Nippert*, Außerbetriebliche Sphäre, S. 222.

109 *Oppenländer*, VGA, S. 67.

110 *Gosch*, StuW 1992, 350 (351).

von „Einkünften“, wohingegen § 2 Abs. 2 S. 1 GewStG den Begriff „Tätigkeiten“ verwendet. Der Gesetzgeber hätte die gleiche Formulierung wählen können, sollte beiden Vorschriften derselbe Bedeutungsgehalt zukommen.[111]

Weiterhin sind das GewStG und das KStG zwei selbstständige Gesetze mit jeweils eigenständigen Zwecken. § 8 Abs. 1 KStG enthält eine Generalverweisung auf das EStG und dessen Einkünftebegriff. Auf das GewStG wird gerade nicht verwiesen und das KStG kennt keine Vorschrift, die § 2 Abs. 2 S. 1 GewStG entspricht. Sowohl der Einkünftebegriff als auch die Systematik des EStG können somit nicht durch gewerbesteuerliche Regeln beeinflusst werden.[112]

Zudem verdeutlicht die Tatsache, dass der Gesetzgeber § 2 Abs. 2 Nr. 2 GewStG a.F.[113] im Gesetz belassen hat, ohne eine entsprechende Regelung in das KStG zu übernehmen, dass § 2 Abs. 2 S. 1 GewStG eine gewerbesteuerliche Spezialvorschrift darstellt.[114] Eine allgemeine „Infektion“[115] kann nicht angenommen werden.

Überdies stellte der BFH in einer früheren Entscheidung zur Liebhaberei bei Kapitalgesellschaften bereits fest, dass es auf sich beruhen könne, ob § 2 Abs. 2 Nr. 2 GewStG a.F. für das Gewerbesteuerrecht zu einem anderen Ergebnis führt, denn eine dieser Vorschrift entsprechende Regelung wurde im KStG nicht getroffen.[116]

Auch entschied der I. Senat[117], dass die Gewerbebegriffe des Körperschaftsteuerrechts und des Gewerbesteuerrechts nicht deckungsgleich sein müssten. § 15 Abs. 2 EStG verweise für die Merkmale des Gewerbebetriebes nicht auf das GewStG und stelle somit eine eigenständige Definition dar, auf die durch § 8 Abs. 1 KStG verwiesen werde. Im entschiedenen Fall war die Gewerblichkeitsfiktion des GewStG daher körperschaftsteuerrechtlich unbeachtlich.

(3) Ergebnis

Es ist festzuhalten, dass ein Wertungswiderspruch zu § 2 Abs. 2 S. 1 GewStG bei Annahme einer außerbetrieblichen Sphäre nicht besteht.[118] Die gewerbesteuerliche Fiktion kann nicht auf das Körperschaftsteuerrecht übertragen werden.

---

111 *Pezzer*, StuW 1998, 76 (78), *Kister*, Liebhaberei, S. 78; *Oppenländer*, VGA, S. 67; *Kohlhepp*, VGA, S. 32.

112 *Birkholz*, BB 1970, 612 (614); *Pezzer*, StuW 1998, 76 (78); *Nippert*, Außerbetriebliche Sphäre, S. 223.

113 Entspricht dem heutigen § 2 Abs. 2 S. 1 GewStG.

114 *Gosch*, DStR 2002, 667 (671); *Nippert*, Außerbetriebliche Sphäre, S. 223 f.

115 Vgl. die Formulierung bei *Roser*, in: Gosch, KStG, § 8 Rz. 77.

116 *BFH*, Urteil v. 4.3.1970, I R 123/68, BStBl. II 1970, 470 (472).

117 *BFH*, Urteil v. 16.12.1998, I R 36/98, DStR 1999, 846 (847).

118 Ebenso: *Gosch*, StuW 1992, 350 (351); *ders.*, DStR 2002, 671; *Pezzer*, StuW 1998, 76 (78); *Escher*, S. 44; Oppenländer, VGA, S. 67.

ee) Vorschrift des § 15 Abs. 3 Nr. 2 EStG

Problematisch ist jedoch, dass die Annahme einer außerbetrieblichen Sphäre möglicherweise nicht mit § 15 Abs. 3 Nr. 2 EStG zu vereinbaren ist. Hiernach gilt eine mit Einkünfteerzielungsabsicht unternommene Tätigkeit einer gewerblich geprägten Personengesellschaft als Gewerbebetrieb. Die gewerbliche Prägung wird unabhängig davon fingiert, ob die Kapitalgesellschaft gewerbliche Einkünfte hat. Wenn nunmehr Liebhabereiverluste oder Einkünfte aus Vermietung und Verpachtung bei einer Kapitalgesellschaft nicht als gewerbliche Einkünfte qualifiziert würden und die Tätigkeit der Personengesellschaft trotzdem durch die Beteiligung der Kapitalgesellschaft gewerblich geprägt wäre, so entstünde eine erhebliche Ungereimtheit des Gesetzes.[119]

Hiergegen ist indessen einzuwenden, dass mit § 15 Abs. 3 Nr. 2 EStG die Gepräge-Rechtsprechung des BFH kodifiziert werden sollte.[120] Einkünfte der Personengesellschaft werden deshalb als gewerblich qualifiziert, weil die Kapitalgesellschaft prägend wirkt. Als Geschäftsführer übt sie die unternehmerische Tätigkeit aus, weshalb die Personengesellschaft grundlegende Wesenszüge der Kapitalgesellschaft annimmt. Zudem erwähnt der Gesetzestext die Einkünfteerzielungsabsicht ausdrücklich. Wenn eine Kapitalgesellschaft jedoch stets gewerbliche Einkünfte erzielen würde, hätte das Tatbestandsmerkmal nicht aufgenommen werden müssen, weil die (gewerbliche) Kapitalgesellschaft schon prägend wirkt und daher eine nicht gewerbliche Tätigkeit der Personengesellschaft nicht denkbar wäre.[121] Aus § 15 Abs. 3 Nr. 2 EStG kann daher kein Hinweis zur Auslegung des § 8 Abs. 2 KStG hergeleitet werden.

ff) Fehlende Regelungen zur Überführung von Wirtschaftsgütern

Der BFH führt als weiteres Argument gegen eine außerbetriebliche Sphäre an, dass es im KStG an Vorschriften fehle, die eine Überführung von Wirtschaftsgütern aus dem Betriebsvermögen in das außerbetriebliche Vermögen der Kapitalgesellschaft und umgekehrt wie eine Ausschüttung oder eine Einlage erfassen.[122] Auch entstünden aufgrund unterschiedlicher Bewertungsmaßstäbe beträchtliche Ungereimtheiten. Eine Entnahme wäre mit dem Teilwert zu bewerten, wohingegen für eine verdeckte Gewinnausschüttung der Fremdvergleichswert anzusetzen sei. Zudem ginge auch das Halbeinkünfteverfahren[123] seiner Zielsetzung nach von einer endgültigen körperschaftsteuerlichen Vorbelastung der Kapitalgesellschaft aus.[124]

---

119 *Rüd*, DStR 1994, 1874 (1878); *Kister*, Liebhaberei, S. 125 ff.

120 BT-Drs. 10/4513, S. 22.

121 *Nippert*, Außerbetriebliche Sphäre, S. 225 ff.

122 *BFH*, Urteil v. 22.8.2007, I R 32/06, DStR 2007, 1954 (1956); *BFH*, Urteil v. 4. 12. 1996, I R 54/95, DStR 1997, 492 (493).

123 Auf das heutige Teileinkünfteverfahren ist die Argumentation übertragbar.

124 *BFH*, Urteil v. 22.8.2007, I R 32/06, DStR 2007, 1954 (1956).

Dieser Ansatz findet im Schrifttum teilweise Zustimmung.[125] Auch hier wird auf die fehlenden Rechtsgrundlagen sowie unterschiedlichen Bewertungsmaßstäbe hingewiesen, wodurch ein nicht zu rechtfertigender Vorteil erzielt werden könne. Insbesondere bestehen Bedenken, dass stille Reserven unversteuert blieben, die sich bei entnommenem Vermögen in der außerbetrieblichen Sphäre gebildet haben.

(1) Stellungnahme

Entnahmen sollen im Körperschaftsteuerrecht ausgeschlossen sein, *weil* § 8 Abs. 3 S. 2 KStG mit der verdeckten Gewinnausschüttung eine speziellere Regelung bereithält.[126] Einlagen sollen nur durch einen Gesellschafter möglich sein, weil im Körperschaftsteuerrecht *nur* die betriebliche Sphäre von der gesellschaftlichen Sphäre abgegrenzt werden muss.[127] Grundannahme ist dabei stets, dass eine außerbetriebliche Sphäre nicht existiert. Dies ist jedoch gerade zu untersuchen.

Erkennt man dagegen eine außerbetriebliche Sphäre an, ist es folgerichtig die Regelungen für Entnahmen und Einlagen auf die Überführung anzuwenden.[128] Es ist zwar möglich, § 8 Abs. 3 S. 2 KStG als Spezialregelung gegenüber der Entnahme anzusehen. Die Beurteilung der verdeckten Gewinnausschüttung hängt indes davon ab, wie sie dogmatisch einzuordnen ist. Besteht eine außerbetriebliche Sphäre, schließen sich Entnahme und verdeckte Gewinnausschüttung nicht aus. Einer Analogie bedarf es nicht.[129] § 8 Abs. 1 KStG verweist auf die einkommensteuerlichen Entnahmeregelungen, weshalb § 4 Abs. 1 S. 2 EStG für eine Überführung in eine außerbetriebliche Sphäre zur Verfügung stünde.[130] Im betrieblichen Bereich entstandene stille Reserven blieben steuerverstrickt und könnten entsprechend der Behandlung von Personengesellschaften bis zur Veräußerung aufgeschoben werden, also nach den Grundsätzen des „eingefrorenen Betriebsvermögens" behandelt werden. Würde eine Veräußerung aus der außerbetrieblichen Sphäre erfolgen, wären die stillen Reserven zu versteuern.[131] Erhielte ein Gesellschafter Vorteile durch Wertabgaben aus der außerbetrieblichen Sphäre, wäre jedoch stets zu prüfen, ob eine verdeckte Gewinnausschüttung vorliegt.[132] Andernfalls könnten Liebhabereitätigkeiten im Interesse der Gesellschafter auf die Kapitalgesellschaft übertragen werden

---

125 *Wassermeyer*, in: Freundesgabe für Haas, S. 401 (402); *Oppenländer*, VGA, S. 69 ff.
126 *BFH*, Urteil v. 4. 2. 1987, I R 58/86, NJW 1987, 2253 (2256).
127 *Frotscher*, in Frotscher/Maas, KStG, § 8 Rz. 68.
128 *Schwedhelm*, in: Streck, § 8 Rz. 55; *Hüttemann*, FS Raupach, 495 (510 f.); *Nippert*, Außerbetriebliche Sphäre, S. 304 ff.
129 So aber *Kister*, Liebhaberei, S. 81 f.
130 *Roser*, in; Gosch, KStG § 8 Rz. 79; *Schwedhelm*, in Streck, § 8 Rz. 55; *Schulte* in: Erle/Sauter, § 8 Rz. 57; *Hüttemann*, DB 2007, 2508 (2509).
131 *Schwedhelm*, in Streck, § 8 Rz. 55.
132 *Schwedhelm*, in Streck, § 8 Rz. 55; *Schulte* in: Erle/Sauter, § 8 Rz. 57; *Hüttemann*, DB 2007, 1603 (1608 f.). Vgl. zudem die Beispiele bei *Nippert*, Außerbetriebliche Sphäre, S. 304 ff.

und aus steuerbaren Gewinnen des betrieblichen Bereichs finanziert werden.[133] Eine Besteuerung der Wertabgaben an die Gesellschafter unterbliebe.[134]

(2) Ergebnis

Eine außerbetriebliche Sphäre ist daher auch nicht deshalb abzulehnen, weil es an Regelungen zur Überführung von Wirtschaftsgütern zwischen verschiedenen Sphären der Kapitalgesellschaft fehlt. Insoweit könnten die Entnahme- und Einlagevorschriften angewendet und mit ihrem Teilwert bewerten werden. Vorteilsgewährungen an Gesellschafter aus einer außerbetrieblichen Sphäre wären über die verdeckte Gewinnausschüttung zu erfassen, soweit diese aus steuerbaren Gewinnen des betrieblichen Bereichs finanziert werden. Ein Blick nach Österreich bestätigt, dass durch die Annahme einer außerbetrieblichen Sphäre keine Probleme auftreten müssen.[135]

---

133 *Hüttemann*, DB 2007, 1603 (1608 f.) unterscheidet zwischen „gemischten" Kapitalgesellschaften und „reinen" Liebhabereigesellschaften. Eine „gemischte" Kapitalgesellschaft verfüge sowohl über einen betrieblichen, als auch über einen außerbetrieblichen Bereich. Vermögensverlagerungen zwischen den Bereichen seien über die Entnahme- und Einlagevorschriften zu korrigieren. Auf eine steuerliche Erfassung von Ausschüttungen aus der Liebhabereisphäre könne bei „gemischten" Kapitalgesellschaften nicht verzichtet werden, soweit diese aus steuerbaren Gewinnen des betrieblichen Bereichs finanziert worden seien. Dagegen sei eine „reine" Liebhabereigesellschaft zwar persönlich, jedoch nicht sachlich körperschaftsteuerpflichtig, d. h. sie erziele kein Einkommen i. S. d. § 8 Abs. 1 und Abs. 2 KStG. Für eine Gewinnkorrektur nach § 8 Abs. 3 S. 2 KStG sei daher kein Platz, weil es bereits an einem Unterschiedsbetrag i.S.d. § 4 Abs. 1 EStG fehle, dessen Minderung eine Voraussetzung für eine vGA sei.
Folgt man dieser Konzeption, könnte die Konstellation des *BFH*-Urteils v. 12.6.2013, I R 109-111/10, DStR 2013, 2100 ff., in der eine GmbH Ferienimmobilien nur für ihre Gesellschafter zur Selbstnutzung unterhielt, dahingehend gelöst werden, dass eine „reine" Liebhabereigesellschaft vorliegt und verdeckte Gewinnausschüttungen, entgegen der Ansicht des BFH, nicht möglich sind. Die GmbH finanzierte das Verwalten der Immobilie gerade nicht aus steuerbaren Gewinnen eines (vorliegend nicht existierenden) betrieblichen Bereichs.

134 Nach *Gerten*, Angemessenheit und Steuern, S. 25, sei daher die Feststellung einer verdeckten Gewinnausschüttung nach § 20 Abs. 1 Nr. 1 S. 2 EStG nur aus Sicht der Gesellschafter ohne Berücksichtigung der Ebene der Kapitalgesellschaft zu treffen.

135 Nach dem VwGH verfügt eine Kapitalgesellschaft über eine außerbetriebliche Sphäre, vgl. *VwGH*, Erkenntnis v. 24.6.2004, 2001/15/0002, RIS. Auch Liebhabereitätigkeiten sind möglich, vgl. *VwGH*, Erkenntnis v. 22.9.1987, 86/14/0196, ÖStZB 1988, 152 (153 f.). Vgl. auch die zusammenfassende Darstellung bei *Gerten*, Angemessenheit und Steuern, S. 105 ff. m.w.N.

gg) Der Wegfall des Anrechnungsverfahrens

In seinem Urteil vom 4. 12. 1996[136] stützte der I. Senat seine Argumentation maßgeblich darauf, dass die Annahme einer außerbetrieblichen Sphäre mit dem damals noch geltenden gliederungsrechtlichen Anrechnungsverfahren nicht in Einklang zu bringen sei. Zwischenzeitlich wurde das Anrechnungsverfahren jedoch durch das Halbeinkünfteverfahren[137] ersetzt. Gleichwohl führte dies nicht zu einer Änderung der Rechtsprechung. Der BFH hält weiterhin an seiner Begründung fest und verweist auf die verbleibenden Argumente.[138]

d) Zwischenfazit hinsichtlich einer außerbetrieblichen Sphäre

Die bisherigen Ausführungen zeigen, dass der Streit um die außerbetriebliche Sphäre einer Kapitalgesellschaft keinesfalls eindeutig zu entscheiden ist. Wie auch der I. Senat zwischenzeitlich feststellte, lassen sich insbesondere gegen jedes von ihm angeführte Argument Gegenargumente finden.[139] Doch obwohl der BFH damit die Gleichwertigkeit der Auslegungsmöglichkeiten anerkennt, vertritt er in nunmehr ständiger Rechtsprechung, dass eine Kapitalgesellschaft nicht über eine außerbetriebliche Sphäre verfüge.

Diese Argumentation ist aus den vorgenannten Gründen nicht überzeugend. Bei einer Gleichwertigkeit der Auslegungsmöglichkeiten scheint es systematisch einsichtiger, den Verweis des § 8 Abs. 2 KStG auf das EStG als Rechtsgrundverweis zu verstehen, der somit die einkommensteuerlichen Einkunftsarten des § 2 Abs. 1 EStG voraussetzt.

e) Ablehnung einer außerbetrieblichen Sphäre

Gleichwohl ist eine außerbetriebliche Sphäre aufgrund der Eigenart der Körperschaftsteuersubjekte abzulehnen.[140] Denn wäre neben einer betrieblichen Sphäre auch eine außerbetriebliche Sphäre anzuerkennen, so müsste diese nicht nur von der betrieblichen Sphäre unterschieden, sondern auch von der gesellschaftlichen Sphäre abgegrenzt werden. Hierbei wäre wie im Einkommensteuerrecht auf das Veranlassungsprinzip abzustellen. Die kaum zu lösende Abgrenzungsfrage stellte sich dann zwischen einer Veranlassung im außerbetrieblichen Bereich und einer Veranlassung durch das Gesellschaftsverhältnis. Pezzer folgert, dass eine außerbetriebliche Veranlassung gegeben sei, wenn betriebsfremde Zwecke vorliegen, die in keinem Zusammenhang mit dem Gesellschaftsverhältnis stehen.[141]

---

136 *BFH*, Urteil v. 4. 12. 1996, I R 54/95, DStR 1997, 492 (493).

137 Nunmehr Teileinkünfteverfahren. Die Argumentation des BFH ist übertragbar.

138 *BFH*, Urteil v. 22.8.2007, I R 32/06, DStR 2007, 1954 (1956).

139 *BFH*, Urteil v. 22.8.2007, I R 32/06, DStR 2007, 1954 (1955).

140 So auch *Kohlhepp*, VGA, S. 34 f.

141 *Pezzer*, VGA, S. 80.

Eine Kapitalgesellschaft ist jedoch durch ihre satzungsmäßige Zweckgebundenheit gekennzeichnet.[142] Diese kann letztlich nur durch die dahinterstehenden natürlichen Personen verfolgt werden. Das bedeutet, dass die Gesellschaft keine eigenen Interessen verfolgen kann, sondern nicht betrieblich veranlasste Aufwendungen allenfalls im Hinblick auf die Gesellschafterinteressen erfolgen. Außerbetriebliche Zielsetzungen oder Interessen einer Kapitalgesellschaft sind nicht denkbar. Es stehen sich zwei Rechtssphären gegenüber, neben denen eine weitere Sphäre ausgeschlossen ist.[143] Die Sphäre der Kapitalgesellschaft wird nur durch die Willensbildung der Gesellschafter gesteuert. Sie hat ihrerseits keinen eigenen Willen.[144] Überdies wird mit Recht darauf hingewiesen, dass eine zufriedenstellende Abgrenzung praktisch kaum möglich sei, wenn für eine Einordnung als verdeckte Gewinnausschüttung jedes Interesse des Gesellschafters an einer Leistung ausreichend sein soll.[145] Im Übrigen bestünde bei Annahme einer außerbetrieblichen Sphäre die Gefahr, dass die Finanzverwaltung Tätigkeiten in typisierender Weise dieser Sphäre zuweist, weil sie der Ansicht ist, dass Ausgaben nicht erforderlich und daher „privat" veranlasst sind.[146] Dies liefe letztlich auf einen Eingriff ohne Ermächtigungsgrundlage hinaus.[147]

Im Ergebnis fällt somit zwar der einkommen- und körperschaftsteuerliche Einkommensbegriff auseinander. Dies ist jedoch vor dem Hintergrund hinzunehmen, dass die Regelungen des EStG nur gelten, soweit keine Sonderregelungen greifen oder sie ihrer Natur nach nicht anwendbar sind.[148] Die verdeckte Gewinnausschüttung dient der Besteuerung nach der wirtschaftlichen Leistungsfähigkeit (objektives Nettoprinzip). Diese ist nicht auf Einkommensteuersubjekte begrenzt.[149] § 8 Abs. 3 S. 2 KStG grenzt daher im Körperschaftsteuerrecht den betrieblichen Bereich von dem nicht betrieblichen – also gesellschaftlichen Bereich – ab.

II. Fazit hinsichtlich der Abgrenzungsfunktion

Abschließend ist daher festzuhalten, dass entsprechend einer Aufteilung in die Sphären einer Einkünfteerzielung und einer Einkünfteverwendung nur eine betriebliche und eine gesellschaftliche Ebene existieren.[150] Eine außerbetriebliche Sphäre (oder Privatsphäre) von Kapitalgesellschaften ist nicht denkbar. Vielmehr übernimmt die verdeckte Gewinnausschüttung die notwendige Abgrenzung. Sie erfasst diejenigen Fallgestaltungen, die einkommensteuersystematisch mittels der privaten

142 *Kohlhepp*, VGA, S. 35.
143 *Seeger*, in: FS Wassermeyer, 81 (84); *Prinz*, StuW 1996, 267 (273).
144 *Kohlhepp*, VGA, S. 35 f.
145 *Kohlhepp*, VGA, S. 35.
146 *Stolterfoth*, in FS Kruse, 485 (507); *Kohlhepp*, VGA, S. 37 f.
147 *Stolterfoth*, in FS Kruse, 485 (503 ff.).
148 Vgl. zur Anwendbarkeit der Regelungen des EStG: *Frotscher*, in: Frotscher/Maas, KStG, § 8 Rz. 18; *Fehrenbacher*, in: Schnitger/Fehrenbacher, § 8 Rz. 4.
149 *Kohlhepp*, in: Schnitger/Fehrenbacher, § 8 Rz. 233.
150 *Lohaus*, StuW 1989, 358 (360); *Kohlhepp*, VGA, S. 36.

Veranlassung bzw. dem Rechtsgedanken des § 12 EStG ausgegrenzt werden.[151] Es ist daher stets zu fragen, ob ein grundsätzlich betrieblich veranlasster Geschäftsvorfall ausnahmsweise durch das Gesellschaftsverhältnis veranlasst ist und daher keine Auswirkungen auf die steuerliche Bemessungsgrundlage haben darf.[152]

Dies gilt auch für den Bereich der „Liebhaberei" bei Körperschaften. Die Figur der verdeckten Gewinnausschüttung kann auch in diesem Bereich – der einkommensteuerlichen Abgrenzung anhand der Gewinnerzielungsabsicht – herangezogen werden.[153] Daher ist der BFH der Auffassung, dass bei Kapitalgesellschaften keine Liebhaberei denkbar sei.[154] Richtigerweise geht es insofern nicht darum, die Gewinnerzielungsabsicht festzustellen. Diese ist für eine Kapitalgesellschaft (jedenfalls bei Ablehnung einer außerbetrieblichen Sphäre) unbeachtlich.[155] Vielmehr gilt es, im Rahmen des objektiven Nettoprinzips festzustellen, ob Verluste der Kapitalgesellschaft aus ertragsteuerlich beachtlichen oder unbeachtlichen Gründen eingetreten sind.[156] Hierbei ist auf die Kriterien zurückzugreifen, die auch im Rahmen der Abgrenzung für Liebhaberei bei natürlichen Personen gelten.[157] Sollte insbesondere durch die Vereinbarung schuldrechtlicher Verträge eine Gewinnverteilung verdeckt werden, ist von unbeachtlichen Gründen und somit von einer verdeckten Gewinnausschüttung auszugehen.

C. Ergebnis und Konkretisierung des Untersuchungsgegenstands

Die verdeckte Gewinnausschüttung stellt ein notweniges Korrektiv zur fehlenden außerbetrieblichen Sphäre dar. Sind Geschäftsvorfälle einer Kapitalgesellschaft nicht betrieblich veranlasst, so muss die Veranlassung im gesellschaftlichen Bereich – also im Verhältnis der Gesellschaft zu ihren Anteilseignern – liegen.

Dieses Ergebnis folgt nicht ohne Weiteres aus der Argumentation des BFH. Weder mit dem Wortlaut des § 8 Abs. 2 KStG noch mit der Entstehungsgeschichte oder systematischen Stellung der Norm lässt sich dies überzeugend begründen. Die entscheidende Wertung ergibt sich vielmehr aus der Eigenart und der satzungsmäßigen Zwecksetzung juristischer Personen. Hinsichtlich der Verfolgung dieses Zweckes kann es nur auf die dahinterstehenden Gesellschafter ankommen, die letztlich für die Willensbildung der Kapitalgesellschaft verantwortlich sind. Ein

151 Vgl. *BFH*, Urteil v. 22. 8. 2007, I R 32/06, DStR 2007, 1954 (1955 f.); *BFH*, Urteil v. 28.11.1991, I R 13/90, BStBl. II 1992, 359 (362).

152 *Kohlhepp*, VGA, S. 41.

153 *Kohlhepp*, in: Schnitger/Fehrenbacher, § 8 Rz. 276.

154 *BFH*, Urteil v. 4.12.1996, 54/95, DStR 1997, 492 (493).

155 Vgl. *Fehrenbacher*, in: Schnitger/Fehrenbacher, § 8 Rz. 196 ff.

156 *Oppenländer*, VGA, S. 100; *Kohlhepp*, VGA, S. 39.

157 *Niedersächsisches FG*, Urteil 6 K 503/03, EFG 2006, 1937 (1939 f.); *Fehrenbacher*, in: Schnitger/Fehrenbacher, § 8 Rz. 199.

eigenes (außerbetriebliches) Interesse der Gesellschaft ist nicht denkbar, sondern rührt vielmehr aus der Sphäre der Anteilseigner. Auf diesem Wege lässt sich zudem die Gefahr eines Eingriffs ohne Ermächtigungsgrundlage durch die Finanzverwaltung eindämmen.

Steht daher fest, dass die Figur der verdeckten Gewinnausschüttung letztlich einen notwendigen Ersatz der fehlenden außerbetrieblichen Sphäre einer Kapitalgesellschaft darstellt, führt dies zu der hier zu untersuchenden Frage, ob und wenn ja, in welchen Konstellationen die verdeckte Gewinnausschüttung schenkungsteuerliche Folgen auslösen kann. Denn der Gesellschafter erhält von der Kapitalgesellschaft einen Wert, für den er im Gegenzug nicht unmittelbar eine gleichwertige Gegenleistung zu erbringen hatte. Greift das Schenkungsteuerrecht vom Grundsatz her auf diejenigen Vorgänge zu, die nicht unter eine der sieben Einkunftsarten des § 2 Abs. 1 EStG zu fassen und daher „privat“ veranlasst sind, so könnte jedenfalls eine grundsätzliche schenkungsteuerliche Zugriffsmöglichkeit in Bezug auf verdeckte Gewinnausschüttungen bestehen, weil diese als notwendiges Korrektiv die „private“ Sphäre einer Kapitalgesellschaft ersetzen. Vergleichbar mit einer Entnahme des Einzelunternehmers hat der Vermögenvorfall keine Auswirkungen auf die steuerliche Bemessungsgrundlage der Kapitalgesellschaft. Dieser wird aus Sicht der Kapitalgesellschaft „neutral“ gestellt, weshalb sich die Frage anschließt, ob der Vermögenstransfer auf den Gesellschafter oder den Dritten nunmehr nach § 7 Abs. 1 Nr. 1 ErbStG der Schenkungsteuer unterliegen kann, obwohl dieser auf Ebene des Gesellschafters gleichzeitig den Einkünften aus Kapitalvermögen unterfällt, § 20 Abs. 1 Nr. 1 S. 2 EStG.

3. Kapitel: Entwicklung und derzeitiger Meinungsstand

A. Einleitung

In jüngerer Vergangenheit wurden die schenkungsteuerlichen Folgen verdeckter Gewinnausschüttungen kontrovers diskutiert. Insbesondere durch sich teilweise deutlich widersprechende Auffassungen in Rechtsprechung und Finanzverwaltung waren viele Gestaltungen unklar und mit erheblichen Risiken hinsichtlich einer Steuerplanung verbunden.

Mit den gleichlautenden Ländererlassen vom 20. 10. 2010[158] gab die Finanzverwaltung ihre bis dahin vertretene Auffassung zur Schenkungsteuerpflicht verdeckter Gewinnausschüttungen und verdeckter Einlagen auf. Sie schloss sich hinsichtlich verdeckter Einlagen der Rechtsauffassung des BFH an und griff in Bezug auf verdeckte Gewinnausschüttungen ein Urteil des II. Senats auf, worin dieser eine Schenkungsteuerpflicht im Verhältnis des veranlassenden Gesellschafters zur nahestehende Person ablehnte, jedoch im unmittelbaren Verhältnis der Kapitalgesellschaft zur nahestehenden Person für möglich hielt.[159] Daraufhin reagierte der Gesetzgeber, mit der Einfügung der §§ 7 Abs. 8 und 15 Abs. 4 ErbStG durch das BeitrRLUmsG, um die sich hieraus ergebenden Regelungslücken zu schließen und die erheblich nachteiligen Rechtsfolgen hinsichtlich verdeckter Gewinnausschüttungen abzumildern.[160] In der Folge wurden die gleichlautenden Ländererlasse vom 14. 3. 2012[161] verfasst, welche die neue Rechtslage erörtern und die Ländererlasse vom 20. 10. 2010 aufhoben. Die alten Regelungen wurden größtenteils in die Ländererlasse vom 14. 3. 2012 eingearbeitet.

Die folgenden Ausführungen zeigen nunmehr die bisherige Rechtslage auf und stellen die Änderungen durch den Gesetzgeber und die darauf aufbauenden Auffassungen der Finanzverwaltung dar.

---

158 Gleich lautende Erlasse der obersten Finanzbehörden der Länder vom 20.10.2010, 3-S 3806/75, BStBl. I 2010, S. 1207 ff., DStR 2011, 79 ff.

159 *BFH*, Urteil v. 7.11.2007, II R 28/06, DStR 2008, 346 ff. Hierzu sogleich in diesem Kapitel unter B. II auf S. 58.

160 Gesetz zur Umsetzung der Beitreibungsrichtlinie sowie zur Änderung steuerrechtlicher Vorschriften (BeitrRLUmsG) vom 7.12.2011, BGBl. I, S. 2592 ff.

161 Gleichlautende Erlasse der obersten Finanzbehörden der Länder vom 14.3.2012, BStBl. I 2012, 331 ff.

B. Die Auffassung der Rechtsprechung

Die Rechtsprechung hatte sich bis ins Jahr 2007 nur vereinzelt mit der Frage auseinanderzusetzen, inwiefern Vorgänge, die ertragsteuerlich verdeckte Gewinnausschüttungen darstellen, auch dem ErbStG unterfallen können.

Am 20. 5. 1981 entschied der BFH über die Erbschaftsteuerpflicht eines Anspruchs der hinterbliebenen Ehefrau eines Gesellschafter-Geschäftsführers.[162] Der II. Senat kam zu dem Ergebnis, dass kein erbschaftsteuerlich relevanter Vorgang gegeben sei. Im Einzelnen könne jedoch Anlass bestehen, den Anspruch insoweit der Erbschaftsteuer zu unterwerfen, als er unangemessen hoch sei und deshalb körperschaftsteuerrechtlich eine verdeckte Gewinnausschüttung vorliege. Dabei komme es jedoch nicht grundsätzlich auf die absolute Höhe der Hinterbliebenenbezüge an, sondern auf ihr Verhältnis zu einem angemessenen Gehalt eines Gesellschafter-Geschäftsführers. Der II. Senat beließ es bei diesen Ausführungen, weil er nicht feststellen konnte, ob die Bezüge unangemessen hoch waren.

Ein weiteres Urteil des BFH vom selben Tag beschäftigte sich mit einer Witwenrente aufgrund von Ruhegehaltsvereinbarungen ihres Ehemanns mit seinen Arbeitgebern.[163] Der II. Senat wiederholte seine Ansicht, dass bei überhöhten Witwenbezügen die Nichtanwendbarkeit des § 3 Abs. 1 Nr. 4 ErbStG nicht mehr gerechtfertigt sein könne, wenn andere Gründe als die Arbeitnehmertätigkeit bei der Festlegung des Gehalts oder der Witwenbezüge maßgebend waren. Dies sei etwa bei einem teilweisen gesellschaftlichen Zusammenhang der überhöhten Bezüge der Fall, wenn also eine verdeckte Gewinnausschüttung an den Ehemann als Gesellschafter zu beurteilen wäre. Im vorliegen Fall lagen jedoch keine Indizien für eine solche Annahme vor, sodass der BFH seine Ansicht auch hier nicht genauer darlegen konnte.

Am 2. 2. 2000 hatte das FG Rheinland-Pfalz über die Schenkungsteuerpflicht einer Umsatztantieme zu entscheiden.[164] Der Kläger war Angestellter im Einzelunternehmen seiner Mutter. Er erhielt neben einer Tätigkeitsvergütung auch eine Umsatztantieme, die das Finanzamt als überhöht ansah und daher einkommensteuerlich nicht anerkannte. Es sollte eine Entnahme der Mutter und sodann eine freigebige Zuwendung nach § 7 Abs. 1 Nr. 1 ErbStG an den Sohn vorliegen. Das FG Rheinland-Pfalz stellte dagegen fest, dass Leistungen eines gegenseitigen Vertrags im Rahmen einer Gesamtbetrachtung gegenüber zu stellen seien, um festzulegen, ob eine steuerbare Zuwendung vorliegt. Einzelne Leistungselemente (wie die Umsatztantieme) könnten deshalb nicht aus dem einheitlichen Leistungsverhältnis herausgelöst und isoliert beurteilt werden. Es komme allenfalls bei einem groben Missverhältnis eine gemischt-freigebige Zuwendung in Betracht. Die Abgrenzung anhand eines Fremdvergleichs sei für die Erbschaft- und Schenkungsteuer nicht relevant, wenn ein auf Leistungsaustausch beruhender Vertrag geschlossen wurde.

---

162 *BFH*, Urteil v. 20.5.1981, II R 11/81, NJW 1981, 2320 ff.

163 *BFH*, Urteil v. 20.5.1981, II R 33/78, BStBl. II 1982, 27 f.

164 *FG Rheinland-Pfalz*, Urteil v. 2.2.2000, 4 K 3374/98, DStRE 2000, 485 f.

Das Gericht zitierte eine Entscheidung des BFH aus dem Jahr 1995[165], in der die Notwendigkeit des Fremdvergleichs aus der für die Einkünfteermittlung im Einkommensteuerrecht erforderlichen Abgrenzung zwischen Aufwendungen für den privaten Lebensbereich und Aufwendungen für den beruflich-betrieblichen Bereich hergeleitet wird. Eine vergleichbare Wertung gebiete das an bürgerlich-rechtliche Vorgänge anknüpfende Erbschaftsteuerrecht nicht. Das FG Rheinland-Pfalz konnte im konkreten jedoch kein deutliches Missverhältnis zwischen der Arbeitsleistung und dem gezahlten Gesamtentgelt feststellen und nahm daher keine freigebige Zuwendung an.

Einen ähnlich gelagerten Fall hatte das FG Nürnberg am 24. 6. 2004 zu entscheiden.[166] Streitig war, ob ertragsteuerlich als überhöhte Bezüge behandelte Zahlungen – hier eine Gewinntantieme – an den Ehemann als Geschäftsführer der Einzelhandelsfirma seiner Ehefrau freigebige Zuwendungen darstellten. Das Gericht zitierte u.a. die Entscheidung des FG Rheinland-Pfalz vom 2. 2. 2000[167] und stellte auf die von der Einkommensteuer unabhängige schenkungsteuerliche Betrachtung ab. Hiernach ergab sich ein auffälliges Missverhältnis, sodass eine freigebige Zuwendung der Ehefrau an den Ehemann in Höhe der überhöhten Vergütungszahlungen vorlag. Beide Urteile liefern jedoch keine Hinweise zur Behandlung verdeckter Gewinnausschüttungen im Schenkungsteuerrecht, weil stets Einzelunternehmen Gegenstand der Beurteilung waren.

In einem Beschluss vom 15. 9. 2004 stellte schließlich auch der BFH hinsichtlich der Angemessenheit einer Tantieme der Gesellschaft an den (bei der Gesellschaft angestellten) Sohn eines Gesellschafters fest, dass die einkommensteuerrechtlichen Grundsätze über den Fremdvergleich im Erbschaft- und Schenkungsteuergesetz nicht entsprechend anwendbar seien.[168] Die ertragsteuerliche Feststellung einer verdeckten Gewinnausschüttung hätte hiernach keine Auswirkungen auf die Schenkungsteuerpflicht. Der Fall behandelte jedoch die Tantiemenzahlung einer GmbH & Co. KG an den Sohn des Kommanditisten und nicht Zahlungen einer Kapitalgesellschaft an Gesellschafter oder nahe Angehörige.

I. Die Entscheidung des FG Nürnberg vom 18. 11. 2004

Am 7. 11. 2007 hatte der BFH einen Fall zu entscheiden, der im Folgenden richtungsweisend für die aktuelle Auffassung der Finanzverwaltung sein sollte.[169] Den Ausgangsfall vor dem FG Nürnberg bildete eine einfache Grundkonstellation, in der die Ehefrau eines Gesellschafter-Geschäftsführers überhöhte Vergütungen als freie

165 *BFH*, Urteil v. 25.10.1995, II R 45/92, NJW-RR 1996, 515 (516).

166 *FG Nürnberg*, Urteil v. 24.06.2004, IV 192/2003, DStRE 2004, 1466 ff.

167 *FG Rheinland-Pfalz*, Urteil v. 02.02.2000, 4 K 3374/98, DStRE 2000, 485 f.

168 *BFH*, Beschluss vom 15.9.2004, II B 63/03, BFH/NV 2005, 211 f. Der BFH bestätigte somit seine zuvor geäußerte Ansicht in *BFH*, Urteil v. 25.10.1995, II R 45/92, NJW-RR 1996, 515 (516).

169 *BFH*, Urteil v. 7.11.2007, II R 28/06, DStR 2008, 346 ff.

Mitarbeiterin (Lektorin) von der GmbH erhielt.[170] Diese wurden im Rahmen einer Außenprüfung ertragsteuerlich als verdeckte Gewinnausschüttungen angesehen. Es handelte sich somit um die Figur einer verdeckten Gewinnausschüttung an eine dem Gesellschafter nahestehende Person, in diesem Fall ein Angehöriger des Gesellschafters. Ertragsteuerlich wird dem Gesellschafter die verdeckte Gewinnausschüttung als Einnahme zugerechnet, die er unentgeltlich weiterreicht. Der Gesellschafter selbst muss keinen Vermögensvorteil erlangen.[171]

Diese Sichtweise übertrug das Finanzamt auf das Schenkungsteuerrecht und nahm eine freigebige Zuwendung nach § 7 Abs. 1 Nr. 1 ErbStG durch den Ehemann an die Ehefrau an.[172] Hiergegen ging der Kläger nach erfolglosem Einspruchsverfahren vor.

Das FG Nürnberg sah die Klage jedoch als nicht begründet an und gab dem Finanzamt Recht. Die nicht mit einer entsprechenden Gegenleistung in Zusammenhang zu bringenden Zuwendungen, seien durch den Ehemann vorgenommen und die Frau auf seine Kosten bereichert. Zwar seien die Zahlungen durch die GmbH erfolgt, jedoch wären sie durch den Gesellschafter als Geschäftsführer veranlasst. Dies stelle eine mittelbare Zuwendung durch Drittleistung dar. Die Zuwendungen seien auch auf Kosten des Gesellschafters erfolgt, weil er als veranlassender Geschäftsführer hinsichtlich der verdeckten Gewinnausschüttung einem, trotz seines Einflusses auf die Gesellschaft, grundsätzlich nicht auszuschließenden Regressanspruch der GmbH ausgesetzt wäre.

II. Das BFH-Urteil vom 7. 11. 2007 – Die Kapitalgesellschaft als Zuwendende

Die darauf eingelegte Revision hatte vor dem II. Senat des BFH jedoch Erfolg, weil das FG Nürnberg zu Unrecht angenommen habe, dass die Zahlungen in Höhe der verdeckten Gewinnausschüttung freigebige Zuwendungen des Gesellschafters an die nahestehende Person seien.[173] Es fehle an der erforderlichen Vermögensverschiebung zwischen den Eheleuten. Die ertragsteuerliche Fiktion eines Zuflusses beim Gesellschafter könne nicht auf die Erbschaft- und Schenkungsteuer übertragen werden, weil sie als Verkehrsteuer an bürgerlich-rechtliche Vorgänge anknüpfe. Es sei somit nicht entscheidend, wem nach wirtschaftlicher Betrachtung Einkommen zuzurechnen sei, sondern es komme ausschließlich auf die Zivilrechtslage an. Vorliegend leiste die GmbH aufgrund der erbrachten Arbeitsleistungen eine überhöhte Vergütung an die Ehefrau. Der Dienstvertrag sei somit Grund der Zahlung und nicht ein abgekürzter Leistungsweg in dem Sinne, dass die GmbH als Schuldnerin

---

170 *FG Nürnberg*, Urteil v. 18.11.2004, IV 284/2003, BeckRS 2004, 26017485.

171 Vgl. die Körperschaftsteuer-Richtlinien 2004 mit den Körperschaftsteuer-Hinweisen 2008, R 36 I / H 36 III KStR 2004, BStBl. I Sondernummer 2, 2 ff.

172 Vgl. die Erbschaftsteuer-Richtlinien von 2003, R 18 VIII ErbStR 2003, BStBl. I 2003, Sondernummer 1, 2 ff.

173 *BFH*, Urteil v. 7.11.2007, II R 28/06, DStR 2008, 346 ff.

des Gesellschafters auf dessen Aufforderung hin eine diesem zustehende Forderung durch unmittelbare Leistung an die Ehefrau gemäß § 362 Abs. 2 i.V.m. § 185 BGB erfülle.

Dass möglicherweise Schadensersatzansprüche der GmbH gegen den Gesellschafter bestünden, führe zu keiner abweichenden Beurteilung, weil es auch in einem solchen Fall an einer Vermögensverschiebung zwischen Gesellschafter und nahestehender Person fehle.

Zusätzlich stellte der II. Senat klar, dass eine Bereicherung auf Kosten des Gesellschafters auch nicht damit begründet werden könne, dass sich durch die verdeckte Gewinnausschüttung der Wert des Geschäftsanteils des Gesellschafters gemindert habe. Die rechtliche Eigenständigkeit des Gesellschaftsvermögens der GmbH als juristische Person führe dazu, dass die Wertminderung eine bloße Folge der Verringerung des Gesellschaftsvermögens darstelle und deshalb nicht von der Schenkungsteuer erfasst sei. Gleiches gelte für den dazu spiegelbildlichen Fall einer disquotalen Einlage durch einen Gesellschafter, der nicht als schenkungsteuerliche Bereicherung einzuordnen sei, obwohl sich durch die Mehrung des Betriebsvermögens der Wert der Geschäftsanteile der Gesellschafter erhöhe.

In einem obiter dictum erwähnte der BFH dann die Möglichkeit, dass eine gemischte freigebige Zuwendung der GmbH an die Ehefrau (nahestehende Person) in Frage komme. Hinsichtlich des subjektiven Tatbestands reiche bei Unausgewogenheit der Verträge regelmäßig das Bewusstsein des einseitig benachteiligten Vertragspartners über den Mehrwert seiner Leistung aus. Eine genaue Kenntnis des Wertunterschiedes sei nicht notwendig.

III. Das BFH-Urteil vom 30. 1. 2013 – Keine freigebige Zuwendung zwischen Gesellschaft und Gesellschafter

Das obiter dictum des BFH führte in der Folge zu erheblicher Rechtsunsicherheit. Finanzgerichte griffen die Entscheidung auf und sahen nunmehr grundsätzlich die Gesellschaft als Schenkerin an.[174] Der BFH nutze in einem Revisionsverfahren die Möglichkeit, das Verhältnis zwischen Gesellschaft und Gesellschaftern bei verdeckten Gewinnausschüttungen durch Wertabgabe der Kapitalgesellschaft nochmals grundsätzlich klarzustellen.[175]

Vereinfacht stellte sich der Sachverhalt wie folgt dar: Eine AG verkaufte im Jahre 2005 an ihren mittelbaren Gesellschafter G eine Forderung mit Besserungsschein zum damaligen Verkehrswert von 1 Euro. Nachdem sich die finanziellen Verhältnisse der Schuldnerin verbessert hatten, erhielt der Gesellschafter in den Jahren 2007 und 2008 von der AG Gutschriften auf seine wieder aufgelebte Forderung.

174 *FG Düsseldorf*, Urteil v. 19.8.2009, 4 K 1477/09 Erb, EFG 2011, 1994 f.; *FG München*, Urteil v. 30.5.2012, 4 K 689/09, DStRE 2013, 82 (84 f.).

175 *BFH*, Urteil v. 30.1.2013, II R 6/12; DStR 2013, 649 (650 ff.).

Das Finanzamt sah hierin freigebige Zuwendungen der AG an deren mittelbaren Gesellschafter G und setzte gegen ihn Schenkungsteuer fest.

Der BFH verneinte zunächst (abweichend von der Vorinstanz)[176] eine gemischte Schenkung der AG an G. Das Finanzgericht habe nicht festgestellt, ob der Verkehrswert der Forderung im Jahr der Veräußerung (2005) tatsächlich über 1 Euro gelegen habe. Die spätere wirtschaftliche Besserung sei für den maßgeblichen Bewertungsstichtag unerheblich.

Angesichts der bestehenden schenkungsteuerlichen Rechtsunsicherheiten beließ es der BFH jedoch nicht hierbei. Er fügte wiederum ein obiter dictum als Alternativbegründung an. Der II. Senat erläuterte, dass Leistungen einer Kapitalgesellschaft an unmittelbar oder mittelbar beteiligte Gesellschafter keine freigebigen Zuwendungen i.S.d. § 7 Abs. 1 Nr. 1 ErbStG darstellen könnten. Es gebe insofern nur betrieblich und gesellschaftlich veranlasste Rechtsvorgänge (oder Kapitalrückzahlungen). Gewinnausschüttungen (offene wie verdeckte) beruhten stets auf dem Gesellschaftsverhältnis und hätten somit nur ertragsteuerliche Konsequenzen. Dabei spiele es keine Rolle, ob alle Gesellschafter der Kapitalgesellschaft verdeckte Gewinnausschüttungen in gleicher Höhe erhielten.

Im vorliegend Fall handele es sich um eine mittelbare verdeckte Gewinnausschüttung an einen nahen Angehörigen. Denn „ist Gesellschafterin einer Kapitalgesellschaft eine andere Kapitalgesellschaft, so stehen dieser deren Gesellschafter nahe. Leistungen, die eine Kapitalgesellschaft unmittelbar an einen Gesellschafter ihres eigenen Gesellschafters (mittelbarer Gesellschafter) erbringt, können daher verdeckte Gewinnausschüttung sein. In einem solchen Fall ist der normale Weg der Gewinnausschüttung der Beteiligungs- an die Muttergesellschaft und der Muttergesellschaft an ihren Gesellschafter abgekürzt. Es liegt dann eine verdeckte Gewinnausschüttung der Beteiligungsgesellschaft an die Muttergesellschaft und eine solche der Muttergesellschaft an ihren Gesellschafter vor."

Zur weiteren Begründung verwies der BFH auf seine Rechtsprechung zur Behandlung verdeckter Einlagen, die als gesellschaftsrechtlich veranlasste Vorgänge ebenfalls keine freigebigen Zuwendungen darstellen sollen. Für den spiegelbildlichen Fall der verdeckten Gewinnausschüttung könne nicht anderes gelten.

Der II. Senat unterließ jedoch eine generelle Aussage zum Verhältnis der Ertragsteuern zum Schenkungsteuerrecht, weil zumindest die (hier gegebene) verdeckte Gewinnausschüttung den Ertragsteuern zuzuordnen sei.

Daher ist nach wie vor nicht höchstrichterlich entschieden, wie die Fälle verdeckter Gewinnausschüttungen durch Leistung der Gesellschaft an auch nicht mittelbar beteiligte Dritte bzw. nahe stehende Personen zu entscheiden wären. Gleichwohl könnte die Begründung des BFH darauf hindeuten, dass insoweit keine Schenkungsteuerpflicht anzunehmen ist, weil der II. Senat den mittelbar beteiligten

176 *FG Düsseldorf*, Urteil v. 24.8.2011, 4 K 1027/11 Erb, DStRE 2013, 290 f.

Gesellschafter als nahestehende Personen einstufte und hier die gesellschaftliche Veranlassung den schenkungsteuerlichen Tatbestand ausschließen soll.[177]

IV. FG Münster und BFH-Urteil vom 27.8.2014 – II R 44/13

Dieser Urteilsinterpretation ist auch das FG Münster in einer neueren Entscheidung gefolgt.[178] Im konkreten Fall waren ursprünglich der Kläger, sein Vater V und sein Bruder B beteiligt. V und der Kläger schieden daraufhin aus. Der Kläger verkaufte seine GmbH-Beteiligung an B und dessen Ehefrau. Mit weiterem Vertrag vom selben Tag verkaufte die durch B als Geschäftsführer vertretene GmbH ihr gehörende Grundstücke für einen um 248.000 Euro unterhalb des Verkehrswerts liegenden Kaufpreis an den Kläger. Daher beurteilte das Finanzamt die Grundstücksveräußerung als verdeckte Gewinnausschüttung der GmbH an B und zugleich als gemischte Schenkung nach § 7 Abs. 1 Nr. 1 ErbStG der GmbH an den Kläger.

Dem trat das FG nunmehr entgegen. Die verdeckte Gewinnausschüttung an den Gesellschafter könne nicht zugleich eine freigebige Zuwendung der Kapitalgesellschaft an eine nahestehende Person sein. Ansonsten würde ein Lebenssachverhalt der Erbschaft- und Schenkungsteuer unterworfen, der jedoch nach den Ausführungen des BFH allein nach ertragsteuerlichen Grundsätzen zu beurteilen sei.

Das hierauf ergangene Revisionsurteil[179] brachte jedoch nicht die erhoffte höchstrichterliche Klarstellung des Verhältnisses von Schenkungssteuer und verdeckter Gewinnausschüttung an nahestehende Dritte.[180] Der BFH ordnete die Vermögensverschiebung von der Gesellschaft auf den Kläger, also die Differenz zwischen Kaufpreis und Verkehrswert des Grundstücks, allein dem Ertragsteuerrecht zu. Denn ein Vermögensvorteil, den der Verkäufer eines GmbH-Anteils über den vom Erwerber gezahlten Kaufpreis hinaus erhalte, sei beim Anteilsverkäufer allein von ertragsteuerrechtlicher Bedeutung, wenn der Vorteil zum Veräußerungspreis i. S. d. § 17 Abs. 2 S. 1 EStG zähle und somit bei der Ermittlung des der Einkommensteuer unterliegenden Veräußerungsgewinns i. S. d. § 17 Abs. 1 S. 1 EStG anzusetzen sei. Es komme dabei nicht darauf an, ob die Leistung an den Anteilsverkäufer bei der Festsetzung der Einkommensteuer als Veräußerungspreis i. S. d. § 17 Abs. 2 S. 1 EStG erfasst wurde. Entscheidend sei vielmehr, dass die Leistung bei zutreffender Beurteilung zum Veräußerungspreis zähle. Hierunter seien aber auch Leistungen zu erfassen, die der Veräußerer nicht als Gegenleistung für den Anteil, sondern – wie

---

177 Wohl aufgrund dieser Interpretation belegte die Finanzverwaltung die Entscheidung mit einem Nichtanwendungserlass, vgl. die gleichlautenden Erlasse der obersten Finanzbehörden der Länder v. 5.6.2013, BStBl. I 2013, S. 1465.

178 *FG Münster*, Urteil v. 24.10.2013, 3 K 103/13 Erb, ZEV 2014, 215 f. Vgl. auch die weitere Entscheidung des FG Münster, Urteil v. 22.10.2015, 3 K 986/13 ERB, BeckRS 2016, 94039 und das anhängige Revisionsverfahren BFH, II R 54/15.

179 *BFH*, Urteil v. 27.8.2014, II R 44/13, DStR 2014, 2239 ff.

180 So auch *Meßbacher-Hönsch*, jurisPR-SteuerR 51/2014, Anm. 4 a.E.

hier – in unmittelbarem wirtschaftlichem Zusammenhang mit der Anteilsveräußerung erhalte.

Eine zusätzliche schenkungsteuerliche Erfassung des Vorteils beim Anteilsverkäufer sei auch dann ausgeschlossen, wenn der Veräußerer den Vorteil nicht vom Anteilserwerber, sondern von einem Dritten (hier der Kapitalgesellschaft) erhalten habe. Die Anteilsveräußerung sei nämlich insoweit eine auf Einkünfteerzielung am Markt, also auf einen Hinzuerwerb von Einkommen gerichtete Erwerbshandlung. Damit scheide jedoch eine freigebige Zuwendung mangels „Freigebigkeit" i. S. d. § 7 Abs. 1 Nr. 1 aus.

C. Die Auffassung der Finanzverwaltung

Die Finanzverwaltung vollzog aufgrund des Urteils des BFH vom 7. 11. 2007[181] einen deutlichen Richtungswechsel in Bezug auf die Beurteilung gesellschaftlicher Vorgänge.

I. Alte Auffassung

Zur systematischen Aufarbeitung erscheint es im Folgenden sinnvoll, zwischen Leistungen an die Gesellschafter und Leistungen an Dritte bzw. nahestehende Personen zu unterscheiden.

1. Leistungen an Gesellschafter

Bis zur Aufhebung der Anwendbarkeit der Erbschaftsteuer-Richtlinien von 2003 (R 18 ErbStR 2003)[182] bzw. Änderung der Erbschaftsteuer-Hinweise von 2003 (ErbStH H 18 2003)[183] sah die Finanzverwaltung in Leistungen der Gesellschaft an ihre Gesellschafter in diesem Verhältnis keine steuerbare Zuwendung. Ob eine Schenkung des nicht begünstigten Gesellschafters an den die verdeckte Gewinnausschüttung empfangenden Gesellschafter zu prüfen war, wurde in der Richtlinie von 2003 nicht erörtert. Die Erbschaftsteuer-Richtlinien von 1997[184] enthielten hierzu noch Ausführungen, die eine der verdeckten Einlage entsprechende Besteuerung festlegten. Somit sollte auch in der Wertminderung der Beteiligungsrechte der anderen Gesellschafter, eine steuerbare Zuwendung an den die verdeckte Gewinnausschüttung empfangenden Gesellschafter vorliegen.

---

181 *BFH*, Urteil v. 7.11.2007, II R 28/06, DStR 2008, 346 ff.

182 Erbschaftsteuer-Richtlinien von 2003, R 18 VIII ErbStR 2003, BStBl. I 2003, Sondernummer 1, 2 ff.

183 Erbschaftsteuer-Hinweise von 2003, H 18 ErbStH 2003 „Inkongruente Gewinnausschüttung", BStBl. I 2003, Sondernummer 1, 2 ff.

184 Gleichlautende Ländererlasse vom 15.3.1997, BStBl. I 1997, 350 ff., DStR 1997, 540 ff., Tz. 5.1 verweist auf Tz. 2.2.3.

Lediglich in den Erbschaftsteuer-Hinweisen von 2003 wurde zu Gewinnausschüttungen ausgeführt, dass bei "von der Beteiligungsquote abweichenden inkongruenten Gewinnausschüttungen an einen Gesellschafter, das über das gesetzliche Maß hinaus Verteilte zu einer Bereicherung dieses Gesellschafters auf Kosten der übrigen Gesellschafter führt, sofern keine Gesellschafterleistungen die abweichende Gewinnverteilung rechtfertigen". Somit konnte eine offene Gewinnausschüttung im Verhältnis zwischen den Gesellschaftern zu einer freigebigen Zuwendung führen, sofern nicht alle Gesellschafter proportional begünstigt waren oder zwar alle begünstigt waren, sich die Begünstigung jedoch disproportional zu ihrer Beteiligung verhielt. Ob diese Grundsätze auf eine verdeckte Gewinnausschüttung zu übertragen waren, stellte die Finanzverwaltung nicht klar. Es konnte jedoch davon ausgegangen werden, dass aus ihrer Sicht auch in diesem Fall eine Schenkung des benachteiligten Gesellschafters an den durch die verdeckte Gewinnausschüttung bevorteilten Gesellschafter angenommen wurde.[185]

2. Leistungen an nahestehende Person

Verdeckte Gewinnausschüttungen in Form von Leistungen der Kapitalgesellschaft an eine nahestehende Person sollten im Verhältnis zwischen Gesellschaft und Gesellschafter ebenfalls nicht steuerbar sein. In den Erbschaftsteuerrichtlinien von 1997 wurde jedoch die Prüfung einer steuerbaren Zuwendung des Gesellschafters an die dem Gesellschafter nahestehende Person angeordnet. Durch die Erbschaftsteuerrichtlinien von 2003 wurde zusätzlich in Erwägung gezogen, dass eine direkte Zuwendung der *Gesellschaft* an die dem Gesellschafter nahestehende Person vorliegen könnte.

Somit kamen schenkungsteuerliche Folgen bei Gewinnausschüttungen an Gesellschafter im Verhältnis der Gesellschafter untereinander, jedoch nicht zwischen Kapitalgesellschaft und Gesellschaftern in Betracht. Hinsichtlich verdeckter Gewinnausschüttungen an nahestehende Personen kamen freigebige Zuwendungen der Gesellschaft oder des Gesellschafters in Frage. Eine Erläuterung der dahinter stehenden Dogmatik und Überlegungen wurde allerdings nicht gegeben.

II. Neue Auffassung – Die Ländererlasse vom 20. 10. 2010

Nach der Entscheidung des BFH vom 7. 11. 2007 wurde durch die gleichlautenden Ländererlasse vom 20. 10. 2010[186] die Verwaltungsauffassung für Leistungen von und an Kapitalgesellschaften grundlegend überarbeitet und an die neue Rechtsprechung angepasst. Hierzu wurde die Erbschaftsteuer-Richtlinie „R 18 ErbStR 2003" für nicht mehr anwendbar erklärt und die Hinweise „H 18 ErbStH 2003" neu geregelt.

185 *Breier*, Ubg 2009, 417 (421); *van Lishaut/Ebber/Schmitz*, Ubg 2012, 1 (2).
186 Gleichlautende Erlasse der obersten Finanzbehörden der Länder vom 20.10.2010, 3-S 3806/75, BStBl. I 2010, S. 1207 ff.

1. Leistungen an nahestehende Person

Die Finanzverwaltung nahm in Tz. 6.1 das Urteil des BFH ohne Änderung auf: „Zahlt eine Kapitalgesellschaft auf Veranlassung eines Gesellschafters einer diesem nahestehenden Person, die nicht Gesellschafter ist, überhöhte Vergütungen, liegt regelmäßig keine freigebige Zuwendung des Gesellschafters an die nahestehende Person vor, sondern eine gemischte freigebige Zuwendung im Verhältnis der Kapitalgesellschaft zur nahestehenden Person." Entsprechendes sollte gelten, wenn eine Kapitalgesellschaft auf eine Forderung gegenüber einer dem Gesellschafter nahestehenden Person verzichtet.

Somit nahm die Finanzverwaltung neben der entscheidungserheblichen Aussage, dass zwischen *Gesellschafter* und Ehefrau (als nahestehende Person des Gesellschafters) kein schenkungsteuerpflichtiger Vorgang gegeben sei, auch den bloß im obiter dictum geäußerten Gedanken des II. Senats auf, dass eine freigebige Zuwendung zwischen *Gesellschaft* und Ehefrau vorliegen könnte.

2. Leistungen an Gesellschafter

Die Interpretation des Urteils durch die obersten Finanzbehörden der Länder führte jedoch zu noch weitergehenden Konsequenzen, indem der Gedanke einer gemischten freigebigen Zuwendung auch auf das Verhältnis zwischen Gesellschaft und Gesellschafter übertragen wurde. Tz. 6.2 enthält folgende Ausführungen:

„Zahlt eine Kapitalgesellschaft einem Gesellschafter überhöhte Vergütungen, führt das über die gesellschaftsrechtliche Beteiligungsquote hinaus Verteilte zu einer Bereicherung des Gesellschafters auf Kosten der Gesellschaft. Es liegt eine gemischte freigebige Zuwendung im Verhältnis der Kapitalgesellschaft zum Gesellschafter vor. Die Auszahlung erfolgt nicht in Erfüllung eines Gesellschaftszwecks. Entsprechendes gilt z.B., wenn eine Kapitalgesellschaft auf eine Forderung gegenüber einem Gesellschafter verzichtet."

Ein Beispiel verdeutlichte diese Konstellation[187]: Sind A und B jeweils mit 50 % an einer GmbH beteiligt und erhält A mit Duldung des B von der GmbH einen PKW zu einem um 100.000 Euro zu niedrigen Kaufpreis, muss A einen Erwerb von der GmbH i.H.v. 50.000 Euro versteuern (50 % von 100.000 Euro). Für den Fall, dass beide in sachlichem und zeitlichem Zusammenhang gleichwertige Vorteile erhalten, soll kein schenkungspflichtiger Vorgang vorliegen.

In Tz. 6.3 gingen die obersten Finanzbehörden darauf ein, dass bei *offenen* disquotalen (also von der Beteiligungsquote abweichenden) Gewinnverteilungen regelmäßig eine freigebige Zuwendung zwischen den Gesellschaftern vorliegen sollte.

Hinsichtlich des subjektiven Tatbestands einer freigebigen Zuwendung reichte regelmäßig das Bewusstsein des einseitig benachteiligten Vertragspartners über den Mehrwert seiner Leistung aus. Ein auf die Bereicherung des Empfängers gerichteter

187 Gleichlautende Erlasse der obersten Finanzbehörden der Länder vom 20.10.2010, 3-S 3806/75, Tz. 6.2, BStBl. I 2010, 1207 ff.

Wille im Sinne einer Bereicherungsabsicht war genauso wenig erforderlich wie die Kenntnis des genauen Ausmaßes des Wertunterschieds. Hierbei kam es auf das Bewusstsein der handelnden Organe an. Etwaige Ersatzansprüche der Gesellschaft gegen die handelnden Organe oder gegen den veranlassenden Gesellschafter sollten die Freigebigkeit nicht ausschließen.

Somit konnte es, in Gegenüberstellung zu den Erbschaftsteuer-Richtlinien und Hinweisen von 2003, bei verdeckten Gewinnausschüttungen an Gesellschafter nur zu schenkungsteuerlichen Folgen zwischen Gesellschaft und Gesellschaftern kommen, wobei allein die überquotale Begünstigung zu erfassen war. Disquotale offene Gewinnausschüttungen konnten hingegen nur im Verhältnis der Gesellschafter untereinander schenkungsteuerpflichtig sein.

Eine Schenkung des Gesellschafters an die nahestehende Person wurde verworfen und stattdessen regelmäßig eine Schenkung der Kapitalgesellschaft an die nahestehende Person angenommen.

III. Die Gesetzesänderung durch das BeitrRLUmsG

Der Gesetzgeber war jedoch der Auffassung, dass die Folgen der neuen Rechtsprechung und die Erlasse der obersten Finanzbehörden der Länder vom 20. 10. 2010 nicht hinnehmbar seien. Auf Initiative des Bundesrats[188] wurde u.a. § 7 Abs. 8 und § 15 Abs. 4 ErbStG durch das BeitrRLUmsG eingefügt.[189] Hiermit sollten die „Grundsätze der Rechtsprechung" des BFH zur Behandlung von Schenkungen im Zusammenhang mit Beteiligungen an Kapitalgesellschaften aufgegriffen und fortentwickelt werden. U.a. wurde klargestellt, dass verdeckte Gewinnausschüttungen im Konzern nur in Ausnahmefällen als Schenkungen behandelt werden. Zudem

---

188 BR-Drs. 253/11, S. 33 (34).

189 Wortlaut der Regelungen, vgl. auch BGBl. I 2011, S. 2592 (2614).
§ 7 Abs. 8 S. 1 ErbStG: Als Schenkung gilt auch die Werterhöhung von Anteilen an einer Kapitalgesellschaft, die eine an der Gesellschaft unmittelbar oder mittelbar beteiligte natürliche Person oder Stiftung (Bedachte) durch die Leistung einer anderen Person (Zuwendender) an die Gesellschaft erlangt.
§ 7 Abs. 8 S. 2 ErbStG: Freigebig sind auch Zuwendungen zwischen Kapitalgesellschaften, soweit sie in der Absicht getätigt wurden, Gesellschafter zu bereichern und soweit an diesen Gesellschaften nicht unmittelbar oder mittelbar dieselben Gesellschafter zu gleichen Anteilen beteiligt sind.
§ 15 Abs. 4 ErbStG: Bei einer Schenkung durch eine Kapitalgesellschaft oder Genossenschaft ist der Besteuerung das persönliche Verhältnis des Erwerbers zu derjenigen unmittelbar oder mittelbar beteiligten natürlichen Person oder Stiftung zugrunde zu legen, durch die sie veranlasst ist. In diesem Fall gilt die Schenkung bei Zusammenrechnung früherer Erwerbe (§ 14) als Vermögensvorteil, der dem Bedachten von dieser Person anfällt.

sollten Härten ausgeräumt werden, die sich bei Annahme einer Schenkung durch die Kapitalgesellschaft aufgrund der ungünstigen Steuerklasse III ergaben.[190]

IV. Die angepassten Ländererlasse vom 14. 3. 2012

Mit den gleichlautenden Ländererlassen vom 14. 3. 2012[191] bestätigte die Finanzverwaltung ihre Auffassung vom 20. 10. 2010 und verarbeitete zusätzlich die Gesetzesänderungen. Anhand der aktuellen Ländererlasse wird im Folgenden der derzeitige Meinungstand der Finanzverwaltung zusammenfassend wiedergegeben.

1. Leistungen an Gesellschafter

Verdeckte Gewinnausschüttungen an einen Gesellschafter sollen als gemischt-freigebige Zuwendungen der Kapitalgesellschaft an den Gesellschafter schenkungsteuerbar sein, soweit die gesellschaftsrechtliche Beteiligungsquote überschritten ist.

Disquotale offene Gewinnausschüttungen könnten eine freigebige Zuwendung nach § 7 Abs. 1 Nr. 1 ErbStG zwischen den Gesellschaftern darstellen. Dies soll auch dann anzunehmen sein, wenn nicht „leistungsbezogen bestimmte disquotale Gewinnausschüttungen vorliegen". Kongruente Ausschüttungen an Gesellschafter stellen nach wie vor keine freigebigen Zuwendungen dar.[192]

2. Leistungen an nahestehende Person

Bei überhöhten Vergütungen an nahestehende Personen soll eine gemischt freigebige Zuwendung der Kapitalgesellschaft an die nahestehende Person gemäß § 7

190 BT-Drs. 17/7524, S. 20 f.: „Die zivilrechtliche Betrachtungsweise der Rechtsprechung hat in der Praxis zu der Sorge geführt, dass auch verdeckte Gewinnausschüttungen im Konzern als schenkungsteuerbar angesehen werden könnten. Satz 2 stellt klar, dass solche Vermögensverschiebungen zwischen Kapitalgesellschaften nur in den dort definierten Ausnahmefällen als Schenkung behandelt werden können." (...) „§ 15 Abs. 4 – neu – ErbStG soll Härten ausräumen, die sich aus der unmittelbaren zivilrechtlichen Betrachtung einer Zuwendung durch eine Kapitalgesellschaft ergeben können. (...) Nach der Neuregelung ist der Vorgang hinsichtlich der Berechnung der Steuer wie eine Direktzuwendung von V (veranlassender Gesellschafter – Anm. d. Verf.) an T (nahestehende Person – Anm. d. Verf.) zu behandeln, sodass die günstige Steuerklasse I und der höhere persönliche Freibetrag angewendet werden kann."

191 Gleichlautende Erlasse vom 14.3.2012, BStBl. I 2012, 331 ff.

192 Gleichlautende Erlasse vom 14.3.2012, BStBl. I 2012, 331 ff., Tz. 2.6.2 und 2.6.4. Unveränderte Übernahme aus dem Ländererlass vom 20.10.2010, Tz. 6.2 und 6.3, BStBl. I 2010, 1207 ff.

Abs. 1 Nr. 1 ErbStG in Betracht kommen und keine freigebige Zuwendung des Gesellschafters.[193]

3. *Bereicherungsabsicht*

Hinsichtlich des subjektiven Tatbestands einer freigebigen Zuwendung soll bei unausgewogenen gegenseitigen Verträgen auch weiterhin regelmäßig das Bewusstsein des einseitig benachteiligten Vertragspartners über den Mehrwert seiner Leistung ausreichen. Insoweit komme es auf das Bewusstsein der für die Kapitalgesellschaft Handelnden an. Ein auf die Bereicherung gerichteter Wille im Sinne einer Bereicherungsabsicht sei ebenso wenig erforderlich wie die Kenntnis des genauen Ausmaßes des Wertunterschieds. Hierbei geht die Finanzverwaltung bereits ab einer Wertdifferenz von 20 % von einem offensichtlichen Missverhältnis von Leistung und Gegenleistung aus.[194] Etwaige Ersatzansprüche der Gesellschaft gegen die handelnden Organe oder den veranlassenden Gesellschafter sollen die Freigebigkeit weiterhin nicht ausschließen.[195]

4. *Konzernsachverhalte*

Die neu definierte Rechtsansicht der Finanzverwaltung in Bezug auf die Schenkungsteuerpflicht verdeckter Gewinnausschüttungen an nahe Angehörige konnte innerhalb von Konzernstrukturen dazu führen, dass verdeckte Gewinnausschüttungen an eine Schwestergesellschaft der Schenkungsteuer unterlagen. Hierzu hatte sich die Finanzverwaltung in den Erlassen vom 20. 10. 2010 noch nicht geäußert. Aufgrund der Gesetzesänderung durch § 7 Abs. 8 S. 2 ErbStG stellt sie nun klar, dass verdeckte Gewinnausschüttungen im Konzern nur in Ausnahmefällen als Schenkung behandelt werden können.[196] Es komme hier ausdrücklich auf eine Bereicherungsabsicht an und nicht auf eine fehlende betriebliche Veranlassung. Jedoch begründe § 7 Abs. 8 S. 2 ErbStG keine gesonderte, über § 7 Abs. 1 Nr. 1 ErbStG und § 7 Abs. 8 S. 1 ErbStG hinausgehende Steuerbarkeit.

Nach § 7 Abs. 8 S. 2 Hs. 2 ErbStG scheidet eine Schenkungsteuerpflicht zwischen Kapitalgesellschaften aus, soweit an der leistenden und der begünstigten Kapitalgesellschaft unmittelbar oder mittelbar dieselben natürlichen Personen im gleichen Beteiligungsverhältnis beteiligt sind.

---

193 Gleichlautende Erlasse vom 14.3.2012, BStBl. I 2012, 331 ff., Tz. 2.6.1. Unveränderte Übernahme aus dem Ländererlass vom 20.10.2010, Tz. 6.1 BStBl. I 2010, 1207 ff. Vgl. auch die gleichlautenden Erlasse der obersten Finanzbehörden der Länder v. 5.6.2013, BStBl. I 2013, S. 1465.

194 Gleichlautende Erlasse vom 14.3.2012, BStBl. I 2012, 331 ff., Tz. 3.4.3.

195 Gleichlautende Erlasse vom 14.3.2012, BStBl. I 2012, 331 ff., Tz. 2.6.1.

196 Gleichlautende Erlasse vom 14.3.2012, BStBl. I 2012, 331 ff., Tz. 4.

5. Neuregelung des § 15 Abs. 4 ErbStG

Wie bereits aufgezeigt, hatte die Annahme einer unmittelbaren Zuwendung durch die Gesellschaft nachteilige Rechtsfolgen hinsichtlich der Steuerklasse und des Freibetrags. Grundsätzlich kam im Verhältnis zur Kapitalgesellschaft die Steuerklasse III nach § 15 Abs. 1 ErbStG und der niedrigste Freibetrag nach § 16 Abs. 1 Nr. 5 ErbStG in Höhe von 20.000 Euro zur Anwendung. Zuvor konnten die günstigeren Steuerklassen I und II angewendet werden, wenn von einer Direktzuwendung des veranlassenden Gesellschafters an den Erwerber ausgegangen wurde.

Bei verdeckten Gewinnausschüttungen an nahestehende Personen wird nunmehr für die Bestimmung der Steuerklasse das Verhältnis des veranlassenden Gesellschafters zum Erwerber zugrunde gelegt, § 15 Abs. 4 ErbStG. Zudem stellt die Finanzverwaltung klar, dass die Kapitalgesellschaft Zuwendende bleibe und die Vorschrift nur die Rechtsfolgen der Steuerermittlung betreffe.[197]

D. Die Auffassung des Schrifttums

Diese Auffassung der Finanzverwaltung erfuhr teils deutliche Ablehnung.[198] Der vorsitzende Richter des II. Senats Viskorf kritisierte, dass die Entscheidung des BFH vom 7. 11. 2007 über- und fehlinterpretiert werde.[199] Das Urteil erwähne lediglich in einem obiter dictum, dass eine Kapitalgesellschaft als Schenkerin auftreten und Schenkungen tätigen könne. Die Entscheidung enthalte gerade keine Anhaltspunkte, ob zwischen Gesellschaft und Gesellschafter schenkungsteuerlich relevante Vorgänge stattfinden können oder ob im konkreten Fall tatsächlich von einer gemischt freigebigen Zuwendung auszugehen war. Es mangele regelmäßig am Merkmal der Freigebigkeit, weil der Rechtsgrund für Vermögensabflüsse und -zuflüsse im Gesellschaftsverhältnis zu finden sei. Die Auffassung der Finanzverwaltung sei im Ergebnis rechtsdogmatisch nicht zu erklären und nehme eine – der Schenkungssteuer fremde – wirtschaftliche Betrachtung vor.

Überdies wurde auch die Frage aufgeworfen, ob eine Kapitalgesellschaft überhaupt einen subjektiven Willen zur Unentgeltlichkeit bilden könne. Ertragsteuerlich sei anerkannt, dass sie über keine außerbetriebliche Sphäre verfüge, sodass stets auf die Gesellschafter abzustellen sei. Auch werde die Annahme einer freigebigen Zuwendung dem wirtschaftlichen Hintergrund nicht gerecht, weil die Gesellschaft nur als Zahlstelle des Gesellschafters fungiere.[200]

---

197 Gleichlautende Erlasse vom 14.3.2012, BStBl. I 2012, 331 ff., Tz. 6.

198 Vgl. *Schuck*, in: V/K/S/W, § 7, Rz. 191; *Geck*, in: Kapp/Ebeling, § 7, Rz. 223; *Korezkij*, DStR 2011, 1454 (1460); *Benz/Böing*, DStR 2010, (1160 ff.); *Birnbaum*, DStR 2011, 252 (254 ff.); *Fuhrmann/Potsch*, NZG 2012, 681 (687 f.).

199 *Viskorf*, ZEV 2012, 442 (445).

200 *Crezelius*, Ubg 2012, 190 (192); *ders.*, ZEV 2016, 106 (107 f.); *Christ*, ZEV 2011, 393 ff.; *Schneider*, StbJb 2011/12, 487 (499).

Teilweise wurde die Umsetzung jedoch auch als gelungen zurückhaltend und der allgemeinen Systematik des Erbschaft- und Schenkungsteuerrechts entsprechend angesehen. Die denkbaren Steuerbelastungen würden so auf ein gerechtfertigtes Maß zurückgeführt.[201]

Doch auch das Urteil des BFH vom 7. 11. 2007 wurde als wenig überzeugend angesehen. Es sei systematisch stimmiger, die verdeckte Gewinnausschüttung im Verhältnis des Gesellschafters zur nahestehenden Person der Besteuerung zu unterwerfen und eine ertragsteuerliche Zurechnung nach § 20 Abs. 1 Nr. 1 S. 2 EStG vorzunehmen. Die Weitergabe des Gesellschafters stelle eine Einkommensverwendung dar, die der Schenkungssteuer unterliegen könne.[202]

201 *Riedel*, ErbStB 2012, 302 (305).

202 *Crezelius*, Ubg 2012, 190 (192); *ders.* ZEV 2011, 393 (394 ff.); *Daragan*, DStR 2011, 2079; *Hübner*, DStR 2008, 1357 (1358 ff.); *Riedel*, ZErb 2008, 227 (230 ff.).

4. Kapitel: Die unmittelbare verdeckte Gewinnausschüttung zwischen Gesellschaft und Gesellschafter

A. Einleitung

Das folgende Kapitel beschäftigt sich nunmehr mit der Frage, ob unmittelbare verdeckte Gewinnausschüttungen an einen Gesellschafter zugleich § 7 Abs. 1 Nr. 1 ErbStG unterliegen können. Hierbei ist einerseits an die Einmann-GmbH zu denken, in welcher der Gesellschafter-Geschäftsführer eine vergünstigte Wertabgabe an sich selbst veranlasst. Ebenso kann eine unmittelbare verdeckte Gewinnausschüttung in Mehr-Personen-Gesellschaften vorliegen, unabhängig davon, ob diese Auszahlung gerechtfertigt ist oder mit Einverständnis aller Gesellschafter erfolgt.

Zum Einstieg in dieses Kapitel sollen zunächst die Rechtsgrundlagen einer verdeckten Gewinnausschüttung dargestellt werden. Hieran schließt sich die eigentliche Untersuchung einer freigebigen Zuwendung an. Die Arbeit nimmt dabei nacheinander die einzelnen Tatbestandsmerkmale in den Blick und fasst die jeweiligen Ergebnisse sodann kurz zusammen.

B. Rechtsgrundlagen der verdeckten Gewinnausschüttung

Es wurde bereits zu Beginn der Untersuchung auf die Abgrenzungsfunktion der verdeckten Gewinnausschüttung im Körperschaftsteuerrecht eingegangen. Der Begriff der verdeckten Gewinnausschüttung findet sich jedoch nicht nur im Steuerrecht, sondern wird auch im Gesellschaftsrecht verwendet.

I. Gesellschaftsrecht

Die rechtsystematische Grundlage der verdeckten Gewinnausschüttung findet sich im Gesellschafts- bzw. Handelsrecht. Die Kapitalgesellschaft als juristische Person ist stets getrennt von ihren Anteilseignern zu betrachten, sog. Trennungsprinzip.[203] Ausschüttungen an die Gesellschafter dürfen gesellschaftsrechtlich nur in den vorgeschriebenen Formen vorgenommen werden (Gewinnausschüttungen, Kapitalherabsetzungen, Liquidation).[204] Leistungen, welche die Gesellschaft einzelnen oder auch allen Gesellschaftern außerhalb dieser förmlichen Gewinnverteilung ohne

---

203 Vgl. §§ 13 Abs. 1, Abs. 2 GmbHG; *Gosch*, in: Gosch, § 8 Rz. 158; *Hueck/Fastrich*, in: Baumbach/Hueck, § 13 Rz. 5 f.; *Wilhelmi*, in: BeckOK GmbHG, § 13 Rz. 2.

204 *Schulte*, in: Erle/Sauter, § 8 Rz. 79.

äquivalente Gegenleistung gewährt, stellen verdeckte Gewinnausschüttungen dar.[205] Letztlich geht es um die zentrale Frage, wie der nur gesellschaftlich veranlasste Vorteil des Anteilseigners zu Lasten der Kapitalgesellschaft rechtlich zu würdigen ist. Allerdings darf der abweichende Zweck im Gesellschaftsrecht nicht verkannt werden. Im Vordergrund steht der Schutz der Gläubiger oder Mitgesellschafter durch nominelle Kapitalerhaltung. Die §§ 30 f. GmbHG greifen nach herrschender Meinung erst dann, wenn durch eine Auszahlung eine Unterbilanz entsteht oder vertieft wird.[206] Das Auszahlungsverbot bzw. Erstattungsgebot unterbindet den untersagten Rückfluss an den Gesellschafter.[207] Indes kann sich ein Rückforderungsrecht auch aus der Verletzung der inneren Kompetenzverteilung ergeben, wonach solche Entscheidungen regelmäßig den Gesellschaftern vorbehalten sind, § 46 Nr. 1 GmbHG.[208] Zudem ist auch im Gesellschaftsrecht anerkannt, dass eine verdeckte Gewinnausschüttung an nahestehende Personen oder Dritte erfolgen kann.[209] Gleichwohl ist der dahinterstehende Gedanke stets die „causa societatis" erfolgte Vermögensminderung oder verhinderte Vermögensmehrung der Kapitalgesellschaft.[210]

II. Ertragsteuerrecht

Vermögensänderungen, die sich keiner Einkunftsart zuordnen lassen, müssen aus der Einkommensermittlung einer Kapitalgesellschaft ausscheiden. Dies gilt auch für gesellschaftlich veranlasste Vorgänge, die sich außerhalb des betrieblichen Bereichs abspielen und somit keinen Einkünften zugeordnet werden können.[211] Hierzu zählen u.a. Einlagen und Ausschüttungen. Beide Vorgänge können sowohl offen wie auch verdeckt erfolgen. Offene Ausschüttungen beruhen auf einem den gesellschaftsrechtlichen Vorschriften entsprechenden Beschluss.[212] Sie haben keinen Einfluss auf die Ermittlung des Einkommen, § 8 Abs. 3 S. 1 KStG. Jedoch sind schuldrechtliche Rechtsbeziehungen der Gesellschafter zur Gesellschaft wegen des Trennungsprinzips grundsätzlich anzuerkennen. Wenn infolge dessen das Einkommen der

205 *Pentz*, in: Rowedder/Schmidt-Leithoff, § 29 Rz. 160; *Müller*, in: U/H/L, § 29 Rz. 162; *Roth*, in: Roth/Altmeppen, GmbHG, § 29 Rz. 60; *Karsten Schmidt*, GesR, § 37 III.1.c), S. 1132 f.; *Verse*, in: Scholz, § 29 Rz. 115; *Heidinger*, in: BeckOK GmbHG, § 30 Rz. 97.

206 *Karsten Schmidt*, GesR, § 37 III.1.d), S. 1134 f.; *Müller*, in: U/H/L, § 29 Rz. 163; *Verse*, in: Scholz, § 30 Rz. 18.

207 *Ekkenga*, in: Goette/Fleischer, § 30 Rz. 15 ff.; *Heidinger*, in: BeckOK GmbHG, § 30 Rz. 3 ff.

208 *Roth*, in: Roth/Altmeppen, GmbHG, § 29 Rz. 61; *Müller*, in: U/H/L, § 29 Rz. 163.

209 *Roth*, in: Roth/Altmeppen, GmbHG, § 29 Rz. 63.

210 *Crezelius*, ZEV 2008, 268 (269).

211 *Schulte*, in: Erle/Sauter, § Rz. 70.

212 *Gosch*, in: Gosch, § 8 Rz. 146; *Schnitger/Käks*, in: Schnitger/Fehrenbacher, § 8 Rz. 213.

Kapitalgesellschaft verborgen verteilt wird, kann für diese verdeckte Wertabgabe nichts anderes gelten als für offene Gewinnausschüttungen. Dies stellt § 8 Abs. 3 S. 2 KStG für die verdeckte Gewinnausschüttung ausdrücklich klar. Hiermit wird vermieden, dass die Gesellschaft einen zu niedrigen Gewinn[213] ausweist, wenn sie Einkünfteverteilungen an ihre Gesellschafter zu Unrecht als Betriebsausgaben behandelt oder diesen gegenüber auf Betriebseinnahmen verzichtet. Es handelt sich nicht um eine Einkommenserzielung, sondern um einen außerhalb des betrieblichen Bereichs veranlassten Vorgang. Im Ergebnis entspricht dies der Abgrenzung zwischen privat und betrieblich veranlassten Vorgängen.[214]

Der steuer- und handelsrechtliche Zweck einer verdeckten Gewinnausschüttung ist daher nicht deckungsgleich. Das Steuerrecht hat die Erfassung der zutreffenden Leistungsfähigkeit der Gesellschaft im Blick, mithin die Ermittlung des zutreffenden Gewinns nach § 4 Abs. 1 S. 1 EStG i.V.m. § 8 Abs. 1 KStG.[215] Kern einer verdeckten Gewinnausschüttung ist jedoch die Frage, ob die grundsätzlich privatautonom gestaltbaren Beziehungen zwischen Gesellschaft und Gesellschaftern ausnahmsweise gesellschaftlich vollkommen überlagert werden, ob also ein Geschäftsvorfall „causa societatis" veranlasst ist. Trotz unterschiedlicher Zielrichtung von Gesellschaftsrecht und Steuerrecht – auf der einen Seite die Kapitalerhaltung, auf der anderen Seite die Darstellung der wirtschaftlich zutreffenden Leistungsfähigkeit – stimmt der dahinterstehende Gedanke überein, eine Korrektur aufgrund der besonderen gesellschaftlichen Beziehungen vorzunehmen.[216]

1. *Voraussetzungen einer verdeckten Gewinnausschüttung*

Jedoch regelt weder das Körperschaftsteuerrecht noch das Einkommensteuerrecht, welche Voraussetzungen für die Annahme einer verdeckten Gewinnausschüttung vorliegen müssen. § 8 Abs. 3 S. 2 KStG sowie § 20 Abs. 1 Nr. 1 S. 2 EStG normieren lediglich die Rechtsfolgen einer verdeckten Gewinnausschüttung, die naturgemäß erst greifen, wenn der Tatbestand bereits erfüllt ist. Es war somit der Rechtsprechung überlassen, den unbestimmten Rechtsbegriff zu definieren.[217]

Der für die Besteuerung der Gesellschaft zuständige I. Senat des BFH sieht in der verdeckten Gewinnausschüttung nunmehr jede Vermögensminderung (oder verhinderte Vermögensmehrung), die durch das Gesellschaftsverhältnis veranlasst ist, sich auf den Unterschiedsbetrag i.S.d. § 4 Abs. 1 S. 1 EStG auswirkt und in keinem

---

213 Letztlich darf sich die verdeckte Gewinnausschüttung nicht auf den Gewinn i.S.d. § 4 Abs. 1 S. 1 EStG auswirken und nicht, wie § 8 Abs. 3 S. 2 unglücklich formuliert, auf das Einkommen, vgl. hierzu: *Reiß*, StuW 2003, 21 (29); *ders.*, StuW 1996, 337 (339); *Wassermeyer*, STVj 1993, 208 (213 ff.).

214 *Pezzer*, Die verdeckte Gewinnausschüttung, S. 66; *Hey*, in: Tipke/Lang, § 11, Rz. 70. Vgl. hierzu schon das 2. Kapitel, S. 29 ff.

215 Vgl. statt vieler: *Kohlhepp*, in: Schnitger/Fehrenbacher, § 8 Rz. 246.

216 So auch *Crezelius*, ZEV 2008, 268 (269 f.).

217 *Gosch*, in: Gosch, § 8 Rz 166.

Zusammenhang mit einer offenen Ausschüttung steht.[218] Je nach Entscheidungserheblichkeit, soll die Unterschiedsbetragsminderung die Eignung haben, beim Gesellschafter einen sonstigen Bezug i.S.d. § 20 Abs. 1 Nr. 1 S. 2 EStG auszulösen.[219] Nach dem für die Besteuerung der Gesellschafter zuständigen VIII. Senat ist eine verdeckte Gewinnausschüttung i.S.d. § 20 Abs. 1 Nr. 1 S. 2 EStG gegeben, wenn die Kapitalgesellschaft ihrem Gesellschafter außerhalb der gesellschaftsrechtlichen Gewinnverteilung einen Vermögensvorteil zuwendet und diese Zuwendung ihren Anlass im Gesellschaftsverhältnis hat. Sie ist zu erfassen, wenn dem Gesellschafter der Vermögensvorteil zufließt.[220] Damit decken sich die Definitionen beider Senate zwar nicht vollständig, haben sich inzwischen jedoch weitgehend angenähert.[221]

Die gesellschaftliche Veranlassung wird mit Hilfe eines Fremdvergleichs festgestellt. Die zivilrechtliche Gestaltung wird nur hingenommen, wenn Inhalt und Durchführung dem entsprechen, was zwischen fremden Dritten üblich ist. Regelmäßig hat der BFH die Veranlassung durch das Gesellschaftsverhältnis angenommen, wenn die Kapitalgesellschaft ihrem Gesellschafter einen Vermögensvorteil zuwendet, den sie bei Sorgfalt eines ordentlichen und gewissenhaften Geschäftsleiters einem Nichtgesellschafter nicht gewährt hätte.[222] Hierbei ist stets zu beachten, dass der Fremdvergleichsmaßstab nur eine Erkenntnishilfe ist und keinen Tatbestandcharakter hat. Weitere Kriterien sind die Angemessenheit, Üblichkeit und Ernsthaftigkeit des Vereinbarten, die gleichsam zur Konkretisierung des Fremdvergleichsmaßstabs beitragen.[223]

Für Leistungsbeziehungen mit einem beherrschenden Gesellschafter, ist eine verdeckte Gewinnausschüttung auch dann anzunehmen, wenn die Kapitalgesellschaft eine Leistung an ihn erbringt, für die es an einer klaren, im Voraus getroffenen, zivilrechtlich wirksamen und tatsächlich durchgeführten Vereinbarung fehlt.[224]

Die Ausschüttung muss dabei nicht unmittelbar dem Gesellschafter zufließen, sondern kann auch mittelbar durch Leistung an eine nahestehende Person erfolgen.

---

218 Teilweise wird die die Abgrenzung zur offenen Ausschüttung schon im Wesen der verdeckten Gewinnausschüttung gesehen, vgl. *Frotscher*, in: Frotscher/Maas, KStG, Anhang zu § 8 Rz. 33 ff. und 44, der jedoch die Definition der verdeckten Gewinnausschüttung durch das Merkmal des „Verdecktseins" ergänzt und demzufolge nicht zur offenen Gewinnausschüttung abzugrenzen braucht.

219 *BFH*, Urteil v. 5.6.2002, I R 69/01, DStR 2002, 1856 (1857); *BFH*, Urteil v. 11.10.2012, I R 75/11, DStR 2013, 25 (26); *Gosch*, in: Gosch, § 8 Rz. 166 ff.; *Kohlhepp*, in: Schnitger/Fehrenbacher, § 8 Rz. 247 f.

220 *BFH*, Urteil v. 25.5.2004, VIII R 4/01, DStR 2004, 2143.

221 *Ratschow*, in: Blümich, EStG, § 20 Rz. 112.

222 St. Rspr. seit *BFH*, Urteil v. 16.3.1967, I 261/63, BFHE 89, 208 (210), *BFH*, Urteil v. 11.10.2012, I R 75/11, DStR 2013, 25 (26).

223 *Schulte*, in: Erle/Sauter; § 8 Rz. 177 f.; *Gosch*, in: Gosch, § 8 Rz. 308, 310.

224 *BFH*, Urteil v. 17.12.1997, I R 70-97, NJW 1907, 2846 (2847), *BFH*, Urteil v. 11.10.2012, I R 75/11, DStR 2013, 25 (26).

Diese wird dem Gesellschafter zugerechnet, sodass Begünstigter und Empfänger der verdeckten Gewinnausschüttung auseinanderfallen können.[225]

Gegenstand einer verdeckten Gewinnausschüttung kann jeder geldwerte Vorteil sein, soweit er bestimmbar und messbar ist.[226] Hierbei sind sowohl materielle wie auch immaterielle Vermögensgegenstände, wie die Überlassung von Gebrauchs- und Nutzungsmöglichkeiten oder des Geschäftswerts, umfasst.[227]

2. Rechtsfolgen einer verdeckten Gewinnausschüttung

Die Rechtsfolgen sind in § 8 Abs. 3 KStG nur teilweise geregelt. Es gilt, zwischen der Kapitalgesellschaft und den beteiligten Gesellschaftern zu unterscheiden. Vom Grundsatz erfolgt eine Gleichstellung mit der offenen Ausschüttung.

a) Ebene der Kapitalgesellschaft

Auf der Ebene der Kapitalgesellschaft erfolgt eine Korrektur des ausgewiesenen Gewinns, § 8 Abs. 3 S. 2 EStG. Wurden Betriebsausgaben zu Unrecht angenommen, entfallen diese in Höhe des Betrags, der den angemessenen Teil übersteigt. Es kann somit im Ergebnis zu eine vollständigen Versagung des Betriebsausgabenabzugs kommen, wenn die ganze Leistung unangemessen war.[228] Sollte es sich um eine verhinderte Vermögensmehrung handeln, wird in Höhe der verdeckten Gewinnausschüttung eine Betriebseinnahme angesetzt, wobei grundsätzlich eine Bewertung anhand des gemeinen Werts (§ 9 BewG) erfolgt.[229]

b) Ebene des Gesellschafters

Dem Gesellschafter werden mit Zufluss der verdeckten Gewinnausschüttung in entsprechender Höhe Einkünfte aus Kapitalvermögen zugerechnet, sofern die Anteile im Privatvermögen gehalten werden, § 20 Abs. 1 Nr. 1 S. 2, Abs. 8 EStG. Stellen die Anteile hingegen Betriebsvermögen des Gesellschafters dar, wird eine Doppelbelastung mit Körperschaftsteuer und Einkommensteuer durch das Teileinkünfteverfahren gemildert, § 3 Nr. 40 S. 1 lit. d). Im Ergebnis müssen somit nur 60 % der Kapitaleinkünfte versteuert werden. Für Kapitalgesellschaften als Anteilseigner

---

225 *Gosch*, in: Gosch, § 8 Rz. 227; *Kohlhepp*, in: Schnitger/Fehrenbacher, § 8 Rz. 327.

226 *Schwedhelm*, in: Streck, § 8 Rz. 197; *Ratschow*, in: Blümich, EStG, § 20 Rz. 113.

227 *BFH*, Urteil v. 26.10.87, GrS 2/86, BStBl. II 1988, 348 (355 ff).; *BFH*, Urteil v. 28.1.1981, I R 10/77, BStBl. II 1981, 612 (613); *Schulte*, in: Erle/Sauter; § 8 Rz. 155; *Fehrenbacher*, S. 186 Rz 39.

228 Die Unterscheidung zwischen „totaler vGA" und „partieller vGA" ist wenig ergiebig. Entscheidend ist das Veranlassungsprinzip, vgl. *Kohlhepp*, in: Schnitger/Fehrenbacher, § 8 Rz. 503.

229 *BFH*, Urteil v. 23.2.2005, I R 70/04, BStBl. II 2005, 882 (883); *Fehrenbacher*, S. 188 Rz. 47.

gilt die Besonderheit, dass die Einkünfte im Ergebnis zu 95 % steuerfrei sind, § 8b Abs. 1, Abs. 5 KStG.[230]

3. Rückabwicklung einer verdeckten Gewinnausschüttung

Zivilrechtlich können Rückgewähransprüche der Gesellschaft gegen die Gesellschafter entstehen.[231] Steuerrechtlich geht der BFH jedoch davon aus, dass der einmal verwirklichte Tatbestand der verdeckten Gewinnausschüttung nicht wieder entfallen oder rückgängig gemacht werden kann. Daher werden Rückzahlungen wie Einlagen in die Gesellschaft behandelt und führen zu nachträglichen Anschaffungskosten beim Gesellschafter.[232]

C. Die verdeckte Gewinnausschüttung im Schenkungsteuerrecht

Der folgende Teil der Arbeit beschäftigt sich mit der schenkungsteuerlichen Einordnung. Im Kern geht es dabei um die Frage, wie sich die innere Idee einer verdeckten Gewinnausschüttung – die Korrektur einer gesellschaftsrechtlich erfolgten Leistung – zur Dogmatik der freigebigen Zuwendung nach § 7 Abs. 1 Nr. 1 ErbStG verhält. Für die Untersuchung dieser Frage, lassen sich zwei Komplexe unterscheiden: Einerseits Zuwendungen der Kapitalgesellschaft unmittelbar an ihre Gesellschafter, andererseits solche unmittelbar an Dritte bzw. nahestehende Personen. Hierbei werden zunächst Wertabgaben der Gesellschaft unmittelbar an ihre Gesellschafter betrachtet, in der sich Zuwendungsbeziehung und Leistungsbeziehung decken.[233] Das ist etwa der Fall, wenn die Gesellschaft einem Gesellschafter ein überhöhtes Geschäftsführergehalt zahlt, das ertragsteuerlich als verdeckte Gewinnausschüttung an diesen zu qualifizieren ist. Es ist der Frage nachzugehen, ob dies zugleich eine freigebige Zuwendung der Kapitalgesellschaft – als Zuwendende – an den empfangenden Gesellschafter-Geschäftsführer – als Bedachter – darstellen kann.

---

230 Zu beachten ist hier seit 2008, dass der Gesetzgeber das materielle Korrespondenzprinzip gesetzlich verankerte (eingeführt durch das JStG 2007 v. 13.12.2006, BGBl. 2007, 2878). Die Steuerfreiheit greift nur, „soweit die verdeckte Gewinnausschüttung das Einkommen der leistenden Körperschaft nicht gemindert hat", § 3 Nr. 40 lit. d) S. 2 EStG und § 8b Abs. 1 S. 2 - 4 KStG. In diesem Zusammenhang ist auch die verfahrensrechtliche Korrekturnorm des § 32a KStG zu sehen.

231 *Hey*, in: Tipke/Lang, § 11 Rz. 91.

232 St. Rspr. Vgl. nur *BFH*, Urteil v. 29.4.1987, I R 176/83, BStBl. II 1987, 733 (735); *BFH*, Urteil v. 31.5.2005, I R 35/04, DStR 2005, 1896 (1897).

233 Zu Mehr-Personen-Verhältnissen im 5. Kapitel, S. 145 ff.

I. Tatbestand des § 7 Abs. 1 Nr. 1 ErbStG

Ob eine Leistung der Schenkungsteuer[234] unterliegt, beurteilt sich anhand des Tatbestands des § 1 Abs. 1 Nr. 2 i.V.m. § 7 Abs. 1 Nr. 1 ErbStG. Hiernach unterliegt jede freigebige Zuwendung unter Lebenden, soweit der Bedachte durch sie auf Kosten des Zuwendenden bereichert wird, als Schenkung unter Lebenden der Schenkungsteuer. Dabei besteht der Tatbestand aus einer objektiven und einer subjektiven Komponente. Wie die subjektive Seite auszulegen ist, wird nicht einheitlich beurteilt, sodass hierauf im weiteren Verlauf der Untersuchung noch einzugehen sein wird.[235] Ziel dieses Kapitels ist die Klärung der Frage, ob verdeckte Gewinnausschüttungen zwischen Gesellschaft und Gesellschaftern dem objektiven Tatbestand unterliegen können.

Ausgangspunkt ist stets eine Entreicherung des Zuwendenden („auf Kosten des Zuwendenden"), die zu einer Bereicherung des Bedachten führt. Zudem muss diese Zuwendung objektiv unentgeltlich erfolgen. Jedoch muss für die Steuerpflicht nicht nur die sachliche Steuerpflicht, sondern auch die persönliche Steuerpflicht festgestellt werden. Die Untersuchung wird sich hieran orientieren und zunächst die Subjektfähigkeit von Kapitalgesellschaften feststellen sowie anschließend auf die einzelnen Merkmale der Bereicherung, Entreicherung und objektiven Unentgeltlichkeit eingehen.

1. Subjektive Steuerpflicht

Das Steuersubjekt ist dasjenige Rechtssubjekt, das nach dem jeweiligen Steuergesetz einen Tatbestand erfüllen und dem hiernach eine steuerliche Verpflichtung auferlegt werden kann. Insofern wird auch von der persönlichen oder subjektiven Steuerpflicht gesprochen.[236] Für Schenkungen unter Lebenden nach § 1 Abs. 1 Nr. 2 ErbStG regelt das Schenkungssteuerrecht gemäß § 2 Abs. 1 Nr. 1 S. 1 ErbStG, dass die Steuerpflicht für den gesamten Vermögensanfall eintritt (unbeschränkte Steuerpflicht), wenn der Schenker zur Zeit der Ausführung der Schenkung *oder* der Erwerber zur Zeit der Entstehung der Steuer Inländer ist. Als Inländer gelten auch Körperschaften, Personenvereinigungen und Vermögensmassen, die ihre Geschäftsleitung oder ihren Sitz im Inland haben, § 2 Abs. 1 Nr. 1 S. 2 lit. d) ErbStG. Hiermit ist festgelegt, inwiefern Fälle mit Auslandsberührung der deutschen Erb- und Schenkungsteuer unterfallen. Eine umfassende Normierung der Steuersubjekte erfolgt jedoch nicht. Die amtliche Überschrift des § 2 ErbStG „Persönliche Steuerpflicht" kann insoweit nicht mit der subjektiven Steuerpflicht gleichgesetzt werden.[237] Erst § 20 ErbStG

---

234 Ein praktischer Unterschied zur Erbschaftsteuer existiert nicht.

235 Siehe hierzu im 6. Kapitel, S. 229 ff.

236 *Crezelius*, in: Birk, DStJG, 1999, 73 (110); *Fehrenbacher*, Steuerrecht, S. 49 Rz. 17.

237 *Richter*, in: V/K/S/W, § 2 Rz. 1; *Jüptner*, in: F/J/P/W, § 2 Rz. 1; *Riedel*, in: D/H/R, § 2 Rz. 1 und 28; vgl. auch *Meincke*, ErbStG, § 2 Rz. 1; *Seifried*, in: P/R/S, § 2 Rz. 1.1; *Weinmann*, in: Moench/Weinmann, § 2 Rz. 1 f.

bestimmt den Erwerber und bei einer Schenkung (nachrangig und systemwidrig im Hinblick auf das Prinzip der Bereicherungssteuer[238]) auch den Schenker als Steuerschuldner und somit als Subjekt des ErbStG.[239] Erwerber oder Schenker ergeben sich wiederum mittelbar aus § 3, § 7 und § 8 ErbStG. Für freigebige Zuwendungen sind dies der Zuwendungsempfänger oder der Zuwendende.[240]

a) Kapitalgesellschaften als Steuersubjekte des ErbStG

Angesichts des eindeutigen Wortlautes des § 2 Abs. 1 Nr. 1 S. 2 lit. d) ErbStG („...Körperschaften, Personenvereinigungen und Vermögensmassen...") erscheint es unproblematisch, Kapitalgesellschaften ebenfalls als taugliche Steuersubjekte (Erwerber oder Schenker i.S.d. § 20 ErbStG) anzusehen. Hierfür spricht auch der entsprechende Wortlaut in § 1 Abs. 1 Nr. 1 KStG, wonach insbesondere Kapitalgesellschaften der subjektiven Steuerpflicht unterliegen können. Auch aus der Formulierung des § 1 Abs. 1 Nr. 3 ErbStG („Schenkungen unter Lebenden") kann nichts Gegenteiliges geschlossen werden. Neben natürlichen sind auch juristische Personen umfasst, auch wenn diese als Kunstgebilde des Rechts weder „leben" noch „sterben" können. Das Gesetz verwendet diese Formulierung in Abgrenzung zum „Erwerb von Todes wegen" nach § 1 Abs. 1 Nr. 1 i.V.m. § 3 ErbStG und erklärt sich aus der Übernahme der Begrifflichkeiten des römischen Rechts.[241]

Fraglich könnte jedoch sein, ob bei Zuwendungen von und an eine GmbH die vollständige Verselbstständigung der Gesellschaft von ihren Gesellschaftern i.S.d. Trennungsprinzips beizubehalten ist. So könnten vielmehr die Gesellschafter als Erwerber oder Schenker anzusehen sein (sog. relative Betrachtungsweise). Teile der Literatur[242] sehen dies deshalb als gerechtfertigt an, weil nur die wirtschaftliche Leistungsfähigkeit der Gesellschafter betroffen sei und damit deren Fähigkeit, Steuern zahlen zu können. Diese könnten weitestgehend auf das Vermögen der Kapitalgesellschaft zugreifen und dieses innerhalb gewisser Grenzen an sich auszahlen lassen. Die rechtliche Verselbstständigung von Kapitalgesellschaften diene

---

238 *Jüptner*, in: F/J/P/W, § 20 Rz. 4; *Gebel*, in: T/G/J, § 20, Rz. 26; *Seer*, in: Tipke/Lang, § 15 Rz. 37; *Tipke*, StRO (II), S. 878: „antiquierte Reminiszenz an die Einordnung (...) als Verkehrsteuer".

239 *Jüptner*, in: F/J/P/W, § 2 Rz. 1; *Seer*, in: Tipke/Lang, § 15 Rz. 37; *Richter*, in: V/K/S/W, § 2 Rz. 1 und § 20 Rz. 1; *Riedel*, in: D/H/R, § 2 Rz. 1 und 28.

240 *Gebel*, in: T/G/J, § 20, Rz. 17 ff. und Rz. 24; *Gohlisch*, in: D/H/R, § 20 Rz. 31.

241 *BFH*, Urteil v. 13.04.2011, II R 45/09, DStR 2011, 895 (896); *Jülicher*, in: T/G/J, § 1 Rz. 5; *Meincke*, ErbStG, § 1 Rz. 10. Das römische Recht nutze in den „Institutionen Iustinians" den Begriff der „donatio inter vivos" für Schenkungen „non mortis causa" in Abgrenzung zu Schenkungen „mortis causa", vgl. hierzu *Meincke*, Perspektiven des Schenkungsrechts in den Institutionen Iustinians, Rz. 22 und *Chiusi*, in: Staudinger, Vorbem zu §§ 516 ff Rz. 24.

242 *Roser/Schrepp*, GmbHR 1997, 393 (395); *Jochum*, UVR 2004, 265 (269); vgl. hierzu auch *Gottschalk*, Leistungen an GmbH, S. 47 ff. Die Argumentationen beziehen sich jedoch nur auf die Kapitalgesellschaft als möglicher „Zuwendungsempfänger".

nur dem Gläubigerschutz und der Abschirmung des Gesellschafters vor Durchgriffen. Die Vermögenstrennung sei haftungsrechtlich erforderlich. Dennoch bliebe das Gesellschaftsvermögen zu jedem Zeitpunkt im Vermögen der Gesellschafter. Spezielle, der Kapitalerhaltung dienende Normen (vgl. §§ 30, 31 ff. GmbHG und §§ 57 Abs. 3, 58 Abs. 4 AktG) änderten hieran ebenso wenig, wie bei Personengesellschaften. Für diese entschied der BFH, dass § 719 BGB zwar anordne, dass die Gesellschafter nicht ungehindert über ihr Gesellschaftsvermögen verfügen dürften. Gleichwohl werden stets nur die Gesellschafter als Zuwendende oder Bedachte einer freigebigen Zuwendung angesehen. § 718 BGB ordne das Gesellschaftsvermögen den Gesellschaftern in ihrer gesamthänderischen Verbundenheit zu. Hieran ändere auch die zivilrechtlich anerkannte Teilrechtsfähigkeit nichts.[243]

Im Kern handelt es sich hierbei um die Frage, ob eine Verselbstständigung der Gesellschaft im ErbStG nur insoweit angelegt ist, als diese Empfängerin von Zuwendungen von außerhalb ihrer Vermögenssphäre sein kann. Es könnte daher eine Einschränkung der Subjektfähigkeit vorzunehmen sein, wenn sie mit ihren Gesellschaftern ein einheitliches Steuersubjekt bildet.[244] Die subjektive Schenkungsteuerpflicht könnte demnach insgesamt auf solche Körperschaften zu beschränken sein, deren vermögensrechtliche Zuordnung letztverbindlich ist, wie z.B. bei Stiftungen.[245] Dies müsste sowohl für die Kapitalgesellschaft als Empfängerin einer Zuwendung als auch für die Kapitalgesellschaft als Zuwendende gelten.

b) Stellungnahme

Eine Einschränkung der Subjektfähigkeit ist jedoch abzulehnen. Dies zeigen die folgenden Überlegungen zur zivilrechtlichen und allgemein steuerrechtlichen Behandlung von Kapitalgesellschaften. Juristische Personen sind dort als vollständig verselbstständigte Gebilde anzusehen. Insbesondere knüpft das ErbStG jedoch an die bürgerlich-rechtlichen Wertungen an und schließt eine Sonderbehandlung von Kapitalgesellschaften daher aus.

aa) Zivilrecht

Zivilrechtlich ist die GmbH nach § 13 Abs. 1 GmbHG rechtsfähig,[246] das heißt sie kann am Rechtsleben als Träger von Rechten und Pflichten teilnehmen.[247] Als

---

243 *BFH*, Urteil v. 25.9.1994, II R 95/92, BStBl. II 1995, 81 (82).

244 Vgl. *Jochum*, UVR 2004, 265 (269).

245 *Roser/Schrepp*, GmbHR 1997, 393 (395).

246 *Michalski/Funke*, in: Michalski, § 13 Rz. 5 ff.; *Emmerich*, in: Scholz, § 13 Rz. 10 ff.; *Altmeppen*, in: Roth/Altmeppen, GmbHG, § 13 Rz. 2; *Wilhelmi*, in: BeckOK, GmbhG, § 13 Rz. 10; *Merkt*, in: MüKo GmbHG, § 13 Rz. 3; *Feine*, GmbH, S. 53; *Fastrich*, in: Baumbach/Hueck, § 13 Rz. 3. Für die AG gilt entsprechendes, vgl. § 1 Abs. 1 AktG.

247 Vgl. *Ellenberger*, in: Palandt, Überblick § 1 Rz. 1; *Saenger*, in: Erman, Vor § 1 Rz. 1; *J. Schmitt*, in MüKo BGB, § 1 Rz. 6 f.; *Bamberger*, in: Bamberger/Roth, § 1 Rz. 2;

juristische Person ist sie eine Zweckschöpfung des Gesetzes und bildet eine aus Personen und Sachen zusammengesetzte, rechtlich geregelte Organisation, der die Rechtsordnung Rechtsfähigkeit verliehen hat.[248] Hiermit erfolgt eine umfassende Gleichstellung mit natürlichen Personen, soweit Normen nicht ihrer Art nach die menschliche Natur voraussetzen.[249] Die Rechtsfolgen des rechtsgeschäftlichen Handelns treffen nur die Gesellschaft selbst und nicht die Gesellschafter. Die Rechte und Pflichten stehen nicht den Gesellschaftern zu. Ein Durchgriff oder eine Durchgriffshaftung ist prinzipiell unzulässig (sog. Trennungsprinzp oder -grundsatz).[250]

bb) Steuerrecht

An diese zivilrechtlichen Vorgaben ist das Steuerrecht durch die Anknüpfung an die Verselbstständigung der „juristische Person" gegenüber ihren Gesellschaftern gebunden.

Das Körperschaftsteuerrecht qualifiziert Kapitalgesellschaften und somit die GmbH nach § 1 Abs. 1 Nr. 1 KStG als Rechtssubjekt, wenn sie Sitz oder Geschäftsleitung im Inland hat. Durch die unmittelbare Übernahme der zivilrechtlichen Begriffsbestimmung folgt das Körperschaftsteuerrecht der Ordnungsstruktur des Zivilrechts.[251] Die Abschirmwirkung des Gesellschaftsvermögens gegenüber ihren Gesellschaftern führt zu einer eigenständigen und subjektiven Leistungsfähigkeit der GmbH, die strikt von der Leistungsfähigkeit der Gesellschafter zu trennen ist.[252] Es wäre zudem verfassungsrechtlich bedenklich, gerade dort von den zivilrechtlichen Wertungen abzuweichen, wo die eigentliche rechtliche Bedeutung der

---

Prütting, in: Prütting/Wegen/Weinreich, § 1 Rz. 3; *Fahse*, in: Soergel, Vor § 1 Rz. 8; a. A. *Fabricius*, Relativität der Rechtsfähigkeit, S. 31 ff., 43 ff.; ihm folgend: *Heinze*, Rechtsnachfolge im Unterlassen, S. 101.

248 *Ellenberger*, in: Palandt, Einf v § 21, Rz. 1; *Westermann*, in: Erman, Vor § 21 Rz. 1; *Reuter*, in: MüKo BGB, Vor § 21 Rz. 2; *Schöpflin*, in: Bamberger/Roth, § 21 Rz. 1. Zum wenig ergiebigen Streit zur Rechtsnatur einer juristischen Person (Fiktionstheorie, Theorie der realen Verbandspersönlichkeit, Theorie des Zweckvermögens, Theorie der überindividuellen Wirkungseinheit), vgl. *Westermann*, in: Erman, Vor § 21 Rz. 2; *Schöpflin*, in: Bamberger/Roth, § 21 Rz. 2.

249 *Ellenberger*, in: Palandt, Einf v § 21, Rz. 8 f.; *Hadding*, in: Soergel, Vor § 21 Rz. 28; *Schöpflin*, in: Bamberger/Roth, § 21 Rz. 11.

250 *BGH*, Urteil v. 10.12.2007, II ZR 239/05, BGHZ 175, 12 (18); *Ellenberger*, in: Palandt, Einf v § 21, Rz. 12 f.; *Schöpflin*, in: Bamberger/Roth, § 21 Rz. 17.

251 *Lambrecht*, in: Gosch, § 1 Rz. 70; vgl. zur Rechtsprechung nur *RFH*, Urteil v. 21.3.1944, I 216/43, RStBl. 1944, 396 (397); *BFH*, Beschluss vom 25.6.1984, GrS 4/82, BStBl. II 1984, 751 (756 ff.); *BFH*, Urteil v. 19.12.2007, VIII R 13/05, DStR 2008, 397 (400).

252 *BFH*, Urteil v. 27.3.2007, VIII R 64/05, DStR 2007, 1248 (1249); *BFH*, Urteil v. 19.12.2007, VIII R 13/05, DStR 2008, 397 (400); *BVerfG*, Beschluss vom 21.6.2006, 2 BvL 2/99, DStRE 2006, 988 (997);

Kapitalgesellschaft in Erscheinung tritt.[253] Die gleiche Auslegung der Begriffe führt zu Rechtssicherheit, weil u.a. auf die Zivilrechtsprechung zurückgegriffen werden kann.[254] Es bleibt somit festzuhalten, dass das Körperschaftsteuerrecht die bürgerlich-rechtlichen Wertungen durchweg übernimmt, die aus der Eigenständigkeit der Kapitalgesellschaft folgen.

Das GewStG nimmt ebenso unmittelbar auf die Rechtsform der Kapitalgesellschaft Bezug. Nach § 2 Abs. 1 S. 1 GewStG ist möglicher Steuergegenstand der Gewerbesteuer jeder stehende Gewerbebetrieb, soweit er im Inland betrieben wird. Unter Gewerbebetrieb versteht das Gesetz ein gewerbliches Unternehmen i.S.d. EStG. Die besonders deutliche, rechtsformabhängige Anknüpfung zeigt sich in § 2 Abs. 2 S. 1 GewStG, wonach stets und im vollen Umfang die Tätigkeit der Kapitalgesellschaft als Gewerbebetrieb gilt. Nach herrschender Meinung ist die Tätigkeit einer Kapitalgesellschaft unabhängig von der Qualifikation nach § 8 Abs. 1 S. 1 i.V.m. § 15 Abs. 2 EStG stets gewerbesteuerlich relevant.[255] Auch die Regelungen des Verlustvortrags nach § 10a GewStG sind nach Ansicht des I. Senats des BFH kraft Rechtsform der Kapitalgesellschaft anwendbar.[256] Zwar setzen diese grundsätzlich Unternehmens- und Unternehmeridentität[257] voraus. Beide sollen jedoch bei juristischen Personen stets vorliegen.[258] Dies zeigt, dass das GewStG ebenfalls den zivilrechtlichen Wertungen folgt.

Auch aus dem Umsatz- und Grunderwerbsteuerrecht ergibt sich keine abweichende Beurteilung. Der Grundtatbestand des UStG setzt einen Leistungsaustausch unter Beteiligung eines Unternehmers als Leistenden im Rahmen seines

---

253 *BVerfG*, Entscheidung vom 24.1.1962, 1 BvR 845/58, BVerfGE 13, 331 ff.; *BFH*, Urteil v. 20.10.1976, I R 139/74, BStBl. II 1977, 96 (97).

254 *BFH*, Urteil v. 4.11.1958, I 141/57 U, BStBl. III 1959, 50 (51).

255 Vgl. nur *Drüen*, in: Blümich, GewStG, § 2 Rz. 2 und 115 ff. m.w.N. und *BFH*, Urteil v. 22.8.1990, I R 67/88, DStR 1991, 243 ff. Vgl. schon im 2. Kapitel unter B.I.3.c)dd) auf den S. 44 ff., zur Problematik der außerbetrieblichen Sphäre der Kapitalgesellschaft und möglichen Wertungswidersprüchen gegenüber dem GewStG.

256 *BFH*, Urteil v. 29.10.86, I R 318-319/83, BStBl. II 1987, 310 (313); a. A. *Drüen*, in: Blümich, GewStG, § 10a, Rz. 60 und 84. Heute verweist § 10a S. 10 S. 1 GewStG auf § 8c, der somit für den gewerbesteuerlichen Verlustabzug anzuwenden ist. Zu diesem Gedanken auch *Gottschalk*, Leistungen an GmbH, S. 47 ff.

257 Unternehmensidentität meint, dass der im Kürzungsjahr bestehende Gewerbebetrieb identisch sein muss mit dem Gewerbebetrieb, der im Verlustentstehungsjahr bestand. Dies folgt aus dem Objektsteuercharakter der Gewerbesteuer, vgl. *BFH*, Urteil v. 12.1.78, IV R 26/73, BStBl. II 1978, 348 (350 ff.); *BFH*, Urteil v. 11.10.12, IV R 38/09, DStR 2013, 400 (402); *Drüen*, in: Blümich, GewStG, § 2 Rz. 45 ff. Unternehmeridentität bedeutet, dass ein Gewerbetreibender den Verlustabzug nur in Anspruch nehmen kann, wenn er den Gewerbeverlust zuvor selbst erlitten hat. So die h.M., vgl. *BFH*, Urteil v. 11.10.12, IV R 3/09, DStR 2013, 27 (28 f.); *Drüen*, in: Blümich, GewStG, § 2 Rz. 61 ff.

258 Ebenso *Gottschalk*, Leistungen an GmbH, S. 50 ff.

Unternehmens im Inland voraus, vgl. § 1 Abs. 1 Nr. 1 UStG.[259] Unternehmer kann nach der rechtsformneutralen Formulierung von § 2 UStG auch eine Kapitalgesellschaft sein. Zwar wird die zivilrechtliche Rechtsfähigkeit nicht vorausgesetzt.[260] Jedoch zeigt insbesondere die mögliche Besteuerung eines Leistungsaustauschs zwischen einer „Ein-Mann-GmbH" und ihrem Gesellschafter, dass auch hier die bürgerlich-rechtlichen Wertungen übernommen werden. Im Gegensatz zu Einzelunternehmern sind Kapitalgesellschaft und der Gesellschafter getrennt zu behandeln.[261]

Schließlich zeigt sich auch im Grunderwerbsteuerrecht die Übernahme bürgerlich-rechtlicher Begriffsbestimmungen. Dies folgt aus der direkten Anknüpfung der Besteuerungstatbestände an den zivilrechtlich vorgegebenen Sachverhalt.[262] Somit wird auch hier die zivilrechtliche Selbstständigkeit von Kapitalgesellschaften beachtet. Steuerbar sind daher Grundstücksgeschäfte zwischen Mutter- und Tochtergesellschaft sowie zwischen einer Ein-Mann-GmbH und ihrem Gesellschafter.[263]

cc) Erb- und Schenkungsteuerrecht

Es zeigt sich also, dass die genannten Rechtsgebiete die zivilrechtlichen Wertungen konsequent übernehmen, wenn Kapitalgesellschaften an einem steuerpflichtigen Vorgang beteiligt sind. Das bedeutet, dass besondere Gründe vorliegen müssen, die für eine sich vom Zivilrecht lösende Beurteilung des Erb- und Schenkungsteuerrecht sprechen. Zwar ist jedes Gesetz zunächst aus sich selbst heraus auszulegen. Doch liefert schon der Wortlaut keine Anhaltpunkte für diese „relative Betrachtungsweise".[264] Zudem zeigt ein Blick in die Steuerbefreiungsvorschrift des § 13 Abs. 1 Nr. 16 lit. b), dass der Gesetzgeber die Kapitalgesellschaft als möglichen Erwerber und Schenker i.S.d. § 20 ErbStG ansieht.[265] Der BFH entschied in Zusammenhang mit dieser Vorschrift, dass eine solche Steuerbefreiung für den (mittelbaren) Alleingesellschafter aufgrund der Selbstständigkeit der Kapitalgesellschaft bei dieser keine Auswirkungen hat.[266] Auch die durch das BeitrRLUmsG neu geschaffene Steuerklassenregelung gemäß § 15 Abs. 4 ErbStG[267] bestätigt die Subjektfähigkeit.

---

259 *Robisch*, in: Bunjes/Geist, UStG, § 1 Rz. 7 und 9 f.

260 *BFH*, Urteil v. 21.4.1994, V R 105/91, BStBl. II 1994, 671 (672); *BFH*, Urteil v. 25.3.1993, V R 42/89, BStBl. II 1993, 729 (730); vgl. auch *BVerfG*, Beschluss vom 10.11.1999, 2 BvR 2861/93, DStR 1999, 1984 (1985).

261 *Korn*, in: Bunjes/Geist, UStG, § 2 Rz. 8 und 10 f.

262 *Fischer*, in: Boruttau, GrEStG, Vorbemerkungen Rz. 205 ff.

263 *Fischer*, in: Boruttau, GrEStG, § 1 Rz. 37.

264 Vgl. zur „relativen Betrachtungsweise" schon unter C.I.1.a) auf den S. 78 f.

265 Vgl. *Gottschalk*, Leistungen an GmbH, S. 54.

266 *BFH*, Urteil v. 17.4.1996, II R 16/93, BStBl. II 1996, 454 (455 f.).

267 Vgl. hierzu im 3. Kapitel unter C.III auf S. 65 und C.IV.5 auf S. 68 sowie im 5. Kapitel unter C.IV.1.b)bb)(3) auf den S. 217 ff.

Des Weiteren knüpft das Erb- und Schenkungsteuerrecht in besonderem Maße an die bürgerlich-rechtlichen Verhältnisse an.[268] Daher besteht hinsichtlich juristischer Personen eine Identität der Rechtsbegriffe. Für die Bestimmung der steuerlichen Leistungsfähigkeit wird durch die Begriffsanknüpfung die zivilrechtliche Entscheidung aufgenommen, das Vermögen von Kapitalgesellschaften gegenüber dem Vermögen ihrer Gesellschafter zu trennen. Steuerliche Zurechnungsvorschriften wie § 39 Abs. 2 Nr. 2 AO greifen hier nicht. Denn nicht eine Vermögenszurechnung ist zu beurteilen, sondern die Beteiligung an einem steuerrelevanten Erwerbs- oder Zuwendungsvorgang des bürgerlichen Rechts.[269] Deshalb ist für die Beteiligtenfähigkeit an einem solchen Vorgang grundsätzlich die Fähigkeit entscheidend, zivilrechtlich Träger von Rechten und Pflichten sein zu können.[270]

Somit ist als Zwischenergebnis festzuhalten, dass das Schenkungsteuerrecht die bürgerlich-rechtliche Eigenständigkeit der Kapitalgesellschaft übernimmt. Es besteht durch die direkte Anknüpfung der jeweiligen Gesetze an diese Wertungen eine Maßgeblichkeit des Zivilrechts für das Steuerrecht, die insbesondere auch für das Erbschaft- und Schenkungsteuerrecht zu beachten ist.[271]

c) Einschränkung der Subjektfähigkeit erwerbswirtschaftlicher Kapitalgesellschaften

Gegen eine Einbeziehung könnte jedoch vorgebracht werden, dass Schenkungen oder freigebige Zuwendungen unter Beteiligung von Kapitalgesellschaften nicht denkbar sind. Im Schrifttum wird darauf hingewiesen, dass (erwerbswirtschaftlich tätige) Kapitalgesellschaften keine außerbetriebliche Sphäre haben könnten, Schenkungen jedoch stets privat veranlasst seien.[272] Im Rahmen der Abgrenzungsfunktion der verdeckten Gewinnausschüttung wurde bereits festgestellt, dass Vorgänge die einkommensteuersystematisch mit Hilfe des § 12 EStG gelöst werden, bei Kapitalgesellschaften mittels verdeckter Gewinnausschüttungen erfasst werden. Teilweise wird dahin gehend argumentiert, dass bei unentgeltlichen Zuwendungen von Kapitalgesellschaften zivilrechtlich regelmäßig ein tragfähiger Rechtsgrund fehle. Ihre Organe seien zu Schenkungen nicht berechtigt, weil solche Rechtsgeschäfte vom

---

268 Ganz h.M.: *BFH*, Urteil v. 7.4.1976, II R 87 bis 89/70, BStBl. II 1976, 632 (633); *BFH*, Urteil v. 3.10.1984, II R 194/82, BStBl. II 1985, 73; *BFH*, Urteil v. 9.12.2009, II R 28/08, DStR 2010, 925 f.; *Meincke*, ErbStG, § 7 Rz. 14; *Gebel*, in: T/G/J, § 7 Rz. 73 ff.

269 *Gebel*, DStR 1996, 685 (686).

270 *Richter*, in: *Richter*, in: V/K/S/W, § 2 Rz. 1; *Gebel*, DStR 1996, 685 (686). Auch wenn Personengesellschaften heute zivilrechtlich weitgehend verselbstständigt sind, sind sie doch nicht als juristische Personen anzusehen, mit der Konsequenz, dass sie steuerrechtlich als transparent behandelt werden, vgl. *Crezelius*, ZEV 2015, 1 (4).

271 Ausführlich zur bürgerlich-rechtlichen Vorfrage im 5. Kapitel unter C.IV.1.b)aa) auf den S. 198 ff.

272 *Crezelius*, UBG 2012, 190 (192); *Crezelius*, ZEV 2008, 268 (272 f.).

Unternehmensgegenstand[273] der Kapitalgesellschaften nicht gedeckt seien.[274] Andere lehnen freigebige Zuwendungen deshalb ab, weil die Gesellschaften aufgrund ihres Zwecks, Gewinne zu erzielen, keinen Willen zur freigebigen Zuwendung bilden könnten.[275]

Auch wenn die Vertreter dieser Ansichten im Ergebnis eine Lösung mittels Auslegung des Tatbestands von § 7 Abs. 1 Nr. 1 ErbStG vertreten,[276] könnte an eine grundsätzliche Einschränkung des Erb- und Schenkungsteuerrechts auf Kapitalgesellschaften gedacht werden, deren Unternehmensgegenstand oder Gesellschaftszweck nicht erwerbswirtschaftlicher Natur ist. Das Schenkungsteuerrecht ist seiner Grundkonzeption nach auf die Beurteilung von Vorgängen der Privatsphäre natürlicher Personen zugeschnitten. § 13 ErbStG zeigt, dass Steuerbefreiungen überwiegend für natürliche Personen gewährt werden und nur solche Körperschaften Steuerbefreiungen erhalten, die nach Satzung und tatsächlicher Geschäftsführung ausschließlich und unmittelbar kirchlichen, gemeinnützigen oder mildtätigen Zwecken dienen. Die Erfassung von gewinnorientierten Kapitalgesellschaften könnte zu dieser altruistischen Grundhaltung des Gesetzes in Widerspruch stehen. Es käme zu einer Ausweitung der Schenkungsbesteuerung auf den Bereich des Geschäfts- und Wirtschaftslebens. Diese Erfassung stünde in Widerspruch zu der historisch überkommenen Überzeugung, dass „Kaufleute sich nichts zu schenken pflegen“.[277] Außerhalb von Familie und Freundeskreis könnte die Besteuerung von Schenkungen verfehlt sein, sodass sie einer weiteren Unternehmenssteuer gleich käme.[278]

Die Schwierigkeiten in diesem Bereich resultieren daraus, dass eine Kapitalgesellschaft zwar formal nach § 2 Abs. 1 Nr. 1 lit. d) (bzw. § 20 ErbStG) der unbeschränkten Schenkungssteuerpflicht unterliegt. Gleichwohl ist die Frage der Rechtssubjektqualität dogmatisch nicht scharf von der Verwirklichung des Tatbestandes nach § 7

273 Der Unternehmensgegenstand ist in Zusammenhang mit dem Gesellschaftszweck zu sehen. Die Definition ist jedoch umstritten. So wird der Unternehmensgegenstand überwiegend als Mittel zur Verwirklichung des Gesellschaftszwecks gesehen, vgl. (selbst jedoch nicht der h.M. folgend) *Fleischer*, in: MüKo GmbHG, § 1 Rz. 8 m.w.N. Für die vorliegende Untersuchung erwerbswirtschaftlicher Unternehmen ist davon auszugehen, dass sich beide Begriffe grundsätzlich decken, vgl. *Fastrich*, in: Baumbach/Hueck, § 1 Rz. 5.

274 *Stein*, JbFSt 2011/12, 729 (733); *ders.* JbFSt 2012/13, 835 (837); *St. Viskorf*, DStR 2011, 607 (610).

275 *Riedel*, ZErb 2007, 227 (231 f.); *Schneider*, StbJb 2011/12, 487 (499).

276 Vgl. hierzu die spätere Untersuchung der objektiven Unentgeltlichkeit der Zuwendung im 4. Kapitel unter C.I.4 auf den S. 123 ff. sowie des subjektiven Tatbestands im 6. Kapitel auf den S. 229 ff. der Arbeit.

277 Vgl. *RFH*, Urteil v. 6.8.1942, III e 32/40, RStBl. 1943, 93 (94).

278 Vgl. *Weinmann*, in: Moench/Weinmann, § 7 Rz. 152; *Meincke*, ErbStG, § 7 Rz. 9; *Fischer*, in: F/J/P/W, § 7 Rz. 302, zur Ausweitung des subjektiven Tatbestands durch die Rechtsprechung des BFH.

Abs. 1 Nr. 1 ErbStG zu trennen, wenn grundsätzlich fraglich ist, ob Ab- und Zuflüsse außerhalb der gewerblichen Tätigkeit möglich sind.[279]

Um diese Überlegungen juristisch fassbar zu machen, könnte die Rechtssubjektfähigkeit von erwerbswirtschaftlich tätigen Kapitalgesellschaften aufgrund der Zielsetzung des ErbStG mittels teleologischer Reduktion der §§ 2 Abs. 1 Nr. 1 lit. d) oder 20 ErbStG einzuschränken sein.[280]

d) Stellungnahme

Eine solche Einschränkung der Subjektqualität von erwerbswirtschaftlich tätigen Kapitalgesellschaften ist jedoch abzulehnen. Zwar könnte insoweit die fehlende außerbetriebliche Sphäre für eine Einschränkung der Subjektfähigkeit sprechen, weil das ErbStG grundsätzlich auf „private" Vorgänge zugeschnitten ist. Dies stünde jedoch in Widerspruch zur zivil- und gesellschaftsrechtlichen Betrachtung.

aa) Zivilrecht

Zivilrechtlich kann eine Kapitalgesellschaft in den durch das Erb- und Schenkungsteuerrecht aufgegriffenen Fällen durchweg als eigenes Rechtssubjekt beteiligt sein. Dies belegt zunächst das auf natürliche Personen ausgerichtete Erbrecht, das in verschiedenen Normen[281] davon ausgeht, dass eine Kapitalgesellschaft erbfähig ist und somit als Erbin eingesetzt werden kann.[282] Eine Ausnahme ist hinsichtlich der aktiven Erbfähigkeit zu machen, weil eine Kapitalgesellschaft als juristisches Kunstgebilde nicht sterblich ist.[283]

Zudem kann eine GmbH sowohl Schenkerin als auch Beschenkte sein.[284] Dies ergibt sich schon aus der allgemeinen Rechtsfähigkeit nach § 13 Abs. 1 GmbHG und dem Wortlaut des § 516 BGB. Die zivilrechtliche Schenkung setzt eine vertragliche Einigung über die Unentgeltlichkeit voraus, auf welche die allgemeinen Vorschriften für Willenserklärungen (§§ 105 ff. BGB) und Verträge (§§ 145 ff. BGB) anzuwenden

---

279 *Crezelius*, in: Birk, DStJG 1999, 73 (110).

280 Zu dieser Überlegung vgl. auch: *Riedel*, ErbStB 2012, 302; *Gottschalk*, Leistungen an GmbH, S. 56.

281 Vgl. u.a. § 2044 Abs. 2 S. 3, § 2101 Abs. 2, § 2106 Abs. 2, § 2109 Abs. 2, § 2163 Abs. 2.

282 *Leipold*, in: Münchner Kommentar zum BGB, § 1923 Rz. 27; *Müller-Christmann*, in: BeckOK BGB, § 1923 Rz. 11; *Wicke*, in: Wicke, GmbHG, § 13 Rz. 2.

283 *Crezelius*, in: Birk, DStJG 1999, 73 (90).

284 Vgl. *FG Düsseldorf*, Urteil v. 19.8.2009, 4 K 1477/09 Erb, EFG 2011, 1994 (1995); *Groh*, GS Knobbe-Keuk, 433 (436); *Wicke*, in: Wicke, GmbHG, § 13 Rz. 2: „Verträge beliebiger Art abschließen"; *Merkt*, in: MüKo GmbHG, § 13 Rz. 15; *Fastrich*, in: Baumbach/Hueck, § 13 Rz. 5. Dies voraussetzend: *BGH*, Urteil v. 18.9.2012, II ZR 50/11, ZEV 2013, 217 (218 f.); *Hanseatisches OLG Hamburg*, Urteil v. 11.2.2011, 11 U 12/10, NZG 2011, 619; *BGH*, Urteil v. 8.5.2006, II ZR 94/05, BB 2006, 1467 f.; *Grunewald*, NZG 2011, 613; *Strnad*, NZG 2004, 28 (30).

sind.[285] Insbesondere verfügen Kapitalgesellschaften über eine eigene Vermögenszuständigkeit und können unentgeltliche Zuwendungen aus ihrem Vermögen erbringen sowie durch unentgeltliche Zuwendungen in dieses Vermögen bereichert sein.

bb) Gesellschaftsrecht

Möglicherweise könnten jedoch unentgeltliche Zuwendungen einer Kapitalgesellschaft aufgrund gesellschaftsrechtlicher Wertungen ausgeschlossen sein. Denn diese kann als rechtliches Kunstgebilde nicht selbst handeln oder einen Willen bilden, sondern nur durch ihre Organe als unverzichtbare Zurechnungsträger.[286] Ein notwendiges Organ der GmbH ist der Geschäftsführer, vgl. §§ 35 ff. GmbHG. Diesem obliegen regelmäßig die Geschäftsführung und die Vertretung im Rechtsverkehr. Hierbei betrifft die Geschäftsführungsbefugnis das rechtliche Dürfen im Innenverhältnis, wohingegen die Vertretungsmacht das rechtliche Dürfen im Außenverhältnis regelt, vgl. § 37 GmbHG.[287] Nach herrschender Meinung ist die organschaftliche Vertretung keine rechtgeschäftliche Stellvertretung nach den §§ 164 ff. BGB, sondern folgt kraft Gesetzes aus der Bestellung als Organ nach § 35 Abs. 1 S. 1 GmbHG. Handlungen des Geschäftsführers werden der GmbH gleichwohl entsprechend der §§ 164 ff. BGB zugerechnet und sind als Eigenhandeln der Gesellschaft anzusehen.[288] Diese organschaftliche Vertretungsmacht des Geschäftsführers ist grundsätzlich unbeschränkbar und unbeschränkt, § 37 Abs. 2 GmbHG.[289]

(1) Ultra-vires-Lehre

Nun stellt sich die Frage, ob ein Geschäftsführer auch solche Geschäfte wirksam im Außenverhältnis vornehmen kann, die nicht vom Unternehmensgegenstand bzw. Gesellschaftszweck gedeckt sind. So wurde früher vertreten, dass unentgeltliche Zuwendungen durch Unternehmen stets unzulässig oder nur sehr eingeschränkt möglich seien.[290] Eine solche Sichtweise käme jedoch der Anwendung der insbesondere aus dem anglo-amerikanischen Rechtskreis bekannten „ultra-vires-Lehre" gleich. Dieser liegt das Verständnis zugrunde, dass einer Gesellschaft mit der

---

285 *Koch*, in: MüKo BGB, § 516 Rz. 14 ff.; *Gehrlein*, in: BeckOK BGB, § 516 Rz. 6.

286 *Karsten Schmidt*, GesR, § 10 I 1, S. 247 ff.

287 *Lenz*, in: Michalski, § 35 Rz. 31.

288 Dies ist jedoch strittig. Für Eigenhandeln der Gesellschaft: *Karsten Schmidt*, GesR, § 10 I 2 c), S. 253 und § 10 II 1, S. 255; *Beuthien*, NJW 1999, 1142 (1144); *Stephan/Tieves*, in MüKo GmbHG, § 35 Rz. 91; wohl auch *Lenz*, in: Michalski, § 35 Rz. 6; *Zöllner/Noak*, in: Baumbach/Hueck, § 35 Rz. 75. Für zugerechnetes Organhandeln: *Flume*, Juristische Person, § 11 I, S. 377 ff.; *Altmeppen*, in: Roth/Altmeppen, § 35 Rz. 7; *Wisskirchen/Kuhn*, in: BeckOK GmbHG, § 35 Rz. 4.

289 *Lenz*, in: Michalski, § 35 Rz. 9; *Stephan/Tieves*, in MüKo GmbHG, § 35 Rz. 93 und § 37 Rz. 156 ff.; *Zöllner/Noak*, in: Baumbach/Hueck, § 37 Rz. 37; *Wisskirchen/Kuhn*, in: BeckOK GmbHG, § 35 Rz. 11 ff.

290 *Feine*, GmbH, S. 356; *Meilicke*, NJW 1959, 409 (412); *Rittner*, in: FS Knur, 205 (233).

Registrierung ein rechtliches Privileg verliehen wird, das nur in den Grenzen des Unternehmensgegenstands[291] wirkt. Hieraus ergibt sich als zwingende Rechtsfolge die Nichtigkeit oder Vernichtbarkeit solcher Geschäfte, die außerhalb dieses satzungsmäßig bestimmten Unternehmensgegenstands liegen.[292] Dogmatisch betrachtet, stellt dies eine Beschränkung der zivilrechtlichen Rechtsfähigkeit juristischer Personen auf bestimmte, zweckgebundene Rechtsgeschäfte dar, die sich wiederrum auf die Vertretungsmacht des organschaftlichen Geschäftsführers auswirken muss. Ansonsten käme es zu dem Ergebnis, dass Handlungs- und Rechtsfähigkeit der GmbH auseinander fielen.[293] Die Lehre ist jedoch darin begründet, dass ihr nicht das Verständnis des Vertreters ohne Vertretungsmacht gemäß der §§ 177 ff. BGB und dessen Verhältnis zur Rechtsfigur des Missbrauchs der Vertretungsmacht zugrunde lag. Aus heutiger Sicht ist aus Verkehrsschutzgründen grundsätzlich jedes Handeln des Geschäftsführers von seiner Vertretungsmacht gedeckt und stellt somit Eigenhandeln oder zugerechnetes Handeln der GmbH dar.[294] Das bürgerliche Recht kennt eine Einschränkung im Sinne der „ultra-vires-Lehre" für juristische Personen aufgrund der umfassenden Gleichstellung mit natürlichen Personen nicht, sodass auch Schenkungen durch Kapitalgesellschaften wirksam vorgenommen werden können.[295]

(2) Unentgeltliche Zuwendungen durch den Geschäftsführer

Gleichwohl ist zu beachten, dass unentgeltliche Zuwendungen durch den Geschäftsführer nur im Rahmen des Üblichen vorgenommen werden dürfen.[296] Die Geschäftsführungsbefugnis umfasst die laufenden Geschäfte des Unternehmens. Der Umfang ergibt sich insbesondere aus dem in der Satzung festgelegten Unternehmensgegenstand, vgl. § 3 Abs. 1 Nr. 2 GmbHG. Demgegenüber wird in Abgrenzung zu der

---

291 Sog. „objects clause".

292 *Zimmer*, Internationales Gesellschaftsrecht, S. 241 ff.; *Karsten Schmidt*, AcP 1984, 529 (530 ff.); vgl. auch *Rehm*, in: Eidenmüller, Ausländische Kapitalgesellschaften im deutschen Recht, § 11 Rz. 20.

293 *Michalski/Funke*, in: Michalski, § 13 Rz. 37.

294 *U. H. Schneider/S. H. Schneider*, in: Scholz, § 35 Rz. 26; *Michalski/Funke*, in: Michalski, § 13 Rz. 38.

295 *Zöllner/Noak*, in: Baumbach/Hueck, § 35 Rz. 80; vgl. auch *Hueck*, Das Recht der offenen Handelsgesellschaft, S. 290 f.
Allerdings strittig für juristische Personen des öffentlichen Rechts, vgl. *BGH*, Urteil v. 28.2.1956, I ZR 84/54, BGHZ 20, 119 (124): „Juristische Personen des öffentlichen Rechts sind jedenfalls grundsätzlich nur im Rahmen des ihnen durch Gesetz oder Satzung zugewiesenen Aufgaben- und Wirkungsbereichs zu einem rechtswirksamen Handeln befugt."; zustimmend *Weck/Schick*, NVwZ 2012, 18 ff.; ablehnend: *LG Dortmund*, Urteil v. 5.7.2013, 6 O 205/12; NVwZ 2013, 1362 (1366); *Lehmann*, BKR 2008, 488 (489).

296 *Koppensteiner/Gruber*, in: Rowedder/Schmidt-Leithoff, § 37 Rz. 46; *Schneider*, AG 1983, 205 (213 f.); *Tries*, VGA, S. 96 f. und S. 193 f.; *St. Viskorf*, DStR 2011, 607 (610).

laufenden Geschäftsführung von sog. außergewöhnlichen oder ungewöhnlichen Geschäften gesprochen, also Maßnahmen, die außerhalb des Unternehmensgegenstands liegen oder den Grundsätzen der Geschäftspolitik widersprechen. Aus der übergreifenden Geschäftsführungskompetenz der Gesellschafter folgt, dass diese Geschäfte in der Regel eines Beschlusses der Gesellschafterversammlung bedürfen, das heißt sie sind vorlagepflichtig, wenn nicht ausnahmsweise von einer mutmaßlichen Zustimmung auszugehen ist.[297] Nimmt der Geschäftsführer gleichwohl solche Geschäfte vor, überschreitet er seine Kompetenzen im Innenverhältnis und kann nach § 43 GmbHG persönlich in Anspruch genommen, auf Unterlassung verklagt oder nach § 38 Abs. 2 GmbHG abberufen werden.[298]

Zwar unterfallen unentgeltliche Zuwendungen in angemessenem Umfang noch der laufenden Geschäftsführung, sodass sie nicht generell außerhalb des erwerbswirtschaftlichen Unternehmensgegenstands liegen. Verlassen Spenden oder Schenkungen jedoch den Rahmen des Üblichen, handelt es sich um vorlagepflichtige Geschäfte.[299] Die Grenzziehung ist schwierig und richtet sich nach den Verhältnissen der jeweiligen Gesellschaft.[300] Steht die Vorlagepflicht fest und nimmt der Geschäftsführer dennoch ohne Beschluss das entsprechende Geschäft vor, so bedeutet dies jedoch nicht, dass die unentgeltliche Zuwendung gesellschaftsintern unzulässig ist. Die Gesellschafter können nachträglich, aufgrund ihres Weisungsrechts als oberstes Organ der GmbH, durch Beschluss der Gesellschafterversammlung ihre Zustimmung erteilen, um den Verstoß zu heilen.[301]

Bei der Beurteilung der möglichen internen Zulässigkeit darf jedoch nicht übersehen werden, dass den Beschränkungen der Geschäftsführungsbefugnis keine Außenwirkung zukommt und die Gesellschaft somit vertraglich gebunden wird.[302] Der Anwendungsbereich der Rechtsfigur des Missbrauchs der Vertretungsmacht ist äußerst eng auszulegen. Doch auch angenommen, die Beschränkungen der Geschäftsführungsbefugnis schlügen auf das Außenverhältnis durch, führte dies nach überwiegender und zutreffender Literaturansicht zur Anwendung der §§ 177 ff.

---

297 Vgl. *Zöllner/Noak*, in: Baumbach/Hueck, § 37 Rz. 4 ff.; *Lenz*, in: Michalski, § 37 Rz. 3 ff. und 7 ff; *Wisskirchen/Kuhn*, in: BeckOK GmbHG, § 37 Rz. 3 ff.; *Altmeppen*, in: Roth/Altmeppen, § 37 Rz. 3 ff. und 19 ff.

298 *Lenz*, in: Michalski, § 37 Rz. 23.

299 *Stephan/Tieves*, in MüKo GmbHG, § 37 Rz. 141; siehe auch Fn. 296 auf S. 88.

300 Kritisch *Zöllner/Noak*, in: Baumbach/Hueck, § 37 Rz. 7.

301 *Zöllner/Noak*, in: Baumbach/Hueck, § 46 Rz. 89; *Stephan/Tieves*, in MüKo GmbHG, § 37 Rz. 124. Vgl. auch zur Haftungsfreistellung durch Gesellschafterbeschluss *BGH*, Urteil v. 31.1.2000, II ZR 189/99; NJW 2000, 1571; *Paefgen*, in: U/H/L, § 43 Rz. 246 ff.; Roth/Altmeppen, GmbHG, § 43 Rz. 120 ff.

302 *U. H. Schneider/S. H. Schneider*, in: Scholz, § 35 Rz. 25 f.; *Koppensteiner/Gruber*, in: Rowedder/Schmidt-Leithoff, § 37 Rz. 46 ff.; *Wisskirchen/Kuhn*, in: BeckOK GmbHG, § 35 Rz. 34; *Zöllner/Noak*, in: Baumbach/Hueck, § 35 Rz. 80 „auch unlukrative (Spenden, Schenkungen) und gegenstandsfremde Geschäfte sind daher grundsätzlich wirksam“.

BGB.[303] Das bedeutet, dass die Gesellschaft den schwebend unwirksamen Vertrag stets genehmigen kann.[304] Im Zweifel betrifft diese Zustimmung sowohl das Außenverhältnis als auch das Innenverhältnis, sodass die Gesellschafter auf Sanktionen gegenüber dem Geschäftsführer verzichten.[305]

Es lässt sich somit festhalten, dass auch nach Gesellschaftsrecht Schenkungen möglich sind und keinen Einschränkungen aufgrund des Unternehmensgegenstands unterliegen. Auch aus gesellschaftsinternen Beschränkungen lässt sich nichts anderes folgern, weil selbst unangemessene Zuwendungen durch den Geschäftsführer im Außenverhältnis wirksam sind oder genehmigt werden können.

cc) Erb- und Schenkungsteuerrecht

Diese zivil- und gesellschaftsrechtlich vorgezeichneten Wertungen übernimmt das Erb- und Schenkungsteuerrecht. Eine Einschränkung der steuerrechtlichen Beteiligtenfähigkeit käme daher im Ergebnis einer abzulehnenden Beschränkung im Sinne der ultra-vires-Lehre gleich. Dies führte zu einem deutlichen Bruch in der grundlegenden Anknüpfung an die bürgerlich-rechtlichen Verhältnisse und ist abzulehnen.[306]

Zudem lässt sich aus § 13 Abs. 1 Nr. 16 lit. b) ErbStG ebenso gut der Umkehrschluss ziehen, dass der Unternehmensgegenstand bzw. der Gesellschaftszweck im Erb- und Schenkungsteuerrecht stets unbeachtlich ist. Wenn der Gesetzgeber Zuwendungen an Körperschaften von der Besteuerung ausdrücklich ausnimmt, die kirchlichen, gemeinnützigen oder mildtätigen Zwecken dienen, so kann daraus gefolgert werden, dass sonstige Körperschaften grundsätzlich der Besteuerung unterliegen.[307] Ansonsten käme es zu einer nicht gerechtfertigten Besteuerungslücke.[308]

Darüber hinaus bestätigt insbesondere die durch das BeitrRLUmsG neu geschaffene Steuerklassenregelung gemäß § 15 Abs. 4 ErbStG[309], dass auch der

---

303 *Zöllner/Noak*, in: Baumbach/Hueck, § 37 Rz. 50; *Altmeppen*, in: Roth/Altmeppen, § 37 Rz. 44; *Lenz*, in: Michalski, § 35 Rz. 40; *Paefgen*, in: U/H/L, § 37 Rz. 92; *Kleindiek*, in: Lutter/Hommelhoff, § 35 Rz. 22; *Karsten Schmidt*, GesR, § 10 II 2 b), S. 258 f.; *Michalski*, GmbHR 1991, 349, 355 ff.; *Zacher* GmbHR 1994, 842, 848; *OLG Stuttgart*, Urteil v. 2.6.1999, 9 U 246/98, NZG 1999, 1009 (1010); a. A. *BGH*, Urteil v. 5.11.2003, VIII ZR 218/01, NJW-RR 2004, 247 (248); *BGH*, Urteil v. 17.05.1988, VI ZR 233/87, NJW 1989, 26 f.; *Stephan/Tieves*, in MüKo GmbHG, § 37 Rz. 179 ff.

304 *Karsten Schmidt*, GesR, § 10 II 2 d), S. 260.

305 *Stephan/Tieves*, in MüKo GmbHG, § 37 Rz. 124.

306 Zwar ist zuzugeben, dass das Steuerrecht teilweise noch weitreichendere Abweichungen zulässt, vgl. §§ 40, 41 AO. Jedoch ist insofern die besonders enge Anknüpfung des ErbStG an das bürgerliche Recht zu beachten, vgl. hierzu im 5. Kapitel unter C.IV.1.b)aa)(2) auf den S. 203 ff.

307 *Gottschalk*, Leistungen an GmbH, S. 54.

308 *FG Düsseldorf*, Urteil v. 19.8.2009, 4 K 1477/09 Erb, EFG 2011, 1994 (1995).

309 Vgl. hierzu im 3. Kapitel unter C.III auf S. 65 und C.IV.5 auf S. 68 sowie ausführlich im 5. Kapitel unter C.IV.1.b)bb)(3) auf den S. 217 ff.

Gesetzgeber Kapitalgesellschaften als mögliche Zuwendende und somit taugliche Steuersubjekte ansieht.

e) Ergebnis zur subjektiven Steuerpflicht

Kapitalgesellschaften – und daher auch die GmbH – sind als eigene Rechtspersönlichkeiten Erwerber oder Schenker und somit taugliche Steuersubjekte i.S.d. ErbStG.[310] Daher ist eine Einschränkung der Rechtsfähigkeit im ErbStG aufgrund einer fehlenden Verselbstständigung gegenüber den Gesellschaftern abzulehnen. Die Gesellschaft bildet kein einheitliches Steuersubjekt mit ihren Gesellschaftern. Dies folgt aus ihrer umfassenden zivilrechtlichen Eigenständigkeit. An diese Wertung knüpft das Steuerrecht konsequent an, wie insbesondere das Körperschaft- und Gewerbesteuerecht zeigen. Die Maßgeblichkeit des Zivilrecht gilt in besonderem Maße für das Erbschaft- und Schenkungsteuerrecht, sodass sich eine abweichende Beurteilung der Eigenständigkeit juristischer Personen verbietet.

Auch bedarf es keiner Einschränkung der Steuersubjektfähigkeit von Kapitalgesellschaften, deren Unternehmensgegenstand erwerbswirtschaftlicher Natur ist. Denn sowohl zivil- wie auch gesellschaftsrechtlich kann die Kapitalgesellschaft wirksam Schenkungen vornehmen. Dies folgt unter anderem aus der Erbfähigkeit juristischer Personen und deren umfassender Rechtsfähigkeit. Auch ergeben sich keine gesellschaftsrechtlichen Einschränkungen. Die „ultra-vires-Lehre" ist aufgrund der Gleichstellung juristischer und natürlicher Personen abzulehnen. Ferner können die Gesellschafter selbst unangemessene Zuwendungen genehmigen, sodass gesellschaftsinterne Beschränkungen nicht durchgreifen. An diese zivilrechtlichen Vorgaben ist das ErbStG gebunden, weil ansonsten ein deutlicher Bruch in der bürgerlich-rechtlichen Anknüpfung entstünde. Dass auch der Gesetzgeber Kapitalgesellschaften als taugliche Steuersubjekte ansieht, ergibt sich aus § 13 Abs. 1 Nr. 16 lit. b) und § 15 Abs. 4 ErbStG.

Es bleibt daher festzuhalten, dass die hier zu untersuchende Frage, inwiefern verdeckte Gewinnausschüttungen schenkungsteuerliche Rechtsfolgen auslösen können, allein anhand des Tatbestands des § 7 Abs. 1 Nr. 1 ErbStG zu beurteilen ist.

---

310 Rechtsprechung: *BFH*, Urteil v. 7.11.2007, II R 28/06, DStR 2008, 346 (347 f.); *BFH*, Urteil v. 25.10.1995, II R 67/93, DStR 1996, 379; *BFH*, Urteil v. 17.4.1996, II R 16/93, DStR 1996, 1165; *FG Düsseldorf*, Urteil v. 19.8.2009, 4 K 1477/09 Erb, EFG 2011, 1994 (1995); *BFH*, Urteil v. 14.6.1995, II R 92/92, DStR 1996, 500 (501), zur Schenkung eines eingetragenen Vereins.
Literatur: *Jüptner*, in: F/J/P/W, § 2 Rz. 58; *Meincke*, ErbStG, § 1 Rz. 10; *Gebel*, in: T/G/J, § 7 Rz. 262; *ders.* DStR 1996, 685 (688); *Seer*, in: Tipke/Lang, § 15 Rz. 39; *Schuck*, in: V/K/S/W, § 7 Rz. 191; *Viskorf*, ZEV 2012, 442 (445); *Crezelius*, in: Birk, DStJG 1999, 73 (91 f.); *Gottschalk*, Leistungen an GmbH, S. 54 f. und 60 f.; *Groh*, GS Knobbe-Keuk, 433 (452); *Hartmann*, ErbStB 2013, 41 (43); a. A. *Roser/Schrepp*, GmbHR 1997, 393 (395).

2. *Bereicherung des Gesellschafters*

Der objektive Tatbestand des § 7 Abs. 1 Nr. 1 ErbStG setzt zunächst voraus, dass eine Zuwendung vorliegt, durch die der Bedachte bereichert wird.[311] Allgemein ist eine Zuwendung ein Verfügungsgeschäft zugunsten eines anderen, mit dem jemand einen Gegenstand überträgt, den ein anderer dadurch erwirbt.[312] Im Rahmen des § 7 Abs. 1 Nr. 1 ErbStG wie auch des § 516 BGB setzt die Zuwendung die Hingabe eines Vermögensbestandteils von einer Person zugunsten einer anderen voraus.[313] Sie kann sowohl in einem Rechtsgeschäft der Beteiligten als auch durch Unterlassen erfolgen.[314] Aus der Vermögenshingabe des Zuwendenden muss sich eine Vermögensmehrung des Zuwendungsempfängers ergeben.[315] Ein steuerpflichtiger Vorgang nach § 7 Abs. 1 Nr. 1 ErbStG setzt somit voraus, dass die Zuwendung den Gesamtvermögenswert des Bedachten erhöht.[316] Hierzu muss der Zuwendungsgegenstand einen messbaren Wert haben, den er durch den Übergang in das Vermögen des Bedachten nicht einbüßen darf.[317] Voraussetzung ist stets eine endgültige und materielle Vermögensmehrung.[318] Andernfalls scheidet eine Bereicherung aus. Dabei kann der Vermögenswert sowohl durch eine Vergrößerung der Aktiva (z.B. Erwerb von Forderungen oder Rechten) als auch – bestätigt durch § 13 Abs. 1 Nr. 5 ErbStG – durch eine Verminderung der Passiva erhöht werden (z.B. Schulderlass).[319]

Dies steht in Einklang mit der im Zivilrecht gleichfalls notwendigen Bereicherung des Beschenkten nach § 516 Abs. 1 BGB. Dort bezieht sich der Bereicherungsbegriff auf das Vermögen im wirtschaftlichen Sinne, weshalb die Vermögensmehrung mittels einer wirtschaftlichen Betrachtungsweise festzustellen ist.[320]

Dabei ist schenkungsteuerrechtlich auf die Bewertungsgrundsätze des bürgerlichen Rechts zurückzugreifen. Das bedeutet, dass grundsätzlich der Verkehrswert

---

311 Vgl. nur *Seltenreich*, in: P/R/S, § 7 Rz. 29, 251 ff.

312 *E. Wolf*, Allg. Teil des Bürgerlichen Rechts, S. 515.

313 *Schuck*, in: V/K/S/W, § 7 Rz. 4; *Griesel*, in; D/H/R, § 7 Rz. 4; *Koch*, in: MüKo BGB, § 516 Rz. 5; *Gehrlein*, in: BeckOK, § 516 Rz. 3. Allgemeiner: *Fischer*, in: F/J/P/W, § 7 Rz. 10: „(...) jedwede Bereicherung des Vermögens einer anderen Person".

314 *Petzold*, § 7 Rz. 4; *Schuck*, in; V/K/S/W, § 7 Rz. 4.

315 *Seltenreich*, in: P/R/S, § 7 Rz. 251.

316 *Gebel*, in: T/G/J, § 7 Rz. 43 f.; *Hendel*, ErbStG 1919, § 40 a) und § 25 a).

317 *Gebel*, in: T/G/J, ErbStG, § 7 Rz. 41; *Seltenreich*, in: P/R/S, § 7 Rz. 251; *Griesel*, in: D/H/R, § 7 Rz. 7.

318 *Meincke*, ErbStG, § 7 Rz. 15; *Gebel*, in: T/G/J, § 7 Rz. 50, *Schuck*, in: V/K/S/W, ErbStG, § 7 Rz. 4; *Kamps*, Stbg 2006, 107 (109).

319 *BFH*, Urteil v. 17.3.2004, II R 3/01, ZEV 2004, 211 (212); *Gebel*, in: T/G/J, § 7 Rz. 45; *Meincke*, ErbStG, § 7 Rz. 56; *Hartmann*, in: Gürsching/Stenger, ErbStG, § 7 Rz. 8; *Griesel*, in: D/H/R, § 7 Rz. 7. Für das Schenkungsrecht: *Pruskowski*, Zuwendung, S. 117.

320 *Chiusi*, in: Staudinger, BGB, § 516 Rz. 26 f.; *Herrmann*, in: Erman, § 516 Rz. 6; *Gehrlein*, in: Bamberger/Roth, § 516 Rz. 5; *Koch*, in: MüKo BGB, § 516 Rz. 11.

(oder Marktwert) des Zuwendungsobjekts zu ermitteln ist.[321] Die Feststellung richtet sich im Ergebnis nach der im Schadensrecht des bürgerlichen Rechts entwickelten Differenzhypothese.[322] Demzufolge ist ein Vergleich des tatsächlichen Vermögens mit dem hypothetischen Vermögensstand vorzunehmen, der ohne die Zuwendung vorgelegen hätte.[323]

Nicht entscheidend ist hingegen der steuerliche Wert nach § 12 i.V.m. § 10 ErbStG. Auf diesen wird erst in einem zweiten Schritt zurückgegriffen, wenn die Feststellung der steuerlichen Bemessungsgrundlage und somit der steuerpflichtige Erwerb im Vordergrund steht. Zuvor muss jedoch stets geprüft werden, ob tatbestandlich überhaupt eine freigebige Zuwendung nach § 7 ErbStG und somit ein steuerbarer Vorgang gegeben ist. Dies lässt sich damit begründen, dass freigebige Zuwendungen privatrechtliche Verfügungen darstellen und deren Auslegung nach anderen als bürgerlich-rechtlichen Grundsätzen zu einer Verschiebung der Grenzlinien zwischen entgeltlichen und unentgeltlichen Rechtsgeschäften und damit zu unrichtigen Ergebnissen führen könnte.[324] Insofern folgt aus der Systematik des Gesetzes ein Vorrang des § 7 vor § 10 ErbStG.[325]

Da zudem ein Vermögensvergleich anzustellen ist, müssen neben bereichernden Vermögenszugängen auch unmittelbar mit der Zuwendung zusammenhängende entreichernde Posten berücksichtigt werden. Beispielsweise können Rechte des Erwerbers erlöschen, sodass insoweit eine Vermögensmehrung ausscheidet. Dies ist insbesondere denkbar, wenn dem Gesellschafter eine Forderung gegenüber der GmbH zusteht, sodass mittels Tilgung ein entsprechender Vermögensabfluss durch Wegfall dieses Anspruchs eintritt.[326] Zum anderen könnte die Vermögensmehrung kompensiert werden, wenn die Minderung des Gesellschaftsvermögens mit einer entsprechenden Minderung des Geschäftsanteils des Gesellschafters einhergeht und eine Bereicherung daher ausgeglichen wird. Schließlich ist denkbar, dass aufgrund einer verdeckten Gewinnausschüttung Ansprüche gegen den empfangenden Gesellschafter entstehen, die ebenfalls eine Vermögensmehrung ausschließen können.

---

321 *Meincke*, ErbStG, § 7 Rz. 5; *Gebel*, in: T/G/J, § 7 Rz. 44; *Geck*, in: Kapp/Ebeling, § 7 Rz. 7; *Weinmann*, in: Moench/Weinmann, § 7 Rz. 14: entspricht regelmäßig dem gemeinen Wert nach § 9 BewG.

322 *Chiusi*, in: Staudinger, BGB, § 516 Rz. 26.

323 *BGH*, Urteil v. 18.11.1999, IX ZR 153/98, NJW 2000, 734, (736); *BGH*, Urteil v. 6.7.2000, IX ZR 198/99, NJW 2001, 673 (674); *Schubert*, in: Bamberger/Roth, § 249 Rz. 12; *Oetker*, in: MüKo BGB, § 249 Rz. 18; *Grüneberg*, in: Palandt, Vorb v § 249 Rz. 10, 14. Die Lehre geht zurück auf *Mommsen*, Beiträge zum Obligationsrecht II: Zur Lehre vom dem Interesse, 1855.

324 *BFH*, Urteil v. 25.9.1953, III 229/52 U, BStBl. III 1953, 308 (309); *BFH*, Urteil v. 15.7.1964, II 43/62, HFR 1965, 269 (271).

325 *Meincke*, ErbStG, § 7 Rz. 5; *Weinmann*, in: Moench/Weinmann, § 7 Rz 13.

326 *Meincke*, ErbStG, § 7 Rz. 57 f.; *Petzold*, § 7 Rz. 4; *Holthusen/Burgmann*, in: Tiedtke, § 7 Rz. 44; *Hartmann*, in: Gürsching/Stenger, ErbStG, § 7 Rz. 47, *Schuck*, in: V/K/S/W, ErbStG, § 7 Rz. 4.

Die Arbeit wird im Folgenden insbesondere zu den aufgeworfenen Fragen Stellung beziehen. Dabei sei darauf hingewiesen, dass es vorliegend nicht um die Frage geht, ob die Zuwendung in einem rechtlichen Zusammenhang mit einer Gegenleistung steht. Denn dies ist ein Problem der objektiven Unentgeltlichkeit, wonach eine festgestellte objektive Bereicherung gleichwohl nicht steuerbar sein kann.[327] Vorliegend ist fraglich, ob überhaupt eine objektive Bereicherung eintritt oder ob diese aus rechtlichen Gründen ausscheiden muss.

a) Zuwendung und Zuwendungsgegenstand

Soll eine objektive Bereicherung festgestellt werden, ist stets zu klären, worin die bereichernde Zuwendung zu sehen ist. Von der Schenkungsteuer erfasst werden nicht jegliche Vermögensmehrungen, sondern nur solche im Zeitpunkt der Ausführung der Zuwendung gemäß § 9 Abs. 1 Nr. 2 ErbStG.[328] Ausgeführt wiederum ist die Zuwendung, wenn der Bedachte das erhalten hat, was ihm im Wege der Schenkung verschafft werden soll.[329] Hierin zeigt sich die enge systematische Verknüpfung zwischen der Steuerbarkeit nach § 7 ErbStG und der Steuerentstehung nach § 9 ErbStG.[330] Dabei kann jedoch erst durch Bestimmung des Zuwendungsgegenstands festgestellt werden, was verschafft werden soll und worin die taugliche Vollzugshandlung zu sehen ist.[331]

Zuwendungsgegenstände können in verschiedenen Erscheinungsformen bestehen, etwa in Gestalt von Sachen, Rechten und anderen geldwerten Vermögensgegenständen (immaterielle Wirtschaftsgüter) oder auch in Form der Übernahme von Verbindlichkeiten.[332] Soll eine Sache zugewendet werden, müssen für die Ausführung sowohl die sachenrechtliche Einigung als auch die Übergabe vorliegen (§ 929 BGB). Ist hingegen eine Forderung Zuwendungsgegenstand, genügt die Einräumung oder die Abtretung derselben (§ 398 BGB). Dabei stellt sich in Zusammenhang mit Kapitalzuwendungen regelmäßig die Frage nach dem Zuwendungsgegenstand, weil sowohl in der Einräumung eines Anspruchs als auch in der Vereinnahmung des Geldbetrags die Ausführung der Zuwendung gesehen werden kann.[333]

---

327 Hierzu sogleich unter C.I.4 auf den S. 123 ff.

328 *Gebel*, in: T/G/J, § 7 Rz. 47; *Seltenreich*, in: P/R/S, § 7 Rz. 256.

329 *BFH*, Urteil v. 27.4.2005, II R 52/02, DStR 2005, 1937 (1939), *Meincke*, ErbStG, § 9 Rz. 40.
Der Begriff der Ausführung ist mit dem in § 518 Abs. 2 BGB verwendeten Begriff der Bewirkung der versprochenen Leistung verwandt, *BFH*, Urteil v. 10.3.1970, II 83/62, BStBl. II 1970, 562; *Gebel*, in: T/G/J, § 9 Rz. 76.

330 *Fischer* in: F/J/P/W, ErbStG, § 7 Rz. 5.

331 *Seltenreich*, in: P/R/S, § 7 Rz. 74; *Gebel*, in: T/G/J, ErbStG, § 9 Rz. 81; *Meincke*, ErbStG, § 9 Rz. 40.

332 *Seltenreich*, in: P/R/S, § 7 Rz. 71; *Gebel*, in: T/G/J, ErbStG, § 7 Rz. 59; *Griesel*, in: D/H/R, § 7 Rz. 9 f.

333 *Gebel*, in: T/G/J, § 7 Rz. 58.

Für die Feststellung des Zuwendungsgegenstands ist auf das bürgerliche Recht abzustellen. Dieses legt den Inhalt des sich nach zivilrechtlichen Regelungen vollziehenden Erwerbs fest. Das Schenkungsrecht stellt dabei maßgeblich auf den Parteiwillen ab.[334] Dieser ergibt sich aus der notwenigen Einigung der Parteien nach § 516 Abs. 1 BGB und ist daher stets eine Frage des Einzelfalls.[335] Für das Schenkungsteuerrecht gilt es, zwischen freigebigen Zuwendungen mit vertraglicher Grundlage und solchen ohne vertragliche Grundlage zu unterscheiden.[336] Hinsichtlich Zuwendungen mit vertraglicher Grundlage, ist der Parteiwille zu erforschen. Dieser kann zumeist durch Auslegung nach den §§ 133, 157 BGB festgestellt werden. Bei sonstigen freigebigen Zuwendungen ist allein auf den Willen des Zuwendenden abzustellen. Es kommt somit für die Bestimmung des Zuwendungsgegenstands darauf an, was dem Empfänger nach dem Willen des Zuwendenden durch die Zuwendung verschafft werden soll (§ 133 BGB).[337] Dabei hat eine Auslegung auch die steuerlichen Folgen einer Zuwendung zu berücksichtigen.[338] Zwischenzeitlich sollte es nach Ansicht des BFH[339] zwar allein auf die Zuwendung ankommen. Hiervon ist er in einem späteren Urteil jedoch wieder abgerückt, weil ansonsten der Parteiwille oder der Wille des Zuwendenden nicht hinreichend berücksichtigt würde.[340]

Dennoch ist der durch Auslegung zu ermittelnde Wille des Zuwendenden nicht uneingeschränkt maßgeblich. Denn haben die Parteien einen festgestellten Willen nicht vollzogen, ist er für die Erhebung der Schenkungsteuer unerheblich.[341] Der tatsächliche Wille des Zuwendenden ist sodann nur anhand objektiver Merkmale feststellbar, weil gerade keine bindende Verwendungsabrede besteht. Entscheidend ist in diesen Fällen, ob und wie der Zuwendende dem Empfänger den Erwerb verschafft und in welcher Form sich die tatsächliche Vermögensmehrung in dem Zeitpunkt niederschlägt, in dem „die Vermögensverfügung endgültig ist, der Bedachte

334 *Koch*, in: MüKo BGB, § 516 Rz. 9; *Eckert*, in: Soergel, § 516 Rz. 12; *Chiusi*, in: Staudinger, BGB, § 516 Rz. 13.

335 *BGH*, Urteil v. 3.12.1971, V ZR 134/69, NJW 1972, 247 (248).

336 *Gebel*, in: T/G/J, § 7 Rz. 74 ff.

337 *BFH*, Urteil v. 19.08.1959, II 259/57 S, BStBl. III 1959, 417; *BFH*, Urteil v. 7.4.1976, II R 87-89/70, BStBl. II 1976, 632 (633); *BFH*, Urteil v. 06.03.1985, II R 19/84, BStBl. II 1985, 382; *BFH*, Urteil v. 9.11.1994, II R 87/92, BStBl. II 1995, 83 (84). vgl. auch das Gutachten des RFH, I D 3/20 vom 7. Januar 1921, RFH 4, 243 (245 ff.).

338 *BGH*, Urteil v. 18.11.1976, VII ZR 150/75, BGHZ 67, 334 (337 f.); *BGH*, Urteil v. 17.1.1990, XII ZR 1/89, FamRZ 1990, 600 (602); *Meincke*, ErbStG, § 7 Rz. 14: „Steuersparende Auslegung".

339 *BFH*, Urteil v. 09.11.1994, II R 87/92, DStR 1995, 130 (131).

340 *BFH*, Urt. vom 10.11.2004, II R 44/02, DStR 2005, 151 (152).

341 Vgl. *BFH*, Urteil v. 06.3.1985, II R 114/82, BStBl. II 1985, 380 (382); *BFH*, Urteil v. 21.5.2001, II R 10/99, DStRE 2001, 986 (987).

also im Verhältnis zum Schenker über das Zugewendete tatsächlich und rechtlich (frei) verfügen kann".[342]

aa) Wertabgaben auf gesellschaftsvertraglicher Grundlage

Als Ausgangspunkt werden zunächst Wertabgaben der GmbH aufgrund gesellschaftsvertraglicher Grundlage dargestellt. Dies sind einerseits offene Gewinnausschüttungen sowie andererseits Kapitalrückzahlungen.

(1) Offene Gewinnausschüttung

§ 29 Abs. 1 S. 1 GmbHG normiert das grundsätzliche Recht der Gesellschafter auf Gewinnausschüttung entsprechend ihrer Beteiligung am Jahresüberschuss. Hiernach erhalten die Gesellschafter einen Anspruch gegenüber der GmbH auf Auszahlung des auf sie jeweils entfallenden Gewinnanteils für ein Geschäftsjahr. Im hier zu untersuchenden Zusammenhang kann die Zuwendung entweder in der Forderungsentstehung gegen die GmbH oder in der Erfüllung dieser Forderung durch die GmbH zu sehen sein. In beiden Fällen kann grundsätzlich eine Vermögensmehrung (entweder in Höhe des Werts der Forderung oder des Geldbetrags[343]) und somit eine objektive Bereicherung eintreten. Ist der Gesellschafter bereits durch die Forderungsentstehung bereichert, stellt die nachfolgende Leistung der GmbH auf diesen Anspruch (die zivilrechtlich zur Erfüllung nach § 362 Abs. 1 BGB führt) nur einen vermögensumschichtenden Vorgang dar.[344] Denkbar ist jedoch ebenfalls, dass die Zuwendung in der Auszahlung des Geldbetrages liegen soll. Dann stellt die Begründung der Forderung noch keine steuerbare Bereicherung dar. Entsprechend wird ihr Erlöschen durch Erfüllung nicht bereicherungsmindernd berücksichtigt (der Wegfall des Aktivpostens wäre also schenkungsteuerlich unbeachtlich). Denn wenn Zuwendungsgegenstand nicht die Forderungsbegründung, sondern die durch sie versprochene Leistung ist, ist die mit der Forderung eintretende Bereicherung zu vernachlässigen.[345] Erst mit der freien Verfügungsmöglichkeit über das Geld

---

342 *BFH*, Urteil v. 26.9.1990, II R 50/88; BStBl. II 1991, 32 (33); Vgl. zudem *BFH*, Urteil v. 30.1.1968, II 49/64, BStBl. II 1968, 371 (372); *BFH*, Urteil v. 7.4.1976, II R 87-89/70, BStBl. II 1976, 632 (633); *BFH*, Urteil v. 9.11.1994, II R 87/92, BStBl. II 1995, 83 (84); *Meincke*, ErbStG, § 7 Rz. 15; *Gebel*, in: T/G/J, § 7 Rz. 74 ff.

343 Die Gewinnbeteiligung erfolgt grundsätzlich in Geld. Durch die Satzung kann jedoch abweichendes geregelt werden (z.B. Anspruch auf Sachdividende), vgl. *Ekkenga*, in: MüKo GmbHG, § 29 Rz. 126 ff.; *Fastrich*, in: Baumbach/Hueck, § 29 Rz. 55; *Strohn*, in: Henssler/Strohn, § 29 Rz. 51; *Müller*, in: U/H/L, § 29 Rz. 122 f.

344 *BFH*, Urteil v. 21.5.2001, II R 10/99, DStRE 2001, 986 (987).

345 Vgl. *Meincke*, ErbStG, § 7, Rz. 48 und 58; *Gebel*, in: T/G/J, ErbStG, § 7 Rz. 47. Zum Begriff der Bereicherung *Fischer*, in: F/J/P/W, § 7 Rz. 200, der die „Verschaffung eines Vermögensvorteils" fordert, weshalb es auf die Vereinbarungen mit dem Leistenden ankommt.

entstünde eine objektive Bereicherung. Es kommt somit für die Feststellung der Bereicherung darauf an, worin der tatsächliche Zuwendungsgegenstand zu sehen ist.

In den vorliegend zu untersuchenden Gestaltungen einer offenen Gewinnausschüttung ist der Wille der GmbH[346] regelmäßig auf die Zuwendung der Forderung gerichtet. Ausgehend von der Überlegung, dass ein der Auslegung fähiger Schenkungsvertrag nicht vorliegt und der sodann festzustellende Wille des Zuwendenden nicht uneingeschränkt maßgeblich ist, kommt es auf die objektiven Umstände an. Hiernach entsteht zunächst eine Forderung im Vermögen des Gesellschafters, die in Höhe ihres Verkehrswerts zu einer Vermögensmehrung führt, weil der Gesellschafter über diese tatsächlich und rechtlich frei verfügen kann. Dies stellt zugleich den Zeitpunkt der Ausführung der Zuwendung und somit des Eintritts der objektiven Bereicherung dar. Selbst wenn eine dahin gehender Wille festgestellt werden könnte, dass Zuwendungsgegenstand die Ausschüttung und somit die Erfüllung der Forderung sein sollte, müsste dieser sich in konkreten Vereinbarungen hinsichtlich der Verfügungsmöglichkeit über die Forderung äußern. Der Gesellschafter dürfte im Verhältnis zur GmbH eben nicht tatsächlich und rechtlich frei über diese verfügen. An solchen Vereinbarungen oder einem solchen Willen wird es bei Gewinnausschüttungen einer GmbH jedoch regelmäßig fehlen.

Steht daher fest, dass die Forderung in aller Regel Zuwendungsgegenstand ist, stellt sich dennoch die Frage, zu welchem Zeitpunkt diese gesellschaftsrechtlich entsteht. Denn dieser Zeitpunkt ist maßgeblich für die Ausführung der Zuwendung nach § 9 Abs. 1 Nr. 2 ErbStG. Dies ist in der Literatur umstritten. Die herrschende Ansicht verlangt, dass die Gesellschafter über die Verwendung des Jahresergebnisses einen Beschluss fassen und erst in diesem Zeitpunkt eine konkrete Forderung gegen die GmbH erwächst.[347] Die Gegenmeinung nimmt an, dass schon kraft Gesetzes ein Anspruch auf Gewinnbeteiligung bei Feststellung eines Jahresüberschusses begründet wird.[348] Nach zutreffender Meinung ist jedoch ein Beschluss notwendig, weil erst hiernach die tatsächliche Höhe des Gewinnanspruchs feststeht.[349] Daher entsteht durch Beschluss der Gesellschafterversammlung die Forderung gegen die GmbH im Vermögen des begünstigten Gesellschafters, über die er sodann frei verfügen kann. Die Forderung stellt als Zuwendungsgegenstand grundsätzlich die objektive Bereicherung dar.

---

346 Die GmbH handelt durch ihre Organe, insbesondere durch den Geschäftsführer, der wiederum der Weisung der Gesellschafterversammlung unterliegt. Vgl. hierzu schon unter C.I.1.d)bb) auf den S. 86 ff.

347 *BGH*, Urteil v. 14.9.1998, II ZR 172-97, NJW 1998, 3646 (3647 f.); *BGH*, Urteil v. 30.6.2004, VIII ZR 349/03, NJW-RR 2004, 1343 (1344); *Müller*, in: U/H/L, § 29 Rz. 71 ff.; *Salje*, in: Michalski; § 29 Rz. 22; *Fastrich*, in: Baumbach/Hueck, § 29 Rz. 39 ff.; *Strohn*, in: Henssler/Strohn, § 29 Rz. 32.

348 *Hommelhoff*, in: Lutter, § 29 Rz. 4; *Ekkenga*, in: MüKo GmbHG, § 29 Rz. 76 ff.

349 Zutreffend: *Salje*, in: Michalski; § 29 Rz. 24.

Hiergegen lässt sich nicht einwenden, dass Forderungen generell noch nicht als schenkungsteuerbare Bereicherung anzusehen sind.[350] Denn dies gilt nur für Forderungen aus einem formwirksamen Schenkungsversprechen nach § 518 Abs. 1 S. 1 ErbStG. Gegenstand der Besteuerung ist die Zuwendung (also die versprochene Leistung) und nicht das Schenkungsversprechen selbst.[351] Der Tatbestand der Schenkungsteuer ist daher erst dann verwirklicht, wenn die Zuwendung nach § 9 Abs. 1 Nr. 2 ErbStG ausgeführt ist. Erst zu diesem Zeitpunkt entsteht die Steuerschuld und nicht schon mit Abgabe des Schenkungsversprechens. Diese Schenkungsteuerfreiheit ist zwar nicht dem Wortlaut des § 9 Abs. 1 Nr. 2 ErbStG zu entnehmen. Es entspricht jedoch der Auffassung des Gesetzgebers, der an der Vorgängerregelung festhalten wollte, dass „bei einem Schenkungsversprechen die Steuerpflicht erst eintritt, wenn und soweit es vollzogen ist".[352] Überzeugend führt Meincke[353] zudem aus, dass der Bedachte mit einem Schenkungsversprechen regelmäßig noch nicht das erhalte, was er nach der Parteivereinbarung erhalten solle. Im Zweifel sei nicht der Anspruch aus dem Schenkungsversprechen, sondern die in Bezug genommene Leistung als Gegenstand der Schenkung anzusehen. Wäre die Schenkungsabrede jedoch auf die Forderungsbegründung gerichtet, dann liege schon in dem Abschluss des Versprechensvertrags die schenkweise zugewandte Bereicherung. Daher kann keine dahin gehende Verallgemeinerung vorgenommen werden, dass jede schenkungsteuerliche Zuwendung durch Forderungsbegründung unbeachtlich ist. Vielmehr kann nach dem Willen des Zuwendenden auch die Forderung Zuwendungsgegenstand sein und somit bereits deren Begründung (oder Abtretung) zu einer objektiven Bereicherung führen.

Zuwendungsgegenstand ist somit der Anspruch auf Gewinnbeteiligung, der durch Beschluss der Gesellschafterversammlung im Vermögen des begünstigten Gesellschafters entsteht. Dies ist der Zeitpunkt der Ausführung der Zuwendung nach § 9 Abs. 1 Nr. 2 ErbStG, weil über diese sodann frei verfügt werden kann. Die objektive Bereicherung bemisst sich nach dem allein maßgeblichen bürgerlich-rechtlichen Wert der Vermögensmehrung. Dieser entspricht regelmäßig dem Nennwert[354].

(2) Kapitalrückzahlungen

Daneben stellen auch Kapital- oder Einlagenrückzahlungen Leistungen auf gesellschaftsvertraglicher Grundlage dar. Dabei handelt es sich um Rückzahlungen

---

350 Vgl. zu den Ausführungen: *Meincke*, ErbStG, § 7 Rz. 48.

351 *BFH*, Urteil v. 28.11.1967, II 72/63, BStBl. II 1968, 239 (240); *BFH*, Urteil v. 23.6.1971, II R 59/67, BStBl. II 1972, 43; vgl. auch das Gutachten des *RFH*, I D 3/20 vom 7. Januar 1921, RFH 4, 243 (245 ff.).

352 RT-Protokolle 1920/24,31, 1. Wahlperiode, Schriftstück 4856, S. 5338 und 5343. Zur Gesetzgebungsgeschichte: *Wiegand*, Das Schenkungsversprechen im Erb. G, S. 22ff.

353 *Meincke*, ErbStG, § 7 Rz. 47 ff.

354 Zum Nennwert vgl. § 12 Abs. 1 BewG.

von Teilen des Stammkapitals, die durch eine Kapitalherabsetzung gemäß § 58 GmbHG[355] aus ihrer speziellen Kapitalerhaltungsbindung nach § 30 GmbHG frei werden (jedenfalls soweit das Stammkapital durch Aktiva gedeckt ist).[356] Der Zweck kann in einem Erlass von Einlageverpflichtungen der Gesellschafter oder in einer Rückzahlung von Einlagen in Geld oder Sachwerten liegen (sog. effektive Kapitalherabsetzung).[357] Dabei stellt die Kapitalherabsetzung eine auf Änderung der Stammkapitalziffer gerichtete Satzungsänderung dar, was einen notariell beurkundeten Gesellschafterbeschluss notwendig macht.[358] Mit der Eintragung in das Handelsregister entsteht bei Einlagenrückzahlungen ein Rückzahlungsanspruch der Gesellschafter.[359] Ist der Zweck hingegen der Erlass von Einlageforderungen, ist der Anspruch auf eben diesen Erlass gerichtet. Zur Durchführung müssen sodann entsprechende Erlassverträge i.S.d. § 397 BGB geschlossen werden, die jedoch schon in der Zustimmung zur Herabsetzung und deren Entgegennahme durch die Geschäftsführer gesehen werden können.[360] Andere Stimmen in der Literatur verlangen demgegenüber ein Angebot der Gesellschaft, das die Gesellschafter nach § 151 BGB annehmen können.[361]

Unter schenkungsteuerlicher Betrachtung ist Zuwendungsgegenstand wiederrum der Anspruch auf Rückzahlung bzw. auf Erlass der Kapitaleinlage. Mit Begründung des jeweiligen Anspruchs ist die Zuwendung nach § 9 Abs. 1 Nr. 2 ErbStG ausgeführt, weil sodann über diese Ansprüche frei verfügt werden kann. Sowohl der Anspruch auf Erlass einer Einlageverpflichtung (Wegfall eines Passivpostens) als auch der Rückzahlungsanspruch führen sodann in Höhe ihres Verkehrswerts zu einer Mehrung des Gesellschaftervermögens. Es bleibt daher festzuhalten, dass neben einer offenen Gewinnausschüttung auch eine Kapitalrückzahlung zu einer endgültigen und materiellen Vermögensmehrung, also einer objektiven Bereicherung gemäß § 7 Abs. 1 Nr. 1 ErbStG des Gesellschafters führen kann.

bb) Verdeckte Gewinnausschüttungen

Ebenso wie Dritte können auch die Gesellschafter schuldrechtliche Rechtsbeziehungen mit der GmbH eingehen. Dies ist Ausfluss des Trennungsprinzips, das von zwei eigenständigen Rechtssubjekten ausgeht. Daher können zwischen einer Gesellschaft

---

355 Das Gesetz unterscheidet zwischen der ordentlichen Kapitalherabsetzung nach § 58 GmbHG und der vereinfachten Kapitalherabsetzung nach den §§ 58a-f GmbHG. Dabei ermöglicht nur die ordentliche Kapitalherabsetzung die Rückzahlung von Stammkapital, vgl. *Gummert*, in: Henssler/Strohn, § 58 Rz. 3.

356 *Rühland*, in: Beck OK GmbHG, § 58 Rz. 1 und 6; *Waldner*, in: Michalski, § 58 Rz. 1.

357 Der häufigste Grund einer Kapitalherabsetzung ist jedoch die Beseitigung einer Unterbilanz, vgl. *Zöllner/Haas*, in: Baumbach/Hueck, § 58 Rz. 1.

358 *Rühland*, in: Beck OK GmbHG, § 58 Rz. 1 ff.; *Gummert*, in: Henssler/Strohn, § 58 Rz. 8; *Waldner*, in: Michalski, § 58 Rz. 3.

359 *Rühland*, in: Beck OK GmbHG, § 58 Rz. 55.

360 *Schnorbus*, in: Rowedder/Schmidt-Leithoff, § 58 Rz. 40.

361 *Priester*, in: Scholz, GmbHG, § 58 Rz. 79; *Rühland*, in: Beck OK GmbHG, § 58 Rz. 55.

und ihren Gesellschaftern Leistungen auf gesellschaftsvertraglicher und solche auf schuldrechtlicher Grundlage erfolgen. Auf letztere finden nicht gesellschaftsrechtliche Sonderregelungen Anwendung, sondern für entsprechende Drittgeschäfte mit Gesellschaftern gelten die allgemeinen Regeln des BGB.[362]

Im Körperschaftsteuerrecht ist die Unterscheidung zur gesellschaftlichen Veranlassung von großer Bedeutung, weil sich nur betrieblich – also nicht gesellschaftlich – veranlasste Vorgänge auf die steuerliche Bemessungsgrundlage auswirken dürfen. Ertragsteuerlich ist jedoch nicht allein auf das Zivilrecht abzustellen, sondern anhand einer wirtschaftlichen Betrachtung festzustellen, ob die Leistungsbeziehung nicht-betrieblich oder betrieblich veranlasst sind. Somit können auch schuldrechtliche Leistungsbeziehungen im Ergebnis gesellschaftlich veranlasst sein. Aus der engen Anknüpfung des Schenkungsteuerrechts an das bürgerliche Recht folgt jedoch, dass die ertragsteuerlichen Wertungen nicht ohne Weiteres übernommen werden können. Im Folgenden gilt es daher, ausschließlich anhand der zivilrechtlichen Ausgestaltungen zu untersuchen, ob durch eine Zuwendung eine objektive Bereicherung eintreten kann.

Zivilrechtlich unterscheiden sich verdeckte Gewinnausschüttungen[363] von der soeben dargestellten offenen Gewinnausschüttung insofern, als ersteren eine Leistung außerhalb der förmlichen (also gesellschaftsvertraglichen) Gewinnverteilung zugrunde liegt und keine gleichwertige Gegenleistung gegenübersteht,[364] wobei die Leistung durch das Gesellschaftsverhältnis veranlasst sein muss.[365]

Schenkungsteuerlich relevant sind gleichwohl nicht alle Arten verdeckter Gewinnausschüttungen. Sie können in vielfältigen Erscheinungsformen auftreten, sodass eine Einteilung in drei Gruppen verdeckter Vermögenszuwendungen sinnvoll ist:[366] (a) unmittelbare Vorteilsgewährungen an den Gesellschafter, die mit einem Mittelabfluss der Gesellschaft einhergehen, (b) mittelbare Vorteilsgewährungen an den Gesellschafter, ohne Vermögenseinbuße der Gesellschaft und (c) Vorteilsgewährungen an Dritte, die dem Gesellschafter nahe stehen.

Gruppe (a) lässt sich nochmals in vom Unternehmenserfolg abhängige und vom Unternehmenserfolg unabhängige Vorteilsgewährungen unterscheiden. Erfolgsabhängig sind insbesondere überhöhte Vergütungsabreden. Erfolgsunabhängig sind dagegen alle Austauschgeschäfte (z.B. Kaufverträge oder Werk- und Dienstverträge), bei denen der Gesellschafter ein zu geringes Entgelt oder die Gesellschaft ein zu hohes Entgelt erbringt. Gruppe (b) zeichnet sich hingegen dadurch aus, dass

362 Vgl. *BGH*, Urteil v. 27.6.1988, II ZR 143/87, NJW 1989, 166 (167).

363 Allgemein treffender sollte von „verdeckter Vermögenszuwendung" gesprochen werden, vgl. *Deussen*, in: BeckOK GmbHG, § 29 Rz. Gleichwohl wird auch hier der Begriff „verdeckte Gewinnausschüttung" verwendet.

364 *BGH*, Versäumnisurteil v. 21.7.2008, II ZR 39/07, NZG 2008, 783 (784 f.); *BGH*, Urteil v. 13.11.1995, II ZR 113/94, NJW 1996, 589 f.; *Wicke*, in: Wicke, GmbHG, § 29 Rz. 22.

365 *Ekkenga*, in: MüKo GmbHG, § 29 Rz. 258; a.A. *Tries*, VGA, S. 152 ff.

366 Vgl. *Tries*, VGA, S. 185 ff.; *Ekkenga*, in: MüKo GmbHG, § 29 Rz. 260; *Ratschow*, in: , EStG, § 20 Rz. 120; *Döllerer*, VGA, S. 38.

der Gesellschafter zwar sonstige Vorteile erzielt, diese jedoch mit keiner aktuellen Vermögenseinbuße der Gesellschaft einhergehen. Hierunter fällt der ungerechtfertigte Verzicht der Gesellschaft auf die Wahrnehmung von Geschäftschancen, die stattdessen der Gesellschafter auf eigene Rechnung wahrnimmt. Ebenso erfasst sind Reflexvorteile dergestalt, dass die Stellung eines Gesellschafters im Wettbewerb verbessert wird, weil seine berufliche Tätigkeit zum Tätigkeitsbereich der Gesellschaft benachbart ist. Fallgruppe (c) schließt Fälle ein, in denen die Vorteilsgewährung an einen Dritten erfolgt. Diese wird dem Gesellschafter bei mitgliedschaftlicher Veranlassung zugerechnet.[367]

Schenkungsteuerlich unbeachtlich ist Gruppe (b), die keinen Mittelabfluss bei der Gesellschaft voraussetzt. Lässt die Gesellschaft eine Geschäftschance verstreichen und nutzt stattdessen der Gesellschafter diese Möglichkeit, so kann hierin zwar eine verdeckte Gewinnausschüttung liegen.[368] Gleichwohl ist im Unterlassen eines Ausnutzens einer Erwerbsmöglichkeit keine schenkungsteuerlich relevante Zuwendungsposition zu sehen. Die Überlassung stellt lediglich eine nicht in Geld bewertbare, unsichere Erwerbschance dar. Dies gilt selbst dann, wenn sie sich später realisiert, weil die Realisation dann aus der Erfüllung des sodann abgeschlossenen Rechtsgeschäfts folgt.[369] Im Ergebnis bleibt zu konstatieren, dass ohne Mittelabfluss keine schenkungsteuerliche Zuwendung vorliegen kann, die zu einer Bereicherung des Gesellschafters (auf Kosten der Gesellschaft) führt. Ebenso sind die oben dargestellten Reflexwirkungen zugunsten des Gesellschafters keine Zuwendungen der Gesellschaft, weil auch in diesen Fällen keine relevante Zuwendungsposition vorliegt, die das Vermögen des Bedachten in schenkungsteuerlich beachtlicher Weise vermehren könnte. Es verbleiben somit Gruppe (a) und (c). Erstere wird nunmehr betrachtet. Letztere ist Gegenstand des 5. Kapitels der Arbeit.

Für die Beurteilung von Gruppe (a) ist allein maßgebend, ob nach bürgerlichrechtlichen Grundsätzen eine objektive Bereicherung eintritt. Hierunter fallen insbesondere Vermögenszuwendungen infolge unausgeglichener schuldrechtlicher Austauschverträge. Aufgrund der enormen Vielseitigkeit möglicher Erscheinungsformen verdeckter Gewinnausschüttungen, beschränkt sich diese Abhandlung auf typische Fallgestaltungen. Zur Klärung des grundlegenden Verhältnisses der verdeckten Gewinnausschüttung zur Schenkungsteuer sollen daher insbesondere überhöhte Vergütungen im Mittelpunkt stehen. Dennoch sei darauf hingewiesen, dass je nach Zuwendungsgegenstand schenkungsteuerliche Abgrenzungsfragen auftreten. So kann etwa problematisch sein, ob zinslose oder niedrig verzinste Darlehensgewährungen durch die Gesellschaft taugliche Zuwendungsgegenstände nach

---

367 Vgl. zum Ganzen: *Ekkenga*, in: MüKo GmbHG, § 30 Rz. 170; *Tries*, VGA, S. 198; *Döllerer*, VGA, S. 46.

368 Vgl. *BFH*, Urteil v. 11.06.1996, I R 97/95; DStR 1996, 1769 zu einer vGA indem der Gesellschafter-Geschäftsführer einer GmbH Wissen, das er als Ausfluss seiner Geschäftsführertätigkeit für die GmbH erwarb, entgeltlich einem Dritten überlässt.

369 *Seltenreich*, in: P/R/S, § 7 Rz. 72 f.; *Gebel*, in: T/G/J, § 7 Rz. 60.

§ 7 Abs. 1 Nr. 1 ErbStG darstellen oder unentgeltliche Arbeits- und Dienstleistung bzw. allgemeine Gebrauchs- und Nutzungsüberlassungen zu einer freigebigen Zuwendung führen. Da die Beantwortung dieser Fragen den Rahmen der Untersuchung übersteigen würde, wird auf die einschlägige Literatur verwiesen.[370] Soweit jedenfalls freigebige Zuwendungen für möglich gehalten werden, weil eine entsprechende Bereicherung und – vor allem –Entreicherung begründet werden kann, gelten die folgenden Ausführungen entsprechend.

Die häufigsten Erscheinungsformen unausgeglichener Austauschverträge stellen überhöhte Geschäftsführergehälter oder vergünstigte Wertabgaben bzw. überhöhte Zahlungen für Dienstleistungen dar. Auch hierbei ist regelmäßig schon die Forderung des Gesellschafters hinsichtlich der Zahlung des Gehalts oder der Vergütung Zuwendungsgegenstand. Dies gilt ebenfalls hinsichtlich einer vergünstigten Wertabgabe. Durch Abschluss des Vertrags über den vergünstigten Verkauf eines PKW entsteht die Forderung im Vermögen des Gesellschafters und eine Vermögensmehrung des Gesamtvermögens nach § 7 Abs. 1 Nr. 1 ErbStG tritt – in Höhe der Differenz des gemeinen Werts des PKW zum gezahlten Kaufpreis – ein. Selbstverständlich führen auch Vermögenszuwendungen in Form überhöhter einseitiger Leistungen der Gesellschaft (z.B. Sach- oder Geldleistungen) zu einer objektiven Bereicherung der Gesellschafter, wie insbesondere erfolgsabhängige, überhöhte Tantiemen an den Gesellschafter-Geschäftsführer.

Als Zwischenergebnis ist daher festzuhalten, dass auch verdeckte Gewinnausschüttungen in Form unmittelbarer Vermögensverschiebungen aus dem Vermögen der Gesellschaft in das des Gesellschafters grundsätzlich zu einer objektiven Bereicherung des Gesellschafters führen. Zuwendungsgegenstand ist dabei schon die Forderung, mit deren Entstehung die Zuwendung ausgeführt ist, § 9 Abs. 1 Nr. 2 ErbStG. Der Wert der Bereicherung bemisst nach dem Wert des Vermögens in Gegenüberstellung zum hypothetischen Wert ohne verdeckte Vermögenszuwendung. Bei entgeltlichen Austauschverträgen ist dies die Differenz des gezahlten Preises zum gemeinen Wert der Zuwendung durch die Gesellschaft.

b) Wertminderung der Beteiligung als Bereicherungsminderung

Fraglich ist jedoch, ob eine Bereicherung im Vermögen des Gesellschafters dennoch ausscheidet, weil aufgrund der mitgliedschaftlichen Verknüpfung von Gesellschaft und Gesellschafter zugleich eine Wertminderung der Mitgliedschaftsrechte eintritt, welche die Vermögensmehrung kompensiert. Hinsichtlich einer solchen Kompensation ist zwischen quotalen und disquotalen Zuwendungen an die Gesellschafter zu unterscheiden, also zwischen solchen, die den Beteiligungsverhältnissen entsprechen und solchen, die von den Beteiligungsverhältnissen abweichen.

---

370 Vgl. hierzu: *Gebel*, in: T/G/J, § 7 Rz. 28 ff. und 35; *Gottschalk*, Leistungen an GmbH, S. 76 ff. (112 ff. und 119 ff.); *Meincke*, § 7 Rz. 50 ff.; *Geck*, in: Kapp/Ebeling, § 7 Rz. 397 ff.; *Schuck*, in: V/K/S/W, § 7 Rz. 9 ff.; *Griesel*, in: D/H/R, § 7 Rz. 12 ff.; *Hartmann*, in: Gürsching/Stenger, § 7 Rz. 40 ff.; *Seltenreich*, in: P/R/S, § 7 Rz. 79 ff.

aa) Objektive Bereicherung bei quotaler Ausschüttung

So könnte es an einer objektiven Bereicherung des Gesellschafters fehlen, wenn der Umfang der Zuwendung nach Maßgabe der Beteiligungsverhältnisse der Gesellschafter erfolgt. Zwar werden im Rahmen dieser Abhandlung ausschließlich verdeckte Gewinnausschüttungen behandelt; die folgenden Ausführungen gelten jedoch gleichermaßen für offene Ausschüttungen und Kapitalrückzahlungen. Zunächst folgendes

Beispiel:
A und B sind mit jeweils 50 % am Kapital der AB-GmbH beteiligt. Im Gesellschaftsvermögen befinden sich zwei gleichwertige Wirtschaftsgüter mit einem gemeinen Wert von je 50.000 Euro. Die AB-GmbH veräußert an jeden Gesellschafter eines der Wirtschaftsgüter zum Preis von 25.000 Euro.

Der RFH setzte sich bereits in einem Urteil vom 21.1.1943 mit dieser Frage auseinander.[371] Konkret ging es um eine Übertragung von Eigenaktien seitens einer Tochtergesellschaft auf ihre Muttergesellschaft ohne Gegenleistung. Das Gericht vertrat die These, dass hierin regelmäßig keine freigebige Zuwendung, sondern eine verdeckte Gewinnausschüttung zu sehen sei. Zwar würden Vermögensübertragungen von der Gesellschaft an die Gesellschafter nach Maßgabe der Gesellschafterbeteiligungen das Vermögen der Gesellschaft verändern, jedoch nicht das Vermögen der Gesellschafter. Denn bei Entnahmen aus dem Gesellschaftsvermögen (Zuwendungen der Gesellschaft an die Gesellschafter) vermindere sich entsprechend der Wert der Gesellschaftsrechte, sodass die Gesellschafter nicht bereichert seien. Gesellschaftliche Leistungen nach Maßgabe der Beteiligungen am Gesellschaftsvermögen könnten begrifflich keine Schenkungen darstellen. Dasselbe gelte für den Beteiligungsverhältnissen entsprechende freiwillige Leistungen (Zuwendungen) der Gesellschafter an die Gesellschaft.

Dies bedeutet, dass nach Ansicht des RFH bei quotalen Leistungen der Kapitalgesellschaft, die auf dem Gesellschaftsverhältnis beruhen, dem Vermögenszugang beim Gesellschafter (Höhe der Gewinnausschüttung) ein entsprechender Vermögensabfluss (Wertverlust der Mitgliedschaftsrechte) gegenüber steht.

Die Literatur hat sich der Ansicht des RFH überwiegend angeschlossen.[372] Wenngleich sich ein Teil der Stellungnahmen auf Vermögensübertragungen von Gesellschaftern auf die Gesellschaft bezieht und es somit um einen Ausgleich einer

---

371 *RFH*, Urteil v. 21.1.1943, III e 38/41, RStBl. 1943, 589.

372 *Petzold*, § 7 Rz. 168; *Daragan (Wohlschlegel)*, ZEV 1997, 233 (237); *Bödecker*, GmbHR 1997, 240 (243); *Buyer*, GmbHR 1996, 98 (107); *Fuhrmann/Potsch*, NZG 2012, 681 (687); *Mellinghoff*, in: Birk, DStJG 1999, 127 (143). Kritisch: *Meincke*, ErbstG, § 7 Rz. 72. Vgl. zur fehlenden „Entreicherung" bei (verdeckten) Einlagen: *Meier*, DVR 1986, 135, 146 (149); *Maier*, DVR 1987, 50 f.; *Gebel*, in: T/G/J, ErbStG, § 7 Rz. 25 und 186 f.; *ders.*, DStR 1992, 1341 (1344); *Seltenreich*, in: P/R/S, § 7 Rz. 242; *Roser/Schrepp*, GmbHR 1997, 393 (396).

möglichen Entreicherung durch Wertsteigerung der Beteiligung des Gesellschafters geht, ist die (rechtliche) Situation doch vergleichbar: Die Wertveränderung des Gesellschaftsvermögens soll – mittels der Beteiligungen – korrespondierend die Änderungen des Gesamtvermögens der Gesellschafter ausgleichen. Freigebige Zuwendungen durch quotale Gewinnausschüttungen scheiterten folglich schon an der fehlenden objektiven Bereicherung der Gesellschafter.

Anderer Ansicht ist Hartmann, der in der schenkungsteuerlichen Behandlung verdeckter Gewinnausschüttungen keine Besonderheiten sieht und bei Unangemessenheit von Leistung und Gegenleistung grundsätzlich von einer freigebigen Zuwendung ausgeht.[373] Eine Erklärung einer unter Umständen fehlenden Bereicherung vermag den Ausführungen Hartmanns jedoch nicht entnommen werden. Auch Crezelius lehnt die Überlegungen des Reichsgerichts und der Literatur als eine zu wirtschaftliche Betrachtung ohne weitergehende Erklärung ab.[374] Dem scheint die Überlegung zugrunde zu liegen, dass es im Rahmen des § 7 Abs. 1 Nr. 1 ErbStG nur auf die Bewertung des Zuwendungsgegenstands ankommt und ob dieser auch im Vermögen des Bedachten noch einen positiven Wert hat. Eine möglichweise mit Erwerb des Gegenstands eintretende Vermögensminderung hätte demnach keinen Einfluss auf die Vermögensmehrung.

Der BFH sieht die Beteiligungsquote hinsichtlich freigebiger Zuwendungen insgesamt als unbeachtlich an. Jedoch scheinen sich die Ausführungen des II. Senats auf das Merkmal der objektiven Unentgeltlichkeit zu beschränken.[375] Eine eindeutige Aussage zu einer möglichen Kompensation einer objektiven Bereicherung in Zusammenhang mit Gewinnausschüttungen kann den bisherigen Entscheidungen nicht entnommen werden.

Die Finanzverwaltung verfolgt mit ihren angepassten Ländererlassen vom 14. 3. 2012[376] ein gänzlich anderes Konzept. Zahlt eine Kapitalgesellschaft einem Gesellschafter überhöhte Vergütungen, soll das über die gesellschaftsrechtliche Beteiligungsquote hinaus Verteilte zu einer Bereicherung des Gesellschafters auf Kosten der Gesellschaft führen. Für den Fall, dass alle Gesellschafter in sachlichem und zeitlichem Zusammenhang gleichwertige Vorteile erhalten, soll kein schenkungspflichtiger Vorgang vorliegen. Denn in diesen Fällen erwerbe jeder Gesellschafter über seine jeweilige Beteiligungsquote hinaus keinen Vorteil. Die Finanzverwaltung nimmt somit einen Gesamtvergleich zwischen den verdeckten Gewinnausschüttungen vor und stellt darauf ab, ob die Gesellschafter in gleicher

373 *Hartmann*, UVR 2005, 232 (240); *ders.* DB 1996, 2250 (2257); *ders.*, UVR 2001, 93 (96), jedoch sei nicht jede vGA schenkungsteuerpflichtig, so z.B. nicht bei verhinderten Vermögensmehrungen oder bei nur leichter Unausgewogenheit der Leistungen.

374 *Crezelius*, in: Birk, DStJG 1999, 73 (98).

375 *BFH*, Urteil v. 30.1.2013, II R 6/12; DStR 2013, 649 (652); *BFH*, Urteil v. 17.10.2007, II R 63/05, DStR 2008, 146 (147). Zur obj. Unentgeltlichkeit siehe sogleich unter C.I.4 auf den S. 123 ff.

376 Gleichlautende Erlasse vom 14.3.2012, BStBl. I 2012, 331 ff. Vgl. auch die Darstellung des Meinungstands im 3. Kapitel unter C.IV auf den S. 66 ff.

Weise auf Kosten der Gesellschaft bereichert sind. Ob sodann schon eine objektive Bereicherung abzulehnen ist, kann dem Erlass nicht entnommen werden. Es spricht jedoch viel dafür, dass die Finanzverwaltung grundsätzlich von einer Bereicherung bei Ausschüttungen der Gesellschaft an die Gesellschafter ausgeht und in Höhe des unangemessenen Teils bei gleichmäßigen Gewinnausschüttungen die objektive Unentgeltlichkeit ablehnt.[377]

bb) Einmann-GmbH

In der Literatur wird insbesondere die Situation einer Einmann-GmbH hervorgehoben.[378] Bei dieser scheitere die Annahme einer freigebigen Zuwendung bei Leistungen aus dem Gesellschaftsvermögen stets an der notwendigen Bereicherung. Die Werterhöhung im Gesellschaftervermögen werde durch den Verlust im Gesellschaftsvermögen, den der Gesellschafter mittels seiner Gesellschafterbeteiligung umfassend teile, ausgeglichen.[379] Es handele sich bei offenen sowie verdeckten Gewinnausschüttungen einer Einmann-GmbH an ihren Gesellschafter um rein vermögensumschichtende Vorgänge.[380]

Nach Meinke[381] könnte ein Begründungsansatz zunächst in der Rechtsprechung des Bundesgerichtshofs[382] zur Schadensberechnung einer Einmann-GmbH gesehen werden. Hiernach sei ein Vermögensverlust der Gesellschaft zugleich ein Schaden des Alleingesellschafters. Diese Rechtsprechung wurde in der Literatur jedoch mit Recht kritisiert,[383] weshalb auch Meincke Zweifel an der Stichhaltigkeit einer solchen Argumentation äußert. Denn der Wert einer Beteiligung werde von komplexen Faktoren wie (u.a.) dem Ertrags- und Substanzwert des Unternehmens bestimmt. Eine Vermögensminderung oder -mehrung des Gesellschaftsvermögens schlage sich deshalb nicht zwingend spiegelbildlich im Vermögen des Alleingesellschafters nieder.[384] Geck kritisiert, dass die Auffassung konstruiert wirke, weil eine Gleichwertigkeit der Leistungsströme nur selten gegeben sei. Es ließe sich kaum

---

377 Gleichlautende Erlasse vom 14.3.2012, BStBl. I 2012, 331 ff., Tz. 2.6.2.

378 *Meincke*, ErbStG, § 7 Rz. 72 f.; *Bödecker*, GmbHR 1997, 240 (243); *Gebel*, DStR 1996, 685 (689); vgl. zur fehlenden „Entreicherung" bei (verdeckten) Einlagen: *Griesel*, in: D/H/R, § 7 Rz. 189; *Roser/Schrepp*, GmbHR 1997, 393 (396); *Mellinghoff*, in: Birk, DStJG 1999, 127 (143 f.).

379 *Bödecker*, GmbHR 1997, 240 (243)

380 *Bödecker*, GmbHR 1997, 240 (243); *Roser/Schrepp*, GmbHR 1997, 393 (396); *Mellinghoff*, in: Birk, DStJG 1999, 143 f.; *Gebel*, DStR 1996, 685 (689); vgl. auch OFD München vom 16.7.1990, S 3806 – 13 St 334, UVR 1990, 349.

381 *Meincke*, ErbStG, § 7 Rz. 72.

382 *BGH*, Urteil v. 13.11.1973, VI ZR 53/72, BGHZ 61, 380 (383 f.); *BGH*, Urteil v. 8.2.1977, VI ZR 249/74, NJW 1977, 1283 (1283 f.); *BGH*, Urteil v. 06.10.1988, III ZR 143/87, NJW-RR 1989, 684.

383 *Kowalski*, Der Ersatz von Gesellschafts- und Gesellschafterschaden, 95 ff. m.w.N.

384 *Kowalski*, Der Ersatz von Gesellschafts- und Gesellschafterschaden, 100 ff.; einschränkend schon *RFH*, Urteil v. 13.12.1923, VI A 155/21, RFHE 11, 112 (113).

vortragen, dass eine erhöhte Gehaltszahlung in gleicher Höhe zu einer Minderung des Anteils führe.[385]

Ein weiteres Argument gegen eine Bereicherung in Bezug auf Einmann-Gesellschaften könnte darin zu sehen sein, dass Vermögensübertragungen zwischen beiden Rechtsträgern letztlich nur eine Umorganisation im Rechtskreis des Alleingesellschafters darstellen. Meincke[386] führt diese Argumentation im Zusammenhang mit der umgekehrten Konstellation einer Zuwendung des Gesellschafters an die Gesellschaft an. Ersterer habe als regelmäßiger Geschäftsführer und alleiniger Gesellschafter eine Rechtsposition inne, die es ihm ermögliche Vermögensübertragungen jederzeit wieder rückgängig zu machen. Der Gedankengang lässt sich grundsätzlich auf die Situation einer Ausschüttung an den Gesellschafter übertragen. Der Alleingesellschafter kann mögliche Rückgaberechte der Gesellschaft geltend machen (vgl. nur die Kapitalerhaltungsnormen §§ 30, 31 GmbHG oder mögliche Ansprüche aus § 812 BGB) oder darauf verzichten, sodass auch hier eine objektive Bereicherung stets abgelehnt werden könnte, weil die Verschiebungen nur innerhalb seines Rechtskreises stattfinden.

Jedoch ist auch Meincke im Ergebnis der Ansicht, dass dies einer Bereicherung nicht entgegen stehen könne.[387] Auf diese Weise würden die speziellen Regelungen zwischen Gesellschaft und Gesellschafter in Bezug auf Vermögensübertragungen vollkommen negiert. Zudem dürfe eine Bereicherung nicht allein deswegen abgelehnt werden, weil Vermögensübertragungen möglicherweise rückgängig gemacht oder Rückgaberechte aktiviert werden. Zutreffend verweist er auch auf eine Bereicherung beim Erwerb unter Widerrufsvorbehalt.[388] Der code civil ging in Art. 894 noch davon aus, dass der Schenker den Gegenstand der Zuwendung unwiderruflich aus seinem Vermögen entlassen muss. Gleichwohl steht eine solche Vereinbarung nach heutigem Zivilrecht einer Schenkung nicht entgegen. Vielmehr liegt hiernach eine endgültige Bereicherung des Erwerbers vor. Die bloße Möglichkeit, dass der Empfänger das Zugewendete aufgrund des Widerrufsvorbehalts wieder herausgeben muss ändert hieran nichts. Der Erwerber kann über den Zuwendungsgegenstand verfügen und – soweit nicht Rechte Dritter entgegenstehen – jeden anderen von der Einwirkung auf ihn ausschließen (vgl. § 903 BGB). Solange der Schenkungsvertrag seine volle Wirksamkeit entfaltet und das Widerrufsrecht nicht ausgeübt wurde, ist somit auch für das bürgerlich-rechtlich geprägte Schenkungsteuerrecht von einer endgültigen Bereicherung auszugehen.[389]

Diese Wertungen sind für Vermögensverschiebungen der Gesellschaft auf den Alleingesellschafter zu beachten. Auch hier darf die Bereicherung nicht deswegen abgelehnt werden, weil es regelmäßig dem Gesellschafter-Geschäftsführer obliegt,

385 *Geck*, in: Kapp/Ebeling, § 7 Rz. 210.
386 *Meincke*, ErbStG, § 7 Rz. 73.
387 *Meincke*, ErbStG, § 7 Rz. 73.
388 *Meincke*, ErbStG, § 7 Rz. 53.
389 *BFH*, Urteil v. 13.9.1989, II R 67/86, NJW 1990, 1750 (1751).

ein Rückgaberecht der Gesellschaft zu aktivieren und somit nur in seinem Rechtskreis Veränderungen vorliegen. Dies ändert nichts an der zunächst eingetretenen Bereicherung des Gesellschafters.

cc) Objektive Bereicherung bei disquotaler Ausschüttung

Für die Fälle der disquotalen – also nicht nach Maßgabe der Beteiligungsverhältnissen erfolgenden Zuwendungen – herrscht dagegen weitgehende Einigkeit, dass diese zu einer Bereicherung des empfangenden Gesellschafters führen.[390] Es kommt zu keinem vermögensmäßigen Ausgleich durch eine Minderung der Beteiligungsrechte. Eine Vermögensminderung der Gesellschaft bei disquotalen Ausschüttungen wirkt sich nur anteilig bei den Gesellschaftern aus. Erhält der empfangende Gesellschafter eine über seiner Beteiligungsquote liegende Gewinnausschüttung, kann diese nur in Höhe seines Beteiligungsanteils ausgeglichen werden. Jedenfalls der hierüber hinausgehende Teil führt zu einer Bereicherung i.S.d. § 7 Abs. 1 Nr. 1 ErbStG. Hierzu zählen auch die Fälle, in denen verdeckte Gewinnausschüttungen zwar alle Gesellschafter gleichermaßen begünstigen, sich die Begünstigung jedoch disproportional zu ihrer Beteiligung verhält.[391] Da disquotale Ausschüttungen nur bei Mehr-Personen-Gesellschaften denkbar sind, ergibt sich keine vergleichbare Situation für die Einmann-GmbH.

dd) Stellungnahme

Die vorgehenden Überlegungen eines Ausgleichs der Vermögensmehrung können nur überzeugen, wenn eine mögliche Wertminderung im Rahmen der objektiven Bereicherung zu berücksichtigen ist und – dies annehmend – sich die Wertveränderung des Gesellschaftsvermögens exakt in den Anteilen der Gesellschafter widerspiegelt. Dabei ist nicht jede Vermögensminderung als Bereicherungsminderung zu berücksichtigen. Vielmehr muss eine rechtserhebliche Verknüpfung oder ein Korrelat zur Bereicherung vorliegen.[392] Für die Einmann-GmbH ergeben sich insoweit keine Besonderheiten, mit Ausnahme der Tatsache, dass Ausschüttungen stets quotal erfolgen.

---

390 *Buyer*, GmbHR 1996, 98 (107); *Petzold*, § 7 Rz. 168; *Daragan (Wohlschlegel)*, ZEV 1997, 233 (237); *Bödecker*, GmbHR 1997, 240 (243); *Fuhrmann/Potsch*, NZG 2012, 681 (687); *Mellinghoff*, in: Birk, DStJG 1999, 127 (143). Kritisch: *Meincke*, ErbstG, § 7 Rz. 72. Zur fehlenden „Entreicherung" bei (verdeckten) Einlagen: *Meier*, DVR 1986, 135, 146 (149); *Maier*, DVR 1987, 50 f.; *Gebel*, in: T/G/J, ErbStG, § 7 Rz. 25 und 186 f.; *ders.*, DStR 1992, 1341 (1344); *Seltenreich*, in: P/R/S, § 7 Rz. 242; *Roser/Schrepp*, GmbHR 1997, 393 (396); *RFH*, Urteil v. 21.1.1943, III e 38/41, RStBl. 1943, 589.

391 *Schuck*, in: V/K/S/W, § 7 Rz. 186, jedoch in der 3. Auflage von 2009. In der aktuellen Auflage findet sich keine Aussage mehr zur objektiven Bereicherung.

392 Vgl. zur fehlenden Entreicherung bei Vorteilsausgleich: *Gebel*, in: T/G/J, § 7 Rz. 25; *Gottschalk*, Leistungen an GmbH, S. 156 ff.

Im Folgenden ist zunächst auf die besondere Verknüpfung von Gesellschafter und Gesellschaft durch ihre Mitgliedschaft einzugehen, weil diese den vorgenannten Überlegungen zugrunde liegt. Sodann werden die Bewertungskriterien kurz dargelegt um anschließend festzustellen, ob tatsächlich ein Vorteilsausgleich eintreten kann und daher eine mögliche Wertminderung zu berücksichtigen ist.

(1) Mitgliedschaft der Gesellschafter

Im Gesellschaftsrecht[393] wird mit der Mitgliedschaft die Rechtsstellung einer Person bezeichnet, die auf der Zugehörigkeit zu einem Verband beruht.[394] Sie bezeichnet die Gesamtheit aller gesellschaftsrechtlich begründeten Rechte und Pflichten des Gesellschafters. Die Mitgliedschaft in einer GmbH wird dabei durch den Geschäftsanteil vermittelt. Derjenige, der einen Geschäftsanteil an einer GmbH hält, ist Gesellschafter dieser GmbH.[395]

Diese Verbandsmitgliedschaft stellt ein auf Dauer angelegtes Rechtsverhältnis eigener Art dar, das sowohl Sonderrechtsbeziehungen zwischen dem Gesellschafter und der GmbH (Sozialsphäre), als auch unter den Gesellschaftern festlegt (Individualsphäre).[396] Hieraus folgen sowohl Mitgliedschaftspflichten als auch Mitgliedschaftsrechte, die sich aus dem Gesetz oder der Satzung ergeben oder auf Richterrecht beruhen können.[397]

Aus der Sozialsphäre ergeben sich zunächst Verpflichtungen gegenüber der Gesellschaft. Hierzu zählen u.a. die Beitrags- und Treuepflicht als Konkretisierungen der allgemeinen Zweckförderungspflicht.[398] Konkret gehört hierher die Rückzahlungsverpflichtung aus § 31 GmbHG aufgrund eines Verstoßes gegen die Stammkapitalbindung in § 30 GmbHG. Demgegenüber entstehen auch Rechte der Gesellschafter gegenüber der Gesellschaft. Hier sind die Vermögens-, Teilhabe- oder Schutzrechte zu nennen. Vermögensrechte sind insbesondere das Recht auf Beteiligung am Gewinn (§ 29 GmbHG) oder am Liquidationsergebnis (§ 72 GmbHG).[399] Ein Teilhaberecht stellt das Recht auf Teilnahme an der Gesellschafterversammlung gemäß § 48 GmbHG dar. Schutzrechte gewähren Gesellschafterminderheiten besondere Rechte, vgl. §§ 50, 61, 66 GmbHG. Aus der Individualsphäre ergeben sich Ansprüche der Gesellschafter untereinander insbesondere aus den sog. Treuepflichten.

---

393 Vgl. zum Folgenden ausführlich: *Reichert/Wellert*, in: MüKo GmbHG, § 14 Rz. 45 ff.

394 *Karsten Schmidt*, GesR, § 19 I 1, S. 547; *Lutter*, AcP 1980, 84 (86).

395 *Karsten Schmidt*, GesR, § 35 I 1, S. 1034.

396 *Karsten Schmidt*, GesR, § 19 III 1, S. 552; *Raiser*, in: U/H/L, § 14 Rz. 22.

397 *Raiser*, in: U/H/L, § 14 Rz. 26.

398 *Karsten Schmidt*, GesR, § 19 III 3, S. 557; *Ulmer/Schäfer*, in: MüKo BGB, § 705 Rz. 201.

399 *Karsten Schmidt*, GesR, § 19 III 3, S. 558; *Ulmer/Schäfer*, in: MüKo BGB, § 705 Rz. 197 ff.

Diese können beispielsweise auf eine Änderung des Gesellschaftsvertrags gerichtet sein.[400]

Die Verbandsmitgliedschaft stellt jedoch nicht nur ein besonderes Rechtsverhältnis dar, sondern vermittelt den Gesellschaftern zudem ein subjektives Recht. Die im Geschäftsanteil verkörperte Mitgliedschaft ist deshalb nach ganz herrschender Meinung auch Rechtsgegenstand.[401] Über diesen können die Gesellschafter in gewissen Grenzen frei verfügen, ihn dinglich belasten und im Wege der Zwangsvollstreckung verwerten.[402] Ihm kommt über Art. 14 GG verfassungsrechtlicher Schutz zu. Zudem stellt es ein „sonstiges Recht" i.S.d. § 823 Abs. 1 BGB dar und unterliegt daher dem deliktsrechtlichen Schutz vor Eingriffen verbandsexterner Dritter.[403]

Zwar wird gegen die Beurteilung einer Mitgliedschaft als subjektives Recht teilweise vorgebracht, dass sie nur die Beteiligung an verschiedenen Rechtsverhältnissen verkörpere. Diese Rechtsverhältnisse seien jedoch nicht mit einem subjektiven Recht gleichzusetzen, weil die Rechtsordnung streng zwischen beiden unterscheide.[404] Hiergegen lässt sich allerdings einwenden, dass sich Rechtsverhältnisse ab einer gewissen Intensität zu einem subjektiven Recht verdichten.[405] Zudem berücksichtigt die Gegenmeinung den vermögensrechtlichen Gehalt der Rechtsposition des Gesellschafters nicht hinreichend.[406]

(2) Bewertungskriterien und Wertminderung

Da die Mitgliedschaft oder der Geschäftsanteil somit ein eigenständiges Objekt der Rechtsordnung darstellt, ist sie als solches einer Bewertung zugänglich. Die schenkungsteuerlich vorgeschriebene Wertermittlung für Zuwendungen von Gesellschaftsbeteiligungen nach § 12 Abs. 5 ErbStG i.V.m. §§ 11 Abs. 2 BewG (gemeiner Wert) ist dabei nicht heranzuziehen. Für das Vorliegen des Tatbestands der freigebigen Zuwendung ist allein die zivilrechtliche Bewertung maßgebend, nicht hingegen der steuerrechtliche Wert.[407]

---

400 *Ulmer/Schäfer*, in: MüKo BGB, § 705 Rz. 200.

401 *BVerfG*, Urteil v. 7.5.1962, 1 BvL 16/60, BVerfGE 14, 263 (276 f.); *RG*, Urteil v. 18.4.1913, II 659/12, RGZ 82, 167 (169); *BGH*, Urteil v. 25.4.1968, II ZR 149/67, GmbHR 1968, 207; *Bayer*, in: Lutter/Hommelhoff, § 14 Rz. 1; *Lutter*, AcP 1980, 84 (99 ff.); *Feine*, GmbH, 262 ff.; *Flume*, Juristische Person, § 8 I, S. 258; *Habersack*, Mitgliedschaft, S. 28 ff., 98 ff.; *Reichert/Wellert*, in: MüKo GmbHG, § 14 Rz. 47; *Fastrich*, in: Baumbach/Hueck, § 14 Rz. 6; *Verse*, in: Henssler/Strohn, § 14 Rz. 34.

402 *Reichert/Weller*, in: MüKo GmbHG, § 14 Rz. 7; *Pentz*, in: Rowedder/Schmidt-Leithoff, § 14 Rz. 4.

403 *RG*, Urteil v. 26.11.1920, VII 286/20, RGZ 100, 274 (278); *Karsten Schmidt*, GesR, § 19 I 3, S. 549; *Habersack*, Mitgliedschaft, S. 171 ff.

404 *Heinsheimer*, Über die Teilhaberschaft, 1930, S. 35; *Hadding*, in: FS Steindorff, S. 31 (36 ff.).

405 *Habersack*, Mitgliedschaft, S. 70 ff.

406 *Seibt*, in: Scholz, GmbHG, § 14 Rz. 9.

407 Vgl. hierzu bereits unter C.I.2 auf den S. 91 ff.

Eine zivilrechtliche Regelung zur Ermittlung dieses Werts existiert indessen nicht.[408] Jedenfalls richtet sich der Wert des Geschäftsanteils nach dem wirtschaftlichen Wert des Gesellschaftsvermögens, weil der Geschäftsanteil einen festen Anteil hieran verkörpert.[409] In einem ersten Schritt gilt es daher, den Wert der GmbH zu ermitteln. In einem zweiten Schritt kann der Bruchteil berechnet werden, der auf den jeweiligen Anteil entfällt (sog. indirekte Methode).[410] Dabei wird der Wert des Geschäftsanteils nicht oder nur bei Entstehung der Gesellschaft mit dem Nennwert übereinstimmen, sodass hieraus keine Rückschlüsse gezogen werden können.[411]

Der Anteilswert richtet sich grundsätzlich nach dem Wert des Unternehmens im Ganzem. Dieser ist unter Beachtung des rechtlichen Bewertungszwecks und sonstiger rechtlich maßgebender Wertfaktoren nach betriebswirtschaftlich anerkannten Bewertungsmethoden festzulegen.[412] Eine bestimmte Methode ist nicht vorgeschrieben.[413] Steht ein erfolgreiches Unternehmen zum Verkauf, erfolgt die Bewertung nach einer anderen Methode als im Falle, dass das Unternehmen in der Krise steckt oder liquidiert werden soll.[414] Dabei hat sich in der Betriebswirtschaft und Rechtslehre die sog. Ertragswertmethode nach IDW S 1 durchgesetzt,[415] der auch inzwischen die Rechtsprechung zuneigt.[416] Diese wird im Hinblick auf fortzuführende Unternehmen als betriebswirtschaftlich am besten geeignet angesehen, weil Erwerber sich zumeist am erwarteten Nutzen orientieren.[417]

Der Ertragswert beruht auf der Kapitalisierung nachhaltig zu erwartender künftiger Erträge, die auf der Basis der gegenwärtigen Ertragslage des Unternehmens

408 *Seibt*, in: Scholz, § 14 Rz. 12.

409 *BGH*, Urt. v. 10.10.1979, IV ZR 79/78, BGHZ 75, 195 (199); *BGH*, Urt. v. 16.12.1991, II ZR 58/91, BGHZ 116, 359 (370); *Seibt*, in: Scholz, § 14 Rz. 12.

410 *OLG Köln*, Urt. v. 26. 3. 1999, 19 U 108/96, NZG 1999, 1222, 1224; *Reichert/Wellert*, in: MüKo GmbHG, § 14 Rz. 20.

411 *Reichert/Wellert*, in: MüKo GmbHG, § 14 Rz. 19; *Seibt*, in: Scholz, § 14 Rz. 10.

412 *Seibt*, in: Scholz, § 14 Rz. 12.

413 *BGH*, Urteil v. 16.12.1991, II ZR 58/91, BGHZ 116, 359 (371); *BGH*, Urteil v. 24.05.1993, II ZR 36/92, NJW 1993, 2101 (2103).

414 *Reichert/Wellert*, in: MüKo GmbHG, § 14 Rz. 26; *Großfeld*, JZ 1981, 641 (643).

415 IDW Standard: Grundsätze zur Durchführung von Unternehmensbewertungen: *IDW (Hrsg)*, WPg.-Supplement 3/2008, 68 ff. (Beilage zur Zeitschrift WPg); *Großfeld*, Recht der Unternehmensbewertung, Rz. 170 ff., S. 56 ff.; *Strohn*, in: MüKo GmbHG, § 34 Rz. 209; *Sosnitza*, in: Michalski, § 34 Rz. 47.

416 *BGH*, Urteil v. 16.12.1991, II ZR 58/91, BGHZ 116, 359 (371); *BGH*, Beschluss v. 8.5.1998, BLw 18/97, BGHZ 138, 371 (383); *BGH*, Urteil v. 24.09.1984, II ZR 256/83, NJW 1985, 192 (193).

417 *BGH*, Urt. v. 9.11.1998, II ZR 190/97, BGHZ 140, 35 (38); *BGH*, Urt. v. 29.10.1990, II ZR 146/89 NJW-RR 1991, 358 (359 f.); *Piltz*, Die Unternehmensbewertung in der Rechtsprechung, S. 136ff.; *Fastrich*, in: Baumbach/Hueck § 14 Rz. 7; *Ebbing*, in: Michalski § 14 Rz. 22.

unter Berücksichtigung erkennbarer Entwicklungsfaktoren ermittelt werden.[418] Ergänzend zu berücksichtigen ist die sog. Discounted-Cash-Flow-Methode, bei der auf der Grundlage der Unternehmensplanung zukünftige Zahlungsüberschüsse festgestellt und mit Hilfe von Kapitalkosten auf den Bewertungsstichtag diskontiert werden.[419] Der Substanzwert[420] kann daneben für nicht betriebsnotwendiges Vermögen zu berücksichtigen sein (sog. modifiziertes Ertragswertverfahren).[421]

Aufgrund dieser engen Verbindung zwischen Anteil und Gesellschaftsvermögen ist somit grundsätzlich davon auszugehen, dass eine Wertminderung der Mitgliedschaft infolge von Zuwendungen der GmbH an ihre Gesellschafter eintritt. Gleichwohl führt die Bewertung aufgrund des Ertragswerts und den hiermit einhergehenden verschiedenen betriebswirtschaftlich zu berücksichtigenden Faktoren nicht unbedingt zu einer exakt spiegelbildlichen Veränderung des Geschäftsanteils. Denn die Verminderung der Vermögenssubstanz der GmbH führt regelmäßig nicht zu einer entsprechenden Minderung des Unternehmenswerts. Der Substanzwert des hingegebenen Vermögensgegenstands muss nicht mit dem Nutzen der Vermögenssubstanz für die Gesellschaft übereinstimmen.[422] In diesen Fällen liegt keine Deckungsgleichheit zwischen Vermögensmehrung (Bereicherung) und Vermögensminderung (Wertminderung des Geschäftsanteils) vor. Kommt die Bewertung zu unterschiedlichen Ergebnissen, kann sich auch bei quotalen Leistungen kein deckungsgleicher Ausgleich der Bereicherung ergeben bzw. nur in Höhe der tatsächlichen eingetretenen Wertminderung des Geschäftsanteils.[423]

Gegen eine Ermittlung des Werts von Geschäftsanteilen nach der Ertragswertmethode bei Beziehungen zwischen Gesellschaft und Gesellschafter wendet sich Bödecker.[424] Es komme nicht auf den erzielbaren Preis für die Unternehmensbeteiligung

418 *Großfeld*, Recht der Unternehmensbewertung, Rz. 226 ff., S. 72; *Fastrich*, in: Baumbach/Hueck, § 14 Rz. 23.

419 *Großfeld*, Recht der Unternehmensbewertung, Rz. 1004 ff., S. 285 ff.; *Fastrich*, in: Baumbach/Hueck, § 14 Rz. 23.

420 Der Substanzwert ist der Gebrauchswert der betrieblichen Substanz und berechnet sich nach den Rekonstruktions- oder Wiederbeschaffungskosten aller im Unternehmen vorhandenen materiellen und immateriellen Werte. Hierbei kommt es darauf an, welcher Betrag erforderlich wäre, ein entsprechendes Unternehmen zu errichten, vgl. *Reichert/Wellert*, in: MüKo GmbHG, § 14 Rz. 34; *Piltz*, Die Unternehmensbewertung in der Rechtsprechung, S. 34 ff.

421 *BGH*, Urteil v. 24.05.1993, II ZR 36/92, NJW 1993, 2101 (2103); *BGH*, Urteil v. 8.9.2004, XII ZR 194/01, NJW-RR 2005, 153 (154); *Piltz*, Die Unternehmensbewertung in der Rechtsprechung, 30 f., 181 ff.; *Reichert/Wellert*, in: MüKo GmbHG, § 14 Rz. 31.

422 Ebenso: *Meincke*, ErbStG, § 7 Rz. 72; *Bödecker*, GmbHR 1997, 240 (241), der jedoch im Ergebnis die Ertragswertmethode ablehnt und somit einen Ausgleich der Bereicherung für möglich hält. Vgl. zur Leistung an die GmbH *Gottschalk*, Leistungen an GmbH, S. 70.

423 Ebenso *Geck*, in: Kapp/Ebeling, § 7 Rz. 210.

424 *Bödecker*, GmbHR 1997, 240 (242).

an, sondern auf den Wert des Unternehmens im Verhältnis der GmbH und ihren Gesellschaftern. Es gehe somit allein um den Wert, den der Geschäftsanteil für den Gesellschafter habe, solange er ihn halte. Daher komme es nicht auf den Wert des Unternehmens bei Veräußerung in seiner betrieblichen Einheit an, sondern auf den Wert der einzelnen Vermögensgegenstände, die dem Unternehmen wieder entnommen und dem Gesellschafter wieder zugeführt oder an Dritte veräußert werden könnten. Daher sei der Substanzwert anzusetzen, der bei den vorliegenden Vermögensverschiebungen zu einer Minderung der Geschäftsanteile in Höhe des entnommenen Vermögensgegenstands führe, sodass eine Bereicherung ausscheide.

Hiergegen spricht jedoch, dass die Vermögensmehrung des Gesellschafters objektiv zu beurteilen ist. Im Rahmen dieser Bewertung kommt es nicht darauf an, welchen Wert bestimmte Vermögensgegenstände im Verhältnis zwischen Gesellschaft und Gesellschafter haben, sondern wie sich das Vermögen nach objektiven Gesichtspunkten verändert. Hierfür ist allein maßgeblich, welchen Wert der Anteil gegenüber Dritten oder dem Markt hat.[425]

(3) Berücksichtigung von Wertminderungen des Geschäftsanteils

Daher stellt sich die grundsätzliche Frage, ob Wertminderungen des Geschäftsanteils bei der Frage nach der objektiven Bereicherung i.S.d. § 7 Abs. 1 Nr. 1 ErbStG berücksichtigt werden können. Soweit ersichtlich, setzen diejenigen Stimmen in Literatur und Rechtsprechung, die einen Vorteilsausgleich durch Wertminderung befürworten, eine solche Berücksichtigung ohne weitergehende Begründung voraus.[426] Dennoch können nicht jegliche eintretenden Vermögenminderungen der Geschäftsanteile berücksichtigt werden. Vielmehr müssen diese gerade auf die Zuwendung zurückzuführen sein bzw. von dieser abhängen. Hierfür genügt jedoch ein adäquat kausaler Zusammenhang dergestalt, dass ohne Zuwendung eine Vermögensminderung nicht denkbar wäre. Dieser Zusammenhang ist über die enge Verbindung von Geschäftsanteil und Wert des Gesellschaftsvermögens gegeben.[427]

---

425 *Gottschalk*, Leistungen an GmbH, S. 163.

426 Vgl. *RFH*, Urteil v. 21.1.1943, III e 38/41, RStBl. 1943, 589; *Buyer*, GmbHR 1996, 98 (107); *Petzold*, § 7 Rz. 168; *Daragan (Wohlschlegel)*, ZEV 1997, 233 (237); *Bödecker*, GmbHR 1997, 240 (243); *Fuhrmann/Potsch*, NZG 2012, 681 (687); *Mellinghoff*, in: Birk, DStJG 1999, 127 (143). Kritisch: *Meincke*, ErbstG, § 7 Rz. 72. Zur fehlenden „Entreicherung" bei (verdeckten) Einlagen: *Meier*, DVR 1986, 135, 146 (149); *Maier*, DVR 1987, 50 f.; *Gebel*, in: T/G/J, ErbStG, § 7 Rz. 25 und 186 f.; *ders.*, DStR 1992, 1341 (1344); *Seltenreich*, in: P/R/S, § 7 Rz. 242; *Roser/Schrepp*, GmbHR 1997, 393 (396).

427 Vgl. *Gottschalk*, Leistungen an GmbH, S. 156 ff., der zur vergleichbaren Problematik der obj. Entreicherung auf die wertenden Kriterien („innerer Zusammenhang") des schadensrechtlichen Vorteilsausgleichs zurückgreift. Auch unter Zugrundelegung dieser Kriterien ist eine Wertminderung bei der Feststellung der obj. Bereicherung in den vorliegenden Fällen zu berücksichtigen.

Gleichwohl scheitert eine freigebige Zuwendung durch quotale Zuwendung der GmbH nicht *stets* an einer entsprechenden Entreicherung. Die Bewertungskriterien führen in der Regel zu einer nicht deckungsgleichen Wertminderung des Geschäftsanteils. Eine objektive Bereicherung tritt daher immer dann ein, wenn eine Vermögensmehrung des Gesellschafters vorliegt, die nicht durch eine entsprechende Minderung des Ertragswerts der Gesellschaftsbeteiligung kompensiert wird.

Diese Erkenntnis gilt ebenso für disquotale Zuwendungen der GmbH. Ein deckungsgleicher Ausgleich der Bereicherung des Gesellschafters ist nicht denkbar, weil die Minderung des Werts des Gesellschaftsvermögens zu einer nur anteiligen Minderung der Anteile führt, die Wertminderung also entsprechend der Beteiligungsverhältnisse „aufgeteilt" wird. Eine Vermögensmehrung tritt jedoch insoweit ein, wie die Bereicherung die Minderung des Anteilswerts übersteigt.

c) Bereicherung und Ausgleichsansprüche

Eine objektive Bereicherung des Gesellschafters muss jedoch entfallen, wenn er als Empfänger der Zuwendung zivilrechtlichen Herausgabe- oder Rückgewähransprüchen unterliegt.[428] Die Herausgabepflicht des Empfängers schließt nach zutreffender Auffassung eine freigebige Zuwendung aus, wenn keine Anhaltspunkte dafür vorliegen, dass die Beteiligten das wirtschaftliche Ergebnis bestehen lassen wollen, § 41 AO.[429] Derartige Anhaltspunkte werden bei nicht einvernehmlichem Handeln oder fehlender Kenntnis der Mitgesellschafter von der Zuwendung nicht vorliegen.

Gegen die Berücksichtigung solcher Ansprüche spricht auch nicht § 29 Abs. 1 Nr. 1 ErbStG, wonach die Steuer mit Wirkung für die Vergangenheit erlischt, wenn ein Geschenk wegen eines Rückforderungsrechts herausgegeben werden musste. Denn die Vorschrift erfasst vorwiegend die Fälle einer anfechtbaren, aber noch nicht angefochtenen Zuwendung, Gestaltungen des vorbehaltenen Widerrufs oder eines Wegfalls der Geschäftsgrundlage. Erst die Herausgabe des Geschenks nach § 29 Abs. 1 Nr. 1 ErbStG führt dann zum Erlöschen der Steuer.[430] Anders ist dies jedoch zu beurteilen, wenn wie hier schon keine objektive Bereicherung eintritt, weil zugleich Herausgabe- und Rückgewähransprüche entstehen.

Die Finanzverwaltung geht dennoch in ihrem Erlass vom 14. 3. 2012 davon aus, dass Ersatzansprüche gegen die handelnden Organe oder den veranlassenden Gesellschafter eine Freigebigkeit nicht ausschließen.[431] Bezieht sie sich hierbei mit dem Merkmal der „Freigebigkeit" auf die (subjektive) Unentgeltlichkeit[432], so wird inzident vorausgesetzt, dass eine tatbestandsmäßige objektive Bereicherung trotz

---

428 Vgl. *BFH*, Urteil v. 25.1.2001, II R 39/98, DStRE 2001, 656 (657).

429 *Meincke*, ErbStG, § 7 Rz. 59; *Daragan*, DStR 2011, 2079 (2081); *Stein*, JbFSt 2011/2012, 729 (734); *St. Viskorf*, DStR 2011, 607 (608); ähnlich: *Fischer*, in; F/J/P/W, § 7 Rz. Rz. 15; *Gebel*, in; T/G/J, § 7 Rz. 52.

430 *Meincke*, ErbStG, § 7 Rz. 59.

431 Gleichlautende Erlasse vom 14.3.2012, BStBl. I 2012, 331 ff., Tz. 2.6.1.

432 Hierzu § 6.

entstehender Rückgewähransprüche vorliegt. Dem kann nach dem gerade Festgestellten indes nicht gefolgt werden, weil es regelmäßig an Anhaltspunkten für § 41 AO fehlen wird.[433]

Somit ist für die Frage nach einer objektiven Bereicherung aufzuzeigen, ob und wann Herausgabe- und Rückgewähransprüche gegen den Empfänger entstehen. Hierbei ist zwischen möglichen Ansprüchen der Gesellschaft und solchen der Gesellschafter zu unterscheiden.

aa) Ansprüche der Gesellschaft

Ansprüche der Gesellschaft können sich einerseits aus einer gesellschaftsvertraglich vereinbarten Rückabwicklung ergeben (gesellschaftsvertragliche Klausel). Andererseits entstehen Rückforderungsansprüche wegen eines Verstoßes gegen die Kapitalerhaltungsnormen oder bei Zuwendungen aus dem freien Vermögen aufgrund gesellschaftsrechtlicher Einschränkungen.

(1) Gesellschaftsvertragliche Klausel

Zunächst kann der Gesellschaftsvertrag Klauseln dergestalt enthalten, dass im Falle verdeckter Gewinnausschüttungen die Gesellschaft eine Rückerstattung verlangen kann. Hierdurch bleibt es ertragsteuerlich zwar bei einer verdeckten Gewinnausschüttung,[434] jedoch entfällt bei Rückgehwähr die Vermögensmehrung des Gesellschafters und eine freigebige Zuwendung scheidet aus, § 29 ErbStG.[435] Zu weitgehend ist die Ansicht, nach der eine Bereicherung aufgrund einer solchen Klausel von vornherein ausscheidet.[436] Betrachtet man die Rechtsprechung des BFH zum freien Widerrufsvorbehalt,[437] so ist es überzeugender, im Falle vertraglicher Vorbehalte eine effektive Rückabwicklung zu fordern.[438]

(2) Vorteilzuwendungen unter Verstoß gegen Kapitalerhaltungsnormen

Anders sind Vorteilszuwendungen unter Verstoß gegen die Kapitalerhaltungsnormen zu beurteilen. Zuwendungen der GmbH dürfen nach § 30 Abs. 1 GmbHG das zur Erhaltung des Stammkapitals erforderliche Vermögen nicht angreifen.[439]

---

433 Ebenso *Daragan*, DStR 2011, 2079 (2081).

434 Vgl. st. Rspr.: *BFH*, Urteil v. 29.4.1987, I R 176/83, BStBl. II 1987, 733 (735); *BFH*, Urteil v. 31.5.2005, I R 35/04, BStBl. II 2006, 132 ff.

435 *Griesel*, in; D/H/R, § 7 Rz. 209; *Janssen*, BB 2008, 928 (930 f.); *Wälzholz*, GmbH-StB 2011, 340 (344); Christ, ZEV 2011, 10 (14); *von Lishaut/Ebber/Schmitz*, Ubg 2012, 1 (7). Vgl. auch Gleichlautende Erlasse vom 14.3.2012, BStBl. I 2012, 331 ff., Tz. 2.6.3.

436 *St. Viskorf*, DStR 2011, 607 (608).

437 *BFH*, Urteil v. 23.9.1989, II R 67/86, NJW 1990, 1750 (1750 f.); *BFH*, Urteil v. 28.6.2007, II R 21/05, DStRE 2007, 1170 (1172).

438 *Stein*, JbFSt 2012/2013, 835 (843).

439 Im Fall der UG (haftungsbeschränkt) ist auch § 5 a Abs. 3 zu beachten, vgl. *Wicke*, in: Wicke, GmbHG, § 29, Rz. 22.

Hiervon erfasst sind jegliche Arten von Zuwendungen, also sowohl auf gesellschaftsvertraglicher wie auch auf schuldrechtlicher Grundlage. Zu beachten ist jedoch, dass nur (und insoweit) Auszahlungen erfasst werden, die durch das Gesellschaftsverhältnis veranlasst sind.[440] Ziel der Vorschrift ist es zu verhindern, dass die Gesellschafter ihren mitgliedschaftlichen Einfluss zum eigenen Vorteil und zum Nachteil der Gläubiger der GmbH nutzen. Hiervon ist bei Zuwendungen zugunsten der Gesellschafter zwar regelmäßig auszugehen, sodass bei unmittelbaren Auszahlungen an den Gesellschafter eine dahin gehende Vermutung besteht.[441] Dennoch sind in engen Grenzen Schenkungen oder Spenden der GmbH denkbar, die zwar unausgeglichene Leistungen darstellen, aber nicht mitgliedschaftlich veranlasst sind. Der Gesellschafter kann die Vermutung daher widerlegen, indem er Umstände eines marktüblichen Verkehrsgeschäfts darlegt und beweist, dass ein fremder Dritter ebenfalls solche Schenkungen oder Spenden erhalten hätte.[442]

Rechtsfolge einer Auszahlung unter Verstoß gegen § 30 Abs. 1 S. 1 GmbHG ist nach zutreffender herrschender Ansicht nicht die Nichtigkeit des Verpflichtungs- und Verfügungsgeschäfts.[443] Die Auszahlung ist weder rechtsgrundlos noch fällt sie unter § 134 BGB. Das Auszahlungsverbot entfaltet ausschließlich im Innenverhältnis zwischen Gesellschaft und Gesellschafter Wirkung. Jedoch kann der Gesellschafter seinen Erfüllungsanspruch während einer fortbestehenden Unterbilanz oder bei drohender Verminderung des Stammkapitals nicht durchsetzen oder ein erwirkter Vermögenstransfer muss nach § 31 Abs. 1 GmbHG rückabgewickelt werden.[444] Richtigerweise ist dabei ein Anspruch des Gesellschafters, dessen Erfüllung das Stammkapital angreifen würde, nicht nur „einredebehaftet". Vielmehr ist ein Auszahlungsverbot schon von Amts wegen zu beachten und hindert oder vernichtet den Anspruch.[445] Liegt ein Gesellschafterbeschluss zugrunde, z.B. über die Ergebnisverwendung, ist dieser grundsätzlich wirksam (also weder anfechtbar noch nichtig), jedoch nicht vollziehbar.[446] Die Nichtigkeit des Beschlusses entsprechend § 241 Nr. 3 AktG analog ist ausnahmsweise dann anzunehmen, wenn dieser gerade

440 *BGH*, Urteil v. 24.3.1954, II ZR 23/53, BGHZ 13, 49 (54); *Fastrich*, in: Baumbach/Hueck, § 30 Rz. 29 ff.; *Heidinger*, in: Michalski, § 30 Rz. 66.

441 *Ekkenga*, in: MüKo GmbHG, § 30 Rz. 146; *Fastrich*, in: Baumbach/Hueck, § 30 Rz. 29 ff.

442 *Ekkenga*, in: MüKo GmbHG, § 30 Rz. 146.

443 *BGH*, Urteil v. 23.6.1997, II ZR 220/95, BGHZ 136, 125 (129 f.); *BGH*, Urteil v. 25.6.2001, II ZR 38/99, BGHZ 148, 167 (171); *Ekkenga*, in: MüKo GmbHG, § 30 Rz. 276 ff.; *Fastrich*, in: Baumbach/Hueck, § 30 Rz. 67; *Fiedler*, Verdeckte Vermögensverlagerungen, S. 21 ff.

444 *Fastrich*, in: Baumbach/Hueck, § 30 Rz. 67; *Ekkenga*, in: MüKo GmbHG, § 30 Rz. 275.

445 Vgl. *Stimpel*, FS 100 Jahre GmbHG, 335, (356); *Altmeppen*, in: Roth/Altmeppen, § 30 Rz. 153; *Heidinger*, in: Michalski, § 30 Rz. 137.

446 *Heidinger*, in: Michalski, § 30 Rz. 140.

auf Auszahlung trotz Verletzung des § 30 gerichtet ist.[447] Aus Gründen des Gläubigerschutzes kann der Rückzahlungsanspruch gegen den Leistungsempfänger auch nicht erlassen werden. Hierauf gerichtete Gesellschafterbeschlüsse sind ebenfalls nach § 241 Nr. 3 AktG analog nichtig.[448]

Ist der empfangende Gesellschafter zugleich Geschäftsführer und liegt ein Verschulden vor, können sich zudem Schadensersatzverpflichtungen gegenüber der GmbH ergeben, die auf Rückgängigmachung der pflichtwidrigen Auszahlung gerichtet sind, vgl. § 43 Abs. 2, 3 GmbHG.[449] Ein Verschulden liegt u.a. dann vor, wenn der Geschäftsführer eine Erfüllung veranlasst, obwohl die Gesellschaft nach § 30 GmbHG nicht leisten darf oder es an einem erfüllbaren Anspruch fehlt. Dies zu verhindern ist gerade Aufgabe des Geschäftsführers als Gesellschaftsorgan.[450] Eine Enthaftung durch Beschluss der Gesellschafterversammlung wäre auch hier aus Gründen des Gläubigerschutzes analog § 241 Nr. 3 AktG nichtig.[451]

Betrachtet man die §§ 30, 31 GmbHG nicht als abschließende Spezialregelung,[452] können daneben allgemeine Rückforderungsansprüche (z.B. §§ 812 ff., 985 ff. BGB) wegen Ungültigkeit des Verpflichtungs- oder Verfügungsgeschäfts über die Grundsätze des Missbrauchs der Vertretungsmacht entstehen. Dies ist insbesondere dann anzunehmen, wenn dem empfangenden Gesellschafter ein pflichtwidriges Handeln des Geschäftsführers bewusst ist (etwa die Auszahlung entgegen § 30 GmbHG). In diesen Fällen kann sich der Gesellschafter nicht auf die unbeschränkte Vertretungsmacht des Geschäftsführers nach § 37 GmbHG berufen. Eine Genehmigung des Geschäfts ist ebenfalls nicht möglich, weil auch die Genehmigung eine Geschäftsführungsmaßnahme darstellen würde, die gegen die §§ 43 Abs. 3, 30 und 31 GmbHG verstieße, weil der Adressat der Genehmigung von der Unterdeckung Kenntnis hat oder sie evident ist und somit ebenfalls den Regeln des Missbrauchs der Vertretungsmacht unterliegt.[453]

Es ist deshalb festzuhalten, dass im Bereich der Kapitalerhaltungsnormen Zuwendungen an die Gesellschafter zu entsprechenden Rückgewähransprüchen der Gesellschaft führen können. Auch eine Zustimmung der Gesellschafter lässt diese Ansprüche nicht entfallen. Schenkungsteuerlich ist daher eine objektive Bereicherung aufgrund der von Anfang an entstehenden Rückgewähransprüche

---

447 *Ekkenga*, in: MüKo GmbHG, § 30 Rz. 281; *Heidinger*, in: Michalski, § 30 Rz. 140. Zweifelnd *Fastrich*, in: Baumbach/Hueck, § 30 Rz. 66.

448 *Habersack*, in: U/H/L, § 31 Rz. 62; *Ekkenga*, in: MüKo GmbHG, § 31 Rz. 69.

449 Vgl. nur *Haas/Ziemons*, in: Michalski, § 43 Rz. 217 ff.

450 *BGH*, Urteil v. 25.6.2001, II ZR 38/99, BGHZ 148, 167 (169 f.); *Altmeppen*, in: Roth/Altmeppen, § 30 Rz. 153.

451 *Haas/Ziemons*, in: Michalski, § 43 Rz. 220; *Ekkenga*, in: MüKo GmbHG, § 30 Rz. 278.

452 Gegen abschließende Spezialregelung: *Altmeppen*, in: Roth/Altmeppen, § 30 Rz. 154. Für Spezialregelung: *Fastrich*, in: Baumbach/Hueck, § 30 Rz. 67; *Fleischer*, in: MüKo GmbHG, § 43 Rz. 296; *Zöllner/Noack*, in: Baumbach/Hueck, § 43 Rz. 52.

453 Vgl. zum Ganzen *Altmeppen*, in: Roth/Altmeppen, § 30 Rz. 154 und 42 ff.

ausgeschlossen. Ist eine Forderung bisher nur entstanden und noch nicht erfüllt wurden, so hindert oder vernichtet das Auszahlungsverbot den Anspruch und eine schenkungsteuerpflichtige Bereicherung ist ebenfalls ausgeschlossen.

(3) Vorteilszuwendungen aus dem freien Vermögen

Außerhalb des Anwendungsbereichs der Kapitalerhaltungsnormen entstehen durch die Zuwendung von Sondervorteilen an einen Gesellschafter nicht zwingend Rückgewähransprüche. Verdeckte Gewinnausschüttungen sind gesellschaftsrechtlich nicht prinzipiell unzulässig. Anders als bei Aktiengesellschaften, wo ein striktes Verbot nach den §§ 57, 62 AktG besteht, finden sich für die GmbH keine entsprechenden Vorschriften. Gleichwohl sind auch hier gesellschaftsrechtliche Einschränkungen zu beachten. Infolgedessen können Ansprüche aus einer Verletzung des Gleichbehandlungsgrundsatzes, der Treuepflicht sowie der innergesellschaftlichen Kompetenzverteilung entstehen.[454]

Der Gleichbehandlungsgrundsatz ist verletzt, wenn verdeckte Gewinnausschüttungen nicht allen Gesellschaftern gleichmäßig zukommen, wobei Abweichungen in der Satzung festgelegt werden können.[455] Eine Verletzung der Treuepflicht liegt vor, wenn ein Gesellschafter besonderen Einfluss zur Durchsetzung verdeckter Gewinnausschüttung im eigenen oder sonstigen gesellschaftsfremden Interesse missbraucht.[456] Meist liegt hierin zugleich ein Verstoß gegen den Gleichbehandlungsgrundsatz. Verdeckte Gewinnausschüttungen allein durch den Geschäftsführer ohne Gesellschafterbeschluss verstoßen dagegen regelmäßig gegen die innergesellschaftliche Kompetenzverteilung, die derartige Entscheidungen nach § 46 Nr. 1 GmbHG den Gesellschaftern vorbehält.[457] Das gilt ebenso für sonstige Ausschüttungen aus dem Gesellschaftsvermögen an die Gesellschafter. Ausnahmen bestehen nur bei der Einmann-Gesellschaft oder bei Einverständnis aller Gesellschafter.[458] Geschehen die Verstöße durch entsprechende Gesellschafterbeschlüsse, sind diese nicht nichtig, sondern nur anfechtbar. Ohne Anfechtung bleiben sie wirksam, sodass die Ungleichbehandlung insoweit zulässig ist. Bei erfolgreicher Anfechtung fehlt dagegen die Grundlage für die Ausschüttung.[459]

---

454 Vgl. zum Folgenden: *Fastrich*, in: Baumbach/Hueck, § 29 Rz. 71 ff.; *Fiedler*, Verdeckte Vermögensverlagerungen, S. 27 ff. Zur möglichen strafrechtlichen Relevanz (§ 266 StGB) vgl. *BGH*, Urteil v. 21.6.1999, II ZR 47/98, BGHZ 142, 92 (95 f.) und *Gehrlein*, NJW 2000, 1089 ff.

455 Vgl. *BGH*, Urteil v. 11.12.2006, II ZR 166/05, NJW 2007, 917; *Fastrich*, in: Baumbach/Hueck, § 29 Rz. 73.

456 *Fastrich*, in: Baumbach/Hueck, § 29 Rz. 74.

457 *OLG Brandenburg*, Urteil v. 18.12.1996, 7 U 78/96, GmbHR 1997, 750; *Fastrich*, in: Baumbach/Hueck, § 29 Rz. 73 und 75 f.; *Schulze-Osterloh*, FS Stimpel, 487 (489 ff.); *Hager*, ZGR 1989, 71 (77 ff.).

458 *Fastrich*, in: Baumbach/Hueck, § 29 Rz. 75; *Roth*, in: Roth/Altmeppen, § 29 Rz. 62a.

459 *Fastrich*, in: Baumbach/Hueck, § 29 Rz. 73 und 77.

Liegt einer der vorgenannten Verstöße vor, entsteht nach herrschender Meinung[460] eine Rückerstattungspflicht nach Bereicherungsrecht.[461] Zudem können Schadenersatzansprüche (gerichtet auf Rückgängigmachung der Ausschüttung) der Gesellschaft gegen den Einfluss nehmenden Gesellschafter bei schuldhafter Treuepflichtverletzung und gegen diesen als pflichtwidrig handelnden Gesellschafter-Geschäftsführer nach § 43 Abs. 2, Abs. 3 GmbHG in Betracht kommen, falls keine Enthaftung durch Zustimmung aller Gesellschafter vorliegt.[462] Auch in diesen Fällen kommt es dann zu keiner tatbestandsmäßigen objektiven Bereicherung i.S.d. § 7 Abs. 1 Nr. 1 ErbStG.

bb) Ansprüche der Gesellschafter

In Betracht kommen jedoch nicht nur Ansprüche der Gesellschaft selbst, sondern auch solche der benachteiligten Gesellschafter. Unmittelbare Ansprüche gegen den begünstigten Gesellschafter können sich aus den §§ 280 Abs. S. 1, 241 Abs. 2 BGB bei Verletzung der Treuepflicht ergeben. Die Rechtsfolge ist nach § 249 BGB auf Rückführung der Zuwendung an die Gesellschaft gerichtet.[463] Zudem kommt ein direkter Ausgleich zwischen den Gesellschaftern in Ausnahmefällen in Frage, wenn beispielsweise eine Rückzahlung oder Rückübertragung in das Gesellschaftsvermögen bloßer Formalismus wäre, wie etwa bei Ausgleichszahlungen nach Liquidation und Löschung der Gesellschaft im Handelsregister.[464]

---

460 *BGH*, Urteil v. 13.11.1995, II ZR 113/94, ZIP 1996, 68 f.; *Fastrich*, in: Baumbach/Hueck, § 29 Rz. 78; *Ekkenga*, in: MüKo GmbHG, § 29 Rz. 268; *Roth*, in: Roth/Altmeppen, § 29 Rz. 62; *OLG Brandenburg*, Urteil v. 18.12.1996, 7 U 78/96, GmbHR 1997, 750; *Hager*, ZGR 1989, 71 (76 ff. und 87 ff.); *Schulze-Osterloh*, FS Stimpel 1985, 487 (494 ff.); *Karsten Schmidt*, Gesellschaftsrecht, § 37 III 2d; a.A. *Tries*, VGA, S. 223 ff., der eine am Gleichbehandlungsgebot orientierte mitgliedschaftliche Erstattungspflicht konstruiert.

461 Die herrschende Meinung verweist wegen der fehlenden Rechtsgrundlage auf den bereicherungsrechtlichen Anspruch aus § 812 Abs. 1 S. 1 BGB an. Zum Teil wird dies auf eine Unwirksamkeit des Verpflichtungsgeschäfts gestützt. Andere sehen das Kausalgeschäft als wirksam an, dem allerdings ein (vorübergehendes) Erfüllungshindernis im Weg stehe. Wende die Gesellschaft daraufhin etwas zu, leiste sie ohne hierzu verpflichtet zu sein und somit ohne rechtlichen Grund. Anders wiederum in den Fällen des Missbrauchs der Vertretungsmacht und der Kollusion, vgl. zum Ganzen *Ekkenga*, in: MüKo GmbHG, § 29 Rz. 268 m.w.N.

462 *Fastrich*, in: Baumbach/Hueck, § 29 Rz. 74 und 78; *Ekkenga*, in: MüKo GmbHG, § 29 Rz. 275. Dabei können die Gesellschafter die Ansprüche der Gesellschaft unter den Voraussetzungen einer „actio pro socio" geltend machen, vgl. *Strohn*, in: Henssler/Strohn, § 29 Rz. 71 und *Fastrich*, in: Baumbach/Hueck, § 29 Rz. 78.

463 *Ekkenga*, in: MüKo GmbHG, § 29 Rz. 270.

464 *Pentz*, in: Rowedder/Schmidt-Leithoff, § 29 Rz. 172; *Ekkenga*, in: MüKo GmbHG, § 29 Rz. 270.

Weitergehende Schadensersatzansprüche für sonstige mittelbare Vermögenseinbußen oder Schäden der Mitgesellschafter kommen dagegen nicht in Betracht.[465] Ebenso sind Ansprüche gegen den (Gesellschafter-)Geschäftsführer grundsätzlich abzulehnen, weil ansonsten eine Treuepflicht zwischen Organ und Gesellschafter angenommen werden müsste, die im geltenden Kapitalgesellschaftsrecht keine Stütze findet.[466] Auch ist ein positiver Anspruch der benachteiligten Mitgesellschafter auf Teilhabe an einer verdeckten Gewinnausschüttung abzulehnen.[467] Unter engen Voraussetzungen kann allenfalls unter dem Gesichtspunkt der gesellschaftsrechtlichen Treuepflicht oder Gleichbehandlung ein Anspruch auf Kompensation gegen die *Gesellschaft* zuzubilligen sein.[468]

Schenkungsteuerlich relevant sind jedoch nur diejenigen Ansprüche, die auf den Zuwendungsgegenstand gerichtet sind, also entweder eine Rückabwicklung in das Gesellschaftsvermögen vorsehen (Schadensersatz wegen Verletzung der Treuepflicht gegen den begünstigten Gesellschafter) oder deren Rückabwicklung in das Vermögen der Gesellschaft bloßer Formalismus wäre. Nur dann ist eine objektive Bereicherung abzulehnen. Ansprüche, die nur eine wirtschaftliche Gleichstellung sicherstellen (Anspruch auf Kompensation gegen die Gesellschaft), stehen der objektiven Bereicherung des begünstigten Gesellschafters dagegen nicht entgegen.

cc) Zwischenergebnis hinsichtlich einer Bereicherung und Ausgleichsansprüchen

Somit können disquotale Vorteilszuwendungen bei fehlender Einwilligung der oder des benachteiligten Mitgesellschafter(s) dazu führen, dass der den Vorteil erhaltende Gesellschafter Herausgabe-, Rückzahlungs- oder Schadensersatzansprüchen gegenüber der Gesellschaft hinsichtlich des Zuwendungsgegenstands ausgesetzt ist. Für die in diesem Kapitel zu untersuchende Gestaltung einer unmittelbaren verdeckten Gewinnausschüttung durch Zuwendung der GmbH an einen Gesellschafter scheidet sodann eine objektive Bereicherung des Empfängers aus.

Zu beachten ist jedoch, dass die Ansprüche bei Zuwendungen aus dem freien Vermögen in mehrgliedrigen Gesellschaften entfallen, wenn die Mitgesellschafter nachträglich zustimmen oder auf die Ansprüche durch Gesellschafterbeschluss

---

465 *Fastrich*, in: Baumbach/Hueck, § 29 Rz. 74; *Hommelhoff*, in: Lutter/Hommelhoff, § 29, Rz. 56 verweist auf die in *BGH*, Urteil v. 10.11.1986, II ZR 140/85, NJW 1987, 1077 (1079) entwickelten Grundsätze.

466 *Ekkenga*, in: MüKo GmbHG, § 29 Rz. 270; *Hager*, ZGR 1989, 71 (83f.); *Kuntz*, Informationsweitergabe durch die Geschäftsleiter beim Buyout unter Managementbeteiligung, S. 29ff. m.w.N.

467 *Karsten Schmidt*, GesR, § 37 III, 2d), S. 1141 f. Vgl. jedoch *BGH*, Urteil v. 15.5.1972, II ZR 70/70, WM 1972, 931 ff.

468 *BGH*, Urteil v. 15.5.1972, II ZR 70/70, WM 1972, 931 (933); *Verse*, in: Scholz, § 29 Rz. 130.

verzichten.[469] Hieran schließt sich die Frage an, wie eine solche Zustimmung im Verhältnis der Beteiligten zu behandeln ist und ob in diesen Fällen möglicherweise ein freigebige Zuwendung des Mitgesellschafters vorliegt. Im Kern geht es damit um die Schenkungsteuerpflicht in Mehr-Personen-Verhältnissen. Dieser Problematik widmet sich das 5. Kapitel der Arbeit. Vorliegend ist jedenfalls festzustellen, dass durch die Zuwendung eines Sondervorteils bei gleichzeitig entstehenden Rückforderungsansprüchen eine objektive Bereicherung ausscheidet.

d) Zusammenfassung der Ergebnisse zur objektiven Bereicherung

Ein schenkungsteuerpflichtiger Vorgang nach § 7 Abs. 1 Nr. 1 ErbStG setzt voraus, dass eine Zuwendung den Gesamtvermögenswert des Bedachten bei wirtschaftlicher Betrachtung erhöht. Hierbei ist auf die Bewertungsgrundsätze des bürgerlichen Rechts zurückzugreifen und der Verkehrswert des Zuwendungsobjekts zu ermitteln.

Zur Bestimmung des Zuwendungsobjekts ist entscheidend, in welcher Form sich die tatsächliche Vermögensmehrung in dem Zeitpunkt niederschlägt, in dem der Bedachte über das Zugewendete tatsächlich und rechtlich frei verfügen kann.

Die Arbeit betrachtet dabei zunächst die auf gesellschaftsvertraglicher Grundlage ergehenden offenen Gewinnausschüttungen sowie Kapitalrückzahlungen. In der Regel ist schon in der Forderung der Zuwendungsgegenstand zu erblicken und nicht erst in der eigentlichen Zahlung oder Erfüllung. Denn schon über diese soll der Gesellschafter frei verfügen können. Die Zuwendung ist daher mit Entstehen der Forderung i.S.d. § 9 Abs. 1 Nr. 2 ErbStG ausgeführt. Hinsichtlich Kapitalrückzahlungen ist auf den Zeitpunkt des Erlasses einer Einlageverpflichtung oder das Entstehen des Rückzahlungsanspruchs abzustellen.

Aus der Anknüpfung des Schenkungsteuerrechts an die bürgerlich-rechtlichen Vorgaben folgt, dass die Konstellationen verdeckter Gewinnausschüttungen nicht nach ertragsteuerlichen Wertungen, sondern allein anhand des Zivilrechts zu beurteilen sind. Dabei liegt einer verdeckten Ausschüttung gerade keine gesellschaftsvertragliche Gewinnverteilung zugrunde. Vielmehr beruht sie regelmäßig auf unausgeglichenen schuldrechtlichen Austauschverträgen, wie überhöhten Geschäftsführervergütungen oder vergünstigten Wertabgaben. Auch hierbei ist regelmäßig schon in der Forderung der Zuwendungsgegenstand zu erblicken, mit deren Entstehung die Zuwendung ausgeführt ist, § 9 Abs. 1 Nr. 2 ErbStG. Der Wert der Bereicherung bemisst sich bei entgeltlichen Austauschverträgen nach der Differenz des gezahlten Preises zum gemeinen Wert der Zuwendung durch die Gesellschaft.

Eine Kompensation dieser Vermögensmehrungen durch eine entsprechende Minderung des Geschäftsanteils erfolgt aufgrund der unterschiedlichen Bewertungsmethoden nur in Ausnahmefällen. Jedenfalls disquotale Zuwendungen führen zu einer Bereicherung des empfangenden Gesellschafters. Ein vollumfänglicher Ausgleich durch eine Minderung des Geschäftsanteils ist nicht denkbar, weil eine Vermögensminderung der Gesellschaft sich nur anteilig bei den Gesellschaftern auswirkt.

469 Vgl. *Altmeppen*, in: Roth/Altmeppen, § 31 Rz. 14.

Handeln die Gesellschafter hinsichtlich einer Vorteilszuwendung zudem nicht einvernehmlich, können Ausgleichs-, Rückgewähr- und Schadensersatzansprüche gegen den begünstigten Gesellschafter entstehen, die einer objektiven Bereicherung entgegen stehen.

3. Entreicherung der GmbH

Eine schenkungsteuerliche Zuwendung setzt weiter voraus, dass neben einer Bereicherung des Bedachten auch eine Entreicherung des Zuwendenden vorliegt.[470] Dies folgt insbesondere aus der bürgerlich-rechtlichen Schenkung, die gemäß § 516 Abs. 1 BGB voraussetzt, dass eine Zuwendung „aus dem Vermögen" des Zuwendenden erfolgt. Daher ist stets eine Vermögensminderung erforderlich – der Schenker muss „ärmer werden".[471] Hierfür spricht auch die Entstehungsgeschichte des § 516 BGB. So verlangte der Dresdener Entwurf von 1866 zur bürgerlich-rechtlichen Schenkung in Art. 497 Abs. 1 BGB noch eine Vermögensminderung des Schenkers.[472] Dieses Merkmal wurde im weiteren Gesetzgebungsverfahren mit der Formulierung „aus dem Vermögen" ersetzt. Hiermit wollte der Gesetzgeber jedoch nur hervorheben, dass eine Stoffgleichheit zwischen Entreicherung und Bereicherung nicht erforderlich ist, sondern ein Kausalzusammenhang genügt.[473] Deshalb erfordert auch die Schenkung nach § 516 BGB – die nach wie vor eine Zuwendung „aus dem Vermögen" des Schenkers voraussetzt – weiterhin eine Vermögensminderung.[474]

Aufgrund des Wortlaut des § 7 Abs. 1 Nr. 1 ErbStG, wonach eine Bereicherung „auf Kosten" des Zuwendenden erfolgen muss, ist somit unter Bezugnahme auf die bürgerlich-rechtliche Schenkung ebenfalls eine Vermögenshingabe zu fordern. Der Bereicherung des Bedachten muss eine Vermögensminderung oder Vermögenshingabe des Schenkers gegenüberstehen.[475] Auch hier ist keine Stoffgleichheit zwischen Hingegebenem und Erhaltenem erforderlich.[476] Die Entreicherung durch Vermögenshingabe kann durch freiwillige, rechtsgeschäftliche oder tatsächliche Handlungen, gegebenenfalls auch durch Unterlassen, erfolgen. Sie muss jedoch aus einem Vermögensbestandteil des Zuwendenden bestehen.[477] Hierbei ist wiederum

---

470 *Seltenreich*, in: P/R/S, § 7 Rz. 29 und 241 ff.; *Griesel*, in: D/H/R, § 7 Rz. 2 und 60 ff.; *Fischer*, in: F/J/P/W, § 7 Rz. 160 ff.

471 *Gehrlein*, in: BeckOK BGB, § 516 Rz. 4; *Mansel*, in: Jauernig, § 516 Rz. 6; *Koch*, in: MüKo BGB, § 516 Rz. 6; *Pruskowski*, Zuwendung, S. 84.

472 Dresdener Entwurf eines allgemeinen deutschen Gesetzes über Schuldverhältnisse, vgl. *Jakobs/Schubert*, Beratung des BGB, Bd. II 2, 1980, S. 337.

473 So auch: *Pruskowski*, Zuwendung, S. 120 ff.; *Gottschalk*, Zuwendungen an GmbH, S. 106 f.

474 *Gottschalk*, Zuwendungen an GmbH, S. 146 f.

475 *Schuck*, in: V/K/S/W, § 7 Rz. 9; *Holthusen/Burgmann*, in: Tiedtke, § 7 Rz. 9; *Griesel*, in: D/H/R, § 7 Rz. 61 f.; *Petzold*, § 7 Rz. 5.

476 *Seltenreich*, in: P/R/S, § 7 Rz. 29; *Griesel*, in: D/H/R, § 7 Rz. 60.

477 *Griesel*, in: D/H/R, § 7 Rz. 61.

nicht auf den steuerrechtlichen, sondern allein auf den bürgerlich-rechtlichen Wert abzustellen. Das BewG ist daher nicht anwendbar.[478]

a) Vermögenshingabe

Zuwendungen der GmbH an den Gesellschafter führen regelmäßig zu einer Verminderung ihres Vermögens. Dies gilt sowohl für offene Ausschüttungen und Kapitalrückzahlungen als auch für verdeckte Gewinnausschüttungen. Die Gesellschaft wendet stets einen Bestandteil ihres Vermögens zu. Auch hier können sich – wie im Rahmen der objektiven Bereicherung – die allgemeinen schenkungsteuerlichen Probleme stellen, ob etwa die unentgeltliche Hingabe eines Darlehens oder Gebrauchs- und Nutzungsüberlassungen taugliche Zuwendungsgegenstände sind.[479]

b) Freiwilligkeit

Das Merkmal der Vermögenshingabe setzt als subjektives Element eine freiwillige Vermögensdisposition zugunsten eines anderen voraus.[480] Insofern liegt keine Vermögenshingabe vor, wenn Vermögen unter Zwang oder Drohung hergegeben wird (etwa bei Kontrahierungszwang). Hierbei handelt es sich vielmehr um einen Vermögensverlust. Eine Vermögensmehrung, die aus einem unfreiwilligen Vermögensopfer resultiert, kann nicht der Schenkungsteuer unterliegen. Die Annahme einer unentgeltlichen Zuwendung scheitert dann an der fehlenden Vermögenshingabe und nicht erst an der fehlenden (subjektiven) Unentgeltlichkeit. Dies wird durch die bürgerlich-rechtliche Schenkung bestätigt, die stets einen Handlungswillen erfordert, weil die §§ 516 ff. BGB einen übereinstimmenden Willen zur Unentgeltlichkeit voraussetzen, also zwei korrespondierende Willenserklärungen.[481] Fehlt der notwendige Wille, etwa in den Fällen sog. „vis absoluta“, so kann eine Einigung nicht wirksam zustande kommen.[482]

Zuwendungen von Kapitalgesellschaften erfolgen jedoch regelmäßig freiwillig. Das Handeln des Geschäftsführers oder der Gesellschafter wird der Gesellschaft zugerechnet. Soweit diese freiwillig handeln, erfolgt auch die Vermögensdisposition der Gesellschaft freiwillig. Das bedeutet, dass die Freiwilligkeit der Gesellschaft selbst dann nicht ausgeschlossen wird, wenn ein Geschäftsführer eigenmächtig

---

478 *RFH*, Urteil v. 21.5.1931, I D 1/30, RFHE 29, 137 ff.; *BFH*, Urteil v. 25.9.1953, III 229/52 U, BStBl. III 1953, 308 ff.; *Holthusen/Burgmann*, in: Tiedtke, § 7 Rz. 9. Siehe schon zur objektiven Bereicherung C.I.2 auf den S. 91 ff.

479 Hierzu: *Gebel*, in: T/G/J, § 7 Rz. 28 ff. Vgl. zur entsprechenden Problematik der obj. Bereicherung unter C.I.2.a)bb) auf den S. 98 ff.

480 *Gebel*, in: T/G/J, § 7 Rz. 24 und 281.

481 *Pruskowski*, Zuwendung, S. 55 ff.

482 *Gottschalk*, Leistungen an GmbH, S. 152.

Dispositionen vornimmt und damit möglicherweise den Tatbestand der Untreue erfüllt.[483]

c) Kein Ausgleich durch korrespondierenden Vermögensvorteil

Eine Entreicherung liegt dagegen nicht vor, wenn die Vermögensminderung durch einen mit ihr verbundenen Vermögensvorteil ausgeglichen wird.[484] Erforderlich ist jedoch, dass die Kompensation in Zusammenhang mit der Zuwendung steht und einen angemessenen Ausgleich für den Vermögensabfluss bietet. Bloße Erwartungen genügen nicht.[485]

Die Frage nach einem ausgleichenden Vermögensvorteil stellte sich schon im Rahmen einer Kompensation der objektiven Bereicherung. In diesem Zusammenhang war u.a. problematisch, ob eine Vermögensmehrung des Gesellschafters durch Herausgabe- oder Rückgewähransprüche ausgeglichen wird.[486] Entsprechend stellt sich bei der objektiven Entreicherung die Frage, ob mit der Zuwendung zugleich Ansprüche gegen den Gesellschafter entstehen, die die Minderung des Gesellschaftsvermögens ausgleichen. Auch hier sei nochmals darauf hingewiesen, dass von diesen – im Rahmen eines Vorteilsausgleichs die Vermögenshingabe kompensierenden – Gegenansprüchen die sog. Gegenleistungen zu unterscheiden sind, welche die objektive Unentgeltlichkeit betreffen, sofern sie mit der Vermögenshingabe rechtserheblich verknüpft sind.[487] Vorliegend ist allein fraglich, ob überhaupt eine Entreicherung eintritt oder ob diese aus rechtlichen Gründen ausscheiden muss.

Entsprechend der Darstellung zur objektiven Bereicherung gilt, dass eine Entreicherung vorliegt, wenn die Wertabgabe an den Gesellschafter einvernehmlich erfolgt. Dies ist bei einer Einmann-GmbH stets, bei Mehr-Personen-Gesellschaften regelmäßig der Fall. Denn ansonsten wird die Vermögensminderung bereits durch entsprechende Rückgewähr-, Herausgabe oder gar Schadensersatzansprüche ausgeglichen und eine Entreicherung der Gesellschaft liegt nicht vor.

Ein die Vermögensminderung ausgleichender Vorteil ist darüber hinaus anzunehmen, wenn der Kapitalgesellschaft anderweitige – also nicht unmittelbar gegen den begünstigten Gesellschafter gerichtete – Ansprüche zustehen. Etwa kann sich im Falle von Vermögensentziehungen durch einen Nicht-Gesellschafter-Geschäftsführer eine Schadensersatzpflicht gegenüber der GmbH u.a. nach § 43 Abs. 2 GmbHG oder § 823 Abs. 2 BGB i.V.m. § 266 StGB ergeben. Erfolgt keine Enthaftung durch Zustimmung der Gesellschafter, besteht ein korrespondierender Vermögensvorteil

---

483 Vgl. zur Untreue: *BGH*, Urteil v. 21.6.1999, II ZR 47/98, BGHZ 142, 92 (94 f.); *Gehrlein*, NJW 2000, 1089 ff.

484 Vgl. *Gebel*, in: T/G/J, § 7 Rz. 22 ff.; *Petzold*, § 7 Rz. 4; *Griesel*, in: D/H/R, § 7 Rz. 60 ff.; *Seltenreich*, in: P/R/S, § 7 Rz. 242.

485 *Holthusen/Burgmann*, in: Tiedtke, § 7 Rz. 14; *Griesel*, in: D/H/R, § 7 Rz. 62.

486 Siehe unter C.I.2.c) auf den S. 112 ff.

487 Ebenso *Gebel*, in: T/G/J, § 7 Rz. 26.

in Gestalt des Schadensersatzanspruchs, der eine Vermögensminderung des Gesellschaftsvermögens schon nicht entstehen lässt.[488]

Auch hier ist die Ansicht der Finanzverwaltung abzulehnen, dass Ersatzansprüche die „Freigebigkeit“[489] nicht ausschließen können.[490] Denn insofern wird wiederum konkludent vom Vorliegen einer objektiven Entreicherung ausgegangen. Dass dieses Ergebnis nicht vertretbar ist, zeigt der Blick auf den Prokuristen einer Sparkasse, der eine Unterschlagung begeht, indem er Geld auf das Konto seiner Ehefrau umbucht.[491] Hierin wird man keinesfalls eine freigebige Zuwendung der Sparkasse an die Ehefrau des Prokuristen annehmen können. Richtigerweise ist schon eine Entreicherung abzulehnen.[492]

Hinsichtlich des nicht einvernehmlichen Handelns und einer nachträglichen Zustimmung des oder der benachteiligten Gesellschafter(s) zur Vorteilszuwendung sei wiederrum auf die von der Arbeit noch zu untersuchenden Mehr-Personen-Verhältnisse verwiesen.[493]

d) Ergebnisse zur Entreicherung der Gesellschaft

Das objektive Tatbestandsmerkmal der Entreicherung erfordert, dass der Bereicherung des Bedachten eine Vermögensminderung des Schenkers gegenübersteht. Zuwendungen der GmbH in Form von offenen und verdeckten Gewinnausschüttungen sowie Kapitalrückzahlungen führen grundsätzlich zu einer freiwilligen Vermögenshingabe und somit zu einer Vermögensminderung und Entreicherung der Gesellschaft. Entstehen der GmbH mit der Vermögenshingabe jedoch zugleich Herausgabe- , Rückgewähr- oder Schadensersatzansprüche im Sinne eines korrespondierenden Vermögensvorteils, ist für eine Entreicherung der Gesellschaft kein Raum. Solche kompensierenden Schadensersatzansprüche kommen insbesondere auch gegen einen Nicht-Gesellschafter-Geschäftsführer in Betracht.

4. Objektive Unentgeltlichkeit der Zuwendung

Der Tatbestand des § 7 Abs. 1 Nr. 1 ErbStG setzt neben einer Bereicherung auf Kosten des Zuwendenden noch das Merkmal der „Freigebigkeit“ voraus.

488 Vgl. *St. Viskorf*, DStR 2011, 607 (610).
489 Gemeint ist wohl die (subjektive) Unentgeltlichkeit.
490 Gleichlautende Erlasse vom 14.3.2012, BStBl. I 2012, 331 ff., Tz. 2.6.1. und bereits zur objektiven Bereicherung unter C.I.2.c) auf den S. 112 ff.
491 Beispiel nach *St. Viskorf*, DStR 2011, 607 (610) unter Hinweis auf *Schuck*, in: V/H/K/S, ErbStG, 3. Aufl. 2009, § 7 Rz. 181.
492 *St. Viskorf*, DStR 2011, 607 (610).
493 Siehe im 5. Kapitel.

a) Freigebigkeit gemäß § 7 Abs. 1 Nr. 1 ErbStG

Die Rechtsprechung[494] sowie die herrschende Meinung in der Literatur[495] messen dem Begriff der Freigebigkeit sowohl eine objektive wie auch eine subjektive[496] Bedeutung zu. In objektiver Hinsicht muss die Zuwendung hiernach unentgeltlich erfolgen. Nach dem BFH bedeutet Unentgeltlichkeit die Unabhängigkeit der Zuwendung von einer Gegenleistung.[497] Die Zuwendung darf – im Verhältnis zwischen dem Zuwendenden und dem Zuwendungsempfänger – weder in einem rechtlichen Zusammenhang (bzw. einer Abhängigkeit) mit einer Gegenleistung (oder mit einem Gemeinschaftszweck) noch zur Erfüllung einer Verbindlichkeit erfolgen. Dabei kommen als rechtliche Zusammenhänge, die die Unentgeltlichkeit ausschließen und die Entgeltlichkeit begründen, Verknüpfungen nach Art eines gegenseitigen Vertrags (synallagmatische Verknüpfung), durch Setzung einer Bedingung (konditionale Verknüpfung) oder eines entsprechenden Rechtzwecks (kausale Verknüpfung) in Betracht. Die Literatur hat sich dieser Definition angeschlossen.[498]

Eine gegenteilige Auffassung vertritt jedoch seit längerem Meincke.[499] Nach ihm beinhaltet das Merkmal der Freigebigkeit keine objektive, sondern allein eine subjektiv Komponente. Das Wort Freigebigkeit nehme auf den alten Begriff der „liberalitas" Bezug und bedeute ein Geben, das ohne Verpflichtung zur Leistung und frei von einer Gegenleistung erfolge. Die dem Empfänger nach dem Inhalt des Geschäfts mit der Gabe verbundene Bereicherung müsse frei von sonstigen Bestimmungsgründen allein „um der Bereicherung willen" verschafft werden.[500] Kennzeichnend für die Freigebigkeit sei daher der Wille des Zuwendenden, den Empfänger unentgeltlich zu bereichern. Ein ausdrücklicher Hinweis auf den Bereicherungswillen des Zuwendenden fehle zwar seit 1922 im Gesetz.[501] Doch habe der RFH festgestellt, dass das Erfordernis des Bereicherungswillens des Zuwendenden schon aus dem

494 *BFH,* Urteil v. 14.12.1995, II R 79/94, BStBl. II 1996, 546 (547); *BFH,* Urteil v. 27.11.2013, II R 25/12, ZEV 2014, 267; *BFH,* Urteil v. 24.8.2005, II R 28/02, DStR 2006, 178.

495 *Gebel,* in: T/G/J, § 7 Rz. 144; *Geck,* in: Kapp/Ebeling, § 7 Rz. 14; *Fischer,* in: F/J/P/W, § 7 Rz. 250; *Seltenreich,* in: P/R/S, § 7 Rz. 285, *Weinmann,* in: Moench/Weinmann, § 7 Rz. 12.

496 Siehe hierzu im 6. Kapitel.

497 St. Rspr. Siehe nur: *BFH,* Urteil v. 14.12.1995, II R 79/94, BStBl. II 1996, 546 (547); *BFH,* Urteil v. 27.11.2013, II R 25/12, ZEV 2014, 267; *BFH,* Urteil v. 24.8.2005, II R 28/02, DStR 2006, 178.

498 *Gebel,* in: T/G/J, § 7 Rz. 144; *Geck,* in: Kapp/Ebeling, § 7 Rz. 14; *Fischer,* in: F/J/P/W, § 7 Rz. 250; *Seltenreich,* in: P/R/S, § 7 Rz. 285, *Weinmann,* in: Moench/Weinmann, § 7 Rz. 12.

499 *Meinke,* ErbstG, § 7 Rz. 13 und 76.

500 *Windscheid/Kipp,* Pandektenrecht, 1906, § 365, S. 545 Fn. 4.

501 Vgl. § 40 Abs. 1 S. 2 ErbStG 1919, RGBl. 1919, 1543 (1557): „Schenkungen stehen gleich freigebige Zuwendungen unter Lebenden, soweit der Bedachte durch sie auf Kosten des Zuwendenden *mit dessen Willen* bereichert wird".

Begriff der freigebigen Zuwendung abzuleiten sei.[502] Zudem sei auch der historische Gesetzgeber des Bürgerlichen Gesetzbuchs davon ausgegangen, dass das Wesen der Schenkung zwei Bestandteile erfordere: „einen objektiven, das dingliche Übereignungsgeschäft, dessen Inhalt sich nach dem Gegenstand der Übertragung bestimmt, und einen subjektiven, das Einverständnis der Parteien, dass die durch den dinglichen Übertragungsakt erzeugte Vermögensverschiebung unentgeltlich zum Zwecke der Bereicherung, also schenkweise erfolgen soll".[503] Zudem komme es allein auf die Vorstellungen der Parteien an, ob diese mit ihrer Zuwendung ein Entgelt verbinden und die Leistung daher nicht unentgeltlich erfolgen soll. Maßgebend für die Feststellung der Unentgeltlichkeit ist nach Meincke somit nicht, ob objektive Gründe vorliegen, sondern allein die Absicht der Parteien.[504]

Der Auffassung Meinckes kann jedoch Folgendes entgegengehalten werden: Zunächst zeigt die von ihm angeführte Fassung des ErbStG von 1919, dass diese noch deutlich von objektiv unentgeltlichen Zuwendungen ausging. Ein Vorgang war nur dann schenkungsteuerpflichtig, wenn zusätzlich auch die subjektiven Voraussetzungen vorlagen. § 40 Abs. 1 S. 2 ErbStG 1919[505] lautete wie folgt:

„Schenkungen stehen gleich freigebige Zuwendungen unter Lebenden, soweit der Bedachte durch sie auf Kosten des Zuwendenden mit dessen Willen bereichert wird".

Hiernach waren daher freigebige Zuwendungen (als umfassenderer Begriff) denkbar, für die kein Bereicherungswille festgestellt werden konnte. Dies waren gerade die nur objektiv (und nicht zusätzlich auch subjektiv) unentgeltlichen Zuwendungen. Dem heutigen § 7 Abs. 1 Nr. 1 ErbStG liegt jedoch diese Unterscheidung zugrunde.[506]

Des Weiteren ist für die Feststellung subjektiver Elemente regelmäßig auf die objektive Sachlage abzustellen.[507] Die objektive Unentgeltlichkeit stellt einen solchen objektiven Umstand dar. Auch die notwendige Einigung über die Unentgeltlichkeit hinsichtlich einer bürgerlich-rechtlichen Schenkung nach § 516 BGB ist nur möglich, wenn die Unentgeltlichkeit objektiv bestimmbar ist.[508]

Darüber hinaus beruht die schenkungsteuerliche Behandlung gemischter Schenkungen[509] auf der Herausarbeitung des objektiv unentgeltlichen Teils. Eine rein subjektive Beurteilung nach den Vorstellungen der Parteien ist zumeist nicht ergiebig, weil diese sich regelmäßig keine Vorstellungen über den tatsächlichen Wert

502 *RFH*, Gutachten vom 21.5.1931, I D 1/30, RFHE 29, 137 (148).
503 *Mugdan*, Die gesamten Materialien des BGB II, 1899, 738.
504 *Meincke*, ErbStG, § 7 Rz. 13 a.E. unter Hinweis auf: *Liebisch*, Das Wesen der unentgeltlichen Zuwendung unter Lebenden, 1927, S. 50.
505 Siehe Fn. 501.
506 *Gottschalk*, Leistungen an GmbH, S. 179 f.
507 *Weidenkaff*, in: Palandt, § 516 Rz. 8.
508 *Gottschalk*, Leistungen an GmbH, S. 180.
509 Zu gemischten Schenkungen sogleich unter C.I.4.b) auf dieser Seite.

des Zuwendungsobjekts machen. Somit muss auf tatsächlich feststellbare objektive Umstände abgestellt werden.[510]

Insofern ist der herrschenden Auffassung zu folgen, die den Begriff der „Freigebigkeit" dahin gehend auslegt, dass für den schenkungsteuerlichen Tatbestand eine objektive Unentgeltlichkeit vorliegen muss.

b) Gemischt freigebige Zuwendung

Eine freigebige Zuwendung liegt somit allgemein dann vor, wenn ihr keine kompensierende Gegenleistung gegenübersteht. Die Gegenleistung ist dabei nach bürgerlich-rechtlichen Grundsätzen zu bestimmen.[511] Erbringt die GmbH eine Leistung an den Gesellschafter, die auf einer vertraglichen Grundlage beruht (wie etwa eine Kaufpreiszahlung oder Gehaltszahlungen aufgrund eines Dienstvertrags als Geschäftsführer), besteht grundsätzlich eine synallagmatische Verknüpfung mit einer Gegenleistung, die die Unentgeltlichkeit ausschließt. Dennoch können Zuwendung und Gegenleistung nicht ausgewogen sein, sodass zumindest von einer teilentgeltlichen Leistung auszugehen ist. Hiermit sind in Abgrenzung zu reinen freigebigen Zuwendungen die gemischt freigebigen Zuwendungen angesprochen.

Nach ständiger Rechtsprechung des BFH zeichnen sich diese dadurch aus, dass einer höherwertigen Leistung eine Leistung von geringerem Wert gegenübersteht und die höherwertige Zuwendung neben Elementen der Freigebigkeit auch Elemente eines Austauschvertrags enthält, ohne dass sich die höherwertige Leistung in zwei selbstständige Leistungen aufteilen lässt.[512] Die gemischt freigebige Zuwendung erfüllt dabei alle Merkmale des schenkungsteuerlichen Zuwendungstatbestands. Die objektive Unentgeltlichkeit beschränkt sich jedoch auf den Wertunterschied.[513] § 7 Abs. 4 ErbStG bestätigt dies, wenn dort auf eine „in die Form eines lästigen Vertrags gekleidete Schenkung" abgestellt wird, der einer Schenkungsteuerpflicht eben nicht entgegenstehen soll.[514]

Die Feststellung, ob zwischen den Leistungen ein die Annahme einer steuerbaren Zuwendung rechtfertigender Wertunterschied besteht, erfordert eine Gegenüberstellung, Bewertung und Saldierung der gesamten vertraglich begründeten Leistungspflichten.[515] Diesbezüglich wurde vereinzelt ein deutliches oder offensichtliches

---

510 *Gottschalk*, Leistungen an GmbH, S. 180 f.

511 *Seltenreich*, in: P/R/S, § 7 Rz. 285.

512 *BFH*, Urteil v. 29.10.1997, II R 60/94, BStBl. II 1997, 832 (834); *BFH*, Urteil v. 30.3.1994, II R 7/92, BStBl. II 1994, 580 (582).

513 *Gebel*, in: T/G/J, § 7 Rz. 202.

514 *RFH* v. 24.2.1931, I e A 200/30, RStBl. 1931, 283; *Gebel*, in: T/G/J, § 7 Rz. 202.

515 *BFH*, Urteil v. 30.2.1994, II R 7/92, BStBl. II 1994, 580 (582); *FG Nürnberg*, Urteil v. 24.6.2004, IV 192/2003, DStRE 2004, 1466 (1467).

Missverhältnis zwischen Leistung und Gegenleistung verlangt.[516] Richtigerweise ist dies jedoch allein eine Frage des subjektiven Tatbestands.[517]

Somit kann auch bei Vorliegen eines Vertrags oder eines Leistungsaustauschs eine zumindest teilweise oder gemischt-freigebige Zuwendung vorliegen. Das zivilrechtliche Vertragsverhältnis mit gegenseitigen Leistungspflichten steht dem nicht entgegen, soweit Zuwendung und Gegenleistung zum Nachteil der Gesellschaft unausgewogen sind. In den Fällen einer verdeckten Gewinnausschüttung wird ein solches Ungleichgewicht jedoch oftmals nicht vorliegen. Vielmehr wird es einen wirtschaftlichen Grund für die Vermögensverschiebung zwischen Gesellschaft und Gesellschafter geben. Sollen durch die Gewinnausschüttung beispielsweise Sonderleistungen des empfangenden Gesellschafters vergütet werden, scheidet eine schenkungsteuerliche Zuwendung schon aufgrund des fehlenden Wertunterschieds und daher wegen der fehlenden objektiven Unentgeltlichkeit aus.[518]

c) Formale verdeckte Gewinnausschüttung

Eine ertragsteuerlich Sondersituation stellen formale verdeckte Gewinnausschüttungen dar.[519] Diese liegen vor, wenn ein beherrschender Gesellschafter schuldrechtliche Beziehungen mit der Gesellschaft eingeht. In der Regel handelt es sich um Anstellungs- und Arbeitsverträge. Sind solche Vereinbarungen nicht klar, eindeutig und von vornherein zivilrechtlich wirksam abgeschlossen (bzw. nicht entsprechend durchgeführt), so kann selbst bei tatsächlich ausgeglichenem Verhältnis von Leistung und Gegenleistung eine verdeckte Gewinnausschüttung vorliegen.[520] Schenkungsteuerlich liegt gleichwohl eine angemessene Gegenleistung vor, sodass keine unentgeltliche Bereicherung gegeben ist. Erfolgt eine ertragsteuerliche Erfassung verdeckter Gewinnausschüttungen allein aufgrund formaler Gründe, scheidet die objektive Unentgeltlichkeit der Bereicherung und somit eine freigebige Zuwendung in Höhe des unangemessenen Teils daher aus.[521]

---

516 *FG Rheinland-Pfalz*, Urteil v. 2.2.2000, 4 K 3374/98, EFG 2000, 1020 (1021); *FG Nürnberg*, Urteil v. 24.6.2004, IV 192/2003, DStRE 2004, 1466 (1467); *Geck*, in: Kapp/Ebeling, § 7 Rz. 51.

517 Vgl. *Gebel*, in: T/G/J, § 7 Rz. 289; *Kamps*, Stbg, 2006, 107 (109). Siehe zum subjektiven Tatbestand im 6. Kapitel.

518 *St. Viskorf*, DStR 2011, 607 (608); *Haubner*, StC 3/2012, 15 (16); *Götz*, in: Wilms/Jochum, § 7 Rz. 44.

519 *Ratschow*, in: Blümich, EStG, § 20 Rz. 123 ff.

520 *BFH*, Beschluss vom 12.10.1995, I B 46/95, BFH/NV 1996, 266; *Rengers*, in: Blümich, KStG, § 8 Rz. 295.

521 *Zimmermann*, DB 2005, 1650 (1651); *Benz/Böing*, DStR 2010, 1157 (1160); *Breier*, Ubg 2009, 417 (423); *St. Viskorf*, DStR 2011, 607 (608); *Haubner*, StC 3/2012, 15 (16); *Götz*, in: Wilms/Jochum, § 7 Rz. 44; *Schuck*, in: V/K/S/W, § 7 Rz. 191.

d) Leistungen der Gesellschaft und Gemeinschaftszweck als Rechtsgrund

Es stellt sich nunmehr die Frage, ob Leistungen an den oder die Gesellschafter, die ertragsteuerlich als Gewinnausschüttungen (sowohl offen wie auch verdeckt) qualifiziert werden,[522] zugleich objektiv unentgeltlich i.S.d. § 7 Abs. 1 Nr. 1 ErbStG erfolgen.

aa) BFH

Der BFH geht in ständiger Rechtsprechung davon aus, dass Vermögenshingaben einer Kapitalgesellschaft an die Gesellschafter, die dem Gemeinschaftszweck dienen, nicht unentgeltlich erfolgen. Denn soweit der II. Senat die Gegenleistung und die bestehende Rechtspflicht als Faktoren aufzählt, welche die Unentgeltlichkeit ausschließen können, erwähnt er regelmäßig auch den Gemeinschaftszweck.[523]

In der Entscheidung vom 31. 1. 2013[524] hatte der BFH schließlich die Gelegenheit, sich zu Zuwendungen einer GmbH an ihre Gesellschafter zu äußern. Er stellte fest, dass es im Verhältnis einer Kapitalgesellschaft zu ihren Gesellschaftern neben betrieblich veranlassten Rechtsbeziehungen lediglich offene und verdeckte Gewinnausschüttungen sowie Kapitalrückzahlungen gebe, jedoch keine freigebigen Zuwendungen. Gewinnausschüttungen der Kapitalgesellschaft beruhten stets auf dem Gesellschaftsverhältnis, ganz gleich ob die Ausschüttung offen oder verdeckt erfolge. Verdeckte Ausschüttungen würden somit im Ergebnis wie offene Ausschüttungen behandelt und hätten ausschließlich ertragsteuerliche Folgen. Damit ließe sich nicht vereinbaren, wenn eine verdeckte Gewinnausschüttung anders als eine offene Ausschüttung zugleich als freigebige Zuwendung der Kapitalgesellschaft an ihren Gesellschafter angesehen würde.

bb) Literatur

Auch die herrschende Literatur[525] sieht im Gesellschaftszweck einen die Unentgeltlichkeit der Zuwendung ausschließenden Rechtsgrund. Insbesondere Gebel[526] legt dar, dass der gemeinsam verfolgte Zweck zwar keine synallagmatische, aber

---

522 Ebenso kann die Frage für – hier nicht im Fokus stehende – Kapitalrückzahlungen aufgeworfen werden.

523 *BFH*, Urteil v. 14.12.1995, II R 79/94, BStBl. II 1996, 546 (547); *BFH*, Urteil v. 27.11.2013, II R 25/12, ZEV 2014, 267; *BFH*, Urteil v. 24.8.2005, II R 28/02, DStR 2006, 178.

524 *BFH*, Urteil v. 30. 1. 2013, II R 6/12; DStR 2013, 649 (650 f.).

525 *Meincke*, ErbStG, § 7 Rz. 74; *Gebel*, in: T/G/J, § 7 Rz. 182 und 191; *ders.*, DStR 1996, 686 (688); *Viskorf*, ZEV 2012, 442 (446); *Albrecht*, ZErb 2003, 141 (148); *Roser/Schrepp*, GmbhR 1997, 397; *Bödecker*, GmbHR 1997, 240 (243); *Christ*, ZEV 2011, 10 (14); *Kamps*, Stbg 2006, 107 (113 ff.); *Loose*, DB 2013, 1080 (1883 f.); *Binnewies*, GmbHR 2013, 449 (449 ff.); *Crezelius*, ZEV 2008, 268 (273); *ders.* ZEV 2011, 393, (396 f.); *Wälzholz*, ZEV 2008, 273, 276; *Hübner*, DStR 2008, 1357, (1360); *Janssen*, BB 2008, 928 (930).

526 *Gebel*, DStR 1996, 686 (687 ff.).

eine kausale Verknüpfung der Leistungen bewirke, die in das gesellschaftliche Leistungsgeflecht eingebunden seien. Daher seien die Leistungen durch eine einheitliche Zwecksetzung miteinander verknüpft. Die Besonderheit der gesellschaftlichen Leistungsvereinigung bestehe darin, dass nicht Leistungen an Dritte, sondern Leistungen zu einem gemeinsamen Zweck vereinbart würden. Dabei hätten die Gesellschafter über das mit der Mitgliedschaft verbundene Gewinnbezugsrecht an dem wirtschaftlichen Erfolg teil, der durch die gemeinsame Zweckverfolgung und die daraus resultierende Bündelung der Leistungen erzielt wird. Diese Erfolgsteilhabe, die eine Wechselbeziehung zwischen Leistung und Leistungserfolg herstelle, rechtfertige es, die rechtliche Verknüpfung einer Gesellschafterleistung mit dem Gemeinschaftszweck der rechtlichen Abhängigkeit von einer Gegenleistung gleichzustellen. Leistungen aus dem Gesellschaftsvermögen an einen Gesellschafter seien in aller Regel darauf gerichtet, den Gesellschafter am Erfolg der gemeinsamen Zweckverfolgung zu beteiligen. Diesem Leistungsziel dienende Vermögenstransfers könnten aber ebenso wenig unentgeltliche Zuwendungen darstellen wie umgekehrt die Erfolgsbeiträge des Gesellschafters.

Dabei sei es für die schenkungsteuerliche Beurteilung ohne Belang, ob eine Gewinnausschüttung offen oder verdeckt erfolge.[527] Dass die Erfolgsteilhabe verdeckt erfolge, könne zwar ertragsteuerlich nicht aber schenkungsteuerlich eine von der offenen Gewinnausschüttung abweichende Beurteilung rechtfertigen. Ebenso sei die Annahme einer freigebigen Zuwendung auch nicht deshalb gerechtfertigt, weil ein ordentlicher und gewissenhafter Geschäftsführer einem fremden Dritten einen derartigen Vermögensvorteil nicht zugestanden hätte. Vielmehr werde hieraus deutlich, dass eine Vermögenshingabe, die im Verhältnis zu einem Nichtgesellschafter als gemischt freigebige Zuwendung anzusehen wäre, im Verhältnis zum Gesellschafter gerade deshalb anders zu beurteilen sei, weil sie durch das Gesellschaftsverhältnis veranlasst ist. Sie erweise sich als gesellschaftlich gerechtfertigte Erfolgsbeteiligung, die allein ertragsteuerlich relevant sei. Eine Erfassung durch beide Steuerarten wäre systemwidrig.[528]

Hartmann vertritt demgegenüber einen grundlegend anderen Standpunkt. Seiner Ansicht nach, könnte die Beteiligung von Kapitalgesellschaften grundsätzlich keinen eigenen Maßstäben unterliegen. Daher wäre bei Unangemessenheit von Leistung und Gegenleistung eine freigebige Zuwendung i.S.d. § 7 Abs. 1 Nr. 1 ErbStG anzunehmen. Die gesellschaftliche Veranlassung könne den fehlenden entgeltlichen Rechtsgrund nicht ersetzen.[529]

---

527 *Gebel*, DStR 1996, 686 (688); *Bödecker*, GmbHR 1997, 240 (243); *Albrecht*, ZErb 2003, 141 (148).

528 *Gebel*, in: T/G/J, § 7 Rz. 191; *ders.*, DStR 1996, 686 (688).

529 *Hartmann*, in: Gürsching/Stenger, § 7 Rz. 103.2; *ders.*, UVR 2001, 93 (96). Vgl. auch *van Lishaut*, FR 2013, 891 (893).

cc) Stellungnahme

Die sachgerechte Begrenzung der freigebigen Zuwendung durch gesellschaftlich veranlasste Vorgänge ist überzeugend. Sie steht in Übereinstimmung mit der zivilrechtlichen Auslegung, ist steuersystematisch einsichtig und vermeidet Wertungswidersprüche.

(1) Bürgerlich-rechtliche Schenkung

Die bürgerlich-rechtliche Schenkung gilt als Grundmodell für die freigebige Zuwendung nach § 7 Abs. 1 Nr. 1 ErbStG.[530] Dort entspricht es der allgemeinen Meinung, dass der Gemeinschaftszweck oder das Bestehen einer gesellschaftsrechtlichen causa der Annahme einer Schenkung entgegensteht.[531] Der Bundesgerichtshof[532] führt in einer jüngeren Entscheidung aus, dass Verpflichtungen oder Zuwendungen der Gesellschaft an ihre Gesellschafter nicht in den Anwendungsbereich der §§ 516 ff. BGB fielen, wenn sie im Hinblick auf die Mitgliedschaft erfolgten. Vielmehr beruhten diese regelmäßig auf der gesellschaftsvertraglich verabredeten gemeinsamen Zweckverfolgung, an deren Erfolg der Gesellschafter teilhaben solle. Der im Gesellschaftsverhältnis wurzelnde Leistungszweck stehe der Annahme einer unentgeltlichen Zuwendung i. S. d. § 516 Abs. 1 BGB ebenso entgegen wie im Falle entsprechender freiwilliger Leistungen des Gesellschafters an die Gesellschaft.

Diesen Ausführungen ist beizupflichten. Zivilrechtlich können allgemein entgeltliche und unentgeltliche Verträge unterschieden werden.[533] Entgeltliche Verträge zielen auf einen Austausch von Leistungen. Insofern sind Gesellschaftsverträge zwar keine klassischen entgeltlichen Verträge, weil keine Leistungen ausgetauscht, sondern zur Erreichung eines gemeinsamen Zwecks vereinigt werden.[534] Gleichwohl sind sie den entgeltlichen Rechtsgeschäften zuzuordnen, weil jedenfalls ein Gemeinschaftsvertrag vorliegt, an dem sich die Gesellschafter aufgrund der Zusage der anderen Gesellschafter beteiligen.[535] „Societätsverträge“ und Austauschgeschäft sind die Grundformen des entgeltlichen Verkehrs.[536] Da Schenkungen den unentgeltlichen Rechtsgeschäften unterfallen, schließen sich Schenkungen und Zuwendungen auf gesellschaftsrechtlicher Grundlage gegenseitig aus.

---

530 *Meincke*, ErbStG, § 7 Rz. 12; *Hartmann*, in: Gürsching/Stenger, ErbStG, § 7 Rz. 12; *Schuck*, in: V/K/S/W, ErbStG, § 7 Rz. 17 und 96 ff.; *Fischer*, in: F/J/P/W, § 7 Rz. 16; *Crezelius*, Erbschaft- und Schenkungsteuer in zivilrechtlicher Sicht, S. 128 ff.

531 *Koch*, in: MüKo BGB, § 516 Rz. 98; *Wimmer-Leonhardt*, in: Staudinger, BGB, Bearb. 2005, § 516 Rz. 158; *Binnewies*, GmbHR 2013, 449; a.A. *Eckert*, in: Soergel, § 516 Rz. 88.

532 *BGH*, Urteil v. 18.9.2012, II ZR 50/11, ZEV 2013, 217 (219).

533 *Grüneberg*, in: Palandt, Überbl v § 311 Rz. 8. Hierzu auch *Gottschalk*, Leistungen an GmbH, S. 185 f.

534 *Grüneberg*, in: Palandt, Einf v § 320 Rz. 6.

535 *Groh*, DStR 1999, 1050 (1051).

536 *V. Jhering*, Zweck im Recht, 1884, Bd. 1, S. 124 ff.

Die gesellschaftsrechtliche Gewährung von Vermögensvorteilen erfolgt dabei im Hinblick auf das bestehende Gewinnstammrecht als Teilhaberecht der Gesellschafter, dem auch entsprechende Pflichten (z.B. Beitragspflichten) gegenüberstehen. Diese letztlich nur kausale Verknüpfung genügt, wie insbesondere das zivilrechtliche Verständnis der objektiven Unentgeltlichkeit zeigt. Dort genügen neben synallagmatischen auch konditionale und kausale Verknüpfungen für die Feststellung der Entgeltlichkeit.[537] Eine kausale Verknüpfung liegt vor, wenn die Bewirkung der erstrebten Gegenleistung nicht Wirksamkeitsbedingung, sondern nur Geschäftsgrundlage für die eigene Leistung ist.[538] Erfolgen Zuwendungen jedoch im Hinblick auf die Mitgliedschaft an der Gesellschaft, so sind diese mit dem gesellschaftlichen Leitungsgeflecht kausal verknüpft oder in dieses eingebunden und können daher nicht unentgeltlich sein.[539]

(2) Steuersystematische Erwägungen

Im Ergebnis zutreffend geht der BFH bei Kapitalgesellschaften davon aus, dass im Verhältnis zu ihren Gesellschaftern neben betrieblich veranlassten Vorgängen nur offene und verdeckte Gewinnausschüttungen (sowie Kapitalrückzahlungen) existieren.[540] Denn „privat" veranlasste oder einkommensteuersystematisch mit dem Rechtsgedanken des § 12 EStG zu lösende Aufwendungen stellen im Körperschaftsteuerrecht grundsätzlich verdeckte Gewinnausschüttung dar.[541] Erfolgt zivilrechtlich betrachtet eine Schenkung nach den §§ 516 ff. BGB der GmbH an einen Gesellschafter, qualifiziert das Ertragsteuerrecht diesen Vorgang als verdeckte Gewinnausschüttung. Bleibt im Rahmen eines Drittgeschäfts zwischen GmbH und Gesellschafter somit die Leistung des einen Teils deutlich hinter der Leistung des anderen Teils zurück, so liegt in der Mehrleistung der Gesellschaft stets eine verdeckte Erfolgsteilhabe. Erhält ein Gesellschafter eine teilentgeltliche Leistungen aus dem Gesellschaftsvermögen, handelt es sich um eine Kombination aus Leistungsaustausch und Erfolgsteilhabe.[542]

Offene Gewinnausschüttungen, also solche die auf einem Gewinnausschüttungsbeschluss beruhen, erfolgen stets im Hinblick auf das Gesellschaftsverhältnis. Wie soeben gezeigt, sind diese zivilrechtlich als entgeltliche Geschäfte einzustufen. Das Steuerrecht folgt diesen Gegebenheiten, wenn offene Gewinnausschüttungen auf

---

537 *RG*, Beschluss vom 30.1.1940, V 76/38, RGZ 163, 348 (365); *BGH*, Urteil v. 27.11.1991, IV ZR 164/90, BGHZ 116, 167 (170); *Herrmann*, in: Erman, § 516 Rz. 8; *Koch*, in: MüKo BGB, § 516 Rz. 27 f.; *Chiusi*, in: Staudinger, § 516 Rz. 44 und 47.

538 *Koch*, in: MüKo BGB, § 516 Rz. 28; *Fischer*, Unentgeltlichkeit, S. 43.

539 Daher unterliegen im Ergebnis auch Kapitalrückzahlungen nicht der Schenkungsteuer. Vgl. zu Leistungen an die GmbH *Gottschalk*, Leistungen an GmbH, S. 186.

540 *BFH*, Urteil v. 30. 1. 2013, II R 6/12; DStR 2013, 649 (650 f.).

541 Vgl. *Crezelius*, ZEV 2008, 268 (272 f.). Hierzu schon im 2. Kapitel unter B.I.3.e) auf den S. 51 ff.

542 *Gebel*, DStR 1996, 685 (687 f.).

Ebene der Gesellschaft nach § 8 Abs. 3 S. 1 dem KStG und auf Ebene des Gesellschafters den Einkünften nach § 20 Abs. 1 Nr. 1 S. 1 EStG zugeordnet werden und somit entgeltliche Leistungsfähigkeitssteigerungen darstellen.

Die Folgen der Erfolgsteilhabe durch verdeckte Gewinnausschüttungen werden ebenfalls allein durch das Ertragsteuerrecht geregelt. Der für offene Ausschüttungen zur Verfügung stehende Gewinn wird durch die Gewährung eines Vermögensvorteils gemindert.[543] Auf der Ebene der Kapitalgesellschaft kommt es bei verdeckten Gewinnausschüttungen zu einer Gewinnerhöhung nach § 8 Abs. 3 S. 2 KStG mit körperschaft- und gewerbesteuerrechtlichen Auswirkungen. Auf der Ebene des Gesellschafters führen sie zu einer einkommensteuerbaren Bereicherung des Gesellschafters nach § 20 Abs. 1 Nr. 1 S. 2 EStG. Das Gesetz behandelt somit die offene und die verdeckte Gewinnausschüttung gleich und ordnet beide den entgeltlichen, allein dem Ertragsteuerrecht zugeordneten Leistungsfähigkeitssteigerungen zu.[544] Eine verdeckte Gewinnausschüttung an einen Gesellschafter kann nicht zugleich eine unentgeltliche Bereicherung desselben auf Kosten der Gesellschaft darstellen. Diese einfachgesetzliche Abgrenzung am Merkmal der objektiven Unentgeltlichkeit entspricht einer zutreffenden Konkretisierung des allgemeinen steuersystematischen Grundgedankens zur Abgrenzung der Ertragsteuern auf der einen Seite und der Erbschaft- und Schenkungsteuer auf der anderen Seite.

(a) Abgrenzung der Steuerarten

Das Verhältnis der beiden Steuerarten ist jedoch nach wie vor umstritten und dogmatisch nicht geklärt.[545] Die Besteuerung eines Lebenssachverhalts mit Schenkungsteuer und Einkommensteuer soll nach teilweise vertretener Ansicht nicht zum Ausschluss eines der Besteuerungsrechte führen.[546] Aufgrund der Tatsache, dass der Gesetzgeber mit § 35b EStG eine Belastungsmilderung für Erwerbe von Todes wegen schuf, eine vergleichbare Regelung für Schenkungen jedoch nicht geschaffen wurde, scheint es, als werde eine Doppelbelastung vom Gesetzgeber grundsätzlich hingenommen. Der II. und der X. Senat gingen daher ohne Weiteres von der gleichzeitigen Einordnung eines Vermögenszuwachses als erbschaft- bzw. schenkungsteuerliche Bereicherung und als einkommensteuerpflichtige Einnahme aus. Die sich

---

543 *BFH*, Urteil v. 30. 1. 2013, II R 6/12, DStR 2013, 649 (652).

544 Zum Verhältnis der Steuerarten zugleich unter C.I.4.d)cc)(2)(a) auf den S. 132 ff.

545 Vgl. *Crezelius*, in: Birk, DStJG 1999, 73 ff.; *Mellinghoff*, in: Birk, DStJG 1999, 127 ff.; *Benz/Böing*, DStR 2010, 1157 (1163); *Kamps*, Stbg 2006, 111 (116); *Hartmann*, ErbStB 2003, 248 (249), *Keß*, ZEV 2015, 254 ff.; *Friz*, Verhältnis der Erbschaft- und Schenkungsteuer zur Einkommensteuer, passim. Zur Nichtberücksichtigung von Ertragsteuerschulden des Erblassers als Erblasserschulden bei Ermittlung der erbschaftsteuerlichen Bereicherung: *BFH*, Urteil v. 26.11.1986, II R 190/81, BStBl. II 1987, 175; *FG München*, Urteil v. 18.2.2009, 4 K 1131/07; DStRE 2010, 479 (481).

546 *BFH*, Urteil v. 23.2.1994, X R 123/92, BStBl. II 1994, 690 (692); *FG Münster*, Urteil v. 31.1.2002, 3 K 2322/00 Erb, DStRE 2002, 842 (843); *Roser/Schrepp*, GmbHR 1997, 393 (394).

hieraus ergebende Doppelbelastung mit beiden Steuern sei zulässig.[547] Dies folge einerseits daraus, dass beide Steuerarten unterschiedliche Besteuerungsgegenstände erfassten.[548] Andererseits sei zu beachten, dass die Steuern auf verschiedenen Ebenen[549] lägen oder ihren jeweiligen Sachgerechtigkeiten[550] folgten. Zudem gebe es keinen Verfassungsrechtssatz der besagt, dass alle Steuern zur Vermeidung von Lücken oder von Mehrfachbelastung aufeinander abgestimmt werden müssten.[551] In einem Vielsteuersystem ließen sich Doppelbelastungen selbst dann nicht vermeiden, wenn jede Einzelsteuer für sich genommen folgerichtig ausgestaltet würde. Das Bundesverfassungsgericht hat sich bisher noch nicht zum Konkurrenzverhältnis geäußert.

(b) Neue Rechtsprechungstendenz

In einem Beschluss aus dem Jahre 2011 stellte der VIII. Senat[552] jedoch erstmals fest, dass beide Steuerarten voneinander abzugrenzen bzw. aufeinander abzustimmen seien. Es sei grundsätzlich tatbestandlich ausgeschlossen, mit derselben Handlung sowohl eine freigebige Zuwendung zu verwirklichen als auch wirtschaftlich am Markt teilzunehmen. Im zu beurteilenden Fall unterfiel derselbe Lebenssachverhalt tatbestandlich sowohl der Einkommen- als auch der Schenkungsteuer. Der VIII. Senat nahm sodann nach summarischer Prüfung – insbesondere ohne die Abweichung von der bisherigen Rechtsprechung zu thematisieren – an, dass die Ertragsbesteuerung zurückzutreten habe, weil es im konkreten Fall an einer Erwerbshandlung fehlte, also keine Handlung vorlag, die auf Einkünfteerzielung am Markt ausgelegt war.

Schließlich bekräftigte in jüngeren Zeit auch der für die Schenkungsteuer zuständige II. Senat, dass Vermögensvorteile, die ein Steuerpflichtiger durch eine auf Einkünfteerzielung am Mark gerichtete Erwerbshandlung erziele und die deshalb bei ihm der Einkommensteuer unterliegen, nicht von § 7 Abs. 1 Nr. 1 ErbStG erfasst würden.[553] Auch die Entscheidung des II. Senats vom 30. 1. 2013 ist vor diesem

---

547 *BFH*, Urteil v. 17.2.2010, II R 23/09, DStR 2010, 1029 (1030 f.); *BFH*, Urteil v. 18.1.2011, X R 63/08, DStR 2011, 759 (762).

548 *BFH*, Urteil v. 23.2.1994, X R 123/92, BStBl. II 1994, 690 (692).

549 *BFH*, Urteil v. 26.11.1986, II R 190/81, BStBl. II 1987, 175 (177).

550 *BFH*, Urteil 17.2.2010, II R 23/09, DStR 2010, 1029 (1030).

551 Vgl. *BVerfG*, Beschluss vom 8.1.1999, 1 BvL 14/98, DStRE 1999, 146 (148).

552 *BFH*, Beschluss vom 12.9.2011, VIII B 70/09, DStRE 2012, 154 (156). Hierzu *Keß*, ZEV 2012, 119.

553 *BFH*, Urteil v. 27.8.2014, II R 44/13, DStR 2014, 2239 (2239 f.). Im Beschluss v. 21.7.2014, II B 40/14, ZEV 2014, 504 (506), deutete er Zweifel an, ob es Fälle gebe, in denen ein und derselbe Lebenssachverhalt tatbestandlich sowohl der Einkommen- als auch der Schenkungsteuer unterfalle. Einen ersten Hinweis auf eine Abstimmung beider Steuerarten war schon der Entscheidung des *BFH*, Urteil v. 2.2.2005, II R 18/03, DStR 2005, 825 f., zu entnehmen, deren Gegenstand eine mögliche Doppelbelastung einer Testamentsvollstreckervergütung war. Der II. Senat

Hintergrund zu sehen. Der BFH führte aus, dass gesellschaftlich veranlasste Vorgänge ausschließlich ertragsteuerliche Konsequenzen haben und es deswegen offen bleiben könne, in welchem Verhältnis die beiden Steuerarten in solchen Fällen stünden. Hiermit räumte das Gericht der Ertragsbesteuerung den Vorrang ein und zeigt die grundsätzliche Tendenz zur Abstimmung beider Steuerarten.

(c) Stellungnahme

Zwar sind die – wohl nunmehr überholten – Ausführungen der verschiedenen Senate des BFH formal zutreffend, als beide Steuerarten verschiedene Besteuerungsgegenstände erfassen.[554] Dennoch ist zu berücksichtigen, dass sowohl die Einkommensteuer als auch die Erbschaft- und Schenkungsteuer sog. „Einkommensteuern im weiteren Sinne" darstellen.[555] Beide Steuerarten sollen die individuelle Leistungsfähigkeit eines Rechtssubjekts erfassen.[556] Im Anwendungsbereich des EStG sowie des KStG handelt es um am Markt erzielte, steuerbare Ergebnisse. Dies bestätigt im Umkehrschluss der Einlage- und Entnahmetatbestand, der solche Vermögensveränderungen von den Ertragsteuern ausnimmt, die nicht aus einer entgeltlichen Markteilnahme stammen. Das ErbStG erfasst dagegen die unentgeltlichen Wertzuwächse an wirtschaftlicher Leistungsfähigkeit. Eine Leistungsfähigkeitssteigerung kann jedoch nicht zugleich entgeltlich sowie unentgeltlich sein.[557] Eine gleichzeitige Belastung desselben Zuwachses an finanzieller Leistungsfähigkeit sowohl mit Einkommen- als auch mit Erbschaft- oder Schenkungsteuer führt zu einer steuerlichen Ungleichbehandlung gegenüber anderen Steuerpflichtigen, bei denen der gleiche Vermögenszuwachs nur einer der beiden Steuern unterliegt.[558] Beide Steuerarten stehen in einem Ausschlussverhältnis zueinander.[559] Daher könnte sowohl die unentgeltliche Leistungsfähigkeitssteigerung des ErbStG als auch die Besteuerung der Körperschaften in § 2 Abs. 1 EStG inkorporiert werden könnten.[560] In diesem Fall käme nur eine der Einkunftsarten dieses erweiterten § 2 Abs. 1 EStG in Betracht.[561]

---

hielt – auch soweit eine angemessene Vergütung überschritten wurde – Einkünfte aus selbständiger Arbeit für gegeben (§ 18 EStG), weil ein entgeltlicher Vorgang vorlag.

554 Vgl. zum Ganzen *Crezelius*, in: Birk, DStJG 1999, 73 (121 f.).

555 *Meincke*, ErbStG, Einführung Rz. 2;

556 *BFH*, Urteil v. 14.9.1994, I R 78/94, DStR 1995, 370 (371); *Jochum*, UVR 2004, 265 (269); *Mellinghoff*, in: Birk, DStJG 1999, 127 (136); *Crezelius*, in: Birk, DStJG 1999, 73 (103).

557 *Birnbaum*, DStR 2011, 252 (255).

558 *Keß*, Thomas, ZEV 2012, 119.

559 *Tipke*, StRO (II), 882 f.

560 Vgl. *Schanz*, FinArch. Jg. 18 Bd. 2 (1901), 53 (172); *Tiedtke*, in: Tiedtke, Einleitung Rz. 42; *Crezelius*, in: Birk, DStJG 1999, 73 (121 f.); *Seer*, GmbHR 2002, 873 (878): „Einkommensteuer im weiteren Sinne".

561 *Crezelius*, in: Birk, DStJG 1999, 73 (121 f.); *ders.* ZEV 2010, 326 (329).

Es bestehen daher erhebliche Zweifel, ob die vollumfängliche Erfassung eines Leistungszuwachses durch beide Steuerarten verfassungsrechtlich zulässig ist.[562] Es stellt sich die Frage, ob die eintretende Doppelbelastung zu einer potenziellen Übermaßbesteuerung führt (Art. 14 Abs. 1 GG), weil die Gesamtbelastung durch Überschneidungen der Steuerarten nicht hinreichend abgestimmt ist und somit keine Belastungsgleichheit vorliegt.[563] Es ergäbe sich ein Verstoß gegen den Grundsatz einer systemgerechten[564] bzw. einer gleichheitsgerechten Besteuerung nach Art. 3 Abs. 1 GG,[565] weil alle Steuerpflichtigen auch grundsätzlich gleich hoch besteuert werden müssen.[566] Regelmäßig wird es an einer sachlichen Rechtfertigung dieser Ungleichbehandlung fehlen.[567] Auch dies zeigt, dass eine systemgerechte Lösung mittels einer verfassungskonformen Gesetzesinterpretation zu suchen ist.[568]

Somit sollte derselbe Lebenssachverhalt tatbestandlich nicht zugleich den Ertragsteuern und der Erbschaft- und Schenkungsteuer unterfallen.[569] Konkurrenzprobleme sind allein auf einfachgesetzlicher Ebene zu lösen.[570] Es gilt, den Tatbestand des § 7 Abs. 1 Nr. 1 ErbStG sachgerecht einzugrenzen. Dies erlaubt eine saubere Trennung zwischen am Markt erwirtschafteten Leistungsfähigkeitssteigerungen und sonstigen Vermögenmehrungen, auf die das ErbStG zugreift. Insofern ist die Abgrenzung des BFH vom 30. 1. 2013[571] anhand des Tatbestandsmerkmals der objektiven Unentgeltlichkeit steuersystematisch zutreffend und folgerichtig.[572] Die Gewährung eines unangemessenen Vermögenvorteils einer Gesellschaft unmittelbar

---

562 *Friz*, Verhältnis der Erbschaft- und Schenkungsteuer zur Einkommensteuer, passim.; *Keß*, ZEV 2015, 254 ff.; *Kamps*, Stbg 2006, 107 (116); *FG Rheinland-Pfalz*, Urteil v. 27.4.2001, 4 K 1671/00, rkr. DStRE 2001, 872 (875).

563 *Mellinghoff*, in: Birk, DStJG 1999, 127 (136); *Benz/Böing*, DStR 2010, 1157 (1163 f.)

564 *BVerfG*, Beschluss vom 22.6.1995, 2 BvL 37/91, DStR 1995, 1345 (1346); *Tipke*, StRO (II), S. 881 ff.; *Mellinghoff*, in: Birk, DStJG 1999, 127 (157 f.); *Crezelius*, BB-Special, Nr. 10 zu Heft 46/2007, 1 (18 f.); *Benz/Böing*, DStR 2010, 1157 (1163). Vgl. auch das Postulat der „widerspruchsfreien Steuerrechtsordnung": *BVerfG*, Urteil v. 7.5.1998, 2 BvR 1991/95, BVerfGE 98, 106 (119); *Seer*, GmbHR, 873 (878).

565 *Keß*, ZEV 2015, 254 (255 f.); *ders.*, in: K/S/M, § 35b EStG Rz. A113 ff.

566 *BVerfG*, Urteil v. 9.12.2008, 2 BvL 1/07, 2 BvL 2/07, 2 BvL 1/08, 2 BvL 2/08, BVerfGE 122, 210 (230 f.), „Pendlerpauschale".

567 *Friz*, Verhältnis der Erbschaft- und Schenkungsteuer zur Einkommensteuer, S. 75 ff.; *Keß*, ZEV 2015, 254 (256), der darauf hinweist, dass auch der BFH keine sachlichen Gründe anführt.

568 *FG Rheinland-Pfalz*, Urteil v. 27.4.2001, 4 K 1671/00, rkr. DStRE 2001, 872 (875); *Kamps*, Stbg 2006, 107 (116).

569 *Viskorf*, in: V/K/S/W, Einf. Rz. 27; *Crezelius*, ZEV 2010, 326 (328 f.); *ders.*, in: Birk, DStjG 1999, 73 (121); Keß, ZEV 2015.

570 Vgl. *Crezelius*, in: Birk, DStJG 1999, 127 (160). Ebenfalls in diese Richtung *Mellinghoff*, in: Birk, DStJG 1999, 127 (135 f. und 160).

571 *BFH*, Urteil v. 30. 1. 2013, II R 6/12, DStR 2013, 649 (652).

572 Demgegenüber tendierte die Rechtsprechung bisher zu einem Vorrang der erbschaft- bzw. schenkungsteuerlichen Erfassung gegenüber der Einkommen- oder

an einen Gesellschafter stellt eine entgeltliche und somit allein dem Ertragsteuerrecht zugeordnete Leistungsfähigkeitssteigerung dar. Es handelt sich bei Leistungen der GmbH zugunsten der Gesellschafter um gesellschaftlich veranlasste Vorgänge und nicht um altruistisch herbeigeführte Vermögensverschiebungen, die allein der inneren Idee des ErbStG entsprechen.[573] Hinzu kommt, dass auch aus Sicht des Gesellschafters jede Gewinnausschüttung ihre Ursache allein im entgeltlich begründeten Gesellschaftsverhältnis hat.

Sind Vorteilszuwendungen der Kapitalgesellschaften also entweder entgeltlich betrieblich oder auf gesellschaftsrechtlicher Grundlage beruhende (offene oder verdeckte) Ausschüttungen, bleibt jedenfalls im Verhältnis der Gesellschaft zu ihren Anteilseignern kein Raum für freigebige Zuwendungen nach § 7 Abs. 1 Nr. 1 ErbStG.[574] Hierfür spricht auch die Komplementärfunktion des Schenkungsteuerrechts zum Erbschaftsteuerrecht. Kapitalgesellschaften können als juristische Personen nicht sterben, sodass kein systematisches Bedürfnis besteht, sie als „schenkenden Rechtsträger“ anzusehen.[575] Dies führt zu der Erkenntnis, dass Schenkungen zwischen Kapitalgesellschaften und ihren Gesellschaftern aufgrund ihrer fehlenden außerbetrieblichen Sphäre ausgeschlossen sind. Insoweit erfolgt bereits eine ertragsteuerliche Erfassung durch die verdeckte Gewinnausschüttung.

Diese Auffassung wird durch die Einordnung der umgekehrten Konstellation – also Zuwendungen an die Gesellschaft durch die Gesellschafter – bestätigt. Auch in diesen Fällen geht der II. Senat davon aus, dass eine Zuwendung, die in rechtlichem Zusammenhang mit einem Gemeinschaftszweck steht, nicht als unentgeltlich i.S.d. § 7 Abs. 1 Nr. 1 ErbStG anzusehen ist.[576] Übertragen die Gesellschafter im Rahmen des Gesellschaftsverhältnisses Vermögen auf die Kapitalgesellschaft und beabsichtigt der Gesellschafter, das Vermögen der Gesellschaft durch die Zuwendung zu erhöhen, dient dies dem Gesellschaftszweck. Die Zuwendung hat ihren Rechtsgrund in der allgemeinen mitgliedschaftlichen Zweckförderungspflicht und ist somit dem Leistungsgeflecht zwischen Gesellschaft und Gesellschafter zuzuordnen. Eine solche Vermögensübertragung ist daher im Rahmen des schenkungsteuerlichen Grundtatbestands als gesellschaftsrechtlicher Vorgang und nicht als freigebige Zuwendung an die Gesellschaft zu beurteilen.[577] Eine Gewinnausschüttung kann als „actus contrarius“ zur Einlage nicht hiervon abweichend beurteilt werden.[578]

Körperschaftsteuer, vgl. *FG Rheinland-Pfalz*, Urteil v. 27.4.2001, 4 K 1671/00, rkr. DStRE 2001, 872 (875). So auch Hartmann, ErbStB 2003, 249.

573 *Crezelius*, ZEV 2011, 393 (395).

574 *Crezelius*, ZEV 2008, 268 (272 f.). Ihm folgend: *Benz/Böing*, DStR 2012, 1157, (1162).

575 *Crezelius*, ZEV 2008, 268 (273). Ihm folgend: *Stein*, JbFSt 2011/2012, 729 (735).

576 *BFH*, Urteil v. 17.10.2007, II R 63/05, DStR 2008, 146 (147). Vgl. auch *BFH*, Urteil v. 17.04.1996, II R 16/93, DStR 1996, 1165 (1165 f.).

577 Vgl. *Schuck* in V/K/S/W, § 7 ErbStG Rz. 191; *Gebel* in T/G/J, § 7 Rz. 186; *Griesel*, in: D/H/R, § 7 Rz. 185; *Meincke*, ErbStG, § 7 ErbStG Rz. 74; *Weinmann*, in: Moench/ Weinmann, § 7 Rz. 176;

578 *Binnewies*, GmbHR 2013, 449 (451).

dd) Ausnahme bei innergesellschaftlicher Unausgewogenheit der Leistungen?

Ist somit belegt, dass der Gesellschaftszweck auch einer verdeckten Gewinnausschüttung an den Anteilseigner entgegen steht, werden teilweise Einschränkungen vorgenommen, falls Vorteilsgewährungen nicht quotal – also nicht den Beteiligungsverhältnissen entsprechend – erfolgen.

(1) Finanzverwaltung

Die Finanzverwaltung erkennt zwar grundsätzlich die fehlende Unentgeltlichkeit von Zuwendungen auf gesellschaftsrechtlicher Grundlage oder bei gesellschaftlicher Veranlassung an.[579] Gleichwohl soll dies nur für Zuwendungen gelten, die den jeweiligen Beteiligungsquoten entsprechen. Zahlt eine Kapitalgesellschaft einem Gesellschafter überhöhte Vergütungen, so soll das über die gesellschaftsrechtliche Beteiligungsquote hinaus Verteilte zu einer schenkungsteuerlichen Bereicherung des Gesellschafters auf Kosten der Gesellschaft führen. Im Falle, dass alle Gesellschafter in sachlichem und zeitlichem Zusammenhang gleichwertige Vorteile erhalten, soll demgegenüber kein schenkungspflichtiger Vorgang vorliegen. Somit kann nach Auffassung der Finanzverwaltung in der Situation eines Alleingesellschafters keinesfalls eine freigebige Zuwendung gegeben sein, weil seine Beteiligungsquote 100 % entspricht, sodass überquotale Leistungen nicht denkbar sind.

(2) BFH

Auch der BFH deutete in seiner Entscheidung vom 15. 3. 2007 Zweifel an.[580] Der zu beurteilende Fall betraf außerordentliche Zuwendungen eines Vereinsmitglieds an den Verein, die der Schenkungsteuer unterlagen. In einem obiter dictum ließ der II. Senat jedoch ausdrücklich offen, ob er an der Gleichsetzung von Gemeinschaftszweck und Gegenleistung in dieser Allgemeinheit festhalte und wie disquotale Leistungen eines Gesellschafters an die Kapitalgesellschaft schenkungsteuerrechtlich zu behandeln seien.

Diese Ausführungen des BFH erläuterte der Vorsitzende des II. Senats Viskorf.[581] Seiner Meinung zufolge setzen gesellschaftsrechtliche und somit nicht schenkungsteuerbare Leistungen voraus, dass es sich tatsächlich um Gesellschaftsbeiträge handelt, die gesellschaftsvertraglich geschuldet oder durch Beschluss oder sonstige Absprache allen Gesellschaftern in gleicher bzw. ihrer Beteiligung entsprechenden Weise auferlegt sind. Bei überobligatorischen, also disquotalen Gesellschafterleistungen, fehle es an dem erforderlichen rechtlichen Zusammenhang zwischen der

579 Gleichlautende Erlasse vom 14.3.2012, BStBl. I 2012, 331 ff. Siehe hierzu die Darstellung im 3. Kapitel unter C.II.2 auf den S. 64 ff. und C.IV.1 auf S. 66.

580 *BFH*, Urteil v. 15.3.2007, II R 5/04, DStR 2007, 799 (804).

581 *Viskorf*, JbFSt 2007/08, 600 (606 f.); *Viskorf*, ZEV 2007, 285 (291). Vgl. jedoch nunmehr: *Viskorf*, ZEV 2012, 442 (446).

Leistung und dem Gesellschaftszweck und an der Vergleichbarkeit mit einer Leistung, der rechtlich eine Gegenleistung gegenüber steht oder die zur Erfüllung einer bestehenden Verbindlichkeit erfolgt. Somit verblieben nur quotale Gesellschafterleistungen oder Leistungen eines Alleingesellschafters an seine GmbH als nicht schenkungsteuerbare Zuwendungen. Im Ergebnis erscheine es daher sachgerecht, zumindest solche Vermögensbewegungen nicht zu besteuern, die der Beteiligungsquote entsprechen. Nach den Ausführungen Viskorfs waren die Aussagen des BFH daher so zu verstehen, dass disquotale Gesellschafterleistungen zu schenkungsteuerlichen Folgen führen konnten.

Kurze Zeit später rückte der II. Senat jedoch wieder hiervon ab.[582] Eine Vermögensübertragung im Hinblick auf das Gesellschaftsverhältnis sei allein als gesellschaftsrechtlicher Vorgang und nicht als Schenkung oder freigebige Zuwendung an die Gesellschaft zu beurteilen. Da das Urteil keine Einschränkung auf quotale oder angemessene Leistungen enthielt und sich die Ausführungen zudem auf Mehr-Personen-Gesellschaften bezogen, obwohl es sich im zu beurteilenden Fall um eine Ein-Mann-GmbH handelte, konnte davon ausgegangen werden, dass der BFH nicht mehr an den geäußerten Zweifeln festhielt.[583] Ein Hinweis auf das Urteil vom 15.3.2007[584] fehlte völlig.

Das Urteil vom 30.1.2013[585] bestätigte schließlich diese Ansicht für den Fall einer verdeckten Gewinnausschüttung. Der II. Senat trat der Auffassung der Finanzverwaltung ausdrücklich entgegen. Es komme weder auf die gesellschaftsrechtliche Beteiligungsquote noch darauf an, ob alle Gesellschafter der Kapitalgesellschaft verdeckte Gewinnausschüttungen in gleicher Höhe erhielten. Vielmehr unterliege auch ein überhöhter Teil der Vergütung allein der Einkommensteuer, weil er durch das Gesellschaftsverhältnis veranlasst sei. Eine freigebige Zuwendung der Kapitalgesellschaft an den Gesellschafter sei hingegen ausgeschlossen.

(3) Literatur

Einige Vertreter in der Literatur formulieren ebenfalls dahin gehende Vorbehalte, dass eine Leistung nicht außerhalb des gemeinschaftlichen Leistungsgeflechts stehen oder dass das innergesellschaftliche Äquivalenzverhältnis nicht gestört sein dürfe.[586] Eine verdeckte Gewinnausschüttung könne dann eine freigebige Zuwendung darstellen, wenn sie außerhalb eines ausgewogenen gesellschaftlichen Leistungsgeflechts stehe. Sie dürfe den begünstigten Gesellschafter, gemessen an seiner Beteiligungshöhe und seinen sonstigen Erfolgsbeiträgen im Verhältnis zu seinen Mitgesellschaftern, nicht unangemessen bevorzugen (fehlendes ausgewogenes

---

582 *BFH*, Urteil v. 17.10.2007, II R 63/05 DStR 2008, 146 (147).

583 So auch: *Crezelius*, ZEV 2008, 153 (154); *Hübner*, JbFSt 2008/09, 668 (670 f.).

584 *BFH*, Urteil v. 15.3.2007, II R 5/04, DStR 2007, 799 (804).

585 *BFH*, Urteil v. 30. 1. 2013, II R 6/12, DStR 2013, 649 (650 f.).

586 *Gebel*, DStR 1996, 686 (689); *Seltenreich*, in: P/R/S, § 7 Rz. 408; *Albrecht*, ZErb 2003, 141 (148); *Bödecker*, GmbHR 1997, 240 (243).

gesellschaftliches Äquivalenzverhältnis).[587] Das Gesellschaftsvermögen dürfe nicht zum Vorteil oder Nachteil einzelner Gesellschafter verändert werden, wie dies häufig bei Familiengesellschaften der Fall sei.[588] Von einer Bevorzugung könne u.a. dann nicht gesprochen werden, wenn auch die anderen Gesellschafter als verdeckte Gewinnausschüttungen zu qualifizierende Leistungen vergleichbaren Umfangs erhalten hätten oder wenn nach dem Geschäftsgebaren der Kapitalgesellschaft die übrigen Gesellschafter künftig bei sich bietender Gelegenheit ebenfalls verdeckte Gewinnausschüttungen erhielten.[589]

Stein gibt zu Bedenken, dass die Erfolgsteilhabe mittels des Gewinnbezugsrechts zwar grundsätzlich die Unentgeltlichkeit ausschließe, die Parallele zur offenen Gewinnausschüttung und ihrer Nichtsteuerbarkeit aufgrund ihrer gesellschaftlichen Veranlassung trage jedoch nur für kongruente Gewinnausschüttungen.[590] Dieser Gedanke scheine auch der Differenzierung der Finanzverwaltung zugrunde zu liegen.

(4) Stellungnahme

Ob eine Leistung außerhalb des gesellschaftlichen Leistungsgeflechts steht oder eine Störung des gesellschaftlichen Äquivalenzverhältnisses gegeben ist, hat nach zutreffender Ansicht des BFH keinen Einfluss auf die Beurteilung, ob eine freigebige Zuwendung im Verhältnis der Gesellschaft zum Gesellschafter vorliegt. Das Merkmal der objektiven Unentgeltlichkeit ist nicht von den weiteren Beteiligungsverhältnissen abhängig. Die Zuwendungen erfolgen stets vollumfänglich im Rahmen der Erfolgsteilhabe und sind steuersystematisch den entgeltlichen Leistungsfähigkeitssteigerungen zuzuordnen. An dieser Beurteilung ändert sich auch dann nichts, wenn – ebenso wie bei der disquotalen Einlage – das gesellschaftsrechtliche Äquivalenzverhältnis nicht gewahrt wird. Denn die weiteren schuldrechtlichen Beziehungen können keinen Einfluss auf die gesellschaftliche Veranlassung und daher die Entgeltlichkeit der Vorteilsgewährung haben. Die Vermögenshingabe beruht auch dann allein auf der mitgliedschaftlichen Sonderbeziehung des Anteilseigners zur Gesellschaft.

Die Parallele zur Nichtsteuerbarkeit offener Gewinnausschüttungen nach § 7 Abs. 1 Nr. 1 ErbStG trägt daher nicht nur für kongruente Ausschüttungen.[591] Sie gilt

587 *Gebel*, DStR 1996, 686 (689); *Seltenreich*, in: P/R/S, § 7 Rz. 408; *Bödecker*, GmbHR 1997, 240 (243); *Albrecht*, ZErb 2003, 141 (148). Vgl. jedoch jetzt *Gebel*, in: T/G/J, § 7 Rz. 191, der die gesellschaftliche Unausgewogenheit als unbeachtlich ansieht und somit dem BFH folgt.

588 *Seltenreich*, in: P/R/S, § 7 Rz. 408.

589 *Gebel*, DStR 1996, 686 (689).

590 *Stein*, JbFSt 2011/12, 729 (732).

591 So aber *Stein*, JbFSt 2011/12, 729 (732). Allerdings scheint auch er keine objektiv unentgeltliche Zuwendung im Verhältnis der Kapitalgesellschaft zum Gesellschafter anzunehmen. Vielmehr liege es bei inkongruenten Gewinnausschüttungen nahe, darin eine Schenkung des verzichtenden Gesellschafters an den Mitgesellschafter zu sehen, vgl. *Stein*, JbFSt 2011/12, 729 (732).

unter Berücksichtigung der steuersystematischen Gleichbehandlung von offenen wie verdeckten Gewinnausschüttungen auch bei inkongruenten Gewinnausschüttungen.

Darüberhinaus wird zutreffend darauf hingewiesen, dass durch die Berücksichtigung des Äquivalenzverhältnisses weitere Probleme entstünden.[592] Fraglich sei, auf welchen Stichtag für die Verwirklichung der Störung abzustellen wäre und ob wahrscheinlich nachfolgende verdeckte Gewinnausschüttungen an die übrigen Gesellschafter berücksichtigt werden könnten. Sollte letzteres zu verneinen sein, müsste möglicherweise die Verwirklichung als rückwirkendes Ereignis gemäß § 175 Abs. 1 S. 1 Nr. 2 AO zur Änderung der Schenkungsteuerfestsetzung führen oder ein Fall des § 29 Abs. 1 Nr. 1 ErbStG (analog) angenommen werden. Auch sei fraglich, ob Toleranzgrenzen bestünden, wenn etwa die durch die nachfolgende verdeckte Gewinnausschüttung dem anderen Gesellschafter zufließende Leistung den Wert der ursprünglichen unterschreite.

Die Finanzverwaltung scheint mit ihren neu verfassten Ländererlassen zu versuchen, ihre alte Auffassung mit den Vorgaben der neuen Rechtsprechung des II. Senats[593] zu verbinden,[594] wie folgendes Fallbeispiel des Ländererlasses zeigt:

Sind A und B jeweils mit 50 % an einer GmbH beteiligt und erhält A mit Duldung des B von der GmbH einen PKW zu einem um 100.000 Euro zu niedrigen Kaufpreis, muss A einen Erwerb von der GmbH i. H. v. 50.000 Euro versteuern (50 % von 100.000 Euro). Für den Fall, dass beide in sachlichem und zeitlichem Zusammenhang gleichwertige Vorteile erhalten, soll kein schenkungspflichtiger Vorgang vorliegen.

Nach Vertretern der Finanzverwaltung soll die Vorteilgewährung beiden Gesellschaftern quotal als verdeckte Gewinnausschüttung zugerechnet werden, weil sie durch das Gesellschaftsverhältnis beider Gesellschafter veranlasst ist.[595] Eine Schenkungsteuerpflicht tritt nur in Höhe des überquotalen Anteils ein. Im Ergebnis versucht die Finanzverwaltung daher stets von der Konstellation einer verdeckten Gewinnausschüttung an eine nahestehende Person auszugehen und sodann das „obiter dictum" des II. Senats aufzugreifen, wonach eine freigebige Zuwendung zwischen Gesellschaft und nahestehendem Dritten möglich sein soll. Dies verdeutlicht auch die Abhängigkeit der freigebigen Zuwendung von der Duldung des Mitgesellschafters B. Die überhöhte Vorteilsgewährung wird als freigebige Zuwendung der Gesellschaft an A und zugleich als eine Vorteilsgewährung – unter Würdigung als verdeckte Gewinnausschüttung – zugunsten des Mitgesellschafters B gewürdigt.

Wie bereits gezeigt, ist eine freigebige Zuwendung im unmittelbaren Zuwendungsverhältnis zwischen Gesellschaft und Gesellschafter jedoch abzulehnen. Unbeachtlich ist zudem, ob Gesellschafter B in sachlichem und zeitlichem Zusammenhang gleichwertige Vorteile erhält. Das Merkmal der Freigebigkeit ist nicht

592 *Kamps*, Stbg 2006, 107 (114).
593 *BFH*, Urteil v. 7.11.2007, II R 28/06, DStR 2008, 346 ff.
594 So auch: *Seltenreich*, in: P/R/S, § 7 Rz. 434; *Dorn*, ZEV 2013, 488 (489).
595 So *van Lishaut/Ebber/Schmitz*, Ubg 2012, 1 (12).

von Beziehungen zu Dritten abhängig. Insofern ist der Finanzverwaltung in der Tat eine Über- oder Fehlinterpretation der Entscheidung des BFH vom 7. 11. 2007 vorzuwerfen.[596]

Für die Beurteilung der objektiven Unentgeltlichkeit einer Zuwendung im Verhältnis der Gesellschaft zum bevorteilten Gesellschafter ist es zudem grundsätzlich ohne Belang, ob den Mitgesellschaftern, denen keine Vermögensvorteile gewährt wurden, ein Gleichstellungsanspruch oder ein Anspruch auf Rückgewähr des Erhaltenen zusteht und sie auf eine Geltendmachung im Wege der „actio pro socio" verzichten.[597] Eine andere Frage ist, ob möglicherweise eine mittelbare Leistung des Mitgesellschafters vorliegt und inwiefern in dieser Konstellation eine freigebige Zuwendung vorliegen kann. Dem läge die zivilrechtliche Konstruktion einer Zuwendung im Dreiecksverhältnis zugrunde.[598] Mit diesen Mehr-Personen-Verhältnissen und den dort vorliegenden Leistungsbeziehungen beschäftigt sich das anschließende 5. Kapitel.

e) Zwischenergebnis zur objektiven Unentgeltlichkeit

Der Begriff der „Freigebigkeit" in § 7 Abs. 1 Nr. 1 ErbStG enthält sowohl eine objektive als auch eine subjektive Komponente. In objektiver Hinsicht muss die Zuwendung unentgeltlich, also unabhängig von einer Gegenleistung, erfolgen. Die Zuwendung darf weder in einem rechtlichen Zusammenhang mit einer Gegenleistung (oder mit einem Gemeinschaftszweck) noch zur Erfüllung einer Verbindlichkeit erfolgen. Die gegenteilige Auffassung von Meincke ist abzulehnen.

Zivilrechtlich betrachtet liegen verdeckten Gewinnausschüttungen zumeist Austauschverträge zugrunde und sind in ein Geflecht aus Leistung und Gegenleistung eingebunden. Doch auch diese Gestaltungen können mittels der Figur der gemischten Schenkung oder gemischt freigebigen Zuwendung in Höhe des Wertunterschieds der sich gegenüberstehenden Leistungen schenkungsteuerpflichtig sein. So muss einer höherwertigen Zuwendung eine Zuwendung von geringerem Wert gegenüberstehen und die höherwertige Zuwendung neben Elementen der Freigebigkeit auch Elemente eines Austauschvertrags enthalten, ohne dass sie sich in zwei selbstständige Leistungen aufteilen lässt. Die Feststellung, ob zwischen den Zuwendungen ein Wertunterschied besteht, erfordert eine Gegenüberstellung, Bewertung und Saldierung. Hinsichtlich Gewinnausschüttungen wird oftmals ein wirtschaftlicher Grund – beispielsweise Mehrleistungen des Gesellschafters – für die Vermögensverschiebung zwischen Gesellschaft und Gesellschafter gegeben sein, sodass kein Wertunterschied besteht. Wegen dieses fehlenden Wertunterschieds

---

596 So zutreffend *Viskorf*, ZEV 2012, 442 (446).

597 Hierzu: *Buyer* GmbHR 1996, 98 (107); *Roser/Schrepp*, GmbHR 1997, 393 (399); *Kamps*, Stbg 2006, 107 (112 f.).

598 *Buyer* GmbHR 1996, 98 (107); *Roser/Schrepp*, GmbHR 1997, 393 (399); a. A. *Hartmann*, ErbStB 2003, 333.

scheidet auch eine schenkungsteuerpflichtige Erfassung bloß formaler verdeckter Gewinnausschüttungen aus.

Die verbleibenden Möglichkeiten einer Erfassung von Ausschüttungen durch § 7 Abs. 1 Nr. 1 ErbStG scheitern dagegen an der gesellschaftsrechtlich gerechtfertigten Erfolgsteilhabe. Dies folgt zum einen aus der zivilrechtlich Unterscheidung zwischen Schenkungen, die den unentgeltlichen Rechtsgeschäften unterfallen und Gesellschaftsverträgen, die den entgeltlichen Rechtsgeschäften zuzuordnen sind. Daher müssen sich Schenkungen und Zuwendungen auf gesellschaftsrechtlicher Grundlage gegenseitig ausschließen. Zum anderen ergibt sich dies aus steuersystematischen Erwägungen. Das Gesetz behandelt sowohl die offene als auch die verdeckte Gewinnausschüttung gleich und ordnet beide den entgeltlichen, allein dem Ertragsteuerrecht zugeordneten Leistungsfähigkeitssteigerungen zu. Eine Gewinnausschüttung an einen Gesellschafter kann nicht zugleich eine unentgeltliche Bereicherung auf Kosten der Gesellschaft darstellen, weil beide Steuerarten in einem Ausschlussverhältnis zueinander stehen. Diese Abgrenzung am Merkmal der objektiven Unentgeltlichkeit entspricht dem allgemeinen steuersystematischen Grundgedanken zur Abgrenzung der Ertragsteuern von der Erbschaft- und Schenkungsteuer. Denn insoweit ist das Gebot einer widerspruchsfreien Steuerrechtsordnung zu beachten. Die Einkommensteuer wie auch die Erbschaft- und Schenkungsteuer stellen sog. „Einkommensteuern im weiteren Sinne" dar. Im Anwendungsbereich der Ertragsteuern geht es um am Markt erzielte Vermögenszuwächse. Das ErbStG erfasst dagegen die unentgeltlichen Wertzuwächse. Die dem Ertragsteuerrecht zugeordnete eintretende Leistungsfähigkeitssteigerung kann daher nicht zugleich entgeltlich sowie unentgeltlich i.S.d. Schenkungsteuerrechts sein.

Nicht von Belang ist zudem, ob die Gesellschafter in sachlichem und zeitlichem Zusammenhang gleichwertige Vorteile erhalten. Das Merkmal der Freigebigkeit ist nicht von weiteren Beziehungen zu Dritten abhängig. Ob eine Störung des gesellschaftlichen Äquivalenzverhältnisses vorliegt, hat daher keinen Einfluss auf die Beurteilung, ob eine freigebige Zuwendung vorliegt.

II. Zusammenfassung der Ergebnisse des 4. Kapitels

Eine verdeckte Gewinnausschüttung durch Leistung der Kapitalgesellschaft unmittelbar an den Gesellschafter erfüllt im Verhältnis der Gesellschaft zum Gesellschafter nicht den objektiven Tatbestand einer freigebigen Zuwendung. Im Einzelnen ergab die Untersuchung anhand des Tatbestands des § 7 Abs. 1 Nr. 1 ErbStG folgende Ergebnisse:

1. Subjektive Steuerpflicht / Steuersubjekt i.S.d. ErbStG

Als eigene Rechtspersönlichkeiten sind Kapitalgesellschaften Erwerber oder Schenker und somit Steuersubjekte i.S.d. Erbschaft- und Schenkungsteuerrechts. Es bedarf weder einer Einschränkung ihrer Rechtsfähigkeit aufgrund einer fehlenden

Verselbständigung gegenüber den Gesellschaftern[599] noch einer Einschränkung der Steuersubjektfähigkeit wegen ihres erwerbswirtschaftlichen Unternehmensgegenstands[600]. Denn zum einen ist die Gesellschaft im bürgerlichen Recht umfassend eigenständig, woran auch das Steuerrecht gebunden ist. Zum anderen käme eine Einschränkung der Anwendung der – im deutschen Recht abzulehnenden – „ultra-vires-Lehre" gleich.

Dies bestätigt zudem die neu geschaffene Steuerklassenregelung des § 15 Abs. 4 ErbStG, wonach der Gesetzgeber Kapitalgesellschaften als mögliche Beteiligte einer steuerbaren Zuwendung ansieht.

2. *Objektive Bereicherung*

Der objektive Tatbestand einer freigebigen Zuwendung setzt voraus, dass eine Zuwendung den Gesamtvermögenswert des Bedachten bei wirtschaftlicher Betrachtung erhöht, wobei zur Bestimmung des Wertzuwachses auf die Bewertungsgrundsätze des bürgerlichen Rechts zurückzugreifen ist.

Aus dieser Anknüpfung des Schenkungsteuerrechts an die bürgerlich-rechtlichen Vorgaben folgt, dass verdeckte Gewinnausschüttungen nicht nach ertragsteuerlichen Wertungen, sondern anhand des Zivilrechts zu beurteilen sind. So beruhen die hier im Mittelpunkt stehenden verdeckten Gewinnausschüttungen regelmäßig auf unausgeglichenen schuldrechtlichen Austauschverträgen, wie überhöhten Geschäftsführervergütungen oder vergünstigten Wertabgaben. Der taugliche Zuwendungsgegenstand ist grundsätzlich schon in der Forderung zu sehen. Mit ihrer Entstehung ist die Zuwendung ausgeführt, § 9 Abs. 1 Nr. 2 ErbStG. Der Wert der Bereicherung bemisst sich sodann bei entgeltlichen Austauschverträgen nach der Differenz des gezahlten Preises zum gemeinen Wert des Zuwendungsgegenstands.[601]

Die eintretende Vermögensmehrung kann aufgrund der unterschiedlichen Bewertungsmethoden nur in Ausnahmefällen durch eine entsprechende Minderung des Geschäftsanteils kompensiert werden.[602] Jedenfalls disquotale Zuwendungen führen jedoch zu einer Bereicherung des empfangenden Gesellschafters, weil ein vollumfänglicher Ausgleich durch eine Minderung des Geschäftsanteils nicht denkbar ist. Eine Vermögensminderung der Gesellschaft wirkt sich stets nur anteilig bei den Gesellschaftern aus.

Handeln die Gesellschafter hinsichtlich einer Vorteilszuwendung zudem nicht einvernehmlich, können Ausgleichs-, Rückgewähr- und Schadensersatzansprüche gegen den begünstigten Gesellschafter entstehen, die einer objektiven Bereicherung entgegen stehen.[603]

---

599 Siehe unter C.I.1.a) auf den S. 78 ff.
600 Siehe unter C.I.1.c) auf den S. 83 ff.
601 Siehe unter C.I.2.a)bb) auf den S. 98 ff.
602 Siehe unter C.I.2.b)dd) auf den S. 106 ff.
603 Siehe unter C.I.2.c) auf den S. 112 ff.

3. *Entreicherung*

Entreicherung bedeutet, dass der Bereicherung des Bedachten eine Vermögensminderung des Schenkers gegenüberstehen muss. Verdeckte Gewinnausschüttungen führen grundsätzlich zu einer freiwilligen Vermögenshingabe und somit zu einer Vermögensminderung und Entreicherung der Gesellschaft.[604] Entstehen zugleich Herausgabe-, Rückgewähr- oder Schadensersatzansprüche im Sinne eines korrespondierenden Vermögensvorteils, ist für eine Entreicherung der Gesellschaft jedoch kein Raum.[605]

4. *Objektive Unentgeltlichkeit*

Die Zuwendung muss objektiv unentgeltlich erfolgen. Sie darf daher weder in einem rechtlichen Zusammenhang mit einer Gegenleistung (oder mit einem Gemeinschaftszweck) noch zur Erfüllung einer Verbindlichkeit erfolgen.

Da verdeckten Gewinnausschüttungen zumeist in Form von Austauschverträgen auftreten, können diese zwar über die Grundsätze einer gemischten Schenkung oder gemischt freigebigen Zuwendung in Höhe des Wertunterschieds der sich gegenüberstehenden Leistungen schenkungsteuerpflichtig sein. Oftmals wird jedoch ein wirtschaftlicher Grund – beispielsweise eine Mehrleistung des Gesellschafters – für die Vermögensverschiebung bestehen, sodass bei Bewertung der ausgetauschten Leistungen kein Wertunterschied besteht.[606] Wegen des tatsächlich fehlenden Wertunterschieds können auch bloß formale verdeckte Gewinnausschüttungen keine Schenkungsteuer auslösen.[607]

Die verbleibenden Möglichkeiten einer Besteuerung scheitern an der gesellschaftsrechtlich gerechtfertigten Erfolgsteilhabe. Denn zum einen schließen sich Schenkungen und Zuwendungen auf gesellschaftsrechtlicher Grundlage gegenseitig aus. Zum anderen ist die verdeckte Gewinnausschüttung steuersystematisch den entgeltlichen Leistungsfähigkeitssteigerungen zugeordnet und unterliegt daher nur der Ertragsbesteuerung. Eine gleichzeitige schenkungsteuerpflichtige Erfassung als unentgeltliche Zuwendung wäre widersprüchlich.[608]

Das Merkmal der Freigebigkeit ist zudem nicht von Beziehungen zu Dritten abhängig. Eine Störung des gesellschaftlichen Äquivalenzverhältnisses hat daher keinen Einfluss auf die Frage, ob eine objektiv unentgeltliche Zuwendung auf Kosten der *Gesellschaft* vorliegt.[609]

---

604 Siehe unter C.I.3.a) auf S. 121 und C.I.3.b) auf den S. 121 f.
605 Siehe unter C.I.3.c) auf den S. 122 f.
606 Siehe unter C.I.4.b) auf den S. 126 f.
607 Siehe unter C.I.4.c) auf den S. 127 f.
608 Siehe unter C.I.4.d)cc) auf den S. 130 ff.
609 Siehe unter C.I.4.d)dd)(4) auf den S. 139 ff.

5. Kapitel: Die mittelbare verdeckte Gewinnausschüttung an nahestehende Personen

A. Einleitung

Beschäftigte sich das vorherige Kapitel mit der Frage, ob unmittelbare verdeckte Gewinnausschüttungen zwischen Gesellschaft und Gesellschafter zugleich der Schenkungsteuer unterliegen können, ist im folgenden Teil der Arbeit der Frage nachzugehen, ob mittelbare verdeckte Gewinnausschüttungen bzw. Gewinnausschüttungen an nahestehende Personen schenkungsteuerpflichtig sein können. Die besondere Schwierigkeit dieser Fallgestaltung resultiert aus den verschiedenen Beziehungen der Personen zueinander. Es handelt sich stets um Drei- oder Mehr-Personen-Verhältnisse, weshalb fraglich ist, *wer* Beteiligter einer freigebigen Zuwendung sein kann.

Das Kapitel stellt zunächst kurz die ertragsteuerliche Ausgangssituation einer verdeckten Gewinnausschüttung an eine nahestehende Peron dar. Hieran schließt sich eine Darstellung und Analyse des derzeitigen Meinungstands an, um sodann zur eigentlichen Untersuchung überzuleiten.

B. Die mittelbare verdeckte Gewinnausschüttung im Ertragsteuerrecht

Eine verdeckte Gewinnausschüttung fließt üblicherweise einem Gesellschafter unmittelbar zu. Sie kann jedoch auch ohne tatsächlichen Zufluss bei diesem gegeben sein, wenn ihm der Vorteil mittelbar in der Weise zugewendet wird, dass eine ihm nahestehende Person aus der Vermögensverlagerung Nutzen zieht. Als nahestehende Personen kommen dabei Dritte in Betracht, die in familienrechtlicher, schuldrechtlicher, gesellschaftsrechtlicher oder tatsächlicher Beziehung zum Gesellschafter stehen.[610] Die Beziehung muss den Schluss zulassen, sie habe die Vorteilszuwendung der Gesellschaft an den Dritten beeinflusst.[611]

610 *BFH*, Urteil v. 30.1.2013, II R 6/12, DStR 2013, 649 (652); *BFH*, Urteil v. 22.5.2005, VIII R 24/03, DStRE 2005, 764 (765); *Fehrenbacher*, Steuerrecht, S. 187 Rz. 44, S. 186. Kritisch *Kohlhepp*, in: Schnitger/Fehrenbacher, § 8 Rz. 467.

611 *BFH*, Urteil v. 18.12.1996, I R 139/94, DStR 1997, 535.

I. Grundfall einer verdeckten Gewinnausschüttung an nahestehende Personen

Zunächst soll der in der Praxis häufigste Grundfall dargestellt werden. Dabei ist stets eine getrennte Betrachtung von Gesellschaft und Gesellschafter vorzunehmen.

Fallgestaltung 1:
A ist Gesellschafter der A-GmbH. Sein Sohn S ist als freier Mitarbeiter bei der GmbH angestellt. Für seine Tätigkeit erhält S von der GmbH eine unangemessen hohe Vergütung.

Auf Ebene der Gesellschaft ist die Zuwendung eines Vermögensvorteils an eine nahestehende Person unabhängig davon als verdeckte Gewinnausschüttung nach § 8 Abs. 3 S. 2 KStG zu beurteilen, ob ein Anspruch des Dritten gegen den Gesellschafter bestand oder der Gesellschafter in sonstiger Weise ein vermögenswertes Interesse an der Zuwendung hat. Die objektive Eignung eines Zuflusses nach § 20 Abs. 1 Nr. 1 S. 2 EStG soll genügen.[612] Es erfolgt eine Hinzurechnung zum Unterschiedsbetrag in Höhe des unangemessenen Vermögensvorteils. Die Finanzverwaltung muss keinen direkten Vorteil nachweisen. Dies lässt sich damit begründen, dass im Wirtschaftsleben der Gedanke einer Schenkung eher fernliegend ist, weshalb eine Vorteilszuwendung an einen Nicht-Gesellschafter für eine private Motivation und somit einen ideellen Vorteil des Gesellschafters spricht.[613]

Auf Ebene des Gesellschafters werden Einkünfte aus Kapitalvermögen nach § 20 Abs. 1 Nr. 1 S. 2 EStG angenommen, obwohl keine unmittelbare Auszahlung an diesen erfolgt. Daher fließen der nahestehenden Person S in Höhe der verdeckten Gewinnausschüttung keine ertragsteuerlich zu erfassenden Einkünfte zu. Unter Umständen erfolgt eine Kürzung bereits bei ihr erfasster Einkünfte (wie hier aus § 19 EStG).[614]

II. Gesellschafter als nahestehende Person

Neben dieser Konstellation besteht ferner die Möglichkeit, dass die nahestehende Person zugleich Gesellschafter ist.

Fallgestaltung 2:
A und sein Sohn S sind Gesellschafter der AS-GmbH (beide zu 50 % beteiligt). S erhält eine Dienstleistungsvergütung in Höhe von 100.000 Euro. Üblich sind 50.000 Euro.

---

612 *BFH*, Urteil v. 18.12.1996, I R 139/94, DStR 1997, 535 (536); *BFH*, Urteil v. 7.8.2002, I R 2/02, DStR 2002, 2215 (2216); *BFH*, Urteil v. 5.3.2008, I R 45/07, DStRE 2008, 1138 (1139); *BFH*, Urteil v. 19.6.2007, VIII R 54/05, DStR 2007, 1625 (1626).

613 *Neumann*, vGA und verdeckte Einlage, S. 345 f.

614 Steuerabzugsbeträge wie die Lohnsteuer sind der nahestehenden Person zurück zu erstatten, denn Schuldner der Lohnsteuer ist der Arbeitnehmer, vgl. *Kamps*, Stbg 2006, 324 (328).

Grundsätzlich wird eine verdeckte Gewinnausschüttung nicht anteilig, sondern vollumfänglich dem Empfänger zugerechnet.[615] Sind aber die Gesellschafter einander nahestehend, so ist fraglich wem die Vorteilszuwendung zuzurechnen ist. Der Beweis des ersten Anscheins könnte, wie in *Fallgestaltung 1*, zunächst für eine mittelbare Zuwendung des Gesellschafters A an die nahestehende Person S sprechen. Dies kann jedoch nicht gelten, wenn die nahestehende Person ebenfalls Gesellschafter der Kapitalgesellschaft ist. Hier ist das Gesellschaftsverhältnis der nahestehenden Person ebenso gut für die Leistung ursächlich, wie das Gesellschaftsverhältnis des weiteren (Mit-)Gesellschafters. Grundsätzlich ist daher nicht ohne Weiteres von einer mittelbaren Zuwendung an den Gesellschafter A durch unmittelbare Zuwendung an die nahestehende Person (und Mitgesellschafter) S auszugehen.[616] Vielmehr liegt, in Übereinstimmung mit der Rechtsprechung des VIII. Senats,[617] regelmäßig eine Vorteilszuwendung aufgrund der eigenen Gesellschafterstellung des S vor.[618]

III. Beziehungen zu mehreren Gesellschaftern

Diese Fallgestaltungen können um mögliche Beteiligte, die wiederum dem Empfänger nahestehen, erweitert werden.

Fallgestaltung 3:
A und seine Ehefrau E sind Gesellschafter der AE-GmbH. Der gemeinsame Sohn S ist als freier Mitarbeiter bei der GmbH angestellt. Für seine Tätigkeit erhält S von der GmbH eine unangemessen hohe Vergütung.

Fallgestaltung 4:
A, seine Ehefrau E und der gemeinsame Sohn S sind Gesellschafter der AES-GmbH (jeweils zu 1/3 beteiligt). S ist zudem als freier Mitarbeiter bei der GmbH angestellt. Für seine Tätigkeit erhält S von der GmbH eine unangemessen hohe Vergütung.

Fallgestaltung 3 und *Fallgestaltung 4* zeichnen sich dadurch aus, dass S (als Empfänger der verdeckten Gewinnausschüttung) mehreren Gesellschaftern nahesteht. In *Fallgestaltung 3* bei fehlender Gesellschafterstellung als Dritter, in *Fallgestaltung 4* als Gesellschafter.

Zu *Fallgestaltung 3* entschied der VIII. Senat, dass der Erschütterungsbeweis auch dann geführt sei, wenn die Zuwendung des Vorteils an S auch auf der persönlichen Beziehung zu einem anderen, dem Empfänger ebenfalls nahestehenden Gesellschafter beruhen könne. Dann erfolge keine quotale Aufteilung, sondern es sei – ohne

---

615 *Breier/Sejdija*, GmbHR 2011, 290 (294); *Friz/Grünwald*, FR 2012, 911 (919).

616 *BFH*, Urteil v. 22.2.2005, VIII R 24/03, DStR 2005, 764 (765); *BFH*, Urteil v. 29.9.1981, VIII R 8/77, BStBl. 1982, 248 (249 f.); *BFH*, Urteil v. 19.6. 2007, VIII R 54/05, DStR 2007, 1625 (1626).

617 *BFH*, Urteil v. 13.12.2006, VIII R 31/05, DStR 2007, 434 (437); *BFH*, Urteil v. 22.2.2005, VIII R 24/03, DStR 2005, 764 (765).

618 *Lang*, in: E&Y, § 8 Rz. 733 f.; *Lang/Klingebiel*, in: D/P/M, § 8 Abs. 3 Teil C. Rz. 521f.

Beweiserleichterung – festzustellen, wer die verdeckte Gewinnausschüttung veranlasst habe. Die mittelbare Zuwendung sei diesem Gesellschafter als Einkünfte aus Kapitalvermögen zuzurechnen.[619] In *Fallgestaltung 4* müsste – sofern der Ansicht des VIII. Senats zu *Fallgestaltung 2* gefolgt wird – dagegen von einer Vorteilszuwendung aufgrund der eigenen Gesellschafterstellung des S auszugehen sein.[620]

IV. Zwischenergebnis

Es bleibt somit festzuhalten, dass ertragsteuerlich auch mittelbare verdeckte Gewinnausschüttungen durch tatsächliche Zuwendungen an nahestehende Dritte vorliegen können. Bei gleichzeitiger Gesellschafterstellung des Dritten erfolgt grundsätzlich eine Erfassung bei demjenigen, dem der Vorteil zugeflossen ist.[621] Diese Situation wurde bereits für einander fremde Mitgesellschafter und die gleich zu behandelnde Einmann-GmbH untersucht und der Tatbestand einer freigebigen Zuwendung abgelehnt. Im Folgenden soll nun insbesondere anhand der Grundfälle einer verdeckten Gewinnausschüttung an nahestehende Personen (*Fallgestaltung 1* und *Fallgestaltung 2*) analysiert werden, ob der Tatbestand einer freigebigen Zuwendung in diesen Fällen einschlägig ist.

C. Die mittelbare verdeckte Gewinnausschüttung im Schenkungsteuerrecht

Die Schenkungsteuerbarkeit ist wiederum anhand der Tatbestandsmerkmale des § 7 Abs. 1 Nr. 1 ErbStG festzustellen. Zu beachten ist jedoch, dass Drei- oder Mehr-Personen-Konstellation vorliegen, sodass die Frage nach den Beteiligten des Zuwendungsvorgangs von grundlegender Bedeutung ist. Der Aufbau orientiert sich daher nicht an den einzelnen tatbestandlichen Voraussetzungen, sondern vielmehr an den Beziehungen der verschiedenen Personen zueinander.

Der folgende Teil des Kapitels widmet sich zunächst einer geordneten Darstellung des bisherigen Streitstands und stellt die zentralen Unterschiede der einzelnen Meinungen heraus. Hieran schließt sich die eigentliche Untersuchung an, die sich in einen zivilrechtlichen, einen ertragsteuerlichen und schließlich einen schenkungsteuerlichen Teil aufgliedert.

---

619 *BFH*, Urteil v. 19.6.2007, VIII R 54/05, DStR 2007, 1625 (1626); *BGH*, Urteil v. 22.2.2005, VIII R 24/03, DStR 2005, 764 (765). Weitergehend und bei fehlenden Anhaltspunkten für eine quotale Aufteilung: *Lang/Klingebiel*, in: D/P/M, § 8 Abs. 3 Teil C. Rz. 521d.; *Lang*, in: E&Y, § 8 Rz. 735 ff.

620 So wohl auch *Lang*, in: E&Y, § 8 Rz. 733 f.

621 Vgl. *BFH*, Urteil v. 28.6.2006, I R 97/05, DStR 2006, 1938 (1941); *Loose*, DB 2013, 1080 (1083); *Binnewies*, GmbHR 2013. 449 (451).

I. Feststellung der Beteiligten des Zuwendungsvorgangs

Stellt sich der Sachverhalt wie in obigen *Fallgestaltungen 1 und 2* dar, kommen verschiedene Beziehungen zwischen den Personen für die Annahme einer freigebigen Zuwendung in Frage. Zunächst könnte ein schenkungsteuerbarer Vorgang zwischen der Gesellschaft und dem Gesellschafter-Geschäftsführer A gegeben sein. Zudem bestehen möglicherweise dem ErbStG unterliegende Vermögenstransfers zwischen der Gesellschaft und dem Dritten bzw. Gesellschafter S. Zuletzt ist eine mögliche Zuwendungsbeziehung auf Gesellschafterebene zwischen A und S zu untersuchen, indem A möglicherweise das Substrat der verdeckten Gewinnausschüttung weiterleitet.

1. Analyse und Einordnung der Rechtsprechung des BFH

Der II. Senat des BFH hatte sich zunächst mit *Fallgestaltung 1* zu befassen. In seinem Urteil vom 7. 11. 2007[622] stellte er zutreffend fest, dass eine verdeckte Gewinnausschüttung an eine nahestehende Person vorliegt, die Gesellschafter A als Einkünfte aus § 20 Abs. Nr. 1 S. 2 EStG zugerechnet werden. Diese Figur des Ertragsteuerrechts beruhe jedoch auf einer wirtschaftlichen Betrachtungsweise in Form einer Fiktion und könne auf die Schenkungsteuer nicht übertragen werden. Die Erbschaft- und Schenkungsteuer sei eine Verkehrsteuer und knüpfe somit allein an bürgerlich-rechtliche Vorgänge an. Für die freigebige Zuwendung i.S.d. § 7 Abs. 1 Nr. 1 ErbStG komme es daher ausschließlich auf die Zivilrechtslage und nicht darauf an, wem nach wirtschaftlicher Betrachtungsweise Vermögen oder Einkommen zuzurechnen ist. Eine freigebige Zuwendung sei im Verhältnis des Gesellschafters zur nahestehenden Person abzulehnen, weil es dort an der erforderlichen zivilrechtlichen Übertragung von Vermögen fehle. Nur das Gesellschaftsvermögen der rechtlich eigenständigen GmbH sei betroffen. In den (nicht entscheidungserheblichen) Urteilsanmerkungen deutete der II. Senat jedoch an, dass unter Umständen eine gemischt freigebige Zuwendung der Gesellschaft unmittelbar an die nahestehende Person vorliegen könnte.

a) Keine Zuwendung im Verhältnis der Gesellschaft zu ihren Gesellschaftern

Inzident schließt der BFH eine schenkungsteuerliche Zuwendung an den ertragsteuerlich begünstigten Gesellschafter somit aus. Bestätigt wurde diese Sichtweise schließlich mit der bereits dargestellten Entscheidung vom 30. 1. 2013[623]. Im Verhältnis der Kapitalgesellschaft zu ihren Gesellschaftern könne es keine freigebigen

622 *BFH*, Urteil v. 7.11.2007, II R 28/06, DStR 2008, 346 ff. Vgl. auch die Darstellung im 3. Kapitel unter B. auf den S. 56 ff.

623 *BFH*, Urteil v. 30.1.2013, II R 6/12, DStR 2013, 649 ff.

Zuwendungen i.S.d. § 7 Abs. 1 Nr. 1 ErbStG geben. Die vorliegende Untersuchung hat die Überzeugungskraft dieses Ergebnisses belegt.[624]

b) Keine mittelbare Zuwendung auf Gesellschafterebene

Auf Gesellschafterebene, also im Verhältnis des Gesellschafters zur dritten Person, fehlt es nach Ansicht des BFH dagegen an einer zivilrechtlichen Vermögensverschiebung. Erforderlich sei hierfür eine Vermögensminderung auf Seiten des Schenkers und eine Vermögensmehrung auf Seiten des Bedachten. Die Vermögensverschiebung zwischen dem Schenker und dem Bedachten müsse sich auf die Vermögenssubstanz beziehen.[625] Dies sei grundsätzlich auch auf einem sog. „abgekürzten Zahlungsweg" möglich, wenn die Zuwendung unter Einbeziehung eines Dritten erfolge, indem ein Schuldner des Zuwendenden auf dessen Aufforderung hin eine diesem zustehende Forderung durch unmittelbare Leistung an den Bedachten erfülle, § 362 Abs. 2 BGB i.V.m. § 185 BGB. Dann komme je nach Ausgestaltung des Innenverhältnisses eine freigebige Zuwendung im Verhältnis dieser beiden in Betracht.[626]

Einen derart abgekürzten Zahlungsweg lehnt der BFH jedoch im konkreten Fall ab, weil keine typische Vermögensverschiebung zwischen Gesellschafter und Drittem festgestellt werden könne. Das bedeutet, dass der II. Senat einen Leistungsanspruch des Gesellschafters gegen die GmbH voraussetzt, den die Kapitalgesellschaft auf Anweisung des Gesellschafters dadurch erfüllt, dass sie nicht an ihren Anteilseigner, sondern an die dritte (nahestehende) Person zahlt. Die GmbH erbringt in diesen Fällen sodann eine Leistung für Rechnung ihres Gesellschafters. Der entscheidende Gesichtspunkt der Entscheidung war daher, dass rechtlich das Gesellschaftsvermögen nur der Kapitalgesellschaft zusteht und bei fehlendem Leistungsanspruch des Gesellschafters nur in diesem ein Zu- und Abgang feststellbar sei.[627]

Nach Ansicht des Gerichts führe auch die Wertminderung des Geschäftsanteils des beteiligten Gesellschafters zu keiner anderen Beurteilung, weil diese eine bloße Folge der Verringerung des Gesellschaftsvermögens darstelle und somit schenkungsteuerlich unbeachtlich sei.

aa) Keine mittelbare Zuwendung bei Einlage

Der II. Senat verweist zur weiteren Begründung auf seine Einordnung von Einlagen eines Gesellschafters in das Gesellschaftsvermögen einer GmbH. In den zitierten Entscheidungen lehnt der BFH den objektiven Tatbestand einer freigebigen Zuwendung im Verhältnis der Gesellschafter untereinander ab.[628] In seinem Urteil vom

---

624 Siehe im 4. Kapitel unter C.I.4.e) auf den S. 131 f.

625 *BFH*, Urteil v. 30.1.2013, II R 38/11, DStR 2013, 970 (971).

626 *BFH*, Urteil v. 7.11.2007, II R 28/06, DStR 2008, 346 ff.

627 Vgl. *Viskorf* in der Aussprache in: *Hübner*, JbFSt 2008/09, 668 ff., 679 (680).

628 *BFH*, Urteil 25.10.1995, II R 67/93, DStR 1996, 379 ff.; *BFH*, Urteil v. 19.6.1996, II R 83/92, DStR 1996, 1563 ff.; *BFH*, Urteil v. 19.8.1999, II R 77/96, GmbHR 1999, 1258 (1261).

25. 10. 1995[629] führt der II. Senat aus, dass die unentgeltliche Zuwendung an eine GmbH nicht bei den Gesellschaftern zu erfassen sei, auch wenn sie sich in einer Erhöhung des Werts ihrer Geschäftsanteile auswirke. Empfänger einer der GmbH gemachten Zuwendung sei, anders als bei der Gesamthandsgemeinschaft[630], die GmbH selbst. Das Gesellschaftsvermögen stelle Vermögen der GmbH dar, weshalb nur diese als Inhaberin des Vermögens Bedachte der Zuwendung und somit auf Kosten des Zuwendenden bereichert sei.

Die Wertveränderungen der Geschäftsanteile blieben außer Betracht, weil die Gesellschafter insoweit nicht auf Kosten des Zuwendenden bereichert seien. Die Werterhöhung stelle vielmehr die Folge der Gesellschafterstellung dar und beruhe auf ihr. Rechtsgrund der „Bereicherung" der Gesellschafter sei die im Geschäftsanteil verkörperte Mitgliedschaft der Gesellschafter, welche die Teilhabe am Gesellschaftsvermögen vermittele.

Diese Rechtsprechung bestätigte der BFH mit der Entscheidung vom 9. 12. 2009[631]. Im zugrunde liegende Sachverhalt ging es vereinfacht um eine Kapitalerhöhung einer GmbH, an der u.a. die Eheleute A und B beteiligt waren. A erbrachte seine Stammeinlage mittels Einbringung eines GmbH-Anteils, der jedoch die Höhe der von ihm zu leistenden Einlage überstieg. Fraglich war, ob die hierdurch eintretende Werterhöhung des Geschäftsanteils seiner Ehefrau B eine freigebige Zuwendung auf Kosten des A darstellte.

Dies lehnt der II. Senat folgerichtig ab. Zwar erhöhe sich der Wert einer GmbH-Beteiligung eines Gesellschafters dadurch, dass ein anderer Gesellschafter Vermögen in die GmbH einbringt, ohne eine wertäquivalente Gegenleistung zu erhalten. Es liege danach jedoch keine freigebige Zuwendung des einbringenden Gesellschafters an den anderen Gesellschafter vor. Zur Begründung stellt das Gericht – unter Bezugnahme auf seine Rechtsprechung zur mittelbaren verdeckten Gewinnausschüttung vom 7. 11. 2007 – entscheidend darauf ab, dass es wegen der rechtlichen Eigenständigkeit des Gesellschaftsvermögens an einer zivilrechtlichen Vermögensverschiebung zwischen den Gesellschaftern fehle und nur die Kapitalgesellschaft Empfängerin der Leistung sei. Die Werterhöhung des Geschäftsanteils eines Mitgesellschafters stellt nach Auffassung des BFH somit einen bloßen Reflex der Zuwendung an die Gesellschaft dar. Ein Durchgriff durch die Kapitalgesellschaft auf die Gesellschafter soll aufgrund des Trennungsprinzips nicht möglich sein.

bb) Zuwendungen im Rahmen von Gründungsvorgängen und Kapitalerhöhungen

Die Differenzierung des BFH wird deutlicher, wenn ähnlich gelagerte Fälle betrachtet werden, in denen der II. Senat – im Unterschied zu den dargestellten Einlagen – eine freigebige Zuwendung annahm. Gründet etwa ein Einzelunternehmer mit

629 *BFH*, Urteil 25.10.1995, II R 67/93. BStBl. II 1996, 160 (161).

630 *BFH*, Urteil v. 14.9.1994, II R 95/92, DStR 1995, 94 (95).

631 *BFH*, Urteil v. 9.12.2009, II R 28/08, DStR 2010, 925 ff.

einem Angehörigen eine GmbH und bringt er dabei sein Unternehmen zu Buchwerten in die GmbH ein, könne darin eine freigebige Zuwendung des GmbH-Geschäftsanteils an den Angehörigen liegen.[632] Ebenso liege eine Bereicherung auf Kosten der Altgesellschafter vor, wenn im Zuge einer Kapitalerhöhung einer GmbH Dritte zur Übernahme neuer Geschäftsanteile, deren gemeiner Wert die jeweils zu leistenden Einlagen übersteigt, zugelassen werden, ohne weitere Verpflichtungen eingehen zu müssen.[633]

Der Unterschied dieser Fälle zu Einlagen in das Gesellschaftsvermögen liegt darin, dass sich bei letzteren der Vermögensbestand der Gesellschafter nicht verändert. Sie erhalten keinen neuen Vermögensgegenstand.[634] Vielmehr handelt es sich um bloße Wertsteigerungen im bereits vorhandenen Vermögen (bzw. im bereits zustehenden Geschäftsanteil). Dagegen erhalten die Gesellschafter im Rahmen der Gründungsvorgänge oder Kapitalerhöhungen neue Anteile. Es erfolgt keine nur mittelbare Erhöhung des Vermögensbestands.[635] Ausschlaggebend ist also die Änderung zweier Vermögensbestände durch Übertragung eines Vermögensgegenstands. Die Bereicherung muss nach Ansicht des BFH zu einer *„substantiellen" Erhöhung des Vermögens* der Gesellschafter führen. Bloße Wertveränderungen im bereits vorhandenen Vermögen genügen nicht.

cc) Übertragung der Grundsätze auf verdeckte Gewinnausschüttung

Überträgt man diese Rechtsprechungsgrundsätze auf die umgekehrte Situation einer verdeckten Gewinnausschüttung an nahestehende Personen, so reduziert die eintretende Wertminderung den Wert der Beteiligung der übrigen Gesellschafter nur mittelbar und führt zu einer bloßen Wertveränderung, jedoch gerade nicht zu einem Verlust der Geschäftsanteile. Die nahestehende Person ist nicht auf Kosten eines Gesellschafters bereichert. Der Gesellschafter müsste etwas Gegenständliches aus seinem Vermögensbestand hergeben. Im Ergebnis erfolgt nur im Vermögen der nahestehenden Person eine Erhöhung des Vermögensbestands. Im Vermögen des Gesellschafters tritt lediglich eine reflexartige Wertminderung des Geschäftsanteils ein.[636]

c) Zuwendung an nahestehende Dritten oder Gesellschafter

Innerhalb der anfangs aufgezeigten *Fallgestaltung 1* deutete der BFH im obiter dictum seiner Entscheidung vom 7. 11. 2007 zwar an, dass möglicherweise im direkten Verhältnis der Kapitalgesellschaft zum unbeteiligten Dritten eine freigebige Zuwendung vorliege. Gleichwohl ist anzunehmen, dass die Rechtsfindung innerhalb des

---

632 *BFH*, Urteil vom 12.7.2005, II R 8/04, DStR 2005, 1770 f.

633 *BFH*, Urteil v. 20.12.2000, II R 42/99, ZEV 2001, 325; *BFH*, Urteil v. 30.5.2001, II R 6/98, DStRE 2002, 694 (695).

634 *Gebel*, in: T/G/J, § 7 Rz. 187 und 119; *Kamps*, Stbg 2006, 107 (115).

635 *BFH*, Urteil v. 16.12.2005, II R 8/04, DStR 2005, 1770 f.

636 Vgl. *Kamps*, Stbg 2006, 107 (115 f.).

II. Senats noch nicht abgeschlossen war und keinesfalls davon auszugehen ist, dass nunmehr jegliche verdeckten Gewinnausschüttungen an nahestehende Dritte der Schenkungsteuer unterliegen. Dies legen auch die Ausführungen des Vorsitzenden des II. Senats Viskorf nahe, der eine solche Verallgemeinerung des obiter dictums ablehnt.[637] Vielmehr müsse stets auf den Einzelfall abgestellt werden, um festzustellen, ob eine Leistung tatsächlich vollständig oder teilweise unentgeltlich und freigebig erbracht wurde. Jedenfalls könne keine freigebige Zuwendung angenommen werden, wenn der überhöhte Teil der Leistung schon der Einkommensteuer unterliege.[638]

Ist der nahestehende Dritte jedoch wie in *Fallgestaltung 2* zugleich Gesellschafter und überträgt man die Argumentation des II. Senats auf diese Situation, kommt nur eine freigebige Zuwendung zwischen GmbH und dem unmittelbar bevorteilten (nahestehenden) Gesellschafter in Betracht, weil die mittelbare verdeckte Gewinnausschüttung gerade auf einer für das Schenkungsteuerrecht unbeachtlichen Fiktion beruhen soll. Dieser Annahme trat der II. Senat jedoch mit der Entscheidung vom 30. 1. 2013[639] entgegen. Im Verhältnis einer Kapitalgesellschaft zu ihren Gesellschaftern gebe es neben betrieblich veranlassten Rechtsbeziehungen nur offene und verdeckte Gewinnausschüttungen (sowie Kapitalrückzahlungen), jedoch keine schenkungsteuerlich relevanten Zuwendungen.

Darüber hinaus wies die Entscheidung bzw. der Sachverhalt Parallelen zu den hier zu untersuchenden Mehr-Personen-Verhältnissen auf. Dem Fall lag ebenfalls eine mittelbare Beteiligungsstruktur zugrunde, die der BFH zunächst ertragsteuerlich analysierte.[640] Gesellschafterin einer AG war eine weitere Kapitalgesellschaft (GmbH), sodass beide Gesellschaften einander nahestehende Personen waren. Erbringt die AG nun Leistungen unmittelbar an einen Gesellschafter ihres eigenen Gesellschafters (sog. mittelbarer Gesellschafter), kann hierdurch der „normale Weg" einer Gewinnausschüttung abgekürzt sein. Ertragsteuerlich ist der Sachverhalt dahin gehend zu würdigen, dass eine verdeckte Gewinnausschüttung der Beteiligungsgesellschaft (AG) an die Muttergesellschaft (GmbH) und der Muttergesellschaft (GmbH) an ihren Gesellschafter (Anteilseigner der GmbH) vorliegt. Der BFH stellte daraufhin fest, dass eine solche Gewährung eines unangemessenen Vorteils durch eine Kapitalgesellschaft an einen ihrer Gesellschafter oder an einen Gesellschafter einer an ihr beteiligten Kapitalgesellschaft keine freigebige Zuwendung darstellen könne.

Es stellt sich nunmehr die Frage nach dem Unterschied zur mittelbaren verdeckten Gewinnausschüttung in *Fallgestaltungen 1*, in der eine freigebige Zuwendung der Gesellschaft nach Ansicht des II. Senats möglich erscheint. Beide Gestaltungen sind Ausformungen eines abgekürzten Zahlungswegs im Dreiecksverhältnis.

637 *Viskorf*, ZEV 2012, 442 (444).
638 So jetzt auch *BFH*, Urteil v. 27.8.2014, II R 44/13, DStR 2014, 2239 (2239 f.).
639 *BFH*, Urteil v. 30.1.2013, II R 6/12, DStR 2013, 649 (651).
640 Vgl. hierzu die Urteilsdarstellung im 3. Kapitel unter B.III auf den S. 59 ff.

Auf die ertragsteuerliche Sichtweise soll es jedoch nach Ansicht des BFH gerade nicht angenommen. Eine substantielle Vermögensverschiebung findet sich nur im direkten Verhältnis zwischen AG und mittelbarem Anteilseigner. Die (mittelbare) Gesellschafterstellung musste also ausschlaggebend dafür sein, dass die Zuwendung nur als Einkünfte aus Kapitalvermögen zu werten war und nicht gleichzeitig eine freigebige Zuwendung darstellen konnte. Bei unbeteiligten Dritten kann ein solcher Vermögensvorteil jedoch nicht als Gewinnausschüttung erfasst werden. Unklar bleibt daher, ob der II. Senat schenkungsteuerliche Konsequenzen nur im Falle einer mittelbaren Beteiligung ablehnt oder die gesellschaftliche Veranlassung einer freigebigen Zuwendung auch bei Vorteilgewährungen an Dritte entgegensteht.[641] Jedenfalls wenn eine ertragsteuerliche Erfassung bei der nahestehenden Person erfolgt, scheidet wohl eine freigebige Zuwendung aus.[642]

2. *Ansicht der Finanzverwaltung*

Wie bereits gezeigt, hat die Finanzverwaltung die Grundsätze der Rechtsprechung aufgegriffen.[643] Schenkungsteuerbare Zuwendungen auf Gesellschafterebene sollen daher in beiden Fallgestaltungen ausscheiden. Freigebige Zuwendung sollen jedoch stets im Verhältnis zwischen Gesellschaft und nahestehender Person (Dritter oder Gesellschafter) möglich sein. Die Ansicht der Verwaltung scheint von dem Gedanken getragen, dass der BFH grundsätzlich in Fallkonstellationen eines abgekürzten Zahlungswegs die Besteuerung im Verhältnis der Kapitalgesellschaft zum Empfänger als möglich erachtet.

3. *Bisherige Lösungsansätze der Literatur*

In der Literatur wird überwiegend die Ansicht vertreten, dass verdeckte Gewinnausschüttungen an nahestehende Personen des Gesellschafters nur den Tatbestand einer freigebigen Zuwendung i.S.d. § 7 Abs. 1 Nr. 1 ErbStG im Verhältnis des Gesellschafters zur nahestehenden Person erfüllen könnten. Eine schenkungsteuerliche Zuwendung der Gesellschaft sei hingegen ausgeschlossen. Wiederum andere lehnen freigebige Zuwendungen in den vorliegenden Fällen (sowohl auf Gesellschaftsebene

641 Vgl. *Geck*, in: Kapp/Ebeling, § 7 Rz. 214; *Viskorf/Haag*, DStR 2013, 653; *TK*, DStZ 2013, 412 (413); *Götz*, ZEV 2015, 624 (626 f.); wohl auch *Keß*, ZEV 2015, 254 (256 f.), die davon ausgehen, dass nach dem Urteil grundsätzlich die Schenkungsteuerpflicht einer vGA an eine nahestehende Person ausscheidet. A. A. *Binnewies*, GmbHR 2013, 449 (452), der dazu tendiert, dass der BFH das Ergebnis auf mittelbare Beteiligungen beschränke. Es sei jedoch nur ein kleiner Schritt, die Argumentation auf nicht mittelbare Beteiligungen zu übertragen. Vgl. auch *van Lishaut*, ZEV 2016, 19.

642 *BFH*, Urteil v. 27.8.2014, II R 44/13, DStR 2014, 2239 (2239 f.).

643 Vgl. hierzu im 3. Kapitel unter C.II. auf den S. 63 ff. und im 4. Kapitel unter C.I.4.d)dd)(1) auf S. 137 und C.I.4.d)dd)(4) auf den S. 139 ff.

als auch auf Gesellschafterebene) grundsätzlich ab oder sehen eine schenkungsteuerliche Zuwendung regelmäßig durch die Kapitalgesellschaft als gegeben an. Im Folgenden werden die grundsätzlichen Gedanken und bisherigen Ansätze dieses weiten Meinungsspektrums einmal geordnet dargestellt.

a) Keine freigebige Zuwendung der Gesellschaft

Der weit überwiegende Teil der Literatur lehnt den objektiven Tatbestand einer freigebigen Zuwendung zwischen Kapitalgesellschaft und nahestehender Person ab. Allerdings ist darauf hinzuweisen, dass sich die Aussagen der jeweiligen Autoren auf *Fallgestaltung 1* beschränken, die nahestehende Person also stets Nichtgesellschafter ist.

Nach Kamps[644] erfüllt eine verdeckte Gewinnausschüttung durch Leistung der Gesellschaft an eine dem Gesellschafter nahestehende Person weder im Verhältnis der Kapitalgesellschaft zur nahestehenden Person, noch im Verhältnis der Kapitalgesellschaft zum beteiligten Gesellschafter den objektiven Tatbestand einer freigebigen Zuwendung. Die Unentgeltlichkeit scheitere stets an der Erfolgsteilhabe des Gesellschafters. Als Schenker kommt nach Kamps nur derjenige in Betracht, auf dessen Kosten der Begünstigte bereichert sei. Dies könne ausschließlich nach bürgerlichem Recht entschieden werden, weshalb entscheidend sei, ob die Vorteilszuwendung aus dem Vermögen der Gesellschaft oder des Gesellschafters stamme. Bei (teil-)unentgeltlichen Leistungen einer Kapitalgesellschaft an eine dritte Person sei grundsätzlich nur die Gesellschaft Schenkerin i.S.d. § 7 Abs. 1 Nr. 1 ErbStG. Hiervon ausgehend korrespondiere zwar die Bereicherung der nahestehenden Person mit der Entreicherung auf Seite der Kapitalgesellschaft. Der objektive Tatbestand der freigebigen Zuwendung scheitere jedoch auch hier an der Unentgeltlichkeit der Leistung. Verdeckte Gewinnausschüttungen erfolgten stets im Rahmen der Erfolgsteilhabe des Gesellschafters. Die nahestehende Person sei zwar gerade kein Gesellschafter, jedoch seien die vorliegenden Fallgestaltungen durch die Tatsache gekennzeichnet, dass die Leistung an den Dritten durch das Gesellschaftsverhältnis veranlasst sei. Ohne die Stellung des Gesellschafters wäre die Leistung durch die Gesellschaft unterblieben. Die Zuwendung sei damit dem Leistungsgeflecht zwischen Gesellschafter und Gesellschaft zuzuordnen, das einer Anwendung des Schenkungsteuerrechts entgegenstehe.

Auch nach Binnewies[645] steht die gesellschaftsrechtliche Veranlassung einer freigebigen Zuwendung der Gesellschaft an eine nahestehende Person entgegen. Die Veranlassung sei allein im Verhältnis zwischen der GmbH und dem Gesellschafter zu finden. Anlass und Motiv für die Zuwendung könne aus Sicht der Gesellschaft nur der Einfluss des Gesellschafters sein. Ein eigenes Motiv komme in den vorliegenden Konstellationen regelmäßig nicht in Betracht.

---

644 *Kamps*, Stbg 2006, 107, 324 (330); *ders.* AG 2004, 449 (450).
645 *Binnewies*, GmbHR 2013, 449 (451).

Crezelius[646] führt gegen den BFH an, dass nicht eine wirtschaftliche Betrachtungsweise, sondern die Struktur der zivilrechtlichen Leistungsbeziehungen ertragsteuerrechtlich zu einer dem Gesellschafter zuzurechnenden verdeckten Gewinnausschüttung führe. Es sei dann aber nicht einzusehen, weshalb die entgeltliche Ausschüttung zugunsten der Person des Gesellschafters zugleich eine freigebige Zuwendung der Kapitalgesellschaft gegenüber dem Nichtgesellschafter darstellen könne.[647] Vielmehr ließe sich verallgemeinernd feststellen, dass „privat" veranlasste Vorgänge durch die verdeckte Gewinnausschüttung aufgegriffen würden und daher eine freigebige Zuwendung nach § 7 Abs. 1 Nr. 1 ErbStG nicht einschlägig sein könne.

Auch Hübner und Fischer heben die Leistungsbeziehungen hervor.[648] Es gebe gerade unter zivilrechtlichen Gesichtspunkten keinerlei Anlass, im Verhältnis der Kapitalgesellschaft zur nahestehenden Person eine freigebige Zuwendung annehmen zu müssen. Schenkungsrechtlich könne die GmbH mit der Auszahlung des überhöhten Teils der Leistung aus ihrer Sicht entweder den Gesellschafter oder die nahestehende Person materiell bereichern. Es handele sich bereicherungsrechtlich um den Fall eines Dreipersonenverhältnisses. Eine Rückabwicklung erfolge nur in den zivilrechtlichen Leistungsbeziehungen zwischen der Kapitalgesellschaft und dem Gesellschafter und zwischen Gesellschafter und nahestehender Person. Im Verhältnis der GmbH zur nahestehenden Person werde nicht geleistet. Nach Fischer führt die Einordnung des Vorgangs als freigebige Zuwendung der GmbH dazu, dass die Würdigung als verdeckte Gewinnausschüttung auf Ebene des Gesellschafters jedenfalls unzutreffend sein müsse. Zudem sei es dogmatisch fragwürdig, ob sodann auch auf Ebene der Kapitalgesellschaft eine verdeckte Gewinnausschüttung nach § 8 Abs. 3 S. 2 KStG angenommen werden könnte. Darüber hinaus zeigten die §§ 30, 31 GmbHG, dass die Veranlassung einer Auszahlung an eine nahestehende Person unter den Voraussetzungen des § 30 GmbHG eine Rückforderung vom Gesellschafter ermögliche. Somit gehe das Zivilrecht von einer Leistung an den Gesellschafter aus, die im abgekürzten Leistungsweg an die nahestehende Person erfolge. Diese Wertung sei jedoch nicht auf die Fälle einer Unterbilanz beschränkt, sondern müsse darüber hinaus gelten. Im Ergebnis könne bei wertender Betrachtung nicht unberücksichtigt bleiben, dass die Kapitalgesellschaft einerseits wisse (Wissenszurechnung nach § 166 BGB), dass sie gegenüber der nahestehenden Person nicht zur Leistung verpflichtet sei und dass andererseits eine unmittelbare Veranlassung

646 *Crezelius*, ZEV 2008, 268 (272). Ähnlich: *Fuhrmann/Potsch*, NZG 2012, 681 (688); *Viskorf/Haag/Kerstan*, NWB 2012, 927(939).

647 Ebenso oder ähnlich: *Birnbaum*, ZEV 2009, 125 (128); *Benz/Böing*, DStR 2010, 1157 (1161); *Christ*, ZEV 2011, 10 (14); *Fuhrmann/Demuth*, Kösdi 2009, 16613 (16623); *Haarmann*, JbFSt 2008/2009, 338 (339).

648 *Hübner*, JbFSt 2008/2009, 668 (675 ff.); *ders.* DStR 2008, 1357 (1359). *Fischer*, in: F/J/P/W, § 7 Rz. 133 f.; Ebenso oder ähnlich: *Gosch*, in: Gosch, KStG, § 8 Rz. 230; *Fuhrmann/Demuth*, Kösdi 2009, 16613 (16622); *Friz/Grünwald*, FR 2012, 911 (918). Vgl. auch *Riedel*, GmbH-StB 2013, 246 (248), jedoch auf den „Willen zur Unentgeltlichkeit" bezogen.

durch den Gesellschafter(-Geschäftsführer) vorliege. Die Situation stelle sich wie eine offene Ausschüttung dar. Insofern liege nur eine Leistung an den Gesellschafter vor, die jedoch in einem rechtlichen Zusammenhang mit dem Gesellschaftszweck stehe und daher nicht § 7 Abs. 1 Nr. 1 ErbStG unterfalle.

b) Freigebige Zuwendung der Kapitalgesellschaft an nahestehende Person

Grundlegend anderer Ansicht ist Hartmann[649]. Seiner Meinung nach sollen unangemessene Vorteilsgewährungen zwischen einer Kapitalgesellschaft und ihrem Anteilseigner grundsätzlich nach zivilrechtlichen Kriterien zu beurteilen sein. Regelmäßig sei bei unentgeltlichen Leistungen daher die Gesellschaft Zuwendende bzw. Schenker, unabhängig davon, ob der Vorteilsempfänger einem Gesellschafter nahesteht. Die Vermögensverschiebung ereigne sich auf Basis ihrer schuldrechtlichen Leistungsbeziehungen unmittelbar und ausschließlich zwischen der GmbH und der empfangenden Person. Daher komme regelmäßig eine freigebige Zuwendung in Betracht. Es sei zudem nicht nachvollziehbar, bei einer teilentgeltlichen Leistung den entgeltlichen und den unentgeltlichen Teil der Leistung verschiedenen Personen als jeweils Zuwendende zuzurechnen.

Dennoch sei auch die zivilrechtliche Gestaltungsfreiheit zu beachten, sodass in Ausnahmefällen eine Schenkung durch den Gesellschafter in Betracht komme. Dazu müsse die Gesellschaft zur Erfüllung eines Schenkungsversprechens des Gesellschafters unter Abkürzung des Leistungswegs gehandelt habe. Nach Hartmann müssen greifbare Anhaltspunkte vorliegen, die ein tatsächliches Schenkungsversprechen des Gesellschafters erkennen lassen. In der Buchführung der Kapitalgesellschaft müsse ein Aufwendungsersatzanspruch gegen den Gesellschafter dokumentiert sein, um eine Minderung des Gesellschaftsvermögens auszuschließen.

Auch Viskorf[650] scheint im Grundsatz von der Möglichkeit einer freigebigen Zuwendung im Verhältnis der Kapitalgesellschaft zur nahestehenden Person auszugehen. Das gelte jedenfalls soweit eine Leistung oder ein Leistungsteil keinen Entgeltcharakter habe. Genauere Darlegungen, insbesondere ob der Tatbestand des § 7 Abs. 1 Nr. 1 ErbStG auch bei gesellschaftlicher Veranlassung erfüllt sein kann, sind den Ausführungen Viskorfs indessen nicht zu entnehmen.

c) Mittelbare freigebige Zuwendung des Gesellschafters an nahestehende Person

Soweit ein Großteil der Literatur eine freigebige Zuwendung der Kapitalgesellschaft ablehnt, wird dagegen eine freigebige Zuwendung zwischen Gesellschafter und nahestehender Person überwiegend für möglich gehalten.[651]

---

649 *Hartmann*, ErbStB 2003, 331 (333); *ders.* UVR 2005, 232 (234 f.); *ders.* ErbStB 2012, 32 (33); *ders.* GmbH-StB 2008, 203 (205); *ders.* ErbStb 2013, 41 (43).

650 *Viskorf*, ZEV 2012, 442 (444).

651 *Schuck*, in: V/K/S/W, ErbStG, § 7 Rz. 191; *Gebel*, in: T/G/J, § 7 Rz. 193; *Götz*, INF 2005, 742 (744); *Roser/Schrepp*, GmbHR 1997, 393 (399 f.); *Buyer*, GmbHR 1997, 98 (107 f.); *Zimmermann*, DB 2005, 1650 (1651 f.); *Hübner*, DStR 2008, 1357 (1360 ff.);

Die Situation der zivilrechtlichen Leistungsbeziehungen entspreche der eines Dreiecksverhältnisses. Der Leistungsweg werde durch die unmittelbare Zuwendung der GmbH an die nahe stehende Person abgekürzt.[652] Hinsichtlich der Schenkungsteuer könne es keinen Unterschied machen, ob die Gewinnausschüttung zunächst dem Gesellschafter ausgezahlt wird und dieser den Vorteil der nahe stehenden Person unentgeltlich zuwendet oder ob der Gesellschafter die Kapitalgesellschaft anweist, die Gewinnausschüttung direkt an die nahestehende Person auszuzahlen.[653] Der Leistungsfähigkeitszuwachs der nahestehenden Person sei identisch.[654]

aa) Kenntnis und Veranlassung

Teilweise wird dahin gehend eingeschränkt, dass dies nur bei sog. „gewollten" verdeckten Gewinnausschüttungen gelte. Den Beteiligten sei bekannt oder hätte bekannt sein müssen, dass die Leistung der Gesellschaft an den nahen Angehörigen unangemessen ist. „Ungewollt" sei eine verdeckte Gewinnausschüttung dann, wenn sie nur aufgrund eines formellen Verstoßes gegen die erhöhten Anforderungen bei beherrschenden Gesellschaftern eintritt, die Leistung insgesamt jedoch angemessen ist.[655]

Andere Stimmen in der Literatur sehen eine mittelbare Zuwendung dann als gerechtfertigt an, wenn der Gesellschafter diese veranlasst oder ihr zugestimmt hat.[656] Nur dann könne eine Abkürzung des Leistungswegs vorliegen und wirtschaftlich eine Zuwendung des Gesellschafters an die nahestehende Person erfolgen. Hieran ändere sich auch dann nichts, wenn alle Gesellschafter verdeckte Gewinnausschüttungen an nahestehende Personen vornehmen.[657] Da auch sonstige Zuwendungen zwischen diesen Beteiligten grundsätzlich der Schenkungsteuer unterlägen, müsse dies auch dann gelten, wenn es beim Gesellschafter zu keinem Durchgangserwerb kommt. Eine unterschiedliche steuerrechtliche Behandlung sei daher nicht geboten.

Fehle es an einer Veranlassung durch den Gesellschafter, komme kein schenkungsteuerbarer Vorgang in Betracht. Dieses Ergebnis sei systemgerecht, weil zwischen

---

ders. JbFSt 2008/2009, 668 (677 ff.); *Neumann*, vGA und verdeckte Einlage, S. 346; *Friz/Grünwald*, FR 2012, 911 (917 f.); *Riedel*, ZErb 2008, 227 (230 ff.); *ders.* GmbH-StB 2013, 246 (248 ff.); *Christ*, ZEV 2011, 10 (14); *Daragan*, DStR 2011, 2079 (2081); *Birnbaum*, ZEV 2009, 125 (128); *Binnewies*, GmbHR 2013, 449 (451); *ders.* GmbH-StB 2012, 343 (349); *Crezelius*, Ubg 2012, 190 (192 f.); *ders.* ZEV 2011, 393 (396); *ders.* in: Haag/Jehlin, Beihefter zu DStR 12 2012, 53 (60); *ders.* ZEV 2008, 268 (272 f.); *ders.* ZEV 2016, 106 (107 f.); *Keß*, FR 2013, 557 (560 ff.); wohl auch *Fuhrmann/Potsch*, NZG 2012, 681 (688).

652 Vgl. die Nachweise in Fn. 651 ein Seite zuvor.

653 *Birnbaum*, ZEV 2009, 125 (128).

654 *Friz/Grünwald*, FR 2012, 911 (918).

655 *Zimmermann*, DB 2005, 1650 (1651 ff.).

656 *Riedel*, GmbH-StB 2013, 246 (248 ff.); *Binnewies*, GmbHR 2011, 1022 (1028 f.); *Christ*, ZEV 2011, 10 (14); *Götz*, INF 2005, 742 (744); *Buyer*, GmbHR 1997, 98 (107 f.).

657 *Götz*, INF 2005, 742 (744).

dem Gesellschafter und der ihm nahestehenden Person keine Rechtsbeziehungen bestünden, die die Annahme einer Schenkung rechtfertigen könnten.[658]

bb) Keine unmittelbare Vermögenszuwendung notwendig

Sofern auf die Frage ob eine mittelbare freigebige Zuwendung des Gesellschafters an die nahestehende Person vorliegt, näher eingegangen wird, soll es auf eine unmittelbare Vermögenszuwendung zwischen den Beteiligten nicht ankommen. Trotz der zivilrechtlichen Anknüpfung des schenkungsteuerlichen Tatbestands sei eine wirtschaftliche Betrachtungsweise anzustellen. Es müsse jedoch beachtet werden, dass die Zuwendung nicht zugleich eine Schenkung darstellen müsse, sondern auch unterhaltsrechtlich oder allgemein schuldrechtlich veranlasst sein könne.[659]

Auch Crezelius hält eine Schenkung – wenn überhaupt – nur auf Gesellschafterebene für möglich.[660] Der BFH stehe zwar auf dem Standpunkt, dass kein substanzgleicher Vermögensübergang vorliege und eine freigebige Zuwendung deshalb ausscheide. Hiergegen spreche jedoch die zivilrechtliche Dogmatik, wonach keine Identität (Stoffgleichheit) zwischen Entreicherung und Bereicherungsgegenstand im Rahmen des § 516 Abs. 1 BGB vorliegen müsse. Die Kapitalgesellschaft sei insoweit bloßer Leistungsmittler zwischen Gesellschafter und tatsächlich Begünstigtem. Dies führe im Ergebnis zu einem steuersystematisch stimmigen Ergebnis. Aus Sicht des Gesellschafters stelle sich der Vorgang im Verhältnis zur Kapitalgesellschaft als entgeltlich und im Verhältnis zum Dritten als unentgeltlich dar. Dort müsse § 7 Abs. 1 Nr. 1 ErbStG ansetzen.

cc) Entnahmeanspruch

Daragan begründet eine Schenkung des Gesellschafters an die nahestehende Person damit, dass die GmbH auf einen Entnahmeanspruch des Gesellschafters leiste und diesen durch Zuwendung an einen Dritten erfülle.[661]

Generell könne der Gesellschafter den Geschäftsführer einer GmbH nach einer Gewinnfeststellung anweisen, die Auszahlung nicht an ihn, sondern an eine nahestehende Person vorzunehmen (§ 362 Abs. 2 BGB, § 185 Abs. 1 BGB). Schenker sei in diesem Fall der Gesellschafter, weil sich nur sein Vermögen verändere und die Zuwendung daher auf seine Kosten erfolge.

Dieser Gedanke trage auch außerhalb einer Gewinnverwendung aufgrund des allgemeinen Entnahmerechts der Gesellschafter. Dieses stehe einem Gesellschafter

---

658 *Riedel*, GmbH-StB 2013, 246 (250).

659 *Binnewies*, GmbHR 2011, 1022 (1029); *Hübner*, DStR 2008, 1357 (1361 f.); *Birnbaum*, ZEV 2009, 125 (128). Ähnlich: *Riedel*, GmbH-StB 2013, 246 (249); *Christ*, ZEV 2011, 10 (14).

660 *Crezelius*, Ubg 2012, 190 (192 f.); *ders.* in der Aussprache in: *Stein*, JbFSt 2012/2013, 835 ff., 845 (846) und der Diskussion in: *Haag/Jehlin*, Beihefter zu DStR 12 2012, 53 (60); *ders.* ZEV 2008, 268 (272).

661 *Daragan*, DStR 2011, 2079 (2081 f.).

auch angesichts des Trennungsprinzips und der Selbstständigkeit der Vermögenssphären zu, weil er als (zumindest allein vertretungsberechtigter Geschäftsführer-) Anteilseigner jederzeit Vermögensgegenstände aus dem Vermögen der Gesellschaft entnehmen könne, indem er verlangt, dass die GmbH diese Gegenstände auf ihn überträgt. Bei Vorteilszuwendungen der GmbH an die nahestehende Person habe der Gesellschafter diese Wertabgabe veranlasst, somit sein allgemeines Entnahmerecht ausgeübt und die GmbH ermächtigt, seinen Entnahmeanspruch durch Leistung des ihm geschuldeten Vermögensgegenstands an die nahestehende Person zu erfüllen. Die Zuwendung erfolge auch hier aus seinem Vermögen und auf seine Kosten.

Grenzen dieses allgemeinen Entnahmerechts ergäben sich nur aus der notwendigen Kapitaldeckung der GmbH. Erfolgten Vorteilszuwendungen aus dem Stammkapital, löse dies einen Anspruch auf Erstattung gegen den Gesellschafter aus (§ 31 Abs. 1 GmbHG). Zwar gebe es insofern keinen Entnahmeanspruch, jedoch schulde der Gesellschafter der GmbH eine vollwertige Gegenleistung für den zugewendeten Vorteil und somit erfolge die Zuwendung auch hier aus seinem Vermögen und auf seine Kosten.

Ähnlich sieht Gebel die vom BFH vermisste Vermögenshingabe des Gesellschafters in der – aus der verdeckten Vorteilszuwendung resultierenden – Minderung des laufenden Gewinns der GmbH, der für offene Ausschüttungen zur Verfügung steht.[662]

d) *Keine mittelbare freigebige Zuwendung*

Ein Teil der Literatur lehnt die Verwirklichung des objektiven Tatbestands einer freigebigen Zuwendung zwischen Gesellschafter und nahestehender Person aufgrund der fehlenden Entreicherung des Gesellschafters ab.[663]

Insbesondere Kamps beschäftigte sich bereits vor den Entscheidungen des BFH mit der schenkungsteuerlichen Einordnung verdeckter Gewinnausschüttungen.[664] Er geht – ebenso wie wenig später der II. Senat – davon aus, dass die ertragsteuerliche Annahme einer verdeckten Gewinnausschüttung auf einer schenkungsteuerlich unbeachtlichen Fiktion beruhe. Der Gesellschafter habe keinen Anspruch gegen die GmbH auf eine Leistung in Form der überhöhten Vorteilszuwendung. Zwar könne hierin eine Erwerbsaussicht oder ein Anwartschaftsrecht gesehen werden, auf das der Gesellschafter zugunsten der nahestehenden Person verzichte. Allerdings seien diese Rechte keine tauglichen Zuwendungsgegenstände i.S.d. Schenkungsteuerrechts. Somit könne auch die freiwillige Aufgabe solcher Rechte nicht als entreichernde Vermögenshingabe gesehen werden. Kamps fügt an, dass

---

662 *Gebel*, in: T/G/J, § 7 Rz. 193.

663 *Meincke*, ErbStG, § 7 Rz. 74c; *Fischer*, in: F/J/P/W, § 7 Rz. 135 und 255c; *Viskorf*, ZEV 2012, 442 (445 ff.); *St. Viskorf*, DStR 2011 607 (611); *Kamps*, Stbg 2006, 107, 324 (330 f.).

664 *Kamps*, Stbg 2006, 107, 324 (330 f.).

selbst für den Fall, dass ein Anspruch auf Erfolgsteilhabe bestünde, der Gesellschafter über diesen zugunsten eines Dritten, der außerhalb des Kreises der Gesellschafter stehe, nicht verfügen könne, sondern nur über das, was er aufgrund dieses Anspruchs erlangt habe.

Auch ein möglicherweise bestehender Regressanspruch der Gesellschaft gegenüber dem Gesellschafter begründe keine Entreicherung. Erst wenn feststehe, dass der Anspruch tatsächlich entstanden sei bzw. geltend gemacht wurde, erfolge die Bereicherung der begünstigten Person auf Kosten des Gesellschafters. In der Praxis würden Regressansprüche aufgrund der Verwirklichung verdeckter Gewinnausschüttungen jedoch nur höchst selten geltend gemacht.[665] Daher seien mögliche Schadensersatzansprüche gegen den Gesellschafter kein geeignetes Kriterium, die notwendige Entreicherung auf Seiten des Gesellschafters zu begründen.

Ist die nahestehende Person als unmittelbarer Zuwendungsempfänger zugleich Gesellschafter wie in *Fallgestaltung 2* und somit in die Erfolgsteilhabe eingebunden, geht Kamps davon aus, dass das Gesellschaftsverhältnis einer möglichen mittelbaren Zuwendung des Mitgesellschafters entgegen stehe. Somit sei allein das direkte Verhältnis zwischen nahestehender Person und GmbH maßgebend. Dort verdränge die gesellschaftliche Veranlassung allerdings eine mögliche freigebige Zuwendung.

Nach Viskorf könnten im Verhältnis der Gesellschafter untereinander, wie auch im Verhältnis der Gesellschafter zur nahestehenden Person grundsätzlich freigebige Zuwendung vorliegen.[666] Voraussetzung sei jedoch, dass ein vollständiger oder teilweiser Verzicht eines Gesellschafters zugunsten eines Mitgesellschafters auf einen bereits entstandenen Gewinnanspruch vorliege. Derjenige der den Übervorteil erhalte, sei auf Kosten des Verzichtenden bereichert. Ebenso wäre eine Zustimmung zur abweichenden Gewinnverteilung vom gesetzlichen Verteilungsmaßstab des § 29 Abs. 1 S. 1 GmbHG oder vom Aufteilungsmaßstab des Gesellschaftsvertrags zu werten. Es handele sich stets um eine Leistung des Mitgesellschafters und nicht der Kapitalgesellschaft.

Leiste dagegen die Kapitalgesellschaft als solche, führe dies zu einer Verringerung des Gesellschaftsvermögens und zu einer Verringerung des Werts der Anteile der Gesellschafter. Diese Wertveränderung erfolge jedoch nur reflexartig, ohne dass die Gesellschafter zivilrechtlich an dem Vorgang, der zu Wertminderung führte, beteiligt seien. Ebenso wie im umgekehrten Fall der verdeckten Einlage, könne zivilrechtlich nur die Eigentums- und Vermögensphäre der Kapitalgesellschaft betroffen sein. Somit erfolge eine Bereicherung des Gesellschafters oder des nahestehenden Dritten nur auf Kosten der Gesellschaft. Ein Vermögenstransfer zwischen den Gesellschaftern oder zwischen Gesellschafter und nahestehendem Drittem liege nicht vor. Zudem habe der Gesetzgeber keine entsprechende Regelung wie in § 7 Abs. 8 S. 1 ErbStG geschaffen, der auf Gesellschafterebene eine freigebige Zuwendung

665 Kamps verweist insofern auf Satzungsausschlüsse und eine Anweisung oder Zustimmung durch die Gesellschafterversammlung, *Kamps*, Stbg 2006, 107, 324 (331).
666 *Viskorf*, ZEV 2012, 442 (445 ff.).

fingiere. Ein abgekürzter Leistungsweg setze einen konkreten Anspruch des Gesellschafters gegen die Gesellschaft voraus, den die Kapitalgesellschaft sodann durch Leistung an den Dritten erfülle.

Dem stimmen Teile der Literatur zu. Es liege kein typisches Deckungsverhältnis vor, weil die Gesellschaft nicht Schuldnerin des Gesellschafters sei, wie für Anweisungslagen üblich. Zivilrechtlich betrachtet fehle es an der für die Annahme eines Dreiecksverhältnisses typischen Vermögensverschiebung im Deckungsverhältnis.[667]

II. Stellungnahme und Ausgangspunkt der Feststellung der Beteiligten

In den vorliegenden Sachverhalten stellt sich stets die Frage, innerhalb welcher Beziehungen freigebige Zuwendungen angenommen werden können, also wer als Beteiligter einer Zuwendung in Frage kommt. Einigkeit besteht dahin gehend, dass Ausgangspunkt der Untersuchung stets die bürgerlich-rechtliche Betrachtung zu sein hat.[668]

In einem Zwei-Personen-Verhältnis stellen sich regelmäßig keine Probleme. Zuwendender und Bedachter können danach bestimmt werden, wer Vermögen zugunsten eines anderen hingibt und wessen Vermögen sich aufgrund der Vermögenshingabe erhöht.[669] Wie bereits gezeigt, kommt dabei auch eine juristische Person als Beteiligte in Betracht.[670] Problemtisch sind dagegen Mehr-Personen-Verhältnisse, wie die vorliegenden Fallgestaltungen zwischen Gesellschaft, Gesellschaftern und nahestehenden Personen. Vergleicht man entsprechende Sachverhalte und Problemstellungen mit denen des Zivilrechts, so zeigt sich, dass die Dogmatik der Rückabwicklung ungerechtfertigter Bereicherungen Lösungsansätze für vergleichbare Probleme bieten kann. So kommt insbesondere den Leistungsbeziehungen in Mehr-Personen-Konstellationen besonderes Gewicht zu.

Grundsätzlich entsprechen die Leistungsbeziehungen auch den zivilrechtlichen Vertragsbeziehungen. Diese finden sich in den vorliegenden Konstellationen regelmäßig zwischen der Gesellschaft als juristischer Person und dem unmittelbaren Empfänger einer Zuwendung. Handelt es sich beispielsweise um überhöhte

---

667 *St. Viskorf*, DStR 2011, 607 (611). Vgl. auch *Stein*, JbFSt 2012/2013, 835 (838).

668 Rechtsprechung: *BFH*, Urteil v. 7.4.1976, II R 87 bis 89/70, BStBl. II 1976, 632 (633); *BFH*, Urteil v. 3.10.1984, II R 194/82, BStBl. II 1985, 73; *BFH*, Urteil v. 7.11.2007, II R 28/06, DStR 2008, 346 (347); *BFH*, Urteil v. 9.12.2009, II R 28/08, DStR 2010, 925 f.; *RFH*, Urteil v. 17.2.1931, I e A 73/31, RStBl. 1931, 241; *RFH*, Urteil v. 2.5.1935, III e A 51/34, RStBl. 1935, 905; *RFH*, Urteil v. 14.3.1940, III e 28/38, RStBl. 1940, 417 (420). Schrifttum: *Meincke*, ErbStG, § 7 Rz. 14; *Weinmann*, in: Moench/Weinmann, § 7 Rz. 14 und 21; *Hartmann*, in: Gürsching/Stenger, § 7 Rz. 12; *Schuck*, in: Viskorf/Knobel/Schuck/Wälzholz, § 7, Rz. 6 und 17; *Fischer*, in: F/J/P/W, § 7 Rz. 16; *Kapp*, DStR 1986, 680 (681).

669 *Gebel*, in: T/G/J, § 7 Rz. 249.

670 Siehe hierzu im 4. Kapitel unter C.I.1. auf den S. 77 ff.

Zahlungen für Dienstleistungen, bestehen zwischen den unmittelbar Beteiligten Dienstverträge nach § 611 BGB. Aufgrund dieser Verträge werden Leistungen erbracht und Vermögensänderungen ergeben sich unmittelbar nur bei der Gesellschaft (Auszahlung oder Passivierung einer Verbindlichkeit) sowie bei der empfangenden Person (Zahlungseingang oder Aktivierung einer Forderung). Hiermit wären mittelbare Leistungsbeziehungen im Falle verdeckter Gewinnausschüttungen ausgeschlossen. Gleichwohl wäre eine solche Sichtweise zu formal und berücksichtigte nicht die maßgeblichen rechtsgeschäftlichen Vereinbarungen oder Vorstellungen der möglichen Zuwendenden und Bedachten.[671] Erst unter Berücksichtigung dieser Gesichtspunkte können die tatsächlichen Leistungsbeziehungen festgestellt werden.

1. *Bereicherungsrechtliche Leistungsbeziehungen*

Die §§ 812 ff. BGB bieten eine weitgehend gefestigte Rechtsprechung, die gleichwohl von Wertungen des Einzelfalls geprägt ist. Danach hat eine Rückabwicklung grundsätzlich entlang der Leistungsbeziehungen zu erfolgen, sodass es zunächst festzustellen gilt, innerhalb welcher Beziehungen tatsächlich geleistet wurde. Dies ist deshalb entscheidend, weil die bereicherungsrechtliche Leistung und die tatsächliche Zuwendung im Mehr-Personen-Verhältnis regelmäßig auseinander fallen.[672]

Der Bundesgerichtshof geht in ständiger Rechtsprechung von einer Leistung aus, wenn eine bewusste und zweckgerichtete Vermehrung fremden Vermögens vorliegt.[673] Von zentraler Bedeutung ist dabei die Zweckbestimmung.[674] Daher liegt eine Leistung auf eine Verbindlichkeit ausschließlich dann vor, wenn ersichtlich ist, dass sie zu deren Erfüllung erbracht wird. Dieser Zweck ist anhand der (zumeist konkludenten) Tilgungsbestimmung festzustellen. Kommt diese nicht hinreichend zum Ausdruck, ist auf den objektiven Empfängerhorizont des Zuwendungsempfängers

671 Vgl. *Klein-Blenkers*, Subjektive Merkmale, S. 107; *Gottschalk*, Leistungen an GmbH, S. 126.

672 Vgl. jedoch den Ansatz von *Schall*, JZ 2013, 753 ff. Die Kondiktion „übers Eck" sei verfehlt, weil sie an den tatsächlichen Leistungsverhältnissen vorbei gehe und hiermit das einheitliche Bereicherungsprinzip des BGB verloren gegangen sei. Das allgemeine Bedürfnis, die bereicherungsrechtliche Rückabwicklung in der Anweisungslage künstlich auszurichten, rühre letztlich nur daher, dass man die Wirkung der §§ 428 ff. BGB übersehen habe, mit der sich das Problem der konkurrierenden Kondiktionen von Anweisendem und Angewiesenem beim tatsächlichen Empfänger erledige. Darüber hinaus sei der Empfänger auch durch den Entreicherungseinwand nach § 818 Abs. 3 BGB vor einer simultanen Kondiktion des Angewiesenen geschützt.

673 *BGH*, Urteil v. 24.2.1972, VII ZR 207/70, BGHZ 58, 184 (188); *BGH*, Urteil v. 23.10.2003, IX ZR 270/02, NJW 2004, 1169; *BGH*, Urteil v. 21.10.2004, III ZR 38/04, NJW 2005, 60.

674 Vgl. *Schwab*, in: MüKo BGB, § 812 Rz. 41, der die Merkmale der „bewussten" „Vermögensmehrung" als überflüssig ablehnt.

nach den §§ 133, 157 BGB (ggf. analog) zurückzugreifen.[675] Der Bundesgerichtshof bezieht sich in seinen Urteilen zwar nicht auf eine Anwendung der Regeln über die Willenserklärungen. Jedoch stellt auch er zur Beurteilung des Zwecks auf objektive Kriterien aus Sicht des Zuwendungsempfängers ab, sofern kein übereinstimmender Wille der Beteiligten festgestellt werden kann. Es komme darauf an, wie eine vernünftige Person in der Lage des Empfängers die Zuwendung nach Treu und Glauben mit Rücksicht auf die Verkehrssitte verstehen musste und durfte. Der Zuwendende müsse einen eigenen Leistungszweck gegenüber dem Empfänger verfolgen und nicht gegenüber einem Dritten. Auf die bloße Gläubigerstellung einer Forderung komme es nicht an.[676]

a) Leistung zwischen Gesellschaft und Gesellschafter

Handelt es sich um den Grundfall einer verdeckten Vorteilszuwendung durch einen (Fremd-) Geschäftsführer an einen Gesellschafter, ohne Anhaltspunkte dafür, dass ein Mitgesellschafter etwas zuwenden wollte, liegt nur eine Leistung im Verhältnis der GmbH zum empfangenden Gesellschafter vor. Diese Konstellation wurde bereits im 4. Kapitel behandelt. Vereinbarten die Beteiligten ein überhöhtes Entgelt für eine Dienstleistung des Gesellschafters gemäß §§ 611 ff. BGB, kommt nach h. M. ein Anspruch aus ungerechtfertigter Bereicherung in Betracht.[677] Insoweit erfolgt gesellschaftsrechtlich eine Trennung in einen angemessenen und in einen nur gesellschaftlich veranlassten Teil.[678] Sofern nicht von der vollumfänglichen Unwirksamkeit des Rechtsgeschäfts ausgegangen wird[679] oder ein Missbrauch der Vertretungsmacht vorliegt, steht der GmbH nach zutreffender Ansicht ein Leistungsverweigerungsrecht in Höhe des gesellschaftsrechtlich veranlassten Teils zu.[680] Dennoch erfolgte Zuwendungen führen zu einem Anspruch aus § 812 Abs. 1 S. 1 BGB, weil dem Verpflichtungsgeschäft ein Erfüllungshindernis entgegenstand. Die Gesellschaft leistete, ohne rechtlich zur Leistung verpflichtet zu sein. Eine

---

675 *Schwab*, in: MüKo BGB, § 812 Rz. 49 ff.; *Stadler*, in: Jauernig, § 812 Rz. 24 ff.

676 *BGH*, Urteil v. 10.2.2005, VIII ZR 184/04, BGHZ 162, 157 (160); *BGH*, Urteil v. 21.10.2004, III ZR 38/04, NJW 2005, 60; *BGH*, Urteil v. 23.10.2003, IX ZR 270/02, NJW 2004, 1169.

677 *BGH*, Urteil v. 13.11.1995, II ZR 113/94, NJW 1996, 589 f.; *OLG Brandenburg*, Urteil v. 18.12.1996, 7 U 78/96, GmbHR 1997, 750; *Fastrich*, in: Baumbach/Hueck, § 29 Rz. 76; *Ekkenga*, in: MüKo GmbHG, § 29 Rz. 268; *Hager*, ZGR 1989, 71 (76 ff. und 87 ff.); *Schulze-Osterloh*, FS Stimpel, 487 (494 ff.); *Karsten Schmidt*, GesR, § 37 III 1f und 2d; *Crezelius*, in: FS GmbHG, S. 315 (332); a.A. *Müller*, in: U/H/L, § 29 Rz. 169, anders jedoch, wenn Missbrauch der Vertretungsmacht des Geschäftsführers vorliegt.

678 *Crezelius*, ZEV 2008, 268 (270). A.A. wohl *van Lishaut*, FR 2013, 891 (893).

679 So jedoch die überwiegende Meinung: *OLG Brandenburg*, Urteil v. 18.12.1996, 7 U 78/96, GmbHR 1997, 750; *Verse*, in: Scholz, § 29 Rz. 125; *Fastrich*, in: Baumbach/Hueck, § 29 Rz. 76 m.w.N.

680 *Ekkenga*, in: MüKo GmbHG, § 29 Rz. 265 f. und 268; *Karsten Schmidt*, GesR, § 37 III 1f und 2d; *Crezelius*, ZEV 2008, 268 (270).

Rückabwicklung erfolgt ausschließlich zwischen dem den Vorteil erhaltenden Gesellschafter und der GmbH, weil nur in diesem Verhältnis bereicherungsrechtliche Leistungsbeziehungen vorliegen (sowohl im Hinblick auf die angemessene Vergütung, als auch auf den überhöhten gesellschaftsrechtlich veranlassten Teil).

Besteht die Vorteilszuwendung nicht in einer überhöhten Vergütung oder einer sonstigen Auszahlung, sondern verzichtet die Gesellschaft auf bestehende Ansprüche gegenüber ihrem Anteilseigner, liegt auch hierin eine Leistung. Insoweit ist an möglicherweise bestehende Schadensersatzansprüche zu denken, die der Geschäftsführer einem Gesellschafter erlässt. Es besteht kein Unterschied, ob die Kapitalgesellschaft eine Vermögenszuwendung durch überhöhte Ausschüttung oder durch Verzicht auf eine Forderung verwirklicht. In beiden Fällen kann in diesem Verhältnis eine bereicherungsrechtliche Rückabwicklung erfolgen. Allerdings ist eine solche unmittelbare Leistungsbeziehung nicht zwingend. Im Folgenden ist daher auf mögliche mittelbare Leistungsbeziehungen in Mehr-Personen-Konstellationen einzugehen.

b) Mittelbare Leistungsbeziehungen

Je nach Sachlage kann sich der Fall durch die Beteiligung der Kapitalgesellschaft ähnlich den bereicherungsrechtlichen Anweisungsfällen darstellen. In diesen klassischen Mehr-Personen-Verhältnissen verbietet sich nach der eingängigen Formulierung des Bundesgerichtshofs „jede schematische Lösung“.[681] Der überhöhte Teil einer Vergütung wird zwar durch die Gesellschaft an den empfangenden Gesellschafter gezahlt und somit zugewendet. Jedoch kann hierin eine Leistung in dieser Höhe an den Mitgesellschafter zu sehen sein, der wiederum eine eigene Leistung an den Gesellschafter oder Dritten erbringt.

aa) Offene Gewinnausschüttung

Offensichtlich ist dies für den Verzicht des nicht begünstigten Gesellschafters auf eine Auszahlung einer offenen Gewinnausschüttung, die stattdessen an seinen Mitgesellschafter oder nahestehenden Dritten gezahlt wird. Die Parteien eines Vertrags können stets vereinbaren, dass der Empfänger einer Gegenleistung nicht der jeweilige Vertragspartner sein muss. Vielmehr kann die Leistung an einen Dritten erfolgen, wodurch mit Leistungsvollzug zugleich Erfüllungswirkung zwischen den Parteien des Vertrags eintritt. Es liegt der Fall eines abgekürzten Zahlungswegs vor, § 362 Abs. 2 BGB i.V.m. § 185 BGB.[682] Somit leistet die GmbH auf Anweisung und „für Rechnung“ des Mitgesellschafters als Anspruchsinhaber. Dieser hat die Gesellschaft als Schuldnerin ermächtigt, die Leistung mit schuldbefreiender Wirkung an einen Dritten

---

681 Vgl. nur *BGH*, Urteil v. 18.10.1973, VII ZR 8/73, BGHZ 61, 289 (292).

682 Vgl. *BGH*, Urteil v. 25.03.1983, V ZR 168/81, BGHZ 87, 156 (163); *Fetzer*, in: MüKo BGB, § 362 Rz. 14; *Dennhardt*, in: Bamberger/Roth, § 362 Rz. 17; *Buck-Heeb*, in: Erman, § 362 Rz. 14.

(den begünstigten Gesellschafter oder die nahestehende Person) zu erbringen, oder den Dritten ermächtigt, die Leistung im eigenen Namen in Empfang zu nehmen.

Der wirtschaftliche Hintergrund dieser Gestaltung liegt in der Annahme zweier Beziehungen im Dreiecks-Verhältnis, wobei die Gesellschaft und der anspruchsberechtigte Gesellschafter eigene Interessen verfolgen und mit der unmittelbaren Zuwendung der GmbH ihren Verpflichtungen nachkommen. Zivilrechtlich bedarf dies jedoch einer Begründung. Die rechtliche Wertung, dass der anspruchsberechtigte Gesellschafter den materiellen Vorteil aus der tatsächlichen Zuwendung der GmbH an den Dritten erhält, ergibt sich aus dem Bereicherungsrecht.[683] Dort erfolgt bei tatsächlich und rechtswirksam erteilter Weisung grundsätzlich eine Rückabwicklung entlang der Leistungsbeziehungen. Dabei stellt die Zuwendung der GmbH an den Dritten keine Leistung im bereicherungsrechtlichen Sinne dar. Denn der Leistungsbegriff stimmt grundsätzlich mit den zugehörigen Erfüllungsvorgängen überein, weil die Leistungskondiktion in Umkehrung des Erfüllungsvorgangs dazu dient, fehlgeschlagene Güterbewegungen rückabzuwickeln.[684] Dementsprechend sind drei Beziehungen anzunehmen: das (bloße) Zuwendungsverhältnis zwischen Kapitalgesellschaft und tatsächlichem Zuwendungsempfänger, die Leistungsbeziehung zwischen Gesellschaft und dem anspruchsberechtigten Gesellschafter (Deckungsverhältnis) und die Leistungsbeziehung zwischen letzterem und dem tatsächlichen Zuwendungsempfänger (Valutaverhältnis). Die Leistung im Valutaverhältnis kann dabei verschiedene Zwecke haben, wie beispielsweise die Erfüllung eines gegenseitigen Vertrags, die Unterhaltszahlung (bei familiären Beziehungen) oder auch eine Schenkung an den jeweiligen Mitgesellschafter oder Dritten.

Das bereicherungsrechtliche Konstrukt der Rückabwicklung entlang der Leistungsbeziehungen („übers Eck“) basiert seinerseits auf der Annahme, dass der mittelbar Beteiligte tatsächlich „etwas erlangt“. Dogmatischer Ausgangspunkt der Anweisungsfälle ist die sog. Leistungskette.[685] Geld oder Gegenstände werden in nacheinander geschalteten Güterbewegungen übertragen. Sind innerhalb dieser Kette Kausalverhältnisse fehlerhaft, kommt aufgrund der Relativität der Schuldverhältnisse nur eine Rückabwicklung zwischen den jeweiligen Vertragspartnern in Betracht. Auf diese Weise verbleiben den Parteien die Einwendungen der jeweiligen Leistungsbeziehung und jeder trägt nur das Insolvenzrisiko desjenigen Vertragspartners, den er sich selbst aussucht (Prinzip der Privatautonomie).[686] Dies gilt auch bei Unwirksamkeit zweier, aufeinander folgender Vertragsverhältnisse.

683 *Fischer*, Unentgeltlichkeit, S. 175 f.; *Schwab*, in: MüKo BGB, § 812 Rz. 60 ff.

684 *Larenz/Canaris*, Lehrbuch des Schuldrechts, Bd. II/2, § 67 II 1d; *Reuter/Martinek*, Ungerechtfertigte Bereicherung, § 10 I 2a, S. 388 ff.; *Fischer*, Unentgeltlichkeit, S. 176.

685 Vgl. zum Ganzen *Schwab*, in: MüKo BGB, § 812 Rz. 52 f. m.w.N.

686 Grundlegend: *Canaris*, FS Larenz, 1973, 799 (802 ff.); *Wendehorst*, in: Bamberger/Roth, § 812 Rz. 171; *Buck-Heeb*, in: Erman, § 812 Rz. 17; *Martinek*, in: jurisPK-BGB, § 812 Rz. 107; *Prütting*, in: P/W/W, § 812 Rz. 23.

Soll diese Leistungskette auf Weisung nunmehr dergestalt abgekürzt werden, dass der Gegenstand nicht von A an B und von B an C gelangt, sondern direkt von A an C, bedarf eine Rückabwicklung entlang der Leistungsbeziehungen einer weitergehenden Begründung, die eine Gleichstellung mit der Leistungskette rechtfertigt. Bei rein „ontologischer"[687] (also tatsächlicher) Betrachtung hat der Anweisende A nichts erlangt, was in sein Vermögen gelangte. Auch die Tatsache, dass nur innerhalb der mittelbaren Beziehungen ein Zweck verfolgt wird, genügt nicht zur Begründung, dass A etwas erlangt hat.[688] Vielmehr ist die entscheidende Wertung darin zu sehen, dass A eine Anweisung erteilt und B dieser Anweisung folgt. Hiermit vergleichbar ist die sachenrechtliche Figur des Geheißerwerbs, die darauf beruht, dass eine entsprechende Anweisung erteilt wurde, die der zur Eigentumsübertragung grundsätzlich erforderlichen Übergabe bzw. der notwendigen Besitzerlangung nach § 929 BGB wertungsmäßig gleichsteht.[689]

Somit besteht das erlangte „Etwas" des anweisenden A nach § 812 Abs. 1 S. 1 BGB auch nicht in der Befreiung von einer Verbindlichkeit des A gegenüber C (z.B. aufgrund eines schuldrechtlichen Vertrags). Das Erlangte ist vielmehr der dem Dritten C tatsächlich zugewandte Leistungsgegenstand.[690] Das gilt nach dem gerade Dargelegten auch dann, wenn sachenrechtlich kein Durchgangserwerb in Form eines sog. doppelten Geheißerwerbs vorliegt, sondern eine unmittelbare Übereignung des B an den Dritten C anzunehmen ist.[691] Insofern ist bei wertender Betrachtung eine Gleichstellung vorzunehmen und der anweisende A so zu behandeln, „als ob"[692] er für eine juristische Sekunde Eigentümer geworden wäre.[693] Daher erhält er aus bereicherungsrechtlicher Sicht den *vollen materiellen Vorteil* und leitet diesen seinerseits weiter.

Hieraus lässt sich für die offene Gewinnausschüttung feststellen, dass die Kapitalgesellschaft nur gegenüber *einem* möglichen Beteiligten eine Leistung erbringt

---

687 *Schwab*, in: MüKo BGB, § 812 Rz. 61.

688 So aber die h.M.: *BGH*, Urteil v. 31.05.1994, VI ZR 12/94, NJW 1994, 2357 f.; *Buck-Heeb*, in: *Erman*, § 812 Rz. 19; *Esser/Weyers*, BT/2 § 48 III 1 c; *Koppensteiner/Kramer*, Ungerechtfertigte Bereicherung, § 6 I 2., S. 25; *Reuter/Martinek*, Ungerechtfertigte Bereicherung, § 10 I 2 b, S. 394 ff.; *Lorenz*, in: Staudinger, § 812, Rz. 49.

689 *Hager*, FG 50 Jahre BGH, S. 777 (821); *Schnauder* JZ 2009, 1092 (1101); *Fischer*, Unentgeltlichkeit, S. 176.

690 *v. Caemmerer*, JZ 1962, 385 (386); *Canaris*, FS Larenz, 1973, S. 799 (813); *Kupisch*, JZ 1997, 213 (219); *Lorenz* JuS 2003, 729 (732 f.); *Schwab*, in: MüKo BGB, § 812 Rz. 66; *Stadler*, in: Jauernig, § 812 Rz. 31; *Fischer*, Unentgeltlichkeit, S. 176; a.A. *Koppensteiner/Kramer*, § 6 I 2, S. 26; *Lorenz*, JZ 1968, 51 (53).

691 Sog. „traditio ad incertam personam", vgl. *Fischer*, Unentgeltlichkeit, S. 176; *Reuter/Martinek*, Ungerechtfertigte Bereicherung, § 10 I, S. 387 f.; *Wieling*, Sachenrecht, § 9 VII 5 und § 9 VIII, S. 108 f.

692 Vgl. zu dieser Formulierung *Kupisch*, JZ 1997, 213 (219).

693 *Fischer*, Unentgeltlichkeit, S. 176; *Pinger*, AcP 1979, 301 (319); *Lorenz*, in: Staudinger, § 812 Rz. 55.

und daher im Falle einer Rückabwicklung den materiellen Vorteil nur einmal zurückverlangen kann. Es kann nur einen Bereicherungsschuldner geben, weil ansonsten eine Verdoppelung des Rückzahlungsobjekts im Vergleich zum Geleisteten vorläge.[694] Die Gesellschaft erbringt daher eine Leistung an den anweisenden (und anspruchsberechtigten) Gesellschafter und nicht an den tatsächlichen Zuwendungsempfänger. Dieser erhält vielmehr seinerseits eine Leistung durch den anweisenden Gesellschafter aufgrund des zwischen ihnen bestehenden Valutaverhältnisses. Der materielle Vorteil des tatsächlichen Zuwendungsempfängers „wandert" daher von der Gesellschaft an den anspruchsberechtigten Gesellschafter und von diesem an den Zuwendungsempfänger. Hiermit ist jedoch noch nicht die besondere Situation einer steuerrechtlichen verdeckten Gewinnausschüttung angesprochen.

bb) Verdeckte Gewinnausschüttungen

Im Unterschied zu offenen Gewinnausschüttungen, die nach entsprechender Beschlussfassung zu einem eigenen Anspruch des oder der Gesellschafter führen, auf den die Gesellschaft daraufhin leistet, beruhen verdeckte Gewinnausschüttungen regelmäßig nur auf einem überhöhten einheitlichen Leistungsanspruch des tatsächlichen Zuwendungsempfängers (überhöhte Vergütung im Rahmen eines Dienstvertrags). Dem veranlassenden Gesellschafter steht kein konkreter Anspruch gegen die Gesellschaft als Schuldnerin zu, aufgrund dessen er die Weisung geben könnte, nicht an ihn, sondern an den Mitgesellschafter oder nahestehenden Dritten zu zahlen. Die im Deckungsverhältnis typische Situation, dass die GmbH auf eine Verbindlichkeit gegenüber dem veranlassenden Gesellschafter (also zur Erfüllung, § 362 BGB) leistet, liegt somit gerade nicht vor.[695]

---

694 A. A. Schall, JZ 2013, 753 (756 ff.), der das Konzept der Rückabwicklung „übers Eck" ablehnt. Nach *Schall* liege eine gesetzliche Gesamtgläubigerschaft gemäß § 428 BGB vor, weil zwei verschiedene Gläubiger aus verschiedenen Gründen das gleiche Leistungsinteresse fordern könnten, der Schuldner das Empfangene aber nur einmal herauszugeben habe.
Hiergegen lässt sich jedoch einwenden, dass mit der bisherigen Rückabwicklung „übers Eck" eine interessengerechte und einzelfallorientierte Lösung existiert, die sich in nunmehr jahrzehntelanger Rechtsprechung herausgebildet hat. Angesichts der Rechtssicherheit ist daher dem vermittelnden Weg des BGH zu folgen und die Rückabwicklung entlang der jeweiligen Leistungsbeziehungen vorzunehmen, die anhand des objektiven Empfängerhorizonts „unter Berücksichtigung aller im Einzelfall maßgeblichen Wertungen" zu bestimmen sind, vgl. *BGH*, Urteil v. 30.5.1968, VII ZR 2/66, BGHZ 50, 227 (229); *BGH*, Urteil v. 23.10.2003, IX ZR 270/02, NJW 2004, 1169; *BGH*, Urteil v. 19.9.2014, V ZR 269/13, NJW 2015, 229 (231).

695 Insoweit zutreffend *St. Viskorf*, DStR 2011, 607 (611).

(1) Allgemeines Entnahmerecht

Insofern wird teilweise ein allgemeines Entnahmerecht konstruiert, das den Gesellschaftern aufgrund ihrer Mitgliedschaft zustünde.[696] Dann könnte in *Fallgestaltung 1* in der Tat eine Leistungsbeziehung des Gesellschafters an eine nahestehende Person begründet werden, indem der (Allein-)Gesellschafter als Geschäftsführer eine Auszahlung an diese dritten Person vornimmt. Im bereicherungsrechtlichen Sinne leistete die Gesellschaft dann auf das allgemeine Entnahmerecht des Gesellschafters. Zwischen Gesellschafter und nahestehender Person müsste eine weitere Leistungsbeziehung angenommen werden.

In *Fallgestaltung 2* könnte im Einverständnis des Mitgesellschafters zu einer disquotalen Entnahme die Ermächtigung des begünstigten Gesellschafters zu sehen sein, von der Gesellschaft die Erfüllung des Entnahmeanspruchs des Mitgesellschafters zu verlangen. Dann läge eine mittelbare Leistung des Mitgesellschafters an den begünstigten Gesellschafter vor. Der Mitgesellschafter hat den Gesellschafter ermächtigt, von der GmbH die Erfüllung seines Entnahmeanspruchs durch Leistung an sich zu verlangen. Läge keine Zustimmung des Mitgesellschafters vor, könnte wohl nur eine unmittelbare Leistung der Gesellschaft auf den eigenen allgemeinen Entnahmeanspruch des begünstigten Gesellschafters angenommen werden.

Ließen sich die möglichen Leitungsbeziehungen insofern zwar zutreffend darstellen, ist die Annahme eines allgemeinen Entnahmeanspruchs dennoch abzulehnen. § 29 Abs. 1 GmbHG normiert ausdrücklich die Entstehung eines konkreten Anspruchs des Gesellschafters gegen die GmbH, der nach herrschender Meinung erst mit Beschlussfassung der Gesellschafterversammlung entsteht.[697] Zwar haben die Gesellschafter die allgemeine Dispositionsbefugnis über das Gesellschaftsvermögen. Hieraus oder hierüber hinausgehend einen allgemeinen Entnahmeanspruch zu konstruieren, ist mit der gesetzlichen Wertung jedoch nicht vereinbar.

(2) Wertung der gesellschaftsvertraglichen Sonderverbindung

Gleichwohl lassen sich die vorangegangenen Überlegungen dahin gehend verallgemeinern, dass durch die gesellschaftsvertragliche Sonderverbindung zwischen Anteilseigner und Gesellschaft eine besondere Zugriffsmöglichkeit auf das Vermögen der GmbH besteht. Die Vornahme einer Auszahlung durch den Gesellschaftergeschäftsführer oder eine Weisung an den (Fremd-)Geschäftsführer führt zu einer Zuwendung der GmbH. Soll diese rückabgewickelt werden, lassen sich auch hier bereicherungsrechtliche Leistungsbeziehungen feststellen. Wie im Rahmen der Weiterleitung einer offenen Gewinnausschüttung bereits dargelegt gilt dabei ebenso: Erfolgt auf Veranlassung des Gesellschafters ein Vermögenszufluss bei einer dritten

696 *Daragan*, DStR 2011, 2079 (2080 f.).

697 *BGH*, Urteil v. 14.9.1998, II ZR 172/97, BGHZ 139, 299 (303); *BGH*, Urteil v. 30.6.2004, VIII ZR 349/03, NJW-RR 2004, 1343 (1344); *Müller*, in: U/H/L, § 29 Rz. 71 ff.; *Salje*, in: Michalski; § 29 Rz. 22; *Fastrich*, in: Baumbach/Hueck, § 29 Rz. 39 ff.; *Strohn*, in: Henssler/Strohn, § 29 Rz. 32.

Person, hat der Anweisende bei wertender Betrachtung diesen Vermögenszufluss im Rechtssinne selbst erlangt. In beiden Fällen liegt eine zurechenbare Anweisung vor, die aus objektiver Sicht des Dritten einer bereicherungsrechtlichen Leistungsbeziehung im tatsächlichen Zuwendungsverhältnis entgegensteht.[698] Daher ist die auf einer Weisung beruhende Zuwendung als Leistung der Gesellschaft an den anweisenden Gesellschafter zu werten. Aus Sicht des Dritten erfolgt die tatsächliche Zuwendung an ihn nur aufgrund dieser konkreten Veranlassung. Ohne die Weisung wäre die Zuwendung der Gesellschaft unterblieben. Die Situation ist somit bei hypothetischer Betrachtung genauso zu behandeln, „als ob" der Gesellschafter durch Anweisung an den Geschäftsführer den Vorteil erhalten und weitergereicht hätte. Dies rechtfertigt es, auch in den Fällen verdeckter Gewinnausschüttungen in der Regel bereicherungsrechtliche Dreiecksbeziehungen anzunehmen.

(3) Vorliegen einer mittelbaren Leistungsbeziehung

Nun können sich die möglichen Beteiligten in den Fällen verdeckter Gewinnausschüttungen einig darüber sein, dass der überhöhte Teil der Zuwendung gesellschaftsrechtlich veranlasst ist. Handeln der Geschäftsführer, der Gesellschafter und die nahestehende Person in *Fallgestaltung 1* im Einvernehmen, entsprechen die Leistungsbeziehungen dieser mittelbaren verdeckten Gewinnausschüttung den bereicherungsrechtlichen Dreiecksverhältnissen der Anweisungsfälle. Die GmbH als Anweisungsempfänger leistet nur an den Gesellschafter (Deckungsverhältnis) durch Zuwendung an die nahestehende Person. Der Gesellschafter leistet als Anweisender oder Veranlassender der Auszahlung seinerseits an die nahestehende Person (Valutaverhältnis). Somit besteht im Verhältnis der GmbH zur nahestehenden Person im Hinblick auf den unangemessenen Teil der Vergütung keine bereicherungsrechtliche Leistungsbeziehung, sondern eine bloße Zuwendungsbeziehung. Hieraus folgt, dass bei Unwirksamkeit des Deckungsverhältnisses nur im Verhältnis der GmbH zum Gesellschafter oder bei Unwirksamkeit des Valutaverhältnisses im Verhältnis des Gesellschafters zur nahestehenden Person kondiziert werden kann. Eine Rückabwicklung zwischen der GmbH und der nahestehenden Person scheidet grundsätzlich aus. Hiergegen spricht auch nicht die Wertung des § 822 BGB, der eine Direktkondiktion im Verhältnis der GmbH zum Dritten ermöglicht. Denn die Leistungsbeziehungen „übers Eck" werden hiervon nicht berührt. Die unmittelbare Herausgabepflicht beruht allein auf der besonderen Wertung, dass im Valutaverhältnis unentgeltlich geleistet wurde.[699]

Im Falle einer gleichzeitigen Gesellschafterstellung des Dritten (*Fallgestaltung 2*) ist zwar regelmäßig von einer unmittelbaren Leistung der GmbH auszugehen. Bei übereinstimmendem Willen kann sich die Leistung jedoch im Einzelfall als mittelbare Leistung des Mitgesellschafters darstellen. Hierzu müssen konkrete Anhaltspunkte dafür vorliegen, dass dieser seinerseits eine Leistung an den tatsächlichen

698 A.A. *St. Viskorf*, DStR 2011 607 (611).
699 Vgl. *Schwab*, in: MüKo BGB, § 812 Rz. 195 ff. m.w.N. und § 822 Rz. 18.

Empfänger (seinen Mitgesellschafter) erbringen will. Eine quotale Aufspaltung der Zuwendung durch die Gesellschaft als (teilweise) Leistung der Gesellschaft an den Zuwendungsempfänger und als (teilweise) Leistung an den nicht bevorteilten Gesellschafter wird dagegen nur in Ausnahmefällen anzunehmen sein.

(a) Verzicht der Gesellschaft auf Ansprüche

Auch hier besteht kein Unterschied zwischen einer Anweisung zur überhöhten Auszahlung oder des Abschlusses einer überhöhten Vergütung und einer Anweisung zum Verzicht der Gesellschaft auf bestehende Ansprüche gegenüber Dritten.[700] Der Vorgang ist bei wertender Betrachtung so zu behandeln, als ob der anweisende Gesellschafter eine Auszahlung an sich veranlasst, diesen Vorteil dem Dritten weitergibt und dieser wiederum an die GmbH zahlt (etwa auf einen ihm gegenüber bestehenden Schadensersatzanspruch der Gesellschaft). Daher liegen auch bei einem „angewiesenen Verzicht" mittelbare Leistungsbeziehungen vor.

(b) Sonderkonstellationen

Schließlich ist auf die Konstellationen der oben angeführten *Fallgestaltungen 3 und 4* einzugehen. Diese zeichnen sich dadurch aus, dass dem Zuwendungsempfänger mehrere Personen nahestehen. Vom Grundsatz gilt auch hier, dass bei entsprechender Weisung eine Leistungsbeziehung über den anweisenden Gesellschafter vorliegt (*Fallgestaltung 3*) oder dass bei eigener Gesellschafterstellung von einer unmittelbaren Leistungsbeziehung zwischen der GmbH und dem Zuwendungsempfänger auszugehen ist (*Fallgestaltung 4*).

Es ließe sich der theoretische Fall bilden, dass beide Gesellschafter die Zuwendung anweisen oder als gemeinsam vertretungsberechtigte Geschäftsführer vornehmen. Insoweit könnte die Zuwendung der GmbH als (hälftige) Leistungen der Gesellschafter an den Empfänger beurteilt werden, die den Gesellschaftern ihrerseits (hälftig) von der Gesellschaft geleistet wurden. Regelmäßig wird die Weisung jedoch einem Gesellschafter zuzuordnen sein.

(4) Keine mittelbaren Leistungsbeziehungen

Wie bereits zu Beginn der Darstellung der Leistungsbeziehungen gezeigt, ist dennoch nicht stets von mittelbaren Leistungen im Dreiecksverhältnis auszugehen. Zunächst sei auf die schon behandelten Fallgestaltungen einer Ein- oder Zwei-Personen-GmbH verwiesen. Erfolgt dort einvernehmlich eine verdeckte Gewinnausschüttung, dann ist allen Beteiligten bewusst, dass nur eine Leistung der GmbH an den begünstigten Gesellschafter vorliegt. Dies ist bei Mehr-Personen-Gesellschaften regelmäßig aus innergesellschaftlich-wirtschaftlichen Gründen gerechtfertigt, beispielsweise, weil ein Gesellschafter eine erhöhte Gewinnbeteiligung

---

700 *Fastrich*, in: Baumbach/Hueck, § 29 Rz. 68; *Roth*, in: Roth/Altmeppen, § 29 Rz. 60a; *Müller*, in: U/H/L, § 29 Rz. 160.

aufgrund besonderen Einsatzes für die GmbH erhalten soll. Doch auch, wenn sich ein Gesellschafter-Geschäftsführer ohne Kenntnis des Mitgesellschafters eine überhöhte Vergütung zukommen lässt oder ein Fremd-Geschäftsführer eine solche auszahlt, liegt eine bereicherungsrechtliche Leistungsbeziehung – von Fällen widerrechtlicher Handlungen abgesehen – allein im unmittelbaren Verhältnis zwischen GmbH und Gesellschafter vor.

Von diesen klassischen Zwei-Personen-Beziehungen zu unterscheiden sind jedoch diejenigen Fälle, in denen die Vorstellungen der Beteiligten nicht übereinstimmen. Dann gilt es, für die Zweck- und Zielrichtung der Vorteilzuwendung auf den objektiven Empfängerhorizont abzustellen. Entscheidend sind stets die Umstände des Einzelfalls. War die gesellschaftliche Veranlassung der Zuwendung für den Dritten nicht zu erkennen, lag aus objektiver Sicht nur eine Leistung der GmbH vor. Dies ist ebenfalls anzunehmen, wenn nur der (Fremd-)Geschäftsführer und der veranlassende Gesellschafter den Vorteil erkannten. In diesen Fällen kann eine Leistungsbeziehung nur zwischen Gesellschaft und nahestehendem Zuwendungsempfänger vorliegen.[701]

2. Wertung der Kapitalerhaltungsnormen

Über die soeben herausgearbeiteten bereicherungsrechtlichen Wertungen hinaus spricht auch der Regelungskomplex der Kapitalerhaltung bei Kapitalgesellschaften (§§ 30, 31 GmbHG) für die zivilrechtlichen Leistungsbeziehungen im Verhältnis zwischen Gesellschaft und Gesellschafter und zwischen Gesellschafter zur nahestehenden Person (als Nichtgesellschafter).

Führen „Auszahlungen" i.S.d. § 30 GmbHG zu einer Unterbilanz, entsteht grundsätzlich ein Rückzahlungsanspruch nach § 31 GmbHG gegen den empfangenden Gesellschafter. „Auszahlung" bedeutet einen Vermögenstransfer von der Kapitalgesellschaft an einen Gesellschafter, der eine Verminderung des GmbH-Vermögens und eine entsprechende Vermögensmehrung zu Gunsten des Gesellschafters zur Folge hat.[702] Erfasst werden jedoch nur Zuwendungen im Hinblick auf die Mitgliedschaft. Das Auszahlungsverbot soll verhindern, dass die Gesellschafter ihre mitgliedschaftliche Stellung ausnutzen, um einen das Stammkapital angreifenden Vermögenstransfer zu ihren Gunsten und zum Nachteil der GmbH sowie ihrer Gläubiger vorzunehmen. Nach dem Wortlaut des § 30 GmbHG sind jedoch nur Auszahlungen „an die Gesellschafter" i.S.d. § 16 GmbHG erfasst. Dritte gehören demnach nicht zum Adressatenkreis. Daher ist es notwendig, mögliche Umgehungen der Vorschrift durch Auszahlungen an Nicht-Gesellschafter zu verhindern. Dies ist durch eine dahin gehende Auslegung zu erreichen, dass auch mittelbar eintretende Verminderungen des Gesellschaftervermögens durch Auszahlungen an Dritte von den §§ 30, 31 GmbHG erfasst werden. Der Auszahlung an den Gesellschafter

701 *Crezelius*, ZEV 2008, 268 (271).
702 *Ekkenga*, in: MüKo GmbHG, § 30 Rz. 126.

gleichgestellt sind daher Auszahlungen an Dritte, die auf Grund verwandtschaftlicher oder wirtschaftlicher Verbundenheit ein besonderes Näheverhältnis aufweisen („qualifizierte Nähe“).[703] Hierdurch werden die nahestehenden Personen nach zutreffender Auffassung jedoch nicht Zahlungsempfänger i.S.d. § 30 Abs. 1 S. 1 GmbHG.[704] Sie sind weder nach rechtlicher noch nach wirtschaftlicher Sichtweise Gesellschafter, sondern nur durch eine verbotene Auszahlung begünstigt. Es besteht gleichwohl die widerlegliche Vermutung, dass unmittelbare Zuwendungen der Gesellschaft an nahe Angehörige indirekte Leistungen an den Gesellschafter darstellen und diesen somit in die Haftung nach §§ 30, 31 GmbHG bringt. Der Gesellschafter gibt das Zugewendete seinerseits sodann weiter. Diese Vermutung lässt sich mit der Überlegung rechtfertigen, dass die GmbH ihr Vermögen als Kaufmann nicht an unbeteiligte Dritte verschenken würde. Vielmehr geschehen solche Vermögensverschiebungen im Hinblick auf das Näheverhältnis des tatsächlichen Empfängers zum Gesellschafter. Innerhalb dieser Beziehung kommen wiederum unterschiedliche Rechtsgründe für die Leistung in Betracht, beispielsweise die Erfüllung einer Unterhaltspflicht oder eine Schenkung.[705]

Das Gesellschaftsrecht geht also in den Fällen verdeckter Vorteilszuwendungen an nahestehende Personen (als Nichtgesellschafter) regelmäßig von unmittelbaren Leistungsbeziehungen zwischen GmbH und Gesellschafter, sowie Gesellschafter und Dritten aus. Hieran ändert die tatsächlich nur zwischen GmbH und nahestehender Person stattfindende Vorteilszuwendung nichts. Diese Wertungen können jedoch nicht auf die Regeln zur Erhaltung des Stammkapitals begrenzt sein. Sie müssen vielmehr auch dann gelten, wenn die Zuwendungen aus dem nicht gebundenen Vermögen stammen, weil die Deutung der Leistungsbeziehungen grundsätzlich einheitlichen Wertungen unterliegt und nicht davon abhängen kann, ob das Stammkapital berührt ist oder nicht.[706] Somit spricht auch die Wertung der Kapitalerhaltungsnormen für eine Leistung der GmbH an den Gesellschafter.

Ist die nahestehende Person zugleich Gesellschafter, führt dies regelmäßig zu einer eigenen Haftung nach §§ 30, 31 GmbHG. Auch dies stimmt mit dem bereits gefundenen Ergebnis überein, dass regelmäßig von einer unmittelbaren Leistungsbeziehung an den Empfänger auszugehen ist, auch wenn dieser dem Mitgesellschafter nahesteht. Selbst wenn aufgrund des Nahestehens der Gesellschafter ausnahmsweise eine mittelbare Leistung anzunehmen wäre, kann die (von der mittelbaren Leistungsbeziehung abweichende) unmittelbare Haftung des tatsächlich empfangenden Gesellschafters mit dem Schutzweck der Kapitalerhaltungsnormen zugunsten der Gesellschaftsgläubiger begründet werden. Der tatsächliche Zuwendungsempfänger

---

703 *Altmeppen*, in: Roth/Altmeppen, § 30 Rz. 31.

704 *Ekkenga*, in: MüKo GmbHG, § 30 Rz. 162; *Altmeppen*, in: Roth/Altmeppen, § 30 Rz. 51.

705 *Ekkenga*, in: MüKo GmbHG, § 30 Rz. 162; *Altmeppen*, in: Roth/Altmeppen, § 30 Rz. 48 f.

706 Vgl. *Hübner*, JbFSt 2008/2009, 668 (675 ff.); *ders.* DStR 2008, 1357 (1359). *Fischer*, in: F/J/P/W, § 7 Rz. 133 f.

wird aufgrund der erhaltenen „Auszahlung“ die Stammkapitaldeckung am effektivsten wieder herstellen können.

3. *Zwischenergebnis*

Ausgangspunkt für die Beurteilung freigebiger Zuwendungen in Mehr-Personen-Verhältnissen ist die Frage, innerhalb welcher Beziehungen freigebige Zuwendungen vorliegen können. Im Kern geht es dabei um die Feststellung der Beteiligten. Hierfür kann auf die Dogmatik der Rückabwicklung ungerechtfertigter Bereicherungen in Anweisungsfällen und der dort notwendigen Beurteilung der jeweiligen Leistungsbeziehungen zurückgegriffen werden. Gewinnausschüttungen an nahestehende Dritte können sich hiernach als Fälle mittelbarer Leistungsbeziehungen darstellen.

Für offene Gewinnausschüttungen folgt dieses Ergebnis unmittelbar aus der Figur des abgekürzten Zahlungswegs, § 362 Abs. 2 BGB i.V.m. § 185 BGB. Dem Gesellschafter steht aufgrund der Beschlussfassung der Gesellschafterversammlung ein eigener Anspruch gegen die Gesellschaft zu. Er ermächtigt die Gesellschaft, nicht an ihn, sondern mit schuldbefreiender Wirkung an einen Dritten (den begünstigten Gesellschafter oder die nahestehende Person) zu leisten. Bereicherungsrechtlich liegt daher nur eine eigene Leistung der Gesellschaft an den Gesellschafter und eine solche des Gesellschafters an den Dritten vor.

Dieses Ergebnis lässt sich auf verdeckte Gewinnausschüttungen übertragen. Dort steht dem Gesellschafter zwar kein Anspruch gegen die Gesellschaft zu, auf den die Gesellschaft leistet. Auch ist ein allgemeines Entnahmerecht mit der abschließenden Regelung des § 29 GmbHG abzulehnen. Gleichwohl ist die entscheidende Wertung darin zu sehen, dass der Gesellschafter aufgrund seiner gesellschaftsvertraglichen Sonderverbindung eine Anweisung erteilen kann und die Gesellschaft dieser Anweisung durch Auszahlung an einen Dritten folgt. Die Veranlassung der Vermögensverschiebung durch den Gesellschafter rechtfertigt es, ihm die Zuwendung an den Dritten zuzurechnen.

Der veranlassende Gesellschafter erhält durch die Leistung der Gesellschaft einen eigenen Leistungsgegenstand. Dieser ist nicht in der grundsätzlich eintretenden Befreiung von einer Verbindlichkeit gegenüber dem Dritten zu sehen. Der Leistungsgegenstand liegt vielmehr in dem materiellen Vorteil, den die Gesellschaft dem Dritten tatsächlich zuwendet. Der Vorgang ist im Sinne einer wertenden „als ob“ Betrachtung dahin gehend zu würdigen, dass der Vorteil zunächst in das Vermögen des Gesellschafters und von dort in das Vermögen des Dritten gelangt. Hierbei gilt es zu beachten, dass die Anweisung zur Auszahlung und der angewiesene Verzicht (auf Ansprüche) bei wertender Betrachtung gleich zu behandeln sind.

Mittelbare Leistungsbeziehungen können jedenfalls dann angenommen werden, wenn die Vorstellungen der Beteiligten übereinstimmen. Erfolgt eine verdeckte Gewinnausschüttung an einen nahestehenden Nicht-Gesellschafter, ist daher regelmäßig eine Leistung der Gesellschaft an den Gesellschafter und eine Leistung von diesem an den nahestehenden Dritten anzunehmen. Bei gleichzeitiger

Gesellschafterstellung des Dritten ist dagegen nur ausnahmsweise eine Leistung „übers Eck“ gewollt. Grundsätzlich wird somit eine unmittelbare Leistung der Gesellschaft an den Dritten (als Anteilseigner) vorliegen.

Stimmen die Vorstellungen der Beteiligten dagegen nicht überein, ist für die Zweck- und Zielrichtung der Vorteilszuwendung auf den objektiven Empfängerhorizont abzustellen. Ob in diesen Fällen eine mittelbare oder vielmehr eine unmittelbare Leistungsbeziehung zum tatsächlichen Zuwendungsempfänger vorliegt, ist letztlich eine Frage des Einzelfalls.

Die vorangegangenen Überlegungen werden auch durch die gesellschaftsrechtlichen Kapitalerhaltungsnormen bestätigt. Dort besteht die widerlegliche Vermutung, dass unmittelbare Zuwendungen an nahestehende Dritte im Ergebnis unmittelbare Leistungen an den Gesellschafter darstellen, die dieser seinerseits weiterreicht. Diese gesellschaftsrechtliche Erkenntnis ist jedoch nicht auf Wertabgaben aus dem gebunden Vermögen beschränkt, sondern hat auch darüber hinaus zu gelten.

III. Ertragsteuerliche Konsequenzen

Es stellt sich nunmehr die Frage, ob die aufgezeigten zivilrechtlichen Wertungen auch auf die steuerliche Behandlung von Mehr-Personen-Konstellationen zu übertragen sind. Der BFH ist der Ansicht, dass die verdeckte Gewinnausschüttung an nahe Angehörige auf einer rein wirtschaftlichen Betrachtungsweise fuße. Die ertragsteuerliche Beurteilung sei daher reine Fiktion und knüpfe gerade nicht an die bürgerlich-rechtlichen Vorgaben an.

Entgegen dieser Behauptung soll im folgenden Teil der Arbeit aufgezeigt werden, dass die verdeckte Gewinnausschüttung auf einer zutreffenden Einordnung der zivilrechtlichen Beziehungen durch das Ertragsteuerrecht aufbaut. Dabei orientiert sich die Arbeit wiederum an den zu Beginn dargestellten Fallgestaltungen und der grundlegenden Unterscheidung zwischen mittelbaren und nicht mittelbaren Leistungsbeziehungen.

1. Mittelbare Leistungsbeziehungen im Ertragsteuerrecht

Wendet eine Kapitalgesellschaft einem nahestehenden Dritten etwas zu, so erbringt sie, jedenfalls in den Fällen einer zurechenbaren Weisung, eine Leistung nur an den Gesellschafter (*Fallgestaltung 1*). Ertragsteuerlich liegt auf Ebene der Kapitalgesellschaft eine verdeckte Gewinnausschüttung vor, § 8 Abs. 3 S. 2 KStG. Nach der Rechtsprechung des I. Senats genügt als Indiz für das Merkmal der gesellschaftlichen Veranlassung, dass der unmittelbare Zuwendungsempfänger eine dem Gesellschafter nahestehende Person ist.[707] In älteren Entscheidungen musste

707 Der I. Senat ist u.a. zuständig für die Körperschaftsteuer und somit für die Besteuerung der Gesellschaften. Der VIII. Senat ist u.a. zuständig für Kapitaleinkünfte und somit für die Besteuerung der Anteilseigner.

darüber hinaus noch ein Vorteil des Gesellschafters vorliegen.[708] Nunmehr soll die verdeckte Gewinnausschüttung dagegen keinen Zufluss beim Gesellschafter mehr voraussetzen. Die Rechtsfolge des § 8 Abs. 3 S. 2 KStG trete auch dann ein, wenn der Vermögensminderung bei der Gesellschaft eine Vermögensmehrung beim Gesellschafter von Null Euro entspreche und somit rein ideeller Natur sei.[709]

Auch der VIII. Senat des BFH fordert für eine verdeckte Gewinnausschüttung auf Ebene der Anteilseigner i.S.d. § 20 Abs. 1 Nr. 1 S. 2 EStG keinen tatsächlichen Zufluss oder ein vermögenswertes Interesse des Gesellschafters.[710] Es genüge eine persönliche Nähebeziehung zum Dritten, um aufgrund des ersten Anscheins von einer eigenen Zuwendung des Gesellschafters ausgehen zu können. Der Vorteil brauche diesem nur mittelbar und dergestalt zugewendet werden, dass eine nahestehende Person aus der Vermögensverlagerung Nutzen ziehe. Eine eigene Rechtspflicht müsse der Gesellschafter nicht erfüllen.[711] Liege hiernach eine verdeckte Gewinnausschüttung vor, sei die Zuwendung zu Lasten der Gesellschaft ertragsteuerrechtlich so zu beurteilen, als hätte der Gesellschafter den Vorteil erhalten und diesen an die nahestehende Person weitergegeben. Für den Gesellschafter handele es sich um eine einkommensteuerrechtlich unbeachtliche Einkommensverwendung. Dieser Ansicht folgen sowohl die Finanzverwaltung[712] als auch die Literatur[713].

Soweit keine entkräftenden Darlegungen der Beteiligten vorgebracht werden, spricht der Beweis des ersten Anscheins somit dafür, dass die nahestehende Person den Vorteil ohne ihre Beziehung zum Gesellschafter nicht erhalten hätte. Dies stimmt mit dem zuvor gefundenen zivilrechtlichen Ergebnis überein, dass aus objektiver Empfängersicht regelmäßig nur Leistungsbeziehungen zwischen der Gesellschaft und dem Gesellschafter sowie zwischen diesem Gesellschafter und dem nahestehenden Drittem vorliegen. Dieser Erkenntnis trägt der Anscheinsbewies einer mittelbaren verdeckten Gewinnausschüttung zutreffend Rechnung.

a) Gesellschafter als Zuwendungsempfänger

Da jedoch nicht stets mittelbare Leistungsbeziehungen vorliegen, schränkt der VIII. Senat den Anscheinsbeweis dahin gehend ein, dass andere Ursachen für die Zuwendung als das Nahestehen des Empfängers zum Gesellschafter auszuschließen

---

708 Vgl. nur *BFH*, Urteil v. 27.01.1972, I R 28/69, BStBl. II 1972, 320 (321).

709 *BFH*, Urteil v. 18.12.1996, I R 139/94, DStR 1997, 535 (536).

710 *BFH*, Urteil v. 19. 6. 2007, VIII R 54/05, DStR 2007, 1625 (1626); *BFH*, Urteil v. 22.2.2005, VIII R 24/03, DStR 2005, 764 (765).

711 *BFH*, Urteil v 30.11.2010, VIII R 19/07, BFH/NV 2011, 449 (452).

712 BMF-Schreiben vom 20.5.1999, IV C 6 , S. 2252 – 8/99, BStBl. I 1999, 514 ff.

713 Vgl. nur *Gosch*, in: Gosch, § 8 Rz. 227; *ders.*, DStR 1998, 1550 f.; *Kohlhepp*, in: Schnitger/Fehrenbacher, § 8 Rz. 327 und 295; *Breier/Sejdija*, GmbHR 2011, 290 (293); a.A. *Paus*, DStZ 1997, 739 (740 f.).

seien.[714] Nur dann könne davon ausgegangen werden, dass der Dritte den Vorteil ohne seine Beziehung zu einem Gesellschafter nicht erhalten hätte. Dies sei etwa bei gleichzeitiger Gesellschafterstellung der nahestehenden Person nicht gegeben (*Fallgestaltung 2*). Das eigene Gesellschaftsverhältnis könne ebenso gut für die Vorteilszuwendung ausschlaggebend sein. Gleichwohl sei die verdeckte Gewinnausschüttung dann nicht aufzuteilen. Es müsse vielmehr ohne Beweiserleichterung festgestellt werden, wer die Vorteilszuwendung veranlasst habe.

Die Erschütterung des Anscheinsbeweises durch den anderen Gesellschafter wurde teilweise kritisiert.[715] Vielmehr sei davon auszugehen, dass der nicht empfangende Gesellschafter bewusst beteiligt sei und auf eine höhere Gewinnausschüttung verzichte. Demnach wende auch er der nahestehenden Person einen Vorteil zu, weshalb eine quotale Aufteilung des überhöhten Teils auf die Gesellschafter vorzunehmen sei. Die Rechtsprechung führe dazu, dass bei nur geringfügiger Gesellschaftsbeteiligung eine vollumfängliche Erfassung bei der nahestehende Person erfolge. Dagegen würden bei fehlender Gesellschafterstellung – aufgrund des Anscheinsbeweises – nur dem beteiligten Gesellschafter Kapitaleinkünfte zugerechnet.

Eine derartige quotale Veranlassung und Aufteilung ist jedoch abzulehnen. Die Erkenntnisse hinsichtlich der zivilrechtlichen Leistungsbeziehungen zeigen, dass aus objektiver Sicht bei eigener Gesellschafterstellung regelmäßig nur eine Leistungsbeziehung zwischen Gesellschaft und tatsächlichem Zuwendungsempfänger vorliegt. Daher würde ein derartiger Beweis des ersten Anscheins die Ausnahme einer mittelbaren Veranlassung (bei Gesellschafterstellung des Empfängers) zur Regel erheben und die tatsächliche Zuwendung der Gesellschaft grundsätzlich in zwei Leistungsbeziehungen aufspalten. Vielmehr sind die Gegebenheiten des Einzelfalls entscheidend. Es gilt festzustellen, in welchen Verhältnissen tatsächlich eine Leistung vollzogen wurde. Eine Aufteilung erscheint nur dann legitim, wenn aufgrund der Beweislage keine hinreichenden Feststellungen getroffen werden können. Daher mag eine regelmäßige quotale Zurechnung zwar den wirtschaftlichen Gegebenheiten entsprechen. Sie widerspricht jedoch der zivilrechtlichen Ausgestaltung bzw. den rechtsgeschäftlichen Vorstellungen der Parteien.

b) Verzicht auf Ansprüche der Gesellschaft

Verzichtet die Gesellschaft gegenüber einem Dritten auf Ansprüche und geschieht dies auf Weisung eines Gesellschafters, so ist dieser Fall einer zivilrechtlichen Leistung der Gesellschaft an den Gesellschafter und des Gesellschafters an die nahestehende Person gleichzustellen. Hiermit übereinstimmend liegt auch ertragsteuerlich

---

714 *BFH*, Urteil v. 19. 6. 2007, VIII R 54/05, DStR 2007, 1625 (1626); *BFH*, Urteil v. 22.2.2005, VIII R 24/03, DStR 2005, 764 (765).

715 *Breier/Sejdija*, GmbHR 2011, 290 (294); *Friz/Grünwald*, FR 2012, 911 (919); wohl auch *van Lishaut/Ebber/Schmitz*, Ubg 2012, 1 (12).

eine mittelbare verdeckte Gewinnausschüttung vor.[716] Die Gewinnminderung auf Ebene der Gesellschaft kann in der verhinderten Vermögensmehrung gesehen werden, wenn die Kapitalgesellschaft aus gesellschaftsrechtlichen Gründen darauf verzichtet, eine Forderung einzufordern oder einzuklagen und zu vollstrecken.[717]

Wiederum in Übereinstimmung mit den Leistungsbeziehungen sind auf Ebene des Gesellschafters Einkünfte aus Kapitalvermögen zu erfassen. Ist der nahestehende „Empfänger", zu dessen Gunsten auf Ansprüche verzichtet wird, dagegen zugleich Gesellschafter, ist nur bei Vorliegen besonderer Anhaltpunkte davon auszugehen, dass der Mitgesellschafter ihm etwas zuwenden wollte. Regelmäßig wird der Fall als unmittelbare Leistung der Gesellschaft an den begünstigten Gesellschafter zu behandeln sein. Folgerichtig liegt ertragsteuerlich dann eine unmittelbare verdeckte Gewinnausschüttung an diesen vor.

c) *Sonderkonstellationen*

Fallgestaltung 3 (Zuwendungsempfänger ist nicht Gesellschafter) und *Fallgestaltung 4* (Zuwendungsempfänger ist Gesellschafter) zeichnen sich hingegen dadurch aus, dass mehrere Gesellschafter dem Zuwendungsempfängers nahe stehen. Nach Ansicht des VIII. Senats ist in beiden Fallgestaltungen der Anscheinsbeweis einer mittelbaren Zuwendung wiederum wegen des mehrfachen Nahestehens erschüttert.[718] Es müsse sodann ohne Beweiserleichterung festgestellt werden, wer die Ausschüttung veranlasst hat. Diesem Gesellschafter seien Kapitaleinkünfte zuzurechnen.

Auch dies entspricht den bereicherungsrechtlichen Wertungen, weil aus Sicht eines objektiven Dritten nur eine Leistung desjenigen Gesellschafters angenommen werden kann, der eine entsprechende Anweisung erteilt bzw. ohne dessen Weisung die Zuwendung unterblieben wäre. Bei gleichzeitiger Gesellschafterstellung des Zuwendungsempfängers (*Fallgestaltung 4*) sollte dagegen die Erfassung regelmäßig bei diesem selbst erfolgen. Dies entspricht der typischerweise nur zwischen der Gesellschaft und dem Anteilseigner als Zuwendungsempfänger bestehenden Leistungsbeziehung. Dennoch kommt es hier auf den Einzelfall an.

---

716 *BFH*, Urteil v. 14.9.1994, I R 6/94, BStBl. II 1997, 89 (91); *BFH*, Urteil v. 30.7.1997, I R 65/96, DStR 1998, 24 (26); *BFH*, Urteil v. 30.8.1995, I R 155/94, BFHE 178, 371 (374); *Frotscher*, in: Frotscher/Maas, KStG, Anhang zu § 8 Rz. 302 „Verzicht"; *Gosch*, in: Gosch, KStG, § 8 Rz. 522 a.E., 252; *Kohlhepp*, VGA, S. 152 f., *ders.*, in: Schnitger/Fehrenbacher, § 8 Rz. 512 ff.

717 Die Annahme einer Gewinnminderung setzt jedoch die zusätzliche Feststellung voraus, dass die Kapitalgesellschaft mutmaßlich ein obsiegendes Urteil erhalten und es erfolgreich hätte vollstrecken können, vgl. *BFH*, Urteil v. 14.9.1994, I R 6/94, BStBl. II. 1997, 89 (91).

718 *BFH*, Urteil v. 19. 6. 2007, VIII R 54/05, DStR 2007, 1625 (1626).

d) Zwischenfazit

Es zeigt sich, dass die bereicherungsrechtlichen Leistungsbeziehungen und die dahinterstehenden Wertungen der Besteuerung mittelbarer verdeckter Gewinnausschüttungen zugrunde liegen. Das Ertragsteuerrecht beruht demnach auf keiner rein wirtschaftlichen Einordnung des Sachverhalts. Vielmehr ist dies die zutreffende Konsequenz der Analyse der zivilrechtlichen Leistungsbeziehungen.[719] Dabei ist die gesellschaftliche Veranlassung zentrales Merkmal der ertragsteuerlichen verdeckten Gewinnausschüttung. Diese Veranlassungsprüfung beruht letztlich auf denselben Wertungen, nach denen die bereicherungsrechtlichen Leistungsbeziehungen festzustellen sind.

2. Keine mittelbaren Leistungsbeziehungen

Nachfolgend werden diejenigen Gestaltungen untersucht, die sich zunächst nicht in die Kategorie mittelbarer Leistungsbeziehungen (im Dreieck) einordnen lassen. Keine größeren Probleme bereiten dabei einvernehmliche verdeckte Gewinnausschüttungen, auch wenn sich die Gesellschafter in einer Zwei-Personen-GmbH nahe stehen (*Fallgestaltung 2*). Erfolgen diese beteiligungskongruent – also dem Beteiligungsverhältnis entsprechend – sollte eine Zurechnung von Einkünften nur beim jeweiligen Empfänger erfolgen.[720] Im Falle disquotaler Ausschüttungen besteht dagegen keine Vermutung für eine mittelbare Gewinnausschüttung des Mitgesellschafter an den tatsächlichen Zuwendungsempfänger. Der Anscheinsbeweis ist bei gleichzeitiger Gesellschafterstellung des Empfängers erschüttert.[721] Zwar ist in diesen Fällen ohne Beweiserleichterung festzustellen, wer die Zuwendung veranlasst hat. Dennoch wird die Gewinnausschüttung nur dem tatsächlichen Empfänger zuzurechnen sein, weil regelmäßig wirtschaftliche Gründe für ungleichmäßige Ausschüttungen vorgebracht werden können. Es wird also oftmals an Indizien fehlen, aufgrund derer festgestellt werden könnte, dass auch der Mitgesellschafter etwas zuwenden wollte. Ertragsteuerrechtlich ist dann von einer unmittelbaren verdeckten Gewinnausschüttung an den Empfänger auszugehen.[722]

Größere Probleme entstehen, wenn die Beteiligten nicht offensichtlich einvernehmlich handeln. Für den nahestehende Dritten/Gesellschafter kann sich die

---

719 So auch *Crezelius*, ZEV 2008, 268 (272). A.A. *BFH*, Urteil v. 7.11.2007, II R 28/06, DStR 2008, 346 (347).

720 Vgl. *Rengers*, in: Blümich, KStG, § 8 Rz. 434.

721 Der Anscheinsbeweis ist erschüttert, wenn die nahestehende Peron zugleich Gesellschafter ist. Die Zuwendung kann dann ebenso gut durch das eigene Gesellschaftsverhältnis veranlasst sein, vgl. nur *BFH*, Urteil v. 19. 6. 2007, VIII R 54/05, DStR 2007, 1625 (1626) und zuvor unter B.II. auf den S. 146 f. und C.III.1 auf den S. 175 ff.

722 Vgl. *BFH*, Urteil v. 29.9.1981, VIII R 8/77, BStBl. 1982, 248 (249 f.); *BFH*, Urteil v. 19.6. 2007, VIII R 54/05, DStR 2007, 1625 (1626); *FG München*, Urteil v. 26.11.2009, 11 K 3053/06, BeckRS 2011, 96008; *Lang*, Ubg 2009, 468 (475 f.).

Leistung möglicherweise nur als solche der Gesellschaft darstellen. Hierbei ist im Folgenden auf unterschiedliche Konstellationen und deren ertragsteuerliche Behandlung (stets vor dem Hintergrund der möglichen Leistungsbeziehungen) einzugehen. Zum einen können die Beteiligten von einer angemessenen Leistung ausgehen, indem sie etwa eine Vergütung des nahestehenden Dritten/Gesellschafters für angemessen halten. Zum anderen kann aus Sicht des Empfängers keine Anweisung oder sonstige Veranlassung vorliegen, sodass dieser nicht von einer mittelbaren Leistung des ihm nahestehenden (Mit-) Gesellschafters ausgehen musste. Hierunter fallen im Ergebnis auch Fälle der Untreue. Im Folgenden wird auf diese Fälle nacheinander eingegangen.

a) Annahme der Angemessenheit

Zunächst stellt sich die Frage, wie ertragsteuerlich diejenigen Sachverhalte zu beurteilen sind, in denen alle Beteiligten davon ausgehen keinen Sondervorteil zuzuwenden. Beispielsweise kann der nahestehende Dritte/Gesellschafter eine Vergütung erhalten, welche die Betriebsprüfung nachträglich als überhöht ansieht.

Ertragsteuerlich erfolgt stets eine rein objektive Korrektur des betreffenden Vorgangs. Besteht eine persönliche Zurechenbarkeit, dann sprechen grundsätzlich die objektiven Abläufe für sich und genügen für die Annahme einer verdeckten Gewinnausschüttung.[723] Diese setzt daher keine subjektiven Handlungserfordernisse voraus.[724] Es muss keine Ausschüttungsabsicht oder eine Einigung zwischen Gesellschaft und Gesellschafter über die verdeckte Zuwendung vorliegen. Die Beteiligten müssen den Sachverhalt nicht rechtlich zutreffend würdigen. Es kann nur ausnahmsweise an einer konkreten Veranlassung im Gesellschaftsverhältnis fehlen, wenn keinerlei finaler Zuwendungswillen in Richtung eines Vermögenstransfers zu Lasten der Gesellschaft und zugunsten des Gesellschafters feststeht.[725] Die Vorteilsverschiebung ist dann nicht aus gesellschaftlichen Gründen erfolgt.

Stellt sich nach Maßgabe des Fremdvergleichs[726] eine Zuwendung als unangemessen und daher gesellschaftlich veranlasst dar, liegt eine verdeckte Gewinnausschüttung vor, auch wenn die Beteiligten subjektiv von angemessenen Verhältnissen ausgingen. Daher könnte es in Mehr-Personen-Konstellationen zu einem Auseinanderfallen der Leistungsbeziehungen und ihrer ertragsteuerlichen Beurteilung kommen, wenn ein vorteilempfangender Dritter (also Nichtgesellschafter) nur von einer Leistung der Kapitalgesellschaft ausging, weil alle Beteiligten eine Zuwendung

723 *Gosch*, in: Gosch, KStG, § 8 Rz. 276 und 285 ff.

724 *BFH*, Urteil v. 29. 4. 2008, I R 67/06, DStR 2008, 1530 (1533); *BFH*, Urteil v. 03.12.1969, I R 107/69, BFHE 97, 524 (526).

725 *BFH*, Urteil v. 29. 4. 2008, I R 67/06, DStR 2008, 1530 (1533); *Rengers*, in: Blümich, KStG, § 8 Rz. 371; *Gosch*, in: Gosch, KStG, § 8 Rz. 276 f.; *Schulte*, in: Erle/Sauter, § 8 Rz. 156.

726 Vgl. zum Fremdvergleich: *Gosch*, in: Gosch, KStG, § 8 Rz. 285 ff.; *Rengers*, in: Blümich, KStG, § 8 Rz. 370 ff.

für angemessen hielten (etwa eine Vergütung). Das Steuerrecht rechnet dem nahestehenden Gesellschafter gleichwohl den Vorteil als Einkünfte zu, als läge eine Leistung der Gesellschaft an den Gesellschafter vor, den dieser weiterreicht.[727]

aa) Stellungnahme

Das Ertragsteuerrecht weicht jedoch auch hier nicht von den zugrunde liegenden Leistungsbeziehungen ab. Der Fremdvergleich dient dazu, die tatsächliche Handlungsveranlassung aufzudecken, wenn keine konkrete Veranlassung feststellbar ist. Mit seiner Hilfe sollen die Willensrichtungen der an einem tatsächlichen Lebensvorgang beteiligten Personen festgestellt werden, um die Sphäre der Einkommensverwendung von der Sphäre der Einkommenserzielung abzugrenzen.[728] Dies bedeutet, dass das Ertragsteuerrecht in „verobjektivierender" Weise die regelmäßig vorliegenden Leistungen der Gesellschaft an den Gesellschafter und von diesem an die nahestehende Person vermutet.[729] Diese Vermutung ist notwendig, weil die subjektiven Vorstellungen der Beteiligten regelmäßig nicht nachweisbar sind.[730] Hätte ein ordentlicher und gewissenhafter Geschäftsleiter i.S.d. Fremdvergleichs eine solche Zuwendung nicht oder nicht in dieser Höhe vorgenommen und stehen sich die Beteiligten zudem nahe, besteht daher die widerlegliche Vermutung einer Gewinnausschüttung (also Leistung) an den Gesellschafter, die dieser weiterreicht. Können keine gegenteiligen Anhaltspunkte vorgebracht werden, wird den Beteiligten unterstellt, dass ihnen die Vorteilszuwendung bewusst war oder sie zumindest billigend in Kauf nahmen.[731] Gosch stellt zutreffend fest, dass das „Außengeschehen" regelmäßig die Vermutung eines entsprechenden „Innenbewusstseins" rechtfertigt und sich ein entgegenstehendes Bewusstsein kaum offenlegen lässt.[732] Da im Rahmen des Fremdvergleichs ein gewisser unternehmerischer Handlungsspielraum zu berücksichtigen sei, komme es regelmäßig nur bei größeren Abweichungen vom gedachten Normverhalten eines ordentlichen und gewissenhaften Geschäftsleiters zur Umqualifizierung in eine Einkommensverwendung. Dann sei jedoch auch aus der Sicht eines objektiven Empfängers zu erkennen gewesen, dass die Zuwendung eines Sondervorteils nur aus gesellschaftlichen Gründen erfolgt sein konnte.

---

727 Ist der Empfänger zugleich Gesellschafter, erfolgt regelmäßig eine Erfassung der vGA bei ihm selbst (unmittelbare vGA) und nicht bei seinem Mitgesellschafter (mittelbare vGA). Die Leistungsbeziehungen weichen insofern nicht von der ertragsteuerlichen Beurteilung ab.

728 *Gosch*, in: Gosch, KStG, § 8 Rz. 290.

729 Vgl. *Schulze-Osterloh*, StuW 1977, 122 (129).

730 *Kohlhepp*, VGA, 2008, § 2 Rz. 34.

731 *Gosch*, in: Gosch, KStG, § 8 Rz. 277. Vgl. zur „Ernstlichkeit" von Vereinbarungen: *Rengers*, in: Blümich, KStG, § 8 Rz. 243; *Kohlhepp*, in: Schnitger/Fehrenbacher, § 8 Rz. 431.

732 *Gosch*, in: Gosch, KStG, § 8 Rz. 277.

Es bleibt somit festzuhalten, dass die ertragsteuerliche Bewertung „unbewusster" verdeckter Gewinnausschüttungen darauf beruht, dass entsprechende Leistungsbeziehungen *vermutet* werden und diese den Beteiligten jedenfalls bei lebensnaher Betrachtung bewusst sein mussten.[733] Daher ist die ertragsteuerliche Bewertung wiederum nur die Konsequenz der (vermuteten) zivilrechtlichen Gegebenheiten.

bb) Anwendung auf Fallgestaltungen

Unproblematisch sind Fälle der gleichzeitigen Gesellschafterstellung des Zuwendungsempfängers (*Fallgestaltung 2*). Die unmittelbare Leistungsbeziehung führt zu einem dem Gesellschafter von der Kapitalgesellschaft zufließenden materiellen Vorteil. Mag dieser Vorteil nach dem Vorbringen der Parteien subjektiv angemessen sein, so erfolgt gleichwohl bei Vorliegen entsprechender Indizien eine Korrektur mittels der Rechtsfigur der verdeckten Gewinnausschüttung. Daher ergibt sich auf Ebene der Gesellschaft eine verdeckte Ausschüttung nach § 8 Abs. 3 S. 2 KStG und auf Ebene des Gesellschafters ein Zufluss nach § 20 Abs. 1 Nr. 1 S. 2 EStG.

Ist die nahestehende Person dagegen nicht an der Gesellschaft beteiligt (*Fallgestaltung 1*) und gehen die Parteien von der Angemessenheit der Zuwendung aus, so läge, die Richtigkeit dieses Vortrags unterstellt, nur eine Leistung der Gesellschaft an den Dritten vor. Qualifiziert das Ertragsteuerrecht den Vorgang dennoch als mittelbare verdeckte Gewinnausschüttung, bedeutet dies nicht, dass die steuerliche Bewertung sich von der zivilrechtlichen Situation löst. Vielmehr spricht der Anscheinsbeweis dafür, dass die Beteiligten von einem „abgekürzten Leistungsweg" nach objektivem Empfängerhorizont ausgehen mussten.

b) Keine Kenntnis des Gesellschafters

Wird der Anscheinsbeweis für eine gesellschaftliche Veranlassung somit durch die subjektiven Fehlvorstellungen der Beteiligten allein nicht erschüttert, können hiervon diejenigen Fälle unterschieden werden, in denen der Gesellschafter keine Anweisung erteilte oder ihm nachweislich die Kenntnis von der Zuwendung fehlte. Denkbar sind solche Konstellationen insbesondere bei überhöhten Zuwendungen durch einen *Fremd*-Geschäftsführer. Eine mittelbare Leistungsbeziehung scheint ausgeschlossen, wenn der Gesellschafter keinerlei Kenntnis von der überhöhten Zuwendung hatte. Aus Sicht des Dritten ist der ihm nahestehende Gesellschafter nicht in die Vorteilszuwendung eingebunden. Vielmehr handelt es sich aus seiner Sicht um eine unmittelbare Leistung der Gesellschaft, die durch den Fremd-Geschäftsführer ausgeführt wird.

Soll das Ertragsteuerrecht den bürgerlich-rechtlichen Vorgaben folgen, müsste daher jedenfalls eine mittelbare verdeckte Gewinnausschüttung ausscheiden. Denn nach den zivilrechtlichen Wertungen hat der Gesellschafter gerade keinen

733 Vgl. auch *Kohlhepp*, in: Schnitger/Fehrenbacher, § 8 Rz. 354.

materiellen Vorteil erhalten. Ohne Weisung oder bewusste Duldung fehlt das entscheidende Zurechnungskriterium.

Fraglich ist jedoch, ob sodann eine verdeckte Gewinnausschüttung *nur* auf Ebene der Gesellschaft anzunehmen sein könnte. Zahlt etwa ein Fremd-Geschäftsführer eine überhöhte Vergütung an den angestellten Sohn (*Fallgestaltung 1*), die der Vater als Einzelgesellschafter nicht angewiesen hat und von der er keine Kenntnis hat, könnte das Ertragsteuerrecht diesen Geschäftsvorfall aufgrund des Nahestehens als gesellschaftlich veranlasst qualifizieren. Auf Ebene der Gesellschaft müsste eine Betriebsausgabe ausscheiden. Das Ertragsteuerrecht würde dann einer eigenen Betrachtung folgen, die von den zivilrechtlichen Wertungen abweicht. Denn ein materieller Vorteil des Gesellschafters lässt sich nicht begründen. Es könnte die Situation eintreten, dass ein gesellschaftlich veranlasster Vorgang als verdeckte Gewinnausschüttung einzuordnen wäre und zugleich der Vermögenszuwachs des Empfängers einer hiervon unabhängigen steuerlichen Beurteilung unterläge. Gesellschaftlich veranlasste Vermögensabflüsse wären auf Empfängerseite nicht zwangsläufig über § 20 Abs. 1 Nr. 1 S. 2 EStG zu erfassen.

Für die vorliegende Arbeit sind beide Fragestellungen deshalb von besonderer Relevanz, weil zum einen die grundlegende zivilrechtliche Anknüpfung des Ertragsteuerrechts hinsichtlich der Beurteilung verdeckter Gewinnausschüttungen in Frage gestellt würde. Zum anderen könnte eine verdeckte Gewinnausschüttung zugleich eine unentgeltliche Bereicherung eines Dritten darstellen. Die Wertabgabe der Gesellschaft hätte auf Ebene der Gesellschaft nach § 8 Abs. 3 S. 2 KStG keine Gewinnauswirkung und könnte bei der nahestehenden Person möglicherweise über § 7 Abs. 1 Nr. 1 ErbStG als unentgeltliche Leistungsfähigkeitssteigerung erfasst werden.

Im Folgenden soll diesen Fragen anhand einer jüngeren Entscheidung des BFH nachgegangen werden. In dieser hatte der VIII. Senat sich mit der Konstellation der fehlenden Kenntnis des Gesellschafters zu beschäftigen.[734]

aa) Urteil des VIII. Senats vom 19. 6. 2007 – VIII R 54/05

Der Sachverhalt entsprach im wesentlichen *Fallgestaltung 1*: Ein Fremd-Geschäftsführer verschaffte sich durch das Ausstellen von Scheinrechnungen widerrechtlich Geldbeträge aus dem Vermögen der Gesellschaft. Der Mehrheits-Gesellschafter hatte hiervon keine Kenntnis. Beide waren jedoch einander nahestehende Personen. Das Gericht entschied, dass dem Gesellschafter keine Einkünfte nach § 20 Abs. 1 Nr. 1 S. 2 EStG persönlich zuzurechnen seien. Der Anscheinsbeweis für eine Veranlassung durch das Gesellschaftsverhältnis sei erschüttert, weil der Geschäftsführer dem Gesellschafter zwar nahestehe, diesem die widerrechtlichen, eigenmächtigen Maßnahmen des Geschäftsführers aber nicht bekannt gewesen seien und diese auch nicht in seinem Interesse erfolgten. Überdies lehnte der BFH eine gesellschaftliche Pflicht zur Überwachung des Geschäftsführers ab, sodass auch hierüber keine gesellschaftliche

734 *BFH*, Urteil v. 19.6. 2007, VIII R 54/05, DStR 2007, 1625 ff.

Veranlassung begründet werden konnte. Eine Zuwendung der Gesellschaft an den Gesellschafter und sodann des Gesellschafters an den Geschäftsführer könne nur angenommen werden, wenn der Gesellschafter Kenntnis von den widerrechtlichen Maßnahmen habe und ihn bewusst gewähren ließe.[735]

In den weiteren (nicht entscheidungserheblichen) Anmerkungen führt der VIII. Senat jedoch aus, dass gleichwohl auf Ebene der Gesellschaft eine verdeckte Gewinnausschüttung nach § 8 Abs. 3 S. 2 KStG vorliegen könne, weil eine Korrektur unabhängig von der Feststellung eines Zuflusses auf Ebene des Gesellschafters erfolge.[736] Daher sei denkbar, dass eine gesellschaftlich veranlasste Vermögensminderung bzw. verhinderte Vermögensmehrung aufgrund des Näheverhältnisses zwischen Geschäftsführer und Gesellschafter vorliege, obwohl eine Erfassung als verdeckte Gewinnausschüttung auf Ebene des Gesellschafters ausscheide. Zudem könne der Geschäftsführer Einkünfte nach § 19 EStG oder § 15 EStG erzielt haben, weil eine Zurechnung der Einnahmen zum Gesellschafter gerade ausscheide.

bb) Stellungnahme

Zunächst lässt sich dem Urteil des VIII. Senats entnehmen, dass die Zurechnung einer Wertabgabe nach § 20 Abs. 1 Nr. 1 S. 2 EStG durch unmittelbare Zuwendung an einen Dritten (*Fallgestaltung 1*) ertragsteuerlich ausscheiden muss, wenn der Gesellschafter keine Kenntnis von der Zuwendung hatte. Dann ist der Erschütterungsbeweis erbracht, wonach die Zuwendung ohne das Nahestehen zum Gesellschafter nicht erfolgt wäre.[737] Dies kann nicht auf den Fall einer widerrechtlichen Handlung des Fremd-Geschäftsführers beschränkt sein, sondern muss auch für sonstige Zuwendungen an Dritte gelten. Eine mittelbare verdeckte Gewinnausschüttung scheidet aus, wenn der Anscheinsbeweis bei nachweislich fehlender Kenntnis des Gesellschafters widerlegt ist.

Unabhängig davon, soll nach der Rechtsprechung des VIII. Senats aber eine verdeckte Gewinnausschüttung auf Ebene der Gesellschaft nach § 8 Abs. 3 S. 2 KStG in Betracht kommen. Dabei stützt der BFH seine Überlegungen auf das Nahestehen zwischen Geschäftsführer und Gesellschafter und der hierauf beruhenden Möglichkeit, dass der Gesellschafter dem Geschäftsführer unwissentlich die Gelegenheit gab, sich eigenmächtig aus dem Gesellschaftsvermögen zu bereichern. Diese Wertungen können nicht unmittelbar auf Vorteilszuwendungen an nahestehende Dritte übertragen werden, denn regelmäßig ist nicht der Geschäftsführer die nahestehende Person, sondern ein außerhalb der Gesellschaft stehender Dritter (*Fallkonstellation 1*).

---

735 *BFH*, Urteil v. 19.6.2007, VIII R 54/05, DStR 2007, 1625 (1626 f.). Vgl. zur Vorinstanz: *FG Münster*, Urteil v. 22.7.2005, 11 K 5828/03 E, DStRE 2006, 1402 (1403). Vgl. auch zur ersten Berücksichtigung dieser Rechtsprechung *FG München*, Urteil v. 26.11.2009, 11 K 3053/06, BeckRS 2011, 96008, Revision VIII R 22/11.

736 *BFH*, Urteil v. 19.6.2007, VIII R 54/05, DStR 2007, 1625 (1627).

737 *Kohlhepp*, DB 2007, 2446 (2449).

Gleichwohl kann dem Urteil entnommen werden, dass derselbe Vorgang nach Ansicht des VIII. Senats auf Ebene der Gesellschaft gesellschaftlich veranlasst ist, auf Ebene des Gesellschafters jedoch nicht.[738] Hiermit könnte die schon oben beschriebene Situation eintreten, dass ein gesellschaftlich veranlasster Vorgang auf der einen Seite als verdeckte Gewinnausschüttung einzuordnen wäre, der hieraus resultierende Leistungsfähigkeitszuwachs des Empfängers auf der anderer Seite jedoch einer völlig unabhängigen steuerlichen Beurteilung unterliegen könnte (etwa § 7 Abs. 1 Nr. 1 ErbStG).

Eine solch strikte Trennung der Ebenen wird in der Literatur teilweise befürwortet.[739] Dies folge aus der objektiven Zielrichtung der verdeckten Gewinnausschüttung. Die außerbilanzielle Hinzurechnung diene dazu, die wirtschaftliche Leistungsfähigkeit der Kapitalgesellschaft zutreffend zu erfassen. Hierfür sei jedoch nicht entscheidend, dass einem Anteilseigner entsprechende Kapitaleinkünfte zugerechnet werden könnten. Vielmehr genüge eine anderweitige steuerliche Erfassung der Zu- oder Abflüsse. Insofern sei den Überlegungen des VIII. Senats, eigene Einkünfte des Geschäftsführers anzunehmen, zuzustimmen.[740]

Dieser Ansicht ist zwar zuzugeben, dass eine zeitliche oder tatsächliche Korrespondenz zwischen Ausschüttung auf Ebene der Gesellschaft und Zufluss beim Anteilseigner nicht vorliegen muss.[741] Dennoch ist entgegen der vorgetragenen Bedenken von einer objektiven Korrespondenz beider Ebenen auszugehen. Denn zu beachten ist, dass verdeckte Gewinnausschüttungen auf der Annahme einer gesellschaftlichen Veranlassung beruhen. Diese ist verbindendes Merkmal zwischen § 8 Abs. 3 S. 2 KStG und § 20 Abs. 1 Nr. 1 S. 2 EStG.[742] Ist der Anscheinsbeweis der gesellschaftlichen Veranlassung widerlegt, weil der Geschäftsführer eigenmächtig handelte (und ist daher gerade eine Leistung der Gesellschaft an den Gesellschafter sowie des Gesellschafters an den Geschäftsführer abzulehnen), kann auf Ebene der Gesellschaft keine hiervon abweichende Veranlassung vorliegen.

Diese Argumentation liegt auch auf einer Linie mit der Rechtsprechung des I. Senats und dem von ihm aufgestellten Merkmal der Vorteilsgeneigtheit.[743] Die Ausschüttung nach § 8 Abs. 3 S. 2 KStG muss die Eignung haben, beim Empfänger zu einem sonstigen Ertrag nach § 20 Abs. 1 Nr. 1 S. 2 EStG zu führen.[744] Zwar kann der Rechtsprechung nicht eindeutig entnommen werden, ob hierin ein eigenständiges

738 Kritisch insoweit auch: *Gosch*, in: Gosch, KStG, § 8 Rz. 229; *Kohlhepp*, DB 2007, 2446 (2448).

739 *Crezelius*, ZEV 2008, 268 (271 f.); wohl auch *Pezzer*, FR 2007, 1160.

740 *Pezzer*, FR 2007, 1160.

741 *BFH*, Urteil v. 09.8.1989, I R 4/84, BStBl. II 1990, 237 (239 f.); *Gosch*, in: Gosch, KStG, § 8 Rz. 170.

742 *Gosch*, in: Gosch, KStG, § 8 Rz. 170. Vgl. auch *Kohlhepp*, DB 2007, 2446 (2448).

743 *BFH*, Urteil v. 7.8.2002, I R 2/02, DStR 2002, 2215 (2216); *BFH*, Urteil v. 05.3.2008, I R 45/07, DStRE 2008, 1138 (1139 f.).

744 Seit *BFH*, Urteil v. 7.8.2002, I R 2/02, DStR 2002, 2215 (2216); *BFH*, Urteil v. 05.3.2008, I R 45/07, DStRE 2008, 1138 (1139 f.).

Tatbestandsmerkmal der verdeckten Gewinnausschüttung zu sehen ist oder ob diese Eignung einen weiteren Aspekt der gesellschaftlichen Veranlassungsprüfung darstellt. Unabhängig von der Einordnung ist für die objektive Eignung jedenfalls ein mittelbarer Vorteil des Gesellschafters im Sinne einer sachlichen Korrespondenz erforderlich.[745] Es muss daher ein Zufluss nach § 20 Abs. 1 Nr. 1 S. 2 i.V.m. § 11 EStG eintreten *können*, was wiederum eine gesellschaftliche Veranlassung der Zuwendung voraussetzt. Gosch sieht hierin zutreffend das „missing link" zwischen Erhalt des Vorteils beim nahestehenden Dritten und der Zurechnung zum Gesellschafter.[746]

Diese Zurechnung und damit die Vorteilseignung ist jedoch stets im konkreten Fall festzustellen. Der materielle Vorteil des Dritten muss die Folge des Nahestehens und der daraus resultierenden Veranlassung im Gesellschaftsverhältnis sein. Nur dann kann die Vorteilsgeneigtheit und mit ihr eine verdeckte Gewinnausschüttung nach § 8 Abs. 3 S. 2 KStG angenommen werden.[747] Bestehen mittelbare Leistungsbeziehungen und erhält die nahestehende Person unmittelbar von der Gesellschaft eine Zuwendung, liegt diese Eignung vor. Mittelbare Zuwendungen an nahestehende Dritte werden aufgrund dieses Kriteriums daher nicht ausgeschlossen.[748] Steht jedoch fest, dass dem Gesellschafter Kapitaleinkünfte nicht zugerechnet werden können, weil der Gesellschafter – wie im Fall des VIII. Senats – gar keine Kenntnis von der Vorteilszuwendung hatte, und werden vielmehr beim Geschäftsführer Einkünfte für möglich gehalten, muss eine verdeckte Gewinnausschüttung auch auf Ebene der Kapitalgesellschaft ausscheiden. Zutreffend wird daher kritisiert, dass der VIII. Senat im Gegensatz zur Ansicht des I. Senats eine „abstrakte" Vorteilseignung genügen lasse, dem im Kern ein Fehlverständnis zugrunde liege.[749]

(1) Nichtgesellschafter als Zuwendungsempfänger

Daher scheidet im Falle der fehlenden Zurechenbarkeit zum Gesellschafter stets eine gesellschaftliche Veranlassung aus. Hatte dieser keine Kenntnis von der Zuwendung, kommt auf Ebene der Gesellschaft eine Korrektur über § 8 Abs. 3 S. 2 KStG und ebenso eine Zurechnung von Einkünften nach § 20 Abs. 1 Nr. 1 S. 2 EStG nicht in Betracht. Gleiches gilt bei Vorteilzuwendungen des Fremd-Geschäftsführers an einen Dritten (Fallgestaltung 1). Eine verdeckte Gewinnausschüttung (auf Ebene der Gesellschaft und des Gesellschafters) ist bei fehlender Kenntnis des nahestehenden Gesellschafters abzulehnen.

---

745 *Gosch*, in: Gosch, KStG, § 8 Rz. 170.

746 *Gosch*, in: Gosch, KStG, § 8 Rz. 227.

747 *Gosch*, in: Gosch, KStG, § 8 Rz. 228.

748 *Gosch*, in: Gosch, KStG, § 8 Rz. 227; *Kohlhepp*, in: Schnitger/Fehrenbacher, § 8 Rz. 469.

749 *Gosch*, in: Gosch, KStG, § 8 Rz. 229; a.A. *Kohlhepp*, DB 2007, 2446 (2449), der die Ausführungen des VIII. Senats als missverständlich einordnet und eine Abweichung der Ebenen wegen Nachweisschwierigkeiten auf Ebene der Anteilseigner für möglich hält.

Dies führt dann wiederum zur Übereinstimmung mit der bereicherungsrechtlichen Erkenntnis, dass eine Leistungsbeziehung nur zwischen der Gesellschaft und dem Dritten vorliegt. Der Dritte konnte und musste nicht annehmen, dass der ihm nahestehende Gesellschafter etwas zuwenden wollte. Nach hier vertretener Ansicht verbleibt es für die Kapitalgesellschaft somit bei betrieblich veranlassten Ausgaben. Der Dritte kann dagegen eigene Einkünfte erzielen.[750]

(2) Gesellschafter als Zuwendungsempfänger

Keine Besonderheiten ergeben sich für die Fälle einer Zwei-Personen-GmbH, in der sich die Gesellschafter einander nahe stehen (*Fallgestaltung 2*). Regelmäßig erfolgt die Vorteilszuwendung nur aufgrund der eigenen Gesellschafterstellung des Empfängers. Der Anscheinsbeweis für eine mittelbare verdeckte Gewinnausschüttung ist durch die beiderseitige Gesellschafterstellung erschüttert. Daher ergibt sich aus der fehlenden Kenntnis oder Anweisung des Mitgesellschafters keine Besonderheit. Es liegt eine unmittelbare verdeckte Gewinnausschüttung an den begünstigten Gesellschafter vor. In diesem Verhältnis wurde zivilrechtlich geleistet, weshalb das Steuerrecht den materiellen Vorteil zutreffend als entgeltliche Leistungsfähigkeitssteigerung des tatsächlichen Empfängers einordnet. Ein Beispiel hierfür ist die Auszahlung einer überhöhten Vergütung für eine Dienstleistung des Gesellschafters durch einen Fremd-Geschäftsführer oder die Auszahlung eines Gesellschafter-Geschäftsführer an sich selbst.

(3) Verzicht als verdeckte Gewinnausschüttung

Bei der bisherigen Betrachtung wurde außer Acht gelassen, dass im Zusammenhang mit verdeckten Gewinnausschüttungen regelmäßig Herausgabe-, Rückgewähr- oder Schadensersatzansprüche entstehen. Daher könnte der Geschäftsvorfall bei Verzicht oder Nichtaktivierung dieser Ansprüche durch die Gesellschaft dennoch als mittelbare verdeckte Gewinnausschüttung zu qualifizieren sein, auch wenn eine solche Qualifikation wegen fehlender Kenntnis oder Veranlassung – bis es zum Verzicht oder zur Nichtaktivierung kam – ausscheiden musste.[751] Zur Einordnung dieses Problems gilt es im Folgenden, zwischen einem Gesellschafter als Zuwendungsempfänger und einem Nichtgesellschafter zu unterscheiden.

---

750 Vgl. *BFH*, Urteil v. 19.6.2007, VIII R 54/05, DStR 2007, 1625 (1627); *Rengers*, in: Blümich, KStG, § 8 Rz. 434. Für den Fall, dass Herausgabe-, Rückgewähr- oder Schadensersatzansprüche entstehen, vgl. den folgenden Teil dieses Kapitels unter C.III.2.b)bb)(3) auf den S. 187 ff.

751 Vgl. *BFH*, Urteil v. 14.09.1994, I R 6/94; DStR 1995, 93 (94); *BFH*, Urteil v. 25.5.2004, VIII R 4/01, DStR 2004, 2143 (2145); *BFH*, Urteil v. 30.7.1997, I R 65/96, DStR 1998, 24 (25 f.). Vgl. auch *Kohlhepp*, in; Schnitger/Fehrenbacher, § 8 Rz. 515; *ders.*, vGA, S. 152 f.; *Gosch*, in: Gosch, KStG, § 8 Rz. 275 und 522; *ders.* DStR 1998, 1550 (1551); *Frotscher*, in: Frotscher/Maas, KStG, Anhang zu § 8 Rz. 302 „Verzicht"; *Schwedhelm*, in: Streck, § 8 Rz. 212.

(a) Gesellschafter als Zuwendungsempfänger

Wird einem Gesellschafter ein Sondervorteil gewährt (*Fallgestaltung 2*), können bei fehlendem Einverständnis des Mitgesellschafters Herausgabe-, Rückgabe- und Schadensersatzansprüche entstehen, weil etwa eine gesellschaftliche Kompetenzverletzung des (Gesellschafter-)Geschäftsführers vorliegt, der innergesellschaftliche Gleichbehandlungsgrundsatz nicht beachtet wurde oder ein Missbrauch der Vertretungsmacht einschlägig ist.[752] Verzichtet die Kapitalgesellschaft durch Zustimmung des Mitgesellschafters auf diese Ansprüche, könnte hierin eine mittelbare verdeckte Gewinnausschüttung zu sehen sein, die dem zustimmenden Mitgesellschafter zuzurechnen ist. Denn es sei nochmals darauf hingewiesen, dass zivilrechtlich kein Unterschied zwischen einer Anweisung zur überhöhten Auszahlung und einer Anweisung zum Verzicht der Gesellschaft auf bestehende Ansprüche besteht.[753] Im Wege einer hypothetischen „als ob“ - Betrachtung ist diese Gestaltung den Leistungsbeziehungen „übers Eck“ gleichzustellen.

(aa) Verzicht keine verdeckte Gewinnausschüttung

Ertragsteuerlich ist in dem „Verzicht“ auf Rückabwicklung einer bereits eingetretenen verdeckten Gewinnausschüttung nach herrschender Meinung jedoch keine weitere Gewinnausschüttung zu sehen.[754] Eine einmal erfolgte verdeckte Gewinnausschüttung ist unabänderlich. Zivilrechtliche Ansprüche, die darauf gerichtet sind den erlangten Vorteil an die Kapitalgesellschaft zurück zu übertragen, stellen einen sog. „actus contrarius“ zur Ausschüttung dar und sind deshalb ebenfalls gesellschaftlich veranlasst.[755] Sie schließen sich der verdeckten Gewinnausschüttung an und machen diese daher nicht ungeschehen, sondern sind ebenfalls außerbilanziell zu korrigieren. Ertragsteuerlich stellen sie eine Einlage gemäß § 4 Abs. 1 S. 8 EStG dar und erhöhen das Einkommen nicht. Ein Verzicht führt somit zu keiner

---

752 Vgl. die Darstellung im 4. Kapitel unter C.I.2.c) auf den S. 112 ff.

753 *Fastrich*, in: Baumbach/Hueck, § 29 Rz. 68; *Roth*, in: Roth/Altmeppen, § 29 Rz. 60a; *Müller*, in: U/H/L, § 29 Rz. 160.

754 *BFH*, Urteil v. 29.4.1987, I R 176/83, BStBl. II 1987, 733 (735); *BFH*, Urteil v. 25.5.2004, VIII R 4/01, DStR 2004, 2143 (2145 ff.); *BFH*, Urteil v. 13.9.1989, I R 41/86, BStBl. II 1989, 1029 (1030); *BFH*, Urteil v. 29.5.1996, I R 118/93, BStBl. II 1997, 92 (93 f.); *Frotscher*, in: Frotscher/Maas, KStG, Anhang zu § 8 Rz. 92a; *Gosch*, in: Gosch, KStG, § 8 Rz. 516 ff.; *Rengers*, in: Blümich, KStG, § 8 Rz. 461 ff.; *Reiß*, StuW 1996, 337 (351). Vgl. auch die Körperschaftsteuer-Richtlinien 2004 mit Hinweisen 2008, § 8 KStG H 40 „Rückgewähr einer vGA“. Differenzierend: *Knobbe-Keuk*, Unternehmenssteuerrecht, S. 676 f.; *Kohlhepp*, VGA, S. 145 ff.; *Schwedhelm*, in: Streck, § 8 Rz. 212 und 306 ff.; *Schwedhelm/Binnewies*, GmbHR 2005, 65 f. und 151.

755 Zusammenfassend: *Gosch*, in: Gosch, KStG, § 8 Rz. 516; *Kohlhepp*, in: Schnitger/Fehrenbacher, § 8 Rz. 512 ff.; *Werner*, StBW 2010, 504 (506 f.).

weiteren oder gar mittelbaren verdeckten Gewinnausschüttung, weil es sich um einen ertragsteuerlich unbeachtlichen Verzicht auf eine Einlageforderung handelt.[756]

Dies entspricht auch den relevanten bereicherungsrechtlichen Leistungsbeziehungen. Der Verzicht oder das nachträgliche Einverständnis führt nicht zu einer mittelbaren Leistung des zustimmenden Gesellschafters. Das Geschäft ist vielmehr so zu behandeln, als hätte die Gesellschaft dem begünstigten Gesellschafter eine offene Gewinnbeteiligung zugewendet. Eine solche rechtfertigt sich oftmals aus innergesellschaftlich-wirtschaftlichen Gründen und stellt folglich nur eine Leistung der Gesellschaft an den begünstigten Gesellschafter dar und gerade nicht eine solche des Mitgesellschafters. Dieser möchte durch die Zustimmung keine eigene Leistung erbringen, sondern ist mit der (abweichenden) Gewinnverteilung und der hierauf erfolgten Leistung der Gesellschaft lediglich einverstanden.

(bb) Verzicht als verdeckte Gewinnausschüttung

Dennoch kann ertragsteuerlich ausnahmsweise erst der Verzicht zu einer verdeckten Gewinnausschüttung führen. Dies ist dann der Fall, wenn die entstehenden Rückgewähr- oder Schadensersatzansprüche die Vermögensminderung bilanziell ausgleichen und erst der Verzicht als gesellschaftlich veranlasste Minderung anzusehen ist. Entscheidend für die Frage, ob ein bilanzieller Ausgleich möglich oder ein Anspruch dagegen als unbeachtliche Einlage zu behandeln ist, scheint nach Ansicht des BFH das Ereignis zu sein, durch das ein Anspruch entsteht.[757] Allgemeine Schadenersatzansprüche, die in Folge eines schädigenden Ereignisses aufgrund gesetzlicher Vorschriften entstehen, sollen regelmäßig zu aktivieren sein und eine verdeckte Gewinnausschüttung ausschließen.[758] Es kommt somit wohl auf die Qualität des die Ausschüttung auslösenden Ereignisses an. Im Kern geht es um die Frage, ob die Handlung der Kapitalgesellschaft objektiv zugerechnet werden kann.[759] Ist dies der Fall, stellt der Schadenersatzanspruch nur eine Einlageforderung dar und kann eine verdeckte Gewinnausschüttung nicht verhindern. Erfolgt dagegen

---

756 *BFH*, Urteil v. 13.11.1996, I R 126/95, DStR 1997, 918 (920); *BFH*, Urteil v. 24.3.1998, I R 79/97, DStRE 1998, 670 (671); *Gosch*, in: Gosch, KStG, § 8 Rz. 516 f.; *Kohlhepp*, VGA, 2008, § 2 Rz. 23.

757 *BFH*, Urteil v. 29.5.1996, I R 118/93, DStR 1996, 1445 f.

758 *Gosch*, in: Gosch, KStG, § 8 Rz. 522; *Kohlhepp*, in: Schnitger/Fehrenbacher, § 8 Rz. 515.

759 Vgl. zur Zurechenbarkeit auch die Unterscheidung zwischen „Handlungskausalität“ und „Kausalität der Einkommensauswirkung“: *Kohlhepp*, VGA, S. 154 ff.; *Frotscher*, in: Frotscher/Maas, KStG, Anhang zu § 8 Rz. 74. Vgl. zudem die Unterscheidung in der früheren Rspr.: *BFH*, Urteil v. 18.7.1990, I R 32/88, DStR 1991, 572 (573). Inzwischen jedoch keine deutliche Trennung mehr, vgl. *BFH*, Urteil v. 14.10.1992, I R 14/92, DStR 1993, 127 (128).

keine Zurechnung der Handlung, ist der Anspruch zu aktivieren und gleicht eine Vermögensminderung aus.[760]

Entsteht also durch eine schädigende Handlung eines Gesellschafters der Gesellschaft ein Schaden, so kann dieser durch die Sonderstellung des Gesellschafters zumindest mitveranlasst sein. Als Beispiel sei der Gesellschafter genannt, der gegenüber der GmbH Kundengelder veruntreut, indem er diese auf sein Privatkonto überweist.[761] Der Kapitalgesellschaft entsteht ein Ersatzanspruch nach § 823 Abs. 2 i.V.m. § 266 StGB. Handelt es sich um eine Einmann-GmbH oder ist die Handlung im Falle einer Mehr-Personen-Gesellschaft der Kapitalgesellschaft zuzurechnen, dann kann die Vermögensminderung auf Ebene der Gesellschaft ertragsteuerlich durch einen Anspruch nicht mehr ausgeglichen werden, weil dieser als „actus contrarius" eine bloße Einlage darstellt. Ein Verzicht führt zu keiner (weiteren) verdeckten Gewinnausschüttung.[762] Eine Zurechnung soll nur dann nicht möglich sein, wenn ein Minderheitsgesellschafter oder Fremd-Geschäftsführer ohne Kenntnis und Einverständnis der Mitgesellschafter handelt.[763] Dann scheidet eine verdeckte Gewinnausschüttung ausnahmsweise aus, denn der Schadenersatzanspruch verhindert das Entstehen einer Vermögensminderung auf Ebene der Gesellschaft.[764]

In diesen Fällen kann erst der gesellschaftlich veranlasste Verzicht auf die Ansprüche oder deren Nichtaktivierung zu einer verdeckten Gewinnausschüttung führen.[765] Diese ist regelmäßig bei dem hiervon begünstigten Gesellschafter zu erfassen. Die Fallgestaltung ist so zu beurteilen, als erhielte der Gesellschafter durch den Verzicht einen Vorteil und würde hiermit die gegen ihn bestehenden Ansprüche der Gesellschaft erfüllen. Eine mittelbare verdeckte Gewinnausschüttung wird dagegen nur ausnahmsweise nach Lage des Einzelfalls in Betracht kommen, wenn etwa Indizien vorliegen, dass der Mitgesellschafter durch die Zustimmung und dem hieraus folgenden Verzicht auf Rückgewähr oder Schadensersatz etwas zuwenden wollte. Dann handelt es sich wiederum um ein Dreiecksverhältnis mit einem entgeltlichen Leistungszuwachs des Mitgesellschafters und einem entsprechenden unentgeltlichen Leistungszuwachs des tatsächlichen Empfängers.

---

760 *Kohlhepp*, in: Schnitger/Fehrenbacher, § 8 Rz. 515; *ders.*, VGA, 2008, § 2 Rz. 22; *Gosch*, in: Gosch, KStG, § 8 Rz. 249 und 522; *Frotscher*, in: Frotscher/Maas, KStG, Anhang zu § 8 Rz. 92 f. und 302 „Schadensersatzanspruch"; *Wassermeyer*, in: FS Müller, 397 (404 f.); a.A. *Schwedhelm*, in: Streck, KStG, § 8 Rz. 212.

761 Beispiel nach *Wassermeyer*, in: FS Müller, 397 (404 f.).

762 *Frotscher*, in: Frotscher/Maas, KStG, Anhang zu § 8 Rz. 92a.

763 *Kohlhepp*, in; Schnitger/Fehrenbacher, § 8 Rz. 515; *ders.*, VGA, 2008, § 2 Rz. 23; wohl auch: *Gosch*, in: Gosch, KStG, § 8 Rz. 522. Keine Differenzierung vornehmend wohl *Wassermeyer*, in: FS Müller, 397 (404 ff.). Vgl. zum Ganzen *Kolbe*, StuB 2006, 961 ff.

764 Vgl. *Lang*, Ubg 2009, 468 (477 f.); *Gosch*, in: Gosch, KStG, § 8 Rz. 522; *ders.* DStR 1998, 1550 (1551); a.A. *Rengers*, in: Blümich, KStG, § 8 Rz. 263, 268 und 440 ff.

765 *Gosch*, in: Gosch, KStG, § 8 Rz. 522; *Schwedhelm*, in: Streck, KStG, § 8 Rz. 212; *Frotscher*, in: Frotscher/Maas, KStG, Anhang zu § 8 Rz. 302 „Schadensersatzanspruch".

Im Ergebnis kann daher auch die verdeckte Gewinnausschüttung durch gesellschaftlichen Verzicht auf Ansprüche der Gesellschaft mit den entsprechenden Leistungsbeziehungen erklärt werden. Führt ertragsteuerlich erst der Verzicht zu einer (unmittelbaren) verdeckten Gewinnausschüttung, liegt dem die dahinterstehende Wertung zugrunde, dass aus objektiver Empfängersicht nur eine Leistung der Gesellschaft vorliegt. Entweder ist diese schon in der eigentlichen Auszahlung zu sehen oder erst im tatsächlichen zivilrechtlichen Verzicht der Gesellschaft auf die bestehenden Ansprüche. In beiden Fällen scheidet eine mittelbare Leistung des Mitgesellschafters regelmäßig aus, weil dieser entweder keine eigene Leistung erbringen wollte oder mit der disquotalen Gewinnverteilung einverstanden war. Die unterschiedliche Beurteilung des Ertragsteuerrechts beruht allein auf bilanziellen Besonderheiten, die jedoch keine Abweichung von den zugrunde liegenden zivilrechtlichen Wertungen bedeutet.

(b) Nichtgesellschafter als Zuwendungsempfänger

Ist der Zuwendungsempfänger dagegen ein nahestehender Nichtgesellschafter (*Fallgestaltung 1*) und erhält er durch einen Fremd-Geschäftsführer einen Sondervorteil, von dem der Gesellschafter keine Kenntnis hat, scheidet eine mittelbare verdeckte Gewinnausschüttung aus. Aus Sicht des Dritten liegt regelmäßig nur eine unmittelbare Leistung der Gesellschaft vor. Daher können gemäß §§ 18 oder 19 EStG veranlasste Einkünfte des Dritten gegeben sein, wenn es sich etwa um eine (überhöhte) Vergütung handelt.

Besteht jedoch kein Veranlassungszusammenhang mit Einkunftsarten des § 2 Abs. 1 EStG, etwa, weil der Dritte nicht in einem Dienstverhältnis mit der Gesellschaft steht, ist regelmäßig ein Fall des Missbrauchs der Vertretungsmacht anzunehmen. Dem Dritten musste es sich aufdrängen, dass der Geschäftsführer bei fehlender Veranlassung durch den Gesellschafter außerhalb seiner Vertretungsmacht handelte, weil eine GmbH auf Gewinnerzielung ausgelegt ist. Bei ersichtlich ungerechtfertigten Zuwendungen oder Geschenken entstehen unmittelbare Rückforderungs- und Herausgabeansprüche nach den §§ 812 ff., 985 ff. BGB.[766]

Der Gesellschafter kann das Geschäft gleichwohl genehmigen oder den Geschäftsführer anweisen, auf eine Rückabwicklung zu verzichten. Dieser gesellschaftlich veranlasste „Verzicht“ oder die Nichtaktivierung der Forderung in der Bilanz der Gesellschaft führt sodann zu einer mittelbaren verdeckten Gewinnausschüttung an den veranlassenden Gesellschafter. Dies bedeutet, dass das Ertragsteuerrecht den

---

766 Für Spenden gilt: Sind diese der Höhe nach angemessen (zu bestimmen anhand des Nutzens für das Unternehmen, etwa zur Steigerung des Ansehens), liegt kein offensichtlicher Missbrauch der Vertretungsmacht vor. Spenden in unangemessener Höhe, die in keiner Relation zum betrieblichen Nutzen stehen, lassen dagegen auf einen Missbrauch der Vertretungsmacht schließen und daher Rückforderungs- und Herausgabeansprüche entstehen. Zum Verhältnis von Spenden und vGA vgl. *Zimmermann*, Spenden als vGA, S. 40 ff.

„Verzicht" wie eine Leistungsbeziehung zwischen Gesellschaft und Gesellschafter sowie zwischen dem Gesellschafter und der ihm nahestehenden Person behandelt. Der Fall ist so zu beurteilen, als ob die Gesellschaft dem Gesellschafter einen Vorteil zuwendet, den dieser an die nahestehende Person weiterleitet, damit die nahestehende Person den ihr gegenüber bestehenden Anspruch erfüllt. Die Rückzahlung des Vorteils durch den Dritten würde bei diesem zu negativen Einkünften bzw. Betriebsausgaben/Werbungskosten führen, falls zuvor eine einkommensteuerliche Erfassung des ihm zugeflossenen Vorteils erfolgte.[767] Daher lässt sich im Wege einer Gesamtbetrachtung feststellen, dass dem Gesellschafter durch den Verzicht auf Ebene der Gesellschaft ein entgeltlicher Vorteil von der Gesellschaft zufließt und er diesen unentgeltlich weitergibt. Eine einkommensteuerliche Erfassung des Vorteils beim Dritten sollte ausscheiden.

(aa) Fremd-Geschäftsführer als Zuwendungsempfänger

Hierzu parallel verhält es sich, wenn ein *Fremd*-Geschäftsführer Kundengelder veruntreut und gleichzeitig einem Gesellschafter nahesteht. Nur bei Kenntnis und bewusster Duldung des Gesellschafters kann eine verdeckte Gewinnausschüttung vorliegen.[768] Andernfalls ist die gesellschaftliche Veranlassung abzulehnen und die eintretende Vermögensminderung wird durch einen zu aktivierenden Schadensersatzanspruch kompensiert.[769] Dem Gesellschafter können aufgrund des Geschäftsvorfalls keine Kapitaleinkünfte zugerechnet werden. Dies ist auch zivilrechtlich stimmig, weil er gerade keinen materiellen Vorteil erhält. Der Geschäftsführers kann dagegen eigene Einkünfte nach § 22 Nr. 3 EStG oder § 15 Abs. 1 S. 1 Nr. 1 EStG erzielen.[770] Ein Veranlassungszusammenhang mit seiner nichtselbstständigen Tätigkeit nach § 19 EStG ist dagegen wohl abzulehnen.[771] Insofern liegt zwar genau genommen keine Leistung der Gesellschaft, sondern vielmehr nur ein Eingriff in ihr Vermögen vor. Gleichwohl will das Ertragsteuerrecht jegliche Leistungsfähigkeitssteigerungen erfassen, weshalb sich die Abweichung bei fehlenden Leistungsbeziehungen mit einer wirtschaftlichen Betrachtung erklären lässt.

Dies ist jedoch wieder anders zu beurteilen, wenn die Kapitalgesellschaft aus gesellschaftlichen Gründen auf Herausgabe-, Erstattungs- oder Schadensersatzansprüche gegen den nahestehenden Geschäftsführer verzichtet oder diese nicht aktiviert. Dann liegt eine verhinderte Vermögensmehrung und daher eine mittelbare

767 Vgl. *BFH*, Urteil v 1.3.1977, VIII R 106/74, BStBl. II 1977, 545 f.; *Gosch*, in: Gosch, KStG, § 8 Rz. 519 f.

768 Vgl. *BFH*, Urteil v. 19.6.2007, VIII R 54/05, DStR 2007, 1625 ff. Siehe schon unter C.III.2.b)aa) auf den S. 183 ff.

769 *BFH*, Urteil v. 25.5.2004, VIII R 4/01, DStR 2004, 2143 (2146); *BFH*, Urteil v. 13.11.1996, I R 126/95, DStR 1997, 918 (919 f.).

770 *BFH*, Urteil v. 19.6.2007, VIII R 54/05, DStR 2007, 1625 (1627).

771 *BFH*, Beschluss v. 20.07.2007, XI B 193/06, BFH/NV 2007, 1887; *Rengers*, in: Blümich, KStG, § 8 Rz. 434; a.A. *BFH*, Urteil v. 19.6.2007, VIII R 54/05, DStR 2007, 1625 (1627).

verdeckte Gewinnausschüttung zugunsten des nahestehenden Gesellschafters vor.[772] Der VIII. Senat des BFH, der sich in seinem bereits angesprochenen Urteil vom 19. 7. 2007[773] mit dieser Konstellation zu beschäftigen hatte, schwieg bedauerlicherweise zur Beurteilung dieser Ansprüche.[774] Der von ihm angedeuteten einkommensteuerlichen Erfassung der veruntreuten Gelder beim Geschäftsführer ist jedoch nur dann zuzustimmen, wenn die Kapitalgesellschaft im ersten noch offenen Veranlagungszeitraum einen Schadensersatzanspruch aktivierte oder aus *betrieblichen* Gründen darauf verzichtete, etwa weil eine Wertberichtigung auf Null vorzunehmen war.[775] Andernfalls läge gerade eine gesellschaftlich veranlasste verhinderte Vermögensmehrung vor. Der Fall wäre so zu behandeln, als hätte der Gesellschafter einen Vermögensvorteil von der Gesellschaft erhalten und diesen an den Geschäftsführer weitergereicht, damit der Geschäftsführer die ihm gegenüber bestehenden Ansprüche der Gesellschaft erfüllt. Eigene Einkünfte des Fremd-Geschäftsführers würden folglich ausscheiden.[776] Das entspräche wiederrum den zivilrechtlichen Leistungsbeziehungen.

(bb) Vorteilszuwendungen durch Eingriffe in das Gesellschaftsvermögen

Vollzieht ein Fremd-Geschäftsführer – der keinem Beteiligten nahesteht – eine Vorteilszuwendung an eine dem Gesellschafter nahestehende Person in Zusammenwirken mit dieser und ist hierin eine Untreuehandlung zu sehen, kann nichts anderes gelten. Die gesellschaftliche Veranlassung ist bei fehlender Kenntnis des Gesellschafters ausgeschlossen. Schädigten der nahestehende Dritte und der Geschäftsführer aber gemeinsam die Gesellschaft, kann dennoch ein nachfolgender Verzicht auf Ansprüche der Gesellschaft gegenüber dem Dritten zu einer mittelbaren verdeckten Gewinnausschüttung im Dreiecksverhältnis führen. Dies gilt auch, wenn nur der Dritte widerrechtliche Handlungen gegenüber der Gesellschaft vornimmt.

Dem entspricht die zivilrechtliche Einordnung. Aus objektiver Sicht liegt in den vorliegenden Fällen keine Leistung der Kapitalgesellschaft vor. Vielmehr erfolgen durch die (widerrechtlichen) Zuwendungen Eingriffe in das Vermögen der GmbH, die entsprechend rückabzuwickeln sind. Erst ein hierauf gerichteter Verzicht stellt

---

772 *BFH*, Urteil v. 13.11.1996, I R 126/95, DStR 1997, 918 (919 f.); *Gosch*, in: Gosch, KStG, § 8 Rz. 522; *Kohlhepp*, in: Schnitger/Fehrenbacher, § 8 Rz. 515; *ders.*, VGA, S. 158; *Lang*, Ubg 2009, 468 (478 f.).

773 *BFH*, Urteil v. 19.6.2007, VIII R 54/05, DStR 2007, 1625 ff. Hierzu unter C.III.2.b)aa) auf den S. 183 ff.

774 Den Ausführungen des damaligen Mitglieds des VIII. Senats Steinhauff kann entnommen werden, dass zwingende tatsächliche Gründe einer Durchsetzung entgegen standen, vgl. *Steinhauff*, NWB 2008, Fach 4 S. 5233 (5238).

775 *Kohlhepp*, DB 2007, 2446 (2448). Kohlhepp weist zudem darauf hin, dass möglicherweise der im Rahmen der Einkommensteuer-Veranlagung des Gesellschafters in Streit stehende Veranlagungszeitraum bei der GmbH nicht mehr einer Änderung zugänglich war.

776 Vgl. zuvor schon unter C.III.2.b)bb)(3) auf den S. 187 ff.

eine zivilrechtliche Leistung dar, jedoch keine unmittelbare der Gesellschaft an den Dritten, sondern eine mittelbare des anweisenden Gesellschafters.

3. Zwischenergebnis

Als Zwischenergebnis bleibt festzuhalten, dass den Beteiligten regelmäßig bewusst ist, dass die nahestehende Person einen Vermögensvorteil nur aufgrund der besonderen Nähebeziehung erhält. Diese der zivilrechtlichen Betrachtung zugrunde liegende Erkenntnis greift das Ertragsteuerrecht auf und „verobjektiviert" sie dahin gehend, dass bei entsprechenden Indizien (Sondervorteil bei einander nahestehenden Personen) von einer mittelbaren verdeckten Gewinnausschüttung auszugehen ist. Es wird unterstellt, dass die Gesellschaft an den Gesellschafter leistet und dieser seinerseits an die nahestehende Person. Der materielle Vorteil „fließt" entlang dieser Leistungsbeziehungen. Er unterliegt als Leistungsfähigkeitssteigerung des Gesellschafters nach § 20 Abs. 1 Nr. 1 S. 2 EStG den Einkünften aus Kapitalvermögen und verhindert auf Ebene der Gesellschaft eine Auswirkung auf den Gewinn, § 8 Abs. 3 S. 2 KStG.

Ergibt sich im Einzelfall jedoch, dass der Vorteil bei wertender Betrachtung nicht in das Vermögen des nahestehenden Gesellschafters gelangte, kann keine mittelbare Leistung vorliegen. Folgerichtig scheidet ertragsteuerlich eine mittelbare verdeckte Gewinnausschüttung aus. Auf Ebene der Gesellschaft liegen Betriebsausgaben vor und es kommt zu keiner Besteuerung des Gesellschafters. Nur der nahestehende Dritte (bzw. der nahestehende Gesellschafter als tatsächlicher Zuwendungsempfänger) kommen als Zurechnungssubjekt in Frage.

Anders ist zu entscheiden, wenn Zuwendungen zu Herausgabe-, Rückforderungs- oder Schadensersatzansprüchen führen. In diesen Fällen kann ein Verzicht zu einer gesellschaftlichen Veranlassung und daher zu einer verdeckten Gewinnausschüttung führen. Dies ist regelmäßig bei Zuwendungen an nahestehende Dritte der Fall. Stimmt der Gesellschafter nachträglich zu oder weist er den Geschäftsführer an, auf eine Rückabwicklung zu verzichten, so liegt in diesem gesellschaftlich veranlassten Verzicht eine mittelbare verdeckte Gewinnausschüttung durch den veranlassenden Gesellschafter. Der Verzicht wird wie eine Leistung der Gesellschaft an den Gesellschafter sowie des Gesellschafters an die ihm nahestehenden Person behandelt und entspricht daher den Leistungsbeziehungen der bereicherungsrechtlichen Dreiecksverhältnisse.

Ist der Zuwendungsempfänger zugleich Gesellschafter, liegt in dem Verzicht auf Rückabwicklung einer bereits eingetretenen verdeckten Gewinnausschüttung jedoch regelmäßig keine weitere Ausschüttung. Auch dies entspricht den relevanten bereicherungsrechtlichen Leistungsbeziehungen. Der Verzicht oder das nachträgliche Einverständnis führen nicht zu einer mittelbaren Leistung des zustimmenden Gesellschafters. Das Geschäft ist vielmehr so zu behandeln, als hätte die Gesellschaft dem begünstigten Gesellschafter eine offene Gewinnbeteiligung zugewendet. Der Mitgesellschafter erbringt keine eigene Leistung, sondern ist mit der (abweichenden) Gewinnverteilung einverstanden. Können Wertabgaben der Gesellschaft jedoch nicht zugerechnet werden, entstehen zu aktivierende Schadensersatzansprüche, die eine Vermögenminderung auf Ebene der Gesellschaft ausgleichen. Dann führt wiederum erst der gesellschaftlich veranlasste Verzicht auf diese Ansprüche zu einer verdeckten Gewinnausschüttung. Sie ist unmittelbar bei demjenigen Gesellschafter zu erfassen, der durch den Wegfall der Ansprüche begünstigt ist. Der Verzicht ist wie eine unmittelbare Leistung der Gesellschaft zu werten, weil auch hier der Mitgesellschafter mit der Zustimmung regelmäßig keine eigene Leistung erbringen will.

Liegt aus objektiver zivilrechtlicher Sicht nur eine unmittelbare Leistung gegenüber einem Dritten vor, so verbleibt es auf Ebene der Gesellschaft grundsätzlich bei Betriebsausgaben. Auf Ebene des Dritten kann nunmehr eine ertragsteuerliche Erfassung des Zuwachses an Leistungsfähigkeit erfolgen. Bei ersichtlich ungerechtfertigten Zuwendungen oder Geschenken oder gar widerrechtlichen Handlungen entstehen jedoch unmittelbare Rückforderungs-, Herausgabe- oder Schadensersatzansprüche gegen den Dritten. Der Gesellschafter kann das Geschäft gleichwohl genehmigen oder den Geschäftsführer anweisen, auf eine Rückabwicklung zu verzichten. Der Geschäftsvorfall ist sodann als mittelbare verdeckte Gewinnausschüttung an den veranlassenden Gesellschafter einzuordnen.

Im Ergebnis sind daher die zivil- bzw. bereicherungsrechtlichen Leistungsbeziehungen für die ertragsteuerliche Beurteilung von grundlegender Bedeutung. Die Besteuerung verdeckter Gewinnausschüttungen beruht nicht auf einer (ertrag-) steuerlichen Fiktion, sondern ist das Ergebnis einer konsequenten Anknüpfung an das bürgerliche Recht.

IV. Schenkungsteuerrecht

Im Folgenden soll auf die zivilrechtlichen und ertragsteuerlichen Erkenntnisse aufbauend herausgearbeitet werden, ob und wenn ja, in welchen Verhältnissen der objektive Tatbestand einer freigebigen Zuwendung vorliegt. Die Untersuchung hat sich daher wieder an den Tatbestandsmerkmalen des § 7 Abs. 1 Nr. 1 ErbStG zu orientieren. Es muss eine Zuwendung vorliegen, die zu einer Bereicherung des Bedachten und einer Entreicherung des Zuwendenden führt („auf Kosten"). Zudem muss die Zuwendung in objektiver Hinsicht unentgeltlich erfolgen. Diesbezüglich wird die bisherige Unterscheidung in mittelbare und nicht mittelbare Leistungsbeziehungen beibehalten.

1. Mittelbare Leistungsbeziehungen

Im Bereich der mittelbaren Leistungsbeziehungen lassen sich das Deckungsverhältnis, das Zuwendungsverhältnis sowie das Valutaverhältnis unterscheiden. Es stellt sich zunächst die Frage, in welchem Verhältnis überhaupt eine Zuwendung i.S.d. § 7 Abs. 1 Nr. 1 ErbStG vorliegt, die zu einer Bereicherung des Zuwendungsempfängers führt. Wie schon herausgearbeitet, sind die fraglichen Drei-Personen-Verhältnisse einerseits mit unbeteiligten (nahestehenden) Dritten denkbar sowie andererseits, wenn sich die Gesellschafter nahe stehen und Indizien dafür vorliegen, dass ein

Gesellschafter dem anderen etwas zuwenden wollte. Diese Grundkonstellationen werden im Folgenden betrachtet: Die Einmann-GmbH wendet einem Dritten einen Vorteil zu (*Fallgestaltung 1*) und die Zwei-Personen-GmbH wendet einem Gesellschafter einen Vorteil zu (*Fallgestaltung 2*).

Offensichtlich ist jeweils, dass das Vermögen des nahestehenden Dritten/Gesellschafters vermehrt wurde, er also i.S.d. § 7 Abs. 1 Nr. 1 ErbStG bereichert ist. Er hat den Vermögensvorteil in der Regel unmittelbar von der Kapitalgesellschaft erhalten. Aus Sicht der Kapitalgesellschaft könnte somit im Zuwendungsverhältnis, also im Verhältnis zum Empfänger des Vermögensvorteils, eine schenkungsteuerbare Zuwendung anzunehmen sein (freigebige Zuwendung der GmbH an nahestehende Person/Gesellschafter). Jedoch zeigen die bereicherungsrechtlichen Leistungsbeziehungen, dass in das Vermögen des tatsächlich nicht begünstigten Gesellschafters ein materieller Vorteil „fließt", weil die Gesellschaft nur an ihn leistet. Daher kommt auch im Deckungsverhältnis eine schenkungsteuerbare Zuwendung an den mittelbar Begünstigten in Betracht (freigebige Zuwendung der GmbH an einen Gesellschafter, der dem Zuwendungsempfänger nahesteht).

a) Freigebige Zuwendung der Kapitalgesellschaft

Für die Fälle mittelbarer Leistungsbeziehungen gilt es zunächst festzustellen, dass durch die Zuwendung eines Vermögensvorteils eine Bereicherung der nahestehenden Person eintritt, der eine korrespondierende Entreicherung der Kapitalgesellschaft gegenübersteht.[777] Der Vermögensvorteil fließt rein tatsächlich aus dem Vermögen der Gesellschaft, sodass eine freigebige Zuwendung „auf Kosten" der Kapitalgesellschaft möglich erscheint. Der objektive Tatbestand könnte jedoch deshalb abzulehnen sein, weil die Vorteilszuwendung nur aufgrund des Gesellschaftsverhältnisses, also aufgrund des Nahestehens zum Gesellschafter, erfolgt und daher dem Leistungsgeflecht oder der Erfolgsteilhabe zwischen der Gesellschaft und ihren Anteilseignern zuzuordnen wäre.[778]

Diese auf den ersten Blick einleuchtende Betrachtung ist jedoch nur im Ergebnis zutreffend. Eine freigebige Zuwendung an die nahestehende Person und die gleichzeitige verdeckte Gewinnausschüttung an den Gesellschafter können nur alternativ bestehen. Dies folgt zum einen aus der engen Anknüpfung des Tatbestands der freigebigen Zuwendung an die zivilrechtlichen Vorgaben und der Nähe zur bürgerlichrechtlichen Schenkung. Zum anderen ergibt sich dies aus der Notwendigkeit einer steuersystematischen Abstimmung zwischen Ertrag- und Schenkungssteuerrecht.

Schenkungsrechtlich kann die Kapitalgesellschaft nicht die nahestehende Person materiell bereichern und dem Gesellschafter zugleich einen entsprechenden Vorteil verschaffen. Auch hier helfen die bereicherungsrechtlichen Überlegungen weiter. Wäre die Zuwendung der Gesellschaft nach den §§ 812 ff. BGB rückabzuwickeln,

---

777 *Kamps*, Stbg 2006, 107, 324 (330); *ders.* AG 2004, 449 (450). Siehe schon unter C.I.3.a) auf den S. 155 f.

778 *Kamps*, Stbg 2006, 107, 324 (330).

könnte die Gesellschaft den materiellen Vorteil nur einmal herausverlangen. Ansonsten käme es zu einer Verdoppelung des Rückforderungsbetrags.[779]

Zudem scheidet eine mehrfache Erfassung steuersystematisch aus. Wie gezeigt liegen in den Fällen mittelbarer Leistungsbeziehungen auch mittelbare verdeckte Gewinnausschüttungen vor. Die Zuwendung kann jedoch nicht beim Gesellschafter der Einkommensteuer und beim Zuwendungsempfänger zugleich der Schenkungsteuer unterliegen. Denn dies würde einen Fall der Subjektkollision darstellen.[780] Es käme zu einer Doppelbesteuerung derselben Leistungsfähigkeitssteigerung.[781] Entweder ist ein am Markt erwirtschafteter, entgeltlicher Vorteil beim Gesellschafter zu erfassen oder ein in sonstiger Weise erlangter, unentgeltlicher Vorteil der nahestehenden Person. Erbringt die Gesellschaft eine Leistung an den Gesellschafter und beurteilt das Ertragsteuerrecht diesen materiellen Vorteil daher zutreffend als Kapitalertrag nach § 20 Abs. 1 Nr. 1 S. 2 EStG, so kann die entgeltliche verdeckte Gewinnausschüttung zugunsten des Gesellschafters nicht zugleich eine unentgeltliche Leistungsfähigkeitssteigerung der nahestehenden Person gemäß § 7 Abs. 1 Nr. 1 ErbStG darstellen.[782] Entsteht daher nach den zivil- und ertragsteuerlichen Wertungen nur ein Vorteil im Vermögen des (anweisenden) Gesellschafters, muss dies auch für das Schenkungssteuerrecht gelten. Die vom II. Senat des BFH angedeutete und einem Teil der Literatur für möglich gehaltene freigebige Zuwendung im Verhältnis der Kapitalgesellschaft zur nahestehenden Person, ist in den Fällen einer mittelbaren verdeckten Gewinnausschüttung zugunsten des Gesellschafters abzulehnen.[783]

Im Verhältnis der Gesellschaft zum Gesellschafter scheidet ebenfalls eine freigebige Zuwendung aus. Dazu sei auf die Darstellungen des 4. Kapitels zu einer unmittelbaren verdeckten Gewinnausschüttung der Kapitalgesellschaft an ihren Gesellschafter verwiesen. Die Ausschüttung vollzieht sich im Rahmen der Erfolgsbeteiligung des Gesellschafters und wird ertragsteuerlich als Kapitalertrag nach

779 *Fischer*, in: F/J/P/W, § 7 Rz. 122.

780 *Christ*, ZEV 2011, 10 (14).

781 *Benz/Böing*, DStR 2010, 1157 (1163); *Crezelius*, BB-Spezial 10, 1 (18 ff.); *Stein*, in: Drüen 2011/2012, 729 (735 f.).

782 Ebenso: *Crezelius*, ZEV 2008, 268 (272); *Viskorf/Haag/Kerstan*, NWB 2012, 927 (939); *Birnbaum*, ZEV 2009, 125 (128); *Benz/Böing*, DStR 2010, 1157 (1161); *Christ*, ZEV 2011, 10 (14); *Fuhrmann/Demuth*, Kösdi 2009, 16613 (16623); *Haarmann*, JbFSt 2008/2009, 338 (339).

783 *BFH*, Urteil v. 7.11.2007, II R 28/06, DStR 2008, 346 ff. Vgl. schon zu dieser Rechtsprechung im 3. Kapitel unter B. auf den S. 56 ff. und in diesem Kapitel unter C.I.1.c) auf den S. 157 f. Literatur: *Hartmann*, ErbStB 2003, 331 (333); *ders.* UVR 2005, 232 (234 f.); *ders.* ErbStB 2012, 32 (33); *ders.* GmbH-StB 2008, 203 (205); *ders.* ErbStb 2013, 41 (43).

§ 20 Abs. 1 Nr. 1 S. 2 EStG erfasst. Eine freigebige Zuwendung scheitert jedenfalls an der objektiven Unentgeltlichkeit.[784]

Auch aus der im Jahr 2011 neu eingefügten Regelung des § 7 Abs. 8 S. 2 ErbStG ergibt sich in Mehr-Personen-Verhältnissen keine abweichende Beurteilung.[785] Hiergegen spricht insbesondere die zivilrechtliche Einordnung. Die Kapitalgesellschaft ist nicht als Zuwendende oder Schenker anzusehen, weshalb es einer eindeutigen Regelung durch den Gesetzgeber bedurft hätte.

b) Freigebige Zuwendung „auf Kosten" des Gesellschafters?

Somit verbleibt die Frage „auf wessen Kosten" die nahestehende Person bereichert ist. Scheidet die Kapitalgesellschaft als Zuwendende aus, kommt nur noch eine freigebige Zuwendung des Gesellschafters in Betracht. Es stellt sich jedoch die Frage, ob dieser tatsächlich entreichert ist („auf Kosten"), ob also eine Zuwendung i.S.d. § 7 Abs. 1 Nr. 1 ErbStG begründbar ist. Der II. Senat des BFH lehnt dies ab, weil keine substanzielle Vermögensverschiebung aus dem Vermögen des Gesellschafters in das Vermögen der nahestehenden Person festzustellen sei. Hierfür genüge eine Wertminderung seines Geschäftsanteils als bloße Folge der Verringerung des Gesellschaftsvermögens nicht.

Um der Ansicht des II. Senats folgen zu können, muss zunächst untersucht werden, ob der schenkungsteuerliche Zuwendungstatbestand i.S.d. Rechtsprechung zu verstehen ist.[786] Konkret ist danach zu fragen, ob § 7 Abs. 1 Nr. 1 ErbStG eine substanzielle Vermögensverschiebung voraussetzt und wenn ja, ob diese bei mittelbaren verdeckten Gewinnausschüttungen im mittelbaren Leistungsverhältnis zwischen veranlassendem Gesellschafter und Zuwendungsempfänger tatsächlich nicht vorliegt.

aa) Bürgerlich-rechtliche Vorfrage

Nach der ganz herrschenden Meinung in Rechtsprechung und Schrifttum bildet das bürgerliche Recht hinsichtlich der Beteiligten und des Zuwendungsobjekts eine

---

784 Siehe im 4. Kapitel unter C.I.4.d)cc) auf den S. 130 ff. Ebenfalls stellen sich die im im 4. Kapitel unter C.I.2. auf den S. 91 ff. und unter C.I.3 auf den S. 120 ff. angesprochenen Probleme einer Kompensation der Be- und Entreicherung. Zudem ist in den vorliegenden Mehr-Personen-Verhältnissen problematisch, ob tatsächlich eine Ent- und Bereicherung im Verhältnis der Gesellschaft zum Gesellschafter vorliegen kann, wenn nur eine tatsächliche Zuwendung an die nahestehende Person erfolgte. Der BFH wird dies mit einer fehlenden Substanzverschiebung ablehnen. Da dieses Problem jedoch eng mit der Frage verknüpft ist, ob eine freigebige Zuwendung im Verhältnis des Gesellschafters zur nahestehenden Person und die hierzu notwendige Entreicherung vorliegt, wird diese Frage erst dort thematisiert.

785 Hierzu ausführlich im 7. Kapitel unter C. auf den S. 241 ff.

786 Siehe hierzu nochmals unter C.I.1.b) auf den S. 150 f.

Vorfrage für das Erbschaft- und Schenkungssteuerrecht.[787] Schon der RFH entschied, dass das Erbschaftsteuerrecht auf dem bürgerlich-rechtlichen Erbrecht aufbaue und eine Bewertung erbschaftsteuerlicher Vorgänge sich hiernach zu richten habe.[788] Der BFH führt diese Rechtsprechung fort, indem er eine wirtschaftliche Betrachtungsweise grundsätzlich ablehnt. Eine Erbschaftsteuerpflicht könne sich nur aufgrund rechtlicher Beurteilung ergeben. Es gebe keine „Erbschaft im wirtschaftlichen Sinn".[789]

Speziell zum Schenkungsteuerrecht entschied der II. Senat, dass sich die Bestimmung des Gegenstands der Zuwendung allein nach bürgerlichem Recht richte. Nur dieses, nicht aber das Steuerrecht, verfüge über den Inhalt eines dem bürgerlichen Recht zugehörenden Erwerbs.[790] Die Prämissen des bürgerlichen Rechts seien in der Gestalt hinzunehmen, die sie durch eben dieses erlangt haben.[791] Dementsprechend komme es auch für die Frage, wer an einer freigebigen Zuwendung i.S.d. § 7 Abs. 1 Nr. 1 ErbStG beteiligt ist, ausschließlich auf die Zivilrechtslage und nicht darauf an, wem nach wirtschaftlicher Betrachtungsweise Vermögen oder Einkommen zuzurechnen sei.[792]

Erst in zwei neueren Entscheidungen begründete der BFH seine Ansicht damit, dass die Erbschaft- und Schenkungsteuer eine Verkehrsteuer sei.[793] Eine wirtschaftliche Betrachtungsweise sei jedoch auf Steuerarten, die an bürgerlich-rechtliche Vorgänge anknüpfen nicht oder nur nach Sachlage des Einzelfalls anwendbar.

Das überwiegende Schrifttum hat sich dem BFH jedenfalls hinsichtlich des Ergebnisses einer bürgerlich-rechtlichen Maßgeblichkeit angeschlossen.[794] Teilweise stößt die Auffassung des II. Senats jedoch auf Kritik. Insbesondere wird ihm

787 Vgl. nur *BFH*, Urteil v. 7.4.1976, II R 87 bis 89/70, BStBl. II 1976, 632 (633); *BFH*, Urteil v. 3.10.1984, II R 194/82, BStBl. II 1985, 73; *BFH*, Urteil v. 9.12.2009, II R 28/08, DStR 2010, 925 f.; *Meincke*, ErbStG, § 7 Rz. 14; *Gebel*, in: T/G/J, § 7 Rz. 73 ff.

788 *RFH*, Urteil v. 17.2.1931, I e A 73/31, RStBl. 1931, 241; *RFH*, Urteil v. 2.5.1935, III e A 51/34, RStBl. 1935, 905; *RFH*, Urteil v. 14.3.1940, III e 28/38, RStBl. 1940, 417 (420).

789 *BFH*, Urteil v. 30.6.1960, II 254/57 U, BStBl. III 1960, 348.

790 *BFH*, Urteil v. 25.6.1969, II 131/63, BFHE 96, 416 (419); *BFH*, Beschluss vom 18.12.1972, II R 87-89/70, BStBl. II 1973, 329; *BFH*, Urteil v. 05.2.1986 , II R 188/83, BStBl. II 1986, 460 (461).

791 *BFH*, Beschluss v. 18.12.1972, II R 87-89/70, BStBl. II 1973, 329 (330 f.).

792 *BFH*, Urteil v. 9.12.2009, II R 28/08, DStR 2010, 925 f.; *BFH*, Urteil v. 29.11.2006, II R 42/05, ZEV 2007, 142 (143); *BFH*, Urteil v. 7.11.2007, II R 28/06, DStR 2008, 346 (347).

793 *BFH*, Urteil v. 7.11.2007, II R 28/06, DStR 2008, 346 (347); *BFH*, Urteil v. 9.12.2009, II R 28/08, DStR 2010, 925 (926).

794 Vgl. *Meincke*, ErbStG, § 7 Rz. 14; *Weinmann*, in: Moench/Weinmann, § 7 Rz. 14 und 21; *Hartmann*, in: Gürsching/Stenger, § 7 Rz. 12; *Schuck*, in: V/K/S/W, § 7, Rz. 6 und 17; *Fischer*, in: F/J/P/W, § 7 Rz. 16; *Kapp*, DStR 1986, 680 (681); a. A. wohl *Gebel*, in: T/G/J, § 7 Rz. 8 und 15, der nur den Zuwendungsgegenstand nach bürgerlichrechtlichen Grundsätzen bewertet, jedoch eine rein wirtschaftliche Betrachtungsweise ebenfalls ablehnt und letztlich zu denselben Ergebnissen gelangt.

vorgeworfen, keine ausdrückliche Begründung zu liefern, woraus er die auf der Verkehrsteuer beruhende Maßgeblichkeit des Zivilrechts herleite.[795] Aus dem Wortlaut des § 7 Abs. 1 Nr. 1 ErbStG könne dies nicht herausgelesen werden.[796]

Im Folgenden soll daher zunächst ein Überblick zum allgemeinen Verhältnis zwischen Steuerrecht und Zivilrecht gegeben werden. Darauf aufbauend gilt es, die Frage des Verhältnisses zwischen Zivilrecht und ErbStG sowie im besonderen das Verhältnis zum Schenkungsteuerrecht zu untersuchen.

(1) Verhältnis zwischen Steuerrecht und Zivilrecht

Es ist seit jeher umstritten, wie sich das Zivilrecht zum Steuerrecht verhält. Das Verhältnis ist von besonderer Bedeutung, weil sich das Steuerrecht zivilrechtlicher Begriffe bedient und an zivilrechtliche Gestaltungen anknüpft. Anfangs ging die Rechtsprechung daher von einer strikt am Zivilrecht orientierten Auslegung bürgerlich-rechtlicher Begriffe aus.[797] Infolgedessen versuchte der Gesetzgeber, eine wirtschaftliche Betrachtungsweise per Regelung anzuordnen. Daher legte § 4 der RAO von 1919 fest, dass bei der Auslegung der Steuergesetze ihr Zweck, ihre wirtschaftliche Bedeutung und die Entwicklung der Verhältnisse zu berücksichtigen seien.[798]

Da sich eine solche „freischwebende" wirtschaftliche Betrachtungsweise im Hinblick auf das Zivilrecht jedoch nicht durchhalten ließ, entwickelte der BFH ein sog. „Primat des Zivilrechts".[799] Das Steuerrecht müsse auf dem bürgerlichen Recht aufbauen, weil es lediglich die steuerlichen Folgerungen aus der bürgerlichrechtlichen Vertragsgestaltung zu ziehen habe. Würden in Steuergesetzen Begriffe verwendet, die im bürgerlichen Recht einen bestimmten Inhalt haben, so seien diese im Steuerrecht nach dem Grundsatz der Einheit der Rechtsordnung und im Interesse der Rechtssicherheit sowie Rechtsklarheit im selben Sinne auszulegen, es sei denn, die Begriffe sollen nach dem erkennbaren Willen des Gesetzgebers im Steuerrecht einen anderen Sinn haben.[800]

Das Bundesverfassungsgericht beschreitet derweil einen Mittelweg.[801] Steuerliche Tatbestandmerkmale seien nach dem Zweck des jeweiligen Gesetzes und dem Inhalt der Einzelregelung zu interpretieren, auch wenn sie einem anderen Rechtsgebiet entnommen sind. Es gebe weder eine Vermutung für ein übereinstimmendes, noch für ein abweichendes Verständnis. Steuerrecht und Zivilrecht seien

---

795 *Birnbaum*, ZEV 2009, 125 (126 f.).

796 *Hübner*, DStR 2007, 1747 (1749 ff.); *Daragan (Wohlschlegel)*, DStR 1998, 1241 (1244 f.).

797 *Merk*, in: FG Reichsgericht, S. 73 ff., 84 ff., 95 ff.

798 RGBl. 1919, 1993 (1194). § 4 der Reichsabgabenordnung galt von 1919 bis 1977.

799 *BFH*, Urteil v. 21.6.1957, VI 115/55 U, BStBl. III 1957, 300; *Englisch*, in: Tipke/Lang, § 5 Rz. 71.

800 *BFH*, Urteil v. 29.3.1962, VI 105/61 U, BStBl. III 1962, 304 (305).

801 *BVerfG*, Beschluss v. 27.12.1991, 2 BvR 72/90, NJW 1992, 1219 (1219 f.); so auch: *Tipke*, StRO (I), S. 46 ff.; *Klein*, FinArch. N.F. Bd. 14, 1 (6).

nebengeordnete Rechtsgebiete, die denselben Sachverhalt aus unterschiedlichen Perspektiven und verschiedenen Wertungsebenen beurteilen.[802] Dem folgt ein Großteil des Schrifttums. Es gebe allenfalls eine Vorherigkeit des Zivilrechts bzw. eine Autonomie des Steuerrechts.[803] Die Rechtsprechung des Bundesverfassungsgericht wird jedoch auch kritisch gesehen.[804] Verwende das Steuerrecht zivilrechtlich vorgeprägte Begriffe, könne es bei Auslegung der Steuernorm nur darauf ankommen, ob Wortlaut sowie Sinn und Zweck eine Abweichung vom Zivilrecht rechtfertigen. Nur diese zivilrechtsgeneigte Anwendung gewährleiste Rechtssicherheit.

(a) Stellungnahme

Das Bundesverfassungsgericht sieht das Steuerrecht zutreffend als eigenständige Rechtsordnung an. Das Steuerrecht soll die wirtschaftliche Leistungsfähigkeit erfassen und baut auf den zivilrechtlich geregelten wirtschaftlichen Verhältnissen auf.[805] Hieraus folgt oftmals ein Spannungsverhältnis zwischen zivilrechtlicher und wirtschaftlicher Interpretation. Daher gilt es, durch Auslegung zu ermitteln, ob zivilrechtliche Begriffe vollumfänglich in das Steuerrecht übernommen werden sollen. Zu diesem Zwecke ist auf die allgemeine juristische Methodik zurückzugreifen. Wortlaut, Systematik, historische Gesichtspunkte und Telos einer Norm sind zu untersuchen. Die wirtschaftliche Interpretation von Steuergesetzen ist in diesem Rahmen Teil der teleologischen Auslegung. Folglich kann ein zivilrechtlich vorgeprägter Begriff durch die Aufnahme in eine Steuernorm eine eigenständige Bedeutung gewinnen.

Gleichwohl ist von einer Vermutung für den vorgeprägten zivilrechtlichen Begriffsinhalt auszugehen. Dies bedeutet jedoch nicht, dass ein Primat des Zivilrechts existiert oder dass das Steuerrecht einen Annexregelungskomplex zum Zivilrecht darstellt. Solange Steuerrechtsnormen eigenständige Tatbestandsmerkmale verwenden, wird in der Regel die Auslegung der Norm zu einer an der wirtschaftlichen Leistungsfähigkeit ausgerichteten Betrachtungsweise führen. Handelt es sich allerdings um Begriffe, die dem Zivilrecht entlehnt sind, darf die Anknüpfung an den Wortlaut nicht einfach übergangen werden.

---

802 Im Urteil des BVerfG v. 17.12.2014, 1 BvL 21/12, BStBl. II 2015, 50 ff. zeigt sich jedoch wieder eine Tendenz zur Anknüpfung an das bürgerliche Recht. Dort stellt das BVerfG auf die unterschiedlichen zivilrechtlichen Ordnungsstrukturen von Personengesellschaften und juristischen Personen ab, um die generelle Begünstigung des Erwerbs von Anteilen an Personengesellschaften im Vergleich zur Mindestbeteiligungsquote bei Kapitalgesellschaften nach § 13b Abs. 1 ErbStG zu rechtfertigen, vgl. hierzu auch *Crezelius*, ZEV 2015, 1 (4).

803 *Klein*, FinArch. N.F. Bd. 14, 1 (6); *Kirchhof*, JbFSt 1979/80, 254 (255 ff.); *Raupach*, in: FS Tipke, 105 (106 ff.); *Weber-Grellet*, StuW 1999, 311 (312 f.); *Tipke*, StRO (I), 43 ff. m.w.N. in Fn. 57 und 60.

804 *Crezelius*, Steuerrecht II, S. 8; *Meincke*, StuW 1992, 186 (189 f.).

805 *Crezelius*, Erbschaft- und Schenkungsteuer in zivilrechtlicher Sicht, S. 30; *Englisch*, in: Tipke/Lang, § 5 Rz. 70.

Das Bundesverfassungsgericht tendiert dazu, dieses Kriterium der Auslegung zu vernachlässigen, wenn es in seiner Entscheidung ausführt, dass im Steuerrecht keine Vermutung dergestalt bestehe, zivilrechtliche Begriffe nach ihrem zivilrechtlichen Sinn auszulegen. Im Steuerrecht kommt dem Wortlaut besondere Bedeutung zu, weil es in besonderem Maße in die Rechtssphäre des Bürgers eingreift. Aus dem Erfordernis der Rechtssicherheit folgt, dass der Bürger sich auf den Wortlaut verlassen können muss, sofern er Dispositionen vornimmt. Werden zivilrechtliche Begriffe verwendet, ist zunächst von einer zivilrechtlichen Vorprägung auszugehen. Diese Vorprägung kann sich auch daraus ergeben, dass sich die Beteiligten zumeist zivilrechtlicher Rechtsgeschäfte und Organisationsformen bedienen. Beispielsweise knüpft der Große Senat des BFH für den Mitunternehmerbegriff in § 15 Abs. 1 S. 1 Nr. 2 EStG grundsätzlich an den zivilrechtlichen Gesellschafterbegriff an.[806] Nur in Ausnahmefällen genüge eine wirtschaftlich vergleichbare Stellung, etwa bei Erben- und Gütergemeinschaften.

Dennoch kann im Rahmen der weiteren Auslegung eine abweichende steuerrechtliche Betrachtung geboten sein. Dies stellt jedoch immer erst einen weiteren Auslegungsschritt dar.[807] Ein Beispiel hierfür sind die Begriffe „Vermietung und Verpachtung" in § 2 Abs. 1 i.V.m. § 21 EStG, die wesentlich weiterverstanden werden als ihre zivilrechtlichen Gegenstücke.[808]

(b) Zwischenergebnis

Steuerrechtliche Begriffe, die eine zivilrechtliche Vorprägung aufweisen, sind in der Regel zivilrechtlich auszulegen. Dies führt zu vorhersehbaren Rechtsfolgen und Rechtssicherheit. Die sog. „Relativität der Rechtsbegriffe", also eine Auslegung von Begriffen je nach (Sinn-) Zusammenhang, ist nur sehr zurückhaltend anzuwenden. Gerade im Steuerrecht als Eingriffsrecht muss allem voran systematische und dogmatische Klarheit geschaffen werden. Eine Rechtsordnung mit einheitlichen Wertungen und innerer Widerspruchsfreiheit muss daher in den Vordergrund gestellt werden.[809]

---

806 *BFH*, Beschluss vom 25.6.1984, GrS 4/82, BStBl. II 1984, 751 (768). Eine bloße Büro- und Praxisgemeinschaft genügt hingegen nicht: *BFH*, Urteil v. 14.4.2005, XI R 82/03, DStR 2005, 1601 (1603).

807 Vgl. zum Ganzen auch *Crezelius*, Steuerrecht II, S. 6 ff.; *ders.*, Unternehmenserbrecht, S. 128 f.; *Meincke*, StuW 1992, 186 (189 f.), der ausführt, dass das BVerfG durch sein Verständnis von Zivilrecht und Steuerrecht „(...) der freiheitsverbürgenden Funktion des Tatbestandes steuerrechtlicher Bestimmungen nicht ausreichend Rechnung trägt."

808 *Schallmoser*, in: Blümich, EStG, § 21 Rz. 8.

809 *Crezelius*, Erbschaft- und Schenkungsteuer in zivilrechtlicher Sicht, S. 32 ff.; *Meincke*, StuW 1992, 186 (190), der jedoch zu Recht anmerkt, dass „Einheit der Rechtsordnung" nicht „Begriffseinheit" meint.

(2) Verhältnis des ErbStG zum Zivilrecht

Im Rahmen dieser Untersuchung stellt sich nun die Frage, welche Konsequenzen die soeben dargestellten allgemeinen Überlegungen für das Verhältnis des ErbStG zum Zivilrecht haben. Einigkeit bestehet jedenfalls insoweit, als von einer engen Anbindung des Erbschaft- und Schenkungsteuerrechts an die bürgerlich-rechtlichen Verhältnisse auszugehen ist.[810] Die Begründung hierfür ist jedoch umstritten. Nach Ansicht des BFH ist dies auf den Verkehrsteuercharakter zurückzuführen.[811]

(a) Verkehrsteuer

Eine Einordnung der Schenkungsteuer als Verkehrsteuer lehnte der BFH in früheren Entscheidungen noch ab.[812] Es handele sich um eine Bereicherungssteuer, obwohl sie mit dem „Erwerb“ einen Verkehrsvorgang voraussetze. Insbesondere sei eine Anknüpfung an die Schenkung i.S.d. §§ 516 ff. BGB deshalb geboten, weil das bürgerliche Recht und nicht das Steuerrecht den Inhalt der Schenkung festlege.

Ohne sich mit dieser Rechtsprechung auseinander zu setzen, stellt der II. Senat nunmehr fest, dass die Schenkungsteuer eine Verkehrsteuer sei.[813] Auch das Bundesministerium der Finanzen ordnet die Erbschaft- und Schenkungsteuer (neben der Grunderwerbsteuer) in seinen jährlich erscheinenden Finanzberichten den „Steuern auf den Vermögensverkehr“ zu.[814]

(aa) Stellungnahme

Entgegen der Rechtsprechung und der Verwaltung ist die Schenkungsteuer jedoch nicht als Verkehrsteuer einzuordnen. Dies ergibt sich aus folgenden Überlegungen:

Steuersystematisch gehören die Verkehrsteuern zu den Steuern auf die Einkommens- und Vermögensverwendung.[815] Sie knüpfen an einen Rechtsakt an und besteuern den ausgetauschten Wert, also den Leistungsaustausch aufgrund zivilrechtlicher Rechtsgeschäfte.[816] Die wirtschaftliche Leistungsfähigkeit des

---

810 Vgl. nur *Gebel*, in: T/G/J, § 7 Rz. 29; *Meincke*, ErbStG, Einführung Rz. 11.

811 *BFH*, Urteil v. 9.12.2009, II R 28/08, DStR 2010, 925 (926); *BFH*, Urteil v. 7.11.2007, II R 28/06, DStR 2008, 346 (347); *BFH*, Urteil v. 9.7.2009, II R 47/07, DStR 2009, 2590.

812 *BFH*, v. 9.8.1983, VIII R 35/80, BStBl. II 1984, 27 (28); *BFH*, v. 27.10.1970, II S 2-4/70, BStBl. II 1971, 269 (270); *BFH*, v. 18.12.1972, II R 87-89/70, BStBl. II 1973, 329 (345 und 349).

813 *BFH*, Urteil v. 9.12.2009, II R 28/08, DStR 2010, 925 (926); *BFH*, Urteil v. 7.11.2007, II R 28/06, DStR 2008, 346 (347); *BFH*, Urteil v. 9.7.2009, II R 47/07, DStR 2009, 2590.

814 Vgl. nur „Finanzbericht 2014“, S. 130, herausgegeben vom Bundesministerium der Finanzen und abrufbar über dessen Internetseite. Nach § 31 Bundeshaushaltsordnung, hat das Bundesministerium für Finanzen einen Bericht über den Stand und die voraussichtliche Entwicklung der Finanzwirtschaft auch im Zusammenhang mit der gesamtwirtschaftlichen Entwicklung zu erstatten.

815 *Englisch*, in: Tipke/Lang, § 7 Rz. 101.

816 *BVerfG*, Beschluss v. 07.05.1963 2, BvL 10/61, BVerfGE 16, 54 (73).

Steuerpflichtigen ist – anders als bei den Personen- und Besitzsteuern – grundsätzlich nicht zu berücksichtigen.[817]

Um anhand dieser allgemeinen Merkmale der Verkehrsteuern eine Einordnung der Steuerart vorzunehmen, sind die schenkungsteuerrechtlichen Regelungen jedoch nicht isoliert zu betrachten. Vielmehr hat die Einordnung anhand des gesamten ErbStG zu erfolgen, weil das Schenkungsteuerrecht eine notwendige Ergänzung des Erbschaftsteuerrechts darstellt, um Umgehungen der Steuerpflicht durch lebzeitige Verfügungen zu vermeiden und so dem Gebot der Steuergerechtigkeit zu folgen.[818] Beide stehen gleichberechtigt nebeneinander und sind insofern gleichartig, als sie zugewendetes Vermögen erfassen.[819]

Nun weist das ErbStG auf den ersten Blick in der Tat Ähnlichkeiten zu den Verkehrsteuern auf, weil es an einen Vermögenstransfer anknüpft, der auf einem Akt des Rechtsverkehrs beruht.[820] Außerdem erfolgt nur eine Erfassung von Einmaltatbeständen und keine fortlaufende, periodische Veranlagung.[821] Zu beachten ist jedoch, dass die Vermögensnachfolge des Erben kraft Gesetzes erfolgt. Die für Verkehrsgeschäfte geltenden Vorschriften des BGB können gerade nicht angewendet werden.[822] Zudem unterscheidet auch das Grundgesetz in Art. 106 Abs. 2 GG zwischen der Erbschaftsteuer und den Verkehrsteuern.[823] Insbesondere berücksichtigt das ErbStG jedoch die wirtschaftliche Leistungsfähigkeit des Schuldners, indem Schulden und Lasten bei der Wertermittlung abgezogen werden können (§ 10 ErbStG) und der Verwandtschaftsgrad zu unterschiedlichen Steuerbelastungen führt (§§ 15, 16, 19 ErbStG).[824] Diese Ausgestaltung entspricht nicht einer typischen Verkehrsteuer.

---

817 *BFH*, Urteil v. 9.4.2008, II R 32/06, DStRE 2008, 1152 (1153); *Fischer*, in: Boruttau, GrEStG, Vorbemerkungen, Rz. 137; *Fehrenbacher*, Steuerrecht, S. 34 Rz. 22; *Grashoff*, in: Grashoff/Kleinmanns, 1. Kapitel, Rz. 26.

818 *BVerfG*, Beschluss v. 8.3.1983, 2 BvL 27/81, BStBl. II 1983, 779 (783); *Geck*, in: Kapp/Ebeling, Einl. Rz. 6; *Petzold*, Einführung Rz. 4; *Gebel*, in: T/G/J, Einführung, Rz. 1.

819 *Tipke*, StRO (II), S. 873; *Meincke*, ErbStG, § 1 Rz. 6; *Crezelius*, Erbschaft- und Schenkungsteuer in zivilrechtlicher Sicht, S. 26 f.

820 *Tipke*, StRO (II), S. 876; *Seer*, in: Tipke/Lang, § 15 Rz. 3 und *Hey*, in: Tipke/Lang, § 7 Rz. 40.

821 *Gebel*, in: T/G/J, Einführung, Rz. 3.

822 *Crezelius*, Erbschaft- und Schenkungsteuer in zivilrechtlicher Sicht, S. 24.

823 *BFH*, Urteil v. 18.12.1972, II R 87-89/70, BStBl. II 1973, 329 (349). Auch in der Erstfassung des Grundgesetzes wurde eine Einordnung zu den „Steuern auf das Einkommen" und den „Steuern auf das Vermögen" (Art. 105 Abs. 2 Nr. 2 a.F. GG) vorgenommen und gerade keine zu den Verkehrsteuern (Art. 105 Abs. 2 Nr. 1 a.F. GG). An dieser Klassifikation sollte durch folgende Gesetzesänderungen nichts geändert werden, vgl. das 21. Gesetz zur Änderung des Grundgesetzes vom 12. Mai 1969, BGBl. I 1969, 357 ff. und hierzu *BFH*, Urteil v. 18.12.1972, II R 87-89/70, BStBl. II 1973, 329 (349).

824 *Crezelius*, Erbschaft- und Schenkungsteuer in zivilrechtlicher Sicht, S. 24.

Darüber hinaus wird nicht der Vermögenstransfer an sich besteuert, sondern das transferierte Vermögen auf Seiten des Erwerbers. Die Besteuerung nach der Bereicherung des Erben und nicht des Nachlasses des Erblassers entspricht jedoch dem Charakter einer Bereicherungssteuer.[825] Hierauf weist auch die Gesetzesbegründung von 1974 hin, die von einer am Vermögensvorfall des einzelnen Erwerbers ausgerichteten Besteuerung ausgeht. Grundsätzlich sei der Zuwachs an wirtschaftlicher Leistungsfähigkeit als Ziel und Rechtfertigung der Besteuerung anzusehen.[826] Auch das Bundesverfassungsgericht führte aus, dass das ErbStG in seiner derzeitigen Ausgestaltung den Vermögenszuwachs beim Erben und die hierdurch vermittelte finanzielle Leistungsfähigkeit belaste.[827]

Die Erbschaft- und Schenkungsteuer liegt folglich auf Ebene der Einkommensteuer als Personen- oder Subjektsteuer. Auch diese greift auf den Vermögenszuwachs zu und rechtfertigt sich durch die Erfassung der gesteigerten Leistungsfähigkeit.[828] Infolgedessen findet im überwiegenden Schrifttum zutreffend eine Einordnung zu den Steuern auf das Einkommen „im weiteren Sinn" statt.[829] Gleichwohl ist eine eindeutige Zuordnung kaum möglich.[830] Meincke spricht zutreffend von einem „Doppelgesicht" der Erbschaft- und Schenkungsteuer. Sie knüpfe an Rechtsvorgänge an und wolle doch den wirtschaftlichen Vorgang erfassen. Sie stehe der Einkommensteuer zwar nahe, verfolge jedoch das Ziel einer Substanzbesteuerung.[831]

(bb) Zwischenergebnis

Eine enge Anbindung des Erbschaft- und Schenkungsteuerrecht an das bürgerliche Recht kann somit jedenfalls nicht alleine mit einer Einordung als Verkehrsteuer begründet werden, wenngleich die formale Anknüpfung an einen Akt des Rechtsverkehrs tendenziell für eine enge Anbindung spricht. Angesichts dieser

---

825 *Tipke*, StRO (II), S. 872 f.; *Mellinghoff*, in: Birk, DStJG 1999, 127 (135); *Crezelius*, Erbschaft- und Schenkungsteuer in zivilrechtlicher Sicht, S. 27 f.; *ders.* BB 1979, 1324 (1345); *Meincke*, in: FS Tipke, 391 (394); *Seer*, StuW 1997, 283 (285); *Schulte*, FR 2007, 309 (310); *Birk*, StuW 2005, 346; *Meier*, DVR 1986, 135 (146); *Birnbaum*, Leistungsfähigkeitsprinzip u. ErbStG, 42.

826 BR-Drs. 140/72, S. 59.

827 *BVerfG*, Beschluss v. 22.6.1995, 2 BvR 552/91, BVerfGE 93, 165 (167).

828 *Gebel*, in: T/G/J, Einführung Rz. 3; *Tipke*, StRO (II), 872 f.; *Crezelius*, in: FS Tipke, 403 (405 ff.).

829 *Timm*, FinArch. Bd. 42, 553, (561 ff.); *Crezelius*, FR 2007, 613 (616 f.); *Schneider*, StuW 1979, 38 (40); *Heinz*, ZEV 2004, 221 ff.; *Röder*, ZEV 2008, 169 (170); *Seer*, in: Tipke/Lang, § 15 Rz. 1 ff.; *Gebel*, in: T/G/J, Einführung, Rz. 15; wohl a.A. *Schulte*, FR 2007, 309 (310); *Hey*, JZ 2007, 564 (570 f.), *dies.*, in: Tipke/Lang, § 7 Rz. 41: „Mithin ist die Erbschaft- und Schenkungsteuer zwischen den Steuern auf das Einkommen und den Steuern auf das Vermögen anzusiedeln."

830 Ebenso *Jüptner*, in: F/J/P/W, § 1 Rz. 1; *Meincke*, ErbStG, Einführung, Rz. 1; *Hey*, in: Tipke/Lang, § 7 Rz. 40 f.

831 *Meincke*, ErbStG, Einführung, Rz. 1.

Schwierigkeiten und der dogmatischen Bedeutung für den Tatbestand der Schenkungsteuer wäre eine weitergehende Darlegung der Gründe des II. Senats wünschenswert gewesen.[832]

(b) Auslegung des ErbStG

Eine enge Anbindung an das Zivilrecht ergibt sich jedoch durch Auslegung des ErbStG. Dieses nimmt in vielen Vorschriften unmittelbar auf zivilrechtliche Begriffe Bezug. Teilweise werden die Begriffe in Klammern ausdrücklich genannt, wie z.B. die Erbschaft und das Vermächtnis in § 3 Abs. 1 Nr. 1 ErbStG oder allgemein die Schenkung in § 1 Abs. 1 Nr. 2 ErbStG. Auf diese Weise werden Ordnungsvorstellungen des Zivilrechts und ihre Berücksichtigung der jeweiligen Interessenlagen in das ErbStG übernommen. Das Zivilrecht bestimmt somit über die inhaltliche Ausgestaltung der unentgeltlichen Vermögenserwerbe, an die das ErbStG grundsätzlich anknüpft. Es ergibt sich eine bürgerlich-rechtliche Prägung, die zugleich zur Tatbestandsmäßigkeit (Art. 20 Abs. 3 GG) der Besteuerung beiträgt. Zivilrechtliche Begriffe und Institute müssen bei Anwendung des Erbschaft- und Schenkungsteuerrechts beachtet werden, weil andernfalls ein Eingriff ohne Ermächtigungsgrundlage erfolgt.[833]

Der Aussage des BFH, dass eine wirtschaftliche Betrachtungsweise auf Ausnahmefälle zu beschränken sei, lässt sich daher im Ergebnis zustimmen. Dies folgt einerseits aus der Konzeption des ErbStG, zivilrechtliche Wertungen zu inkorporieren. Andererseits weist zumindest die formale Ausgestaltung des Gesetzes Züge einer Verkehrsteuer auf, sodass der Normanwendung stets eine gründliche zivilrechtliche Analyse des Sachverhalts vorauszugehen hat. Auf diesem Wege können Wertungswidersprüche vermieden werden.

Die enge Bindung endet jedoch dort, wo es um die nähere Einordnung des Vermögensanfalls geht.[834] So kann das Erbschaftsteuerrecht einen Erwerb durch Rechtsgeschäft unter Lebenden als Erwerb von Todes wegen (§§ 3 Abs. 1 Nr. 4, 4 Abs. 2 S. 1 ErbStG) oder einen Erwerb vom Erben als Erwerb vom Erblasser qualifizieren (§ 3 Abs. 2 Nr. 4 ErbStG). Solche Abweichungen von zivilrechtlichen Vorgaben durch das ErbStG sind aufgrund der Gestaltungsfreiheit des Gesetzgebers zulässig[835] und auch notwendig, um Besteuerungslücken zu vermeiden.

---

832 Vgl. die bloßen Feststellungen des BFH ohne weitere Begründung in: *BFH*, Urteil v. 9.12.2009, II R 28/08, DStR 2010, 925 (926); *BFH*, Urteil v. 7.11.2007, II R 28/06, DStR 2008, 346 (347).

833 Vgl. zum Ganzen: *Crezelius*, Erbschaft- und Schenkungsteuer in zivilrechtlicher Sicht, S. 36 f.; *ders.*, Steuerrecht II, § 19 Rz. 10.

834 *Meincke*, ErbStG, Einführung Rz. 11.

835 *Crezelius*, Steuerrecht II, § 19 Rz. 11.

(3) Verhältnis der „freigebigen Zuwendung" zum Zivilrecht

Eine enge Anbindung erscheint vor allem dann fragwürdig, wenn der Tatbestand nicht unmittelbar auf Institute des Zivilrechts Bezug nimmt, wie in § 7 Abs. 1 Nr. 1 ErbStG und dem dort verwendeten Begriff der „freigebigen Zuwendung". Daher stellt sich in einem nächsten Schritt die Frage, wie sich die steuerrechtliche Vorschrift zum zivilrechtlichen Kontext des ErbStG verhält, insbesondere in welchem Verhältnis die freigebige Zuwendung zur zivilrechtlichen Schenkung (§§ 516 ff. BGB) steht. Dies gilt es durch Auslegung der Norm zu ermitteln, weshalb nachfolgend auf Wortlaut, Entstehungsgeschichte, systematische Stellung und Sinn und Zweck des § 7 Abs. 1 Nr. 1 ErbStG einzugehen ist.

(a) Auslegung Wortlaut

Nach § 1 Abs. 1 Nr. 2 ErbStG unterliegen „Schenkungen unter Lebenden" der Erbschaft- oder Schenkungsteuer. § 7 Abs. 1 Nr. 1 ErbStG legt fest, dass hierunter jede „freigebige Zuwendung unter Lebenden" zu verstehen ist. Zum einen sind hiervon Schenkungen i.S.d. §§ 516 ff. BGB erfasst, zum anderen werden auch sonstige freigebige Zuwendungen aufgegriffen, soweit keine vertragliche Einigung zugrunde liegt oder ausnahmsweise eine Zuordnung zu einem anderen Vertragstyp des BGB erfolgt.[836] Die „freigebige Zuwendungen" erlaubt dem Wortsinn nach daher eine umfassendere Berücksichtigung von Sachverhalten gegenüber einer Schenkung i.S.d. §§ 516 ff. BGB. Die bürgerlich-rechtliche Schenkung stellt demgegenüber einen Unterfall der freigebigen Zuwendung dar.[837] Diese Eigenständigkeit des Begriffs spricht für eine eigene steuerrechtliche Betrachtung, die losgelöst vom Zivilrecht zu erfolgen hat.

(b) Historische Entwicklung

Die Entstehung der Vorschrift[838] führt jedoch zu einer differenzierteren Beurteilung. Bereits das ErbStG von 1906[839] besteuerte in § 55 ErbStG zusätzlich die Schenkungen unter Lebenden, um Umgehungen zu vermeiden. Eine deutliche Bezugnahme auf die bürgerlich-rechtliche Schenkung kann dem Gesetzestext zwar nicht entnommen werden, jedoch war die allgemeine Anknüpfung an die Vorschriften der §§ 516 ff. BGB unbestritten.[840]

---

836 *Gebel*, in: T/G/J, § 7 Rz. 3.

837 *Meincke*, ErbStG, § 7 Rz. 3; *Gebel*, in: T/G/J, § 7 Rz. 3 und 14 f.; *Fischer*, in: F/J/P/W, § 7 Rz. 1; *Weinmann*, in: Moench/Weinmann, § 7 Rz. 1 und 6; *Hartmann*, in: Gürsching/Stenger, § 7 Rz. 4; *Schuck*, in: V/K/S/W, § 7 Rz. 2.

838 Hierzu *Crezelius*, FR 2007, 613 (622 f.).

839 RGBl. 1906, 654 ff.

840 *RG*, Urteil v. 16.10.1908, VII 595/07, RGZ 70, 15 (16); *RG*, Urteil v. 7.5.1909, VII 365/08, RGZ 71, 140 (141); *RG*, Urteil v. 7.2.1919, VII 329/18, RGZ 94, 322; *RFH*, Urteil v. 14.3.1919, II A 24/19, RFHE 1, 16 (17 f.); *Meincke*, ErbStG, § 7 Rz. 3.

Die freigebige Zuwendung hat ihren Ausgangspunkt im Regierungsentwurf zum Kriegsgewinnsteuergesetz von 1916.[841] Dort nennt § 3 Nr. 3 die „sonstige ohne entsprechende Gegenleistung erhaltene Zuwendung" neben der Schenkung als schenkungsteuerpflichtigen Vorgang. Aus den Beratungsprotokollen ergibt sich, dass hiermit keine Tatbestandserweiterung geschaffen werden sollte, sondern nur eine Beweiserleichterung für die Finanzverwaltung, um Umgehungen der Steuerpflicht durch gemischte Schenkungen zu verhindern („verkappte Schenkungen"). Denn die Ausführungen stellen insoweit fest, dass die gemischte Schenkung bereits durch die alte Regelung erfasst wurde.[842]

Es bestanden jedoch erhebliche Bedenken gegenüber dieser Formulierung, weil befürchtet wurde, dass auch ein Kauf unter dem wirklichen Wert als „Zuwendung ohne entsprechende Gegenleistung" angesehen würde. Daraufhin wurde erstmals in das ErbStG von 1919 der Begriff der „freigebigen Zuwendung" eingeführt und mit ihm das Erfordernis einer Bereicherungsabsicht geschaffen.[843] Wenig später wurde auf dieses zusätzliche subjektive Merkmal wieder verzichtet. Der Reichsminister der Finanzen erklärte diese Änderung damit, dass der Begriff der Schenkung von nun an abweichend zu beurteilen sei.[844] Es genüge der objektive Tatbestand einer freigebigen Zuwendung. Dies sei von Bedeutung für die Fälle der sogenannten gemischten Schenkung.

Crezelius weist zutreffend darauf hin, dass hierdurch eine Vermischung der Begriffe „Schenkung" und „freigebige Zuwendung" stattfand.[845] Die freigebige Zuwendung entwickelte sich von einem Mittel zur Erfassung der gemischten Schenkung zum schenkungsteuerlichen Oberbegriff. Der RFH formulierte daraufhin erstmals in dieser Deutlichkeit, dass die Schenkung nur eine Unterart der freigebigen Zuwendung sei.[846] Legt man dieses Verständnis zugrunde, war es nunmehr ein logischer Schritt, mit der Neufassung des ErbStG 1974 auf die gesonderte Nennung der bürgerlich-rechtlichen Schenkung zu verzichten. Dieser Wortlaut des § 7 Abs. 1 Nr. 1 ErbStG blieb bis heute unverändert.

Es lässt sich daher festhalten, dass Beweiserleichterungen zugunsten der Finanzverwaltung dafür ausschlaggebend waren, den Begriff der „freigebigen Zuwendung"

841 RT-Protokolle 1914/18,13, Verhandlungen des Reichstags, XIII. Legislaturperiode, II. Session, Anlage 223, S. 1 ff., RGBl. 1916, 561 (562).

842 Vgl. Begründung des Entwurfs eines ErbStG. Verhandlungen der Verfassungsgebenden Deutschen Nationalversammlung Bd. 335, Anlage Nr. 376, 20 ff. und 42.

843 Vgl. § 40 Abs. 1 S. 2 ErbStG 1919, RGBl. 1919, 1543 (1557): „Schenkungen stehen gleich freigebige Zuwendungen unter Lebenden, soweit der Bedachte durch sie auf Kosten des Zuwendenden mit dessen Willen bereichert wird".

844 Vgl. den Erlass des *RMF*, v. 5.8.1922, III/V, zitiert gem. Gutachten des *RFH* v. 21.5.1931, I D 1/30, RFHE 29, 137 (147).

845 *Crezelius*, Erbschaft- und Schenkungsteuer in zivilrechtlicher Sicht, S. 132 f.; *ders.*, FR 2007, 613 (622).

846 Gutachten des *RFH* v. 21.5.1931, I D 1/30, RFHE, 29, 137 (148).

in das ErbStG aufzunehmen und dass eine „historische Zufälligkeit“[847] daraufhin zur Vermischung der Begriffe „Schenkung“ und „freigebige Zuwendung“ führte. Ein gemeinsamer Oberbegriff sollte nicht geschaffen werden. Jedoch wurde dies ohne weitere Begründung vom ErbStG 1974 vorausgesetzt. Die Entwicklung der Vorschrift des § 7 Abs. 1 Nr. 1 ErbStG spricht somit dafür, die Schenkung i.S.d. §§ 516 ff. BGB weiterhin als Grundmodell der Schenkung unter Lebenden anzusehen und zivilrechtliche Wertungen maßgeblich zu berücksichtigen.

(c) Systematik und Teleologie der Vorschrift

Letztlich wird dieses Ergebnis durch eine systematische und teleologische Analyse gestützt. Das Schenkungsteuerrecht stellt eine notwendige steuersystematische Ergänzung des Erbschaftsteuerrechts dar. Dieses knüpft in seinen Tatbeständen teilweise ausdrücklich an bürgerlich-rechtliche Institute an und behandelt somit nur bestimmte Sachverhalte als steuerpflichtig. Vor dem Hintergrund der Tatbestandsmäßigkeit der Besteuerung kann dem Schenkungsteuerrecht demgegenüber keine umfassende Auffangfunktion für „ungeklärte Vermögenszuwächse“ zukommen.[848] Der systematische Zusammenhang mit den Erbschaftsteuerrechtsnormen spricht vielmehr dafür, von einer tatbestandlichen Begrenzung durch die bürgerlich-rechtliche Schenkung auszugehen.

Daher stimmen die objektiven Tatbestände einer bürgerlich-rechtlichen Schenkung und einer freigebigen Zuwendungen nach dem ErbStG im Wesentlichen überein.[849] Dennoch müssen im Einzelfall wirtschaftlich vergleichbare Sachverhalte erfasst werden können, ohne an eine abweichende zivilrechtliche Qualifikation gebunden zu sein.[850] So unterfallen dem schenkungsteuerlichen Tatbestand auch Zuwendungen, die grundsätzlich zwar den Anforderungen des § 516 ff. BGB entsprechen, jedoch im bürgerlichen Recht gesondert geregelt sind, wie etwa Ausstattungen, die nach § 1624 BGB dem Schenkungsrecht entzogen sind. Auch die unentgeltliche Zuwendung von Dienstbarkeiten kann schenkungsteuerlich erfasst werden, sofern nicht bereits mit der herrschenden Meinung zivilrechtlich eine Schenkung angenommen wird,[851] da jedenfalls die Bestellung dinglicher Nutzungsrechte eine freigebige Zuwendung nach § 7 Abs. 1 Nr. 1 ErbStG darstellt.[852] Dieser im

847 *Crezelius*, FR 2007, 613 (622).

848 Vgl. *FG Köln*, Urteil v. 28.11.2000, 9 K 2480/94, EFG 2001, 767 (768); *Geck*, in: Kapp/Ebeling, Einl. Rz. 41 und § 7 Rz. 2.1.

849 *Petzold*, § 7 Rz. 2; *Meincke*, ErbStG, § 7 Rz. 9 f.; *Geck*, in: Kapp/Ebeling, § 1 Rz. 38; *Hartmann*, in: Gürsching/Stenger, § 7 Rz. 5; *Fischer*, in: F/J/P/W, § 7 Rz. 11; *Gebel*, in: T/G/J, § 7 Rz. 14 ff; *Crezelius*, FR 2007, 613 (622).

850 *Meincke*, ErbStG, § 7 Rz. 9.

851 Vgl. zum Gegenstandpunkt *Pruskowski*, Zuwendung, S. 102 ff., der der Einräumung von Nutzungsrechten keinen Veräußerungs-, sondern einen Nutzungscharakter zuschreibt und deshalb zivilrechtlich nicht der Schenkung zuordnet.

852 *Meincke*, ErbStG, § 7 Rz. 9; *Gebel*, in: T/G/J, § 7 Rz. 29.

Einzelfall weitergehende Anwendungsbereich zeigt sich zudem in der Beurteilung unentgeltlicher Darlehensüberlassungen. Der BFH schloss sich dem RFH an und sieht in der Überlassung eines unverzinslichen Darlehens eine freigebige Zuwendung, obwohl zivilrechtlich keine Schenkung vorliegt, sondern der Darlehensvertrag einen eigenen Vertragstypus darstellt, § 488 BGB.[853]

Die schenkungsteuerliche Erfassung darf sich dogmatisch jedoch nicht zu weit von der zivilrechtlichen Schenkung entfernen. Es ist stets zu prüfen, ob eine Zuwendung unter Lebenden vorliegt, durch die der Geber auf Kosten seines Vermögens den Bedachten bereichert. Hiergegen kann auch nicht eingewendet werden, dass der Wortlaut von § 7 Abs. 1 Nr. 1 ErbStG („auf Kosten") weiter gefasst sei als die vergleichbare Formulierung in § 516 BGB („aus seinem Vermögen") und somit ein deutlicher Unterschied der beiden Rechtsfiguren bestehe. Das Schenkungsteuerrecht hebt hierdurch nur deutlicher die Erfassung der mittelbaren Schenkung hervor, weil in diesen Fällen das Schenkungsobjekt nicht unmittelbar aus dem Vermögen des Zuwendenden stammt.[854]

Die Schenkung nach §§ 516 ff. BGB und die freigebige Zuwendung nach § 7 Abs. 1 Nr. 1 ErbStG unterscheiden sich somit grundlegend nur in ihren Anforderungen an den subjektiven Tatbestand.[855] Während zivilrechtlich eine vertragliche Einigung als Rechtsgrund dargelegt werden muss, soll schenkungsteuerlich der einseitige Wille des Zuwendenden oder das einseitige Bewusstsein zur unentgeltlichen Zuwendung genügen.[856] Auch wenn der BFH sich in subjektiver Hinsicht zunehmend von der zivilrechtlichen Schenkung entfernt, indem er für gemischte Schenkungen mit Vermutungen hinsichtlich des Willens des Zuwendenden arbeitet und somit den objektiven Tatbestand der freigebigen Zuwendung in den Mittelpunkt rückt, läuft diese Herangehensweise doch Gefahr, dass das Schenkungsteuerrecht zu einem „Recht der Besteuerungen von objektiv ermittelten Bereicherungen" führt.[857] Es sollte jedoch vermieden werden, sich zu weit von den §§ 516 ff. BGB in Richtung eines Auffangtatbestands zu lösen.

---

853 *RFH*, Urteil v. 18.3.1943, III 155/42, RStBl. 1943, 419 (420); *BFH*, Urteil v. 12.7.1979, II R 26/78, BStBl. II 1979, 631; *BFH*, Urteil v. 4.12.2002, II R 75/00, DStR 2003, 367 (369 f.); *BFH*, Urteil v. 29.6.2005, II R 52/03, DStR 2005, 1729 f. Demgegenüber kritisch zur Bestimmung des Zuwendungsgegenstands: *Meincke*, ErbStG, § 7 Rz. 51 f.; *Gebel*, in: T/G/J, § 7 Rz. 30 ff.

854 *Meincke*, ErbStG, § 7 Rz. 10; *Weinmann*, in: Moench/Weinmann, § 7 Rz. 15.

855 Hierzu das 6. Kapitel auf den S. 229 ff.

856 Gutachten des *RFH* v. 21.5.1931, I D 1/30, RStBl. 1931, 559 (560); *BFH*, Urteil v. 25.9.1953, III 229/52 U, BStBl. III, 53, 308; *BFH*, Urteil v. 29.10.1997, II R 60/94, DStR 1997, 2018 (2019 f.).

857 *Meincke*, ErbStG, § 7 Rz. 11.

(d) Ergebnis

Das Modell der Schenkung i.S.d. § 516 ff. BGB liegt der Schenkung unter Lebenden nach § 1 Abs. 1 Nr. 2 i.V.m. § 7 Abs. 1 Nr. 1 ErbStG zugrunde. Daraus folgt, dass stets eine zivilrechtliche Analyse der Normanwendung vorauszugehen hat. Insofern kann von einer bürgerlich-rechtlichen Vorfrage gesprochen werden.[858] Angesichts der Bedeutung dieser Frage für die Steuerpflicht einer freigebigen Zuwendung, wird auf diese Weise Rechtssicherheit geschaffen und eine folgerichtige Besteuerung gewährleistet. Dennoch muss im Einzelfall sicher gestellt sein, dass wirtschaftlich vergleichbare Sachverhalte steuerrechtlich erfasst werden. Insofern kann der freigebigen Zuwendung in Ausnahmefällen ein umfassenderer Anwendungsbereich zukommen.

bb) Auslegung des Merkmals „auf Kosten"

Steht somit fest, dass sich das Schenkungsteuerrecht eng an den zivilrechtlichen Vorgaben des Schenkungsrechts orientiert, soll in einem nächsten Schritt hinsichtlich der Frage „auf wessen Kosten" die nahestehende Person bereichert ist, die Schenkung nach den §§ 516 ff. BGB betrachtet werden. Konkret ist zu fragen, ob die Schenkung eine Substanzverschiebung erfordert, und sofern dies bejaht werden sollte, ob eine Schenkung in den Fällen mittelbarer verdeckter Gewinnausschüttungen vorliegt.

(1) Schenkung nach §§ 516 ff. BGB

§ 516 BGB definiert die Schenkung hinsichtlich ihrer objektiven Merkmal als eine Zuwendung, durch die jemand aus seinem Vermögen einen anderen bereichert. Notwendig ist hiernach eine Vermögensverschiebung, durch die der Schenker einen Vermögensbestandteil zugunsten einer anderen Person hingibt.[859] Das Schenkungsrecht geht dabei von einem statischen und substanzorientierten Vermögensbegriff aus, der nicht jeden denkbaren wirtschaftlichen Vorteil umfasst.[860]

Daher stellen nach zutreffender Ansicht Arbeits-, Dienst- und Gebrauchsüberlassungen keine Schenkungen dar, weil sie nicht zu einer dauerhaften

---

858 Im Ergebnis ebenso: *Meincke*, ErbStG, § 7 Rz. 12; *Hartmann*, in: Gürsching/Stenger, ErbStG, § 7 Rz. 12; *Schuck*, in: V/K/S/W, ErbStG, § 7 Rz. 17 und 96 ff.; *Fischer*, in: F/J/P/W, § 7 Rz. 16; *Crezelius*, Erbschaft- und Schenkungsteuer in zivilrechtlicher Sicht, S. 128 ff., mit grundlegender Kritik am Begriff der „freigebigen Zuwendung"; *ders.*, FR 2007, 613 (622). Die Eigenständigkeit der Regelung betonend dagegen *Gebel*, in: T/G/J, ErbStG, § 7 Rz. 8 und 15, der jedoch zu denselben Ergebnissen kommt, indem er eine „allzusehr am wirtschaftlichen Ergebnis orientierte Gesetzesinterpretation" ablehnt, weil ansonsten der Grundsatz der Tatbestandsmäßigkeit der Besteuerung verletzt sei.

859 *Koch*, in: MüKo BGB, § 516 Rz. 5.

860 *Fischer*, Unentgeltlichkeit, S. 24.

Vermögenminderung führen.[861] Zu Verwerfungen kann es jedoch kommen, sofern – wie vom Bundesgerichtshof vertreten – eine Schenkung auch dann angenommen wird, wenn der Zuwendende seine Arbeitskraft oder die zur Nutzung überlassene Sache anderweitig gegen Ertrag hätte einsetzen können, hierauf aber zugunsten des Bedachten verzichtet.[862] Dies entspricht zwar bei wirtschaftlicher Betrachtung einem materiellen Schaden im Sinne eines entgangenen Gewinns gemäß § 252 BGB. Doch stellt das Schenkungsrecht die verhinderte Vermögensmehrung nicht einer Vermögenminderung gleich.[863] Vielmehr setzt die Entreicherung voraus, dass der Betroffene „ärmer" wird.[864] Der Verzicht auf einen Vermögenserwerb ist daher nicht tatbestandmäßig.[865]

Für diese durchgehend substanzorientierte Auslegung spricht zunächst der Wortlaut des § 516 Abs. 1 BGB, der eine „Zuwendung aus seinem Vermögen" voraussetzt.[866] Zudem deutet der Verlauf des Gesetzgebungsverfahrens zum Bürgerlichen Gesetzbuch in diese Richtung. So hatte die Kommission des Bundesrats für die Zweite Lesung über die Kennzeichnung und genaue Festlegung des Schenkungsgegenstands zu entscheiden. Zunächst sollte hierzu der Begriff des „wirthschaftlichen Guts" verwendet werden. Es wurde jedoch eingewandt, dass der Begriff „keineswegs eine sichere Abgrenzung gewähre. Der Schenkungsbegriff würde in's Schwanken gerathen und die Praxis mit Schwierigkeiten und Zweifeln zu kämpfen haben. Es würde darüber gestritten, ob auch die Gebrauchsleihe und die unentgeltliche Dienstleistung hierher gehören."[867]

Darüber hinaus war ein Teil der Mitglieder der Auffassung, dass von einem weiten Schenkungsbegriff auszugehen sein solle. Dieser unterscheidet sich von einem engen Schenkungsbegriff dadurch, dass auf eine Vermögensminderung auf Seiten des Schenkers verzichtet wird.[868] Die Mehrheit der Kommissionsmitglieder hielt die Anwendung der Schenkungsregeln jedoch nur für anwendbar, „wenn tathsächlich eine Vermögensverschiebung zwischen Schenker und Beschenktem stattgefunden

---

861 *BGH*, Urteil v. 01.7.1987, IVb ZR 70/86, BGHZ 101, 229 (232); *BGH*, Urteil v. 13.7.1994, XII ZR 1/93; BGHZ 127, 48 (51); *Herrmann*, in: Erman, § 516 Rz. 4; *Koch*, in: MüKo BGB, § 516 Rz. 6; a.A. *Gottschalk*, Leistungen an GmbH, S. 95 f.

862 *BGH*, Urteil v. 01.7.1987, IVb ZR 70/86, BGHZ 101, 229 (232 f.). Hierzu bereits aus dem älteren Schrifttum: *Raape*, in: Dernburg, Bürgerliches Recht, § 205 II 2), für die Schenkung einer Vergütung, wenn es sich um eine Dienstleistung handelt, aus der man seine ständige Einnahmequelle bezieht.

863 *Fischer*, Unentgeltlichkeit, S. 23 ff.

864 Motive, Bd. II, 1888, S. 287.

865 *Herrmann*, in: Erman, § 516 Rz. 4; *Eckert*, in: Soergel, § 516 Rz. 8; *Koch*, in: MüKo BGB, § 516 Rz. 6.

866 *Koch*, in: MüKo BGB, § 516 Rz. 6.

867 Protokolle, Bd. II, 1898, S. 4.

868 Vgl. hierzu *Pruskowski*, Zuwendung, S. 23 m.w.N. in Fn. 123.

hat".[869] Auch dies lässt sich im Sinne einer substanzorientierten, gegenständlichen Sichtweise verstehen.

Der statische Vermögensbegriff zeigt sich auch in der gesetzlichen Regelung des § 517 BGB. Wer einen vorteilhaften Vermögenserwerb zugunsten eines Dritten unterlässt, disponiert noch nicht über einen Gegenstand seines Vermögens. Eine Schenkung wird daher durch § 517 BGB ausdrücklich ausgeschlossen.[870]

Letztlich entspricht eine solche Auslegung auch der Systematik und Typologie des Gesetzes. Die Schenkung stellt einen Unterfall der unentgeltlichen Zuwendungen dar. Hiervon zu unterscheidenden sind weitere Formen, wie die unentgeltlichen Gebrauchs- und Kapitalüberlassung, die das Gesetz als Leihe (§ 598 BGB) oder unverzinsliches Darlehen (§§ 488 Abs. 1, Abs. 3, 607 Abs. 1 BGB) bezeichnet, oder die unentgeltliche Dienstleistung in Form des Auftrags (§ 662 BGB) oder der Verwahrung (§ 688 BGB). So kommt es etwa in Folge der zivilrechtlichen Leihe nach § 598 BGB zu keiner Entreicherung in Bezug auf die Substanz, weil der Entleiher weiterhin Eigentümer der Sache bleibt. Hierin ist die Abgrenzung zur Schenkung zu sehen, wonach ein Gegenstand nicht nur zum Gebrauch überlassen wird.[871]

(a) Zwischenergebnis zu §§ 516 ff. BGB

Als Zwischenergebnis bleibt damit festzuhalten, dass eine Zuwendung nach § 516 ff. BGB objektiv voraussetzt, dass der Schenker die Substanz seines Vermögens vermindert und das Vermögen des Beschenkten entsprechend vermehrt.[872] Der teilweise vertretenen Ansicht, dass sowohl für eine Bereicherung als auch für eine Entreicherung eine rein wirtschaftliche Betrachtung vorzunehmen sei, kann wegen des Aufgezeigten nicht gefolgt werden.[873]

(b) Mittelbare verdeckte Gewinnausschüttung

Die mittelbare verdeckte Gewinnausschüttung betrachtend, stellt sich die Frage, wie sich eine bloße Wertveränderung eines Gegenstands im Vermögen des Anteilseigners hierzu verhält. Konkret ist zu danach fragen, ob die Wertminderung des Geschäftsanteils durch Zuwendung der Gesellschaft an eine dem Gesellschafter nahestehende Person dem Erfordernis einer substanziellen Entreicherung i.S.d. Schenkungsrechts genügt.

Dies ist wegen des soeben gefundenen Ergebnisses abzulehnen. Der Gesellschafter ist nach wie vor Eigentümer desselben Geschäftsanteils. Er hat auch keinen

---

869 Protokolle, Bd. II, 1898, S. 3 f. Ebenso: *Pruskowski*, Zuwendung, S. 36.

870 *Fischer*, Unentgeltlichkeit, S. 23 ff.; *Koch*, in: MüKo BGB, § 516 Rz. 6.

871 *Fischer*, Unentgeltlichkeit, S. 34.

872 *BGH*, Urteil v. 1.7.1987, IVb ZR 70/86, BGHZ 101, 229 (232); *OLG Hamm*, Urteil v. 30.10.2009, 30 U 182/08, BeckRS 2010, 08384; *Koch*, in: MüKo BGB, § 516 Rz. 5; *Eckert*, in: Soergel, § 516 Rz. 8 ff.; *Fischer*, Unentgeltlichkeit, S. 34; a.A. *Hübner*, DStR 2008, 1357 (1361).

873 *Hübner*, DStR 2008, 1357 (1361).

Anteil hieran übertragen. Sein Vermögensbestand ist unverändert. Die Wertänderungen des Geschäftsanteils ist bloße Folge oder Rechtsreflex der Änderung des Gesellschaftsvermögens. Daher kann eine „Zuwendung aus dem Vermögen“ des Gesellschafters nicht mit der eintretenden Wertminderung begründet werden. Insoweit ist stets das Trennungsprinzip zwischen Gesellschaft und Gesellschafter zu beachten.[874]

Eine Entreicherung könnte jedoch darin zu sehen sein, dass Schadensersatzansprüche gegen den veranlassenden Gesellschafter entstehen,[875] wenn dieser gleichzeitig Geschäftsführer ist und die Zuwendung des Vermögensvorteils an die nahestehende Person vornimmt. Zwar sind solche Ansprüche ertragsteuerlich regelmäßig unbeachtlich, dennoch führen sie zivilrechtlich zu einer Verbindlichkeit im Vermögen des Gesellschafters. Doch auch dies stellt keine für die schenkungsrechtliche Zuwendung erforderliche Entreicherung dar. Denn es kann kein taugliches Zuwendungsobjekt festgestellt werden, um das der Gesellschafter substanziell entreichert wäre und das zu einer entsprechenden Bereicherung der nahestehenden Person führte. Vielmehr ist der Schadensersatzanspruch ebenfalls nur Folge der durch den Gesellschafter-Geschäftsführer vorgenommenen Zuwendung.[876]

Dennoch ist im Verhältnis des Gesellschafters zur nahestehenden Person der objektive Tatbestand einer Schenkung nach § 516 BGB gegeben. Dies lässt sich wiederum mit den Leistungsbeziehungen begründen. Zwar ist auch hier die Eigenständigkeit der Rechtssubjekte zu beachten. Die bereicherungsrechtlichen Wertungen zeigen jedoch, dass die Zuwendung der Gesellschaft eine Leistung an den Gesellschafter darstellt. Daher ist der Vorgang zivilrechtlich so zu behandeln, als erhielte dieser den Vermögensvorteil und gäbe ihn weiter. Dies rechtfertigt eine Gleichstellung mit der offenen Ausschüttung. Dort erhält der Gesellschafter eine Forderung gegen die Gesellschaft. Zahlt diese als Schuldnerin des Gesellschafters an die nahestehende Person, so erlischt die Forderung im Vermögen des Gesellschafters. Dies stellt eine schenkungsrechtliche Entreicherung dar. Ist dieser Fall jedoch bereicherungsrechtlich mit dem einer verdeckten Gewinnausschüttung gleichzustellen,[877] muss dies auch im Schenkungsrecht gelten. Der Erhalt des materiellen Vorteils durch den Gesellschafter und dessen Weitergabe ist daher einer

---

874 Insoweit zutreffend: *BFH*, Urteil v. 7.11.2007, II R 28/06, DStR 2008, 346 (347); *Fischer*, in: F/J/P/W, § 7 Rz. 135 und 255c; *Kamps*, Stbg 2006, 107, 324 (330 f.); *Viskorf*, ZEV 2012, 442 (445 ff.); *St. Viskorf*, DStR 2011 607 (611).

875 Etwa wegen Treuepflichtverletzung, Verstoßes gegen den Gleichbehandlungsgrundsatz oder Kompetenzüberschreitung der Geschäftsführungsbefugnisse in einer Mehr-Personen-GmbH, vgl. hierzu *Zacher*, DStR 2004, 138 (141 ff.).

876 Insoweit zutreffend *BFH*, Urteil v. 7.11.2007, II R 28/06, DStR 2008, 346 (347). Ablehnend auch *Kamps*, Stbg 2006, 107, 324 (330 f.).

877 Siehe nochmals unter C.II.1.b)bb)(2) auf den S. 169 f.

substanziellen Vermögensänderung gleichzustellen. Mit dieser wertenden Betrachtung ist eine Entreicherung auf Seiten des Gesellschafters begründbar.[878]

Für diese Ansicht spricht zudem, dass sich der konkrete Zuwendungsgegenstand vorher nicht wesensgleich im Vermögen des Zuwendenden befunden haben muss. Entreicherung des Schenkers und Bereicherung des Empfängers müssen nicht identisch sein (keine „Stoffgleichheit“).[879] Daher steht einer Schenkung nicht entgegen, dass der Vermögensvorteil unmittelbar aus dem Vermögen der Gesellschaft stammt und (im Gegensatz zum materiellen Vorteil infolge der Leistung an den Gesellschafter) von dort direkt an die nahestehende Person fließt. Eine derartige Verschiebung von Vermögenssubstanz ist nicht erforderlich.[880]

(c) Zwischenergebnis

Zwar liegt dem Schenkungsrecht ein statischer, substanzorientierter Vermögensbegriff zugrunde, sodass sich die Substanz des Vermögens auf Seites des Schenkers vermindern muss. Hierfür ist es jedoch ausreichend, dass der materielle Vorteil des Zuwendungsempfängers tatsächlich aus dem Vermögen des Schenkers stammt. Diese Voraussetzung ist im Falle mittelbarer verdeckter Gewinnausschüttungen stets gegeben, wie die zivilrechtlichen Leistungsbeziehungen zeigen.

(2) Freigebige Zuwendung nach § 7 Abs. 1 Nr. 1 ErbStG

Durch die enge Anknüpfung des Schenkungsteuerrechts an die bürgerlich-rechtliche Schenkung, muss auch für das Tatbestandsmerkmal „auf Kosten“ i.S.d. § 7 Abs. 1 Nr. 1 ErbStG grundsätzlich eine substanzielle Entreicherung vorliegen. Nach hier vertretener Ansicht ist eine solche zwar mit der gerade dargestellten schenkungsrechtlichen Einordnung gegeben. Doch selbst wenn aufgrund der bereicherungsrechtlichen Leistungsbeziehungen keine Schenkung angenommen werden könnte und diese Sichtweise als zu wirtschaftlich abgelehnt würde, ist jedenfalls der Tatbestand der freigebigen Zuwendung nach § 7 Abs. 1 Nr. 1 ErbStG einschlägig.

So zeigt die schon erwähnte Rechtsprechung des BFH zur Schenkungsteuerpflicht zinsloser Darlehen, dass keine vollkommene Bindung an die bürgerlich-rechtliche Schenkung vorliegt. Der II. Senat lässt insofern die überlassene Nutzungsmöglichkeit der Valuta genügen, wenn sie anderweitig Ertrag eingebracht hätte. Eine enge

---

878 A. A. *BFH*, Urteil v. 7.11.2007, II R 28/06, DStR 2008, 346 (347); *Fischer*, in: F/J/P/W, § 7 Rz. 135 und 255c; *Kamps*, Stbg 2006, 107, 324 (330 f.); *Viskorf*, ZEV 2012, 442 (445 ff.); *St. Viskorf*, DStR 2011, 607 (611).

879 *RG*, Urteil v. 19.6.1941, V 129/40, RGZ 167, 199 (201 f.); *BGH*, Urteil v. 29.5.1952, IV ZR 167/51, BGHZ 112, 40 (46); *BFH*, Urteil v. 10.11.2004, II R 44/02, DStR 2005, 151; *Koch*, in: MüKo BGB, § 516 Rz. 9 f.; *Fischer*, Unentgeltlichkeit, S. 22. Vgl. auch zur Entstehungsgeschichte: *Pruskowski*, Zuwendung, S. 118.

880 So auch: *Crezelius*, Ubg 2012, 190 (192 f.); *ders.* in der Aussprache in: *Stein*, JbFSt 2012/2013, 835 ff., 845 (846); *ders.* in der Diskussion in: *Haag/Jehlin*, Beihefter zu DStR 12 2012, 53 (60); *Gottschalk*, Leistungen an GmbH, S. 336.

Anbindung an die zivilrechtliche Schenkung ist zwar vor dem Hintergrund der historischen Entwicklung, der Systematik und des Sinns und Zwecks der Norm gerechtfertigt. Doch können im Einzelfall wirtschaftlich vergleichbare Sachverhalte über die Schenkung i.S.d. § 516 BGB hinaus erfasst werden.

Übertragen auf die Situation der verdeckten Gewinnausschüttung bedeutet dies, dass die bloße Wertveränderung sowohl schenkungsrechtlich als auch schenkungsteuerlich unbeachtlich bleibt. Denn die Eigenständigkeit der juristischen Person kann durch eine wirtschaftliche Betrachtungsweise nicht negiert werden. Das Missachten der zivilrechtlichen Abschirmwirkung ist abzulehnen und liefe im Ergebnis auf eine konturenlose Besteuerung von Sachverhalten hinaus.

Dennoch lässt sich auch hier eine Bereicherung der nahestehenden Person „auf Kosten" des Gesellschafters mit den Wertungen der bereicherungsrechtlichen Leistungsbeziehungen begründen. Denn in diesen Fällen des „abgekürzten Leistungswegs" ist eine wirtschaftliche Vergleichbarkeit gegeben. Daher ist, auch wenn eine zivilrechtliche Schenkung abzulehnen wäre, jedenfalls der objektive Tatbestand einer freigebigen Zuwendung nach § 7 Abs. 1 Nr. 1 ErbStG erfüllt.

Auch der Vergleich mit einer verdeckten Einlage führt zu keinem anderen Ergebnis.[881] Dort stellt sich der mögliche Zuwendungsgegenstand als bloße Werterhöhung dar. Insoweit könnte zwar ebenfalls auf die bereicherungsrechtlichen Wertungen zurückgegriffen werden und der Leistungsweg durch unmittelbare Zuwendung an die Gesellschaft abgekürzt sein. Gleichwohl ist auf wertender Ebene ein Unterschied zu erkennen. Der bedachte Gesellschafter erhält durch unmittelbare Zuwendung an die Gesellschaft nur eine Werterhöhung des bereits in seinem Vermögen stehenden Gesellschaftsanteils. Nur über diesen kann er im Verhältnis zur nahestehenden Person frei verfügen. Die bloße Werterhöhung stellt schenkungsrechtlich keine substantielle Bereicherung dar.

Zwar ist die Situation zunächst mit dem Bestehen einer Einlageverpflichtung des Gesellschafters vergleichbar. Denn leistet die nahestehende Person durch unmittelbare Zuwendung an die Gesellschaft vereinbarungsgemäß auf die Einlage, liegt offensichtlich eine Leistungsbeziehung zwischen Drittem und Gesellschafter sowie Gesellschafter und Gesellschaft vor. Die schenkungsrechtlich erforderliche substantielle Bereicherung ist im Wegfall der Verpflichtung gegenüber der Gesellschaft zu sehen.

Besteht eine solche Verpflichtung des Gesellschafters gegenüber der Gesellschaft jedoch nicht, kann diese auch nicht Zuwendungsgegenstand sein. Daher kommt als Zuwendungsgegenstand nur die Werterhöhung in Betracht. Das Gesellschaftsvermögen unterlag ansonsten keiner Änderung. Kann der Gesellschafter jedoch über keinen zusätzlichen Zuwendungsgegenstand frei verfügen, sondern erhöht sich nur der Wert seiner Beteiligung, ist dies allein mit der Situation vergleichbar, in der eine

881 Beispiel: Gesellschafter A ist mit Gesellschafter B verwandt. A erbringt eine überhöhte Zuwendung an die GmbH, weshalb auch der Geschäftsanteil des B im Wert steigt.

Leistung an den Gesellschafter erbracht wird mit der Auflage, das Zugewendete in die Gesellschaft einzulegen. Der bedachte Gesellschafter soll gerade nicht über das zunächst Zugewendete frei verfügen können, sodass eine freigebige Zuwendung nach § 7 Abs. 1 Nr. 1 ErbStG ausscheidet.[882]

(3) Wertung des § 15 Abs. 4 ErbStG

Eine freigebige Zuwendung des Gesellschafters könnte jedoch ausscheiden, wenn § 15 Abs. 4 ErbStG dahin gehend zu verstehen wäre, dass allein die Kapitalgesellschaft als Zuwendende anzusehen ist. Nach der im Jahr 2011 neu eingefügten Norm, ist bei einer Schenkung durch eine Kapitalgesellschaft der Besteuerung das persönliche Verhältnis des Erwerbers zu derjenigen unmittelbar oder mittelbar beteiligten natürlichen Person zugrunde zu legen, durch die sie veranlasst ist. Laut der Gesetzesbegründung soll die Regelung Härten ausräumen, die sich aus der unmittelbaren zivilrechtlichen Betrachtung einer Zuwendung durch eine Kapitalgesellschaft ergeben können.[883] Hierzu dient folgendes Beispiel:

Vater V ist Hauptgesellschafter und Geschäftsführer der V-GmbH, bei der seine Tochter T als Arbeitnehmerin tätig ist. V veranlasst die GmbH aus Gründen privater Fürsorge, der T ein überhöhtes Gehalt zu zahlen.

Die Leistung sei nach den Rechtsprechungsgrundsätzen des II. Senats[884] als Zuwendung der GmbH an die T zu behandeln und unterliege daher der ungünstigen Steuerklasse III, während eine Direktzuwendung von V an T der Steuerklasse I unterlegen hätte. Nach der Neuregelung sei für die Berechnung der Steuer von einer Direktzuwendung des V an T auszugehen, sodass die günstige Steuerklasse I und der höhere persönliche Freibetrag angewendet werden könnten. Dies gelte auch, wenn die T Gesellschafterin der V-GmbH sei.[885]

Dies bedeutet, dass § 15 Abs. 4 ErbStG ausweislich seiner Stellung im Gesetz und der Gesetzbegründung eine bloße Steuerklassenregelungen darstellt („regelt lediglich die Rechtsfolgen der Schenkung").[886] Die Vorschrift setzt weiterhin die Verwirklichung des schenkungsteuerlichen Tatbestands voraus und führt nicht ihrerseits dazu, dass die Gewährung eines Vermögensvorteils neben der Beurteilung

---

882 Zu beachten ist, dass der Gesetzgeber mit der Regelung des § 7 Abs. 8 S. 1 ErbStG nunmehr eine Fiktion geschaffen hat. Insoweit wird die bloße Werterhöhung als taugliches Zuwendungsobjekt und somit eine freigebige Zuwendung fingiert. Diese Regelung geht dem Grundtatbestand des § 7 Abs. 1 Nr. 1 ErbStG als „lex specialis" voraus.

883 BT-Drs. 17/7524, S. 26.

884 *BFH*, Urteil v. 7.11.2007, II R 28/06, DStR 2008, 346 ff.

885 BT-Drs. 17/7524, S. 26 f.

886 BT-Drs. 17/7524, S. 27; *Möller*, GWR 2014, 162.

als verdeckte Gewinnausschüttung zugleich zu einer objektiv unentgeltlichen Bereicherung führt.[887]

Dies scheint auch die Ansicht des Gesetzgebers zu sein. Nach der Gesetzesbegründung *bleibe* die Kapitalgesellschaft weiterhin Schenkerin. Hinsichtlich der Steuerpflicht (§ 2 ErbStG) und der Steuerschuldnerschaft (§ 20 ErbStG) sollen sich keine Veränderungen ergeben.[888] Besteht also Einigkeit, dass die Vorschrift nur auf der Rechtsfolgenseite greift, könnte dennoch eine dahin gehende Wertung geboten sein, dass der Gesetzgeber mit § 15 Abs. 4 ErbStG auch eine Klarstellung schaffen wollte, dass freigebige Zuwendungen nur durch die Gesellschaft erbracht werden können. Hiergegen lässt sich jedoch einwenden, dass es zum einen inkonsequent ist, die Gesellschaft als Zuwendende anzusehen und zur Steuerberechnung dennoch auf das Verhältnis der Gesellschafter untereinander abzustellen.[889] Zum anderen hätte es einer selbstständigen Regelung des Grundtatbestands bedurft.[890] Denn weder § 7 Abs. 1 Nr. 1 ErbStG noch § 7 Abs. 8 ErbStG[891] führen im Falle einer verdeckten Gewinnausschüttung zu einer freigebigen Zuwendung zwischen der Gesellschaft und dem Empfänger.

Es ist vor diesem Hintergrund bemerkenswert, dass der Gesetzgeber aufgrund einer einmalig beiläufig geäußerten Rechtsansicht von einer „gefestigten Rechtsprechung" oder gar „Rechtsprechungsgrundsätzen" ausgeht. Auch wenn der II. Senat des BFH die Urteilsanmerkungen sehr „unglücklich"[892] formulierte, wollte er doch ersichtlich keine endgültige Entscheidung über die Schenkungsteuerpflicht verdeckter Gewinnausschüttungen treffen.[893] Denn stets ist zwischen einer „ratio decidendi" einerseits und entscheidungsunerheblichen Bemerkungen („obiter dictum") andererseits zu unterscheiden.[894] § 15 Abs. 4 ErbStG hat nach hier vertretener Ansicht

887 Vgl. *Crezelius*, NZI 2013, 633 (636); *ders.* Ubg 2012, 190 (192 f.); *ders.* ZEV 2011, 393 (396); *Loose*, DB 2013, 1080 (1081); *Fuhrmann/Potsch*, NZG 2012, 681 (687); *St. Viskorf*, in: Haag/Jehlin, Beihefter zu DStR 12 2012, 53 (56); *Viskorf/Haag/Kerstan*, NWB 2012, 927 (939); *Zimmert*, DStR 2013, 1654 (1656).

888 BT-Drs. 17/7524, S. 27.

889 *Binnewies*, GmbH-StB 2012, 343 (349); *Schneider*, StbJb 2011/12, 487 (520).

890 *Crezelius*, Ubg 2012, 190 (192).

891 *Schneider*, StbJb 2011/12, 487 (518); *Schulte/Sedemund*, BB 2011, 2080 (2082); *Crezelius*, ZEV 2012, 393 (396); *St. Viskorf* in: Haag/Jehlin, Beihefter zu DStR 12 2012, 53 (56); *Fischer*, in: F/J/P/W, § 7 Rz. 255; *Griesel*, in: D/H/R, § 7 Rz. 185; *Loose*, DB 2013, 1080 (1081 und 1083); *Riedel*, GmbH-StB 2013, 216 (219); *Viskorf*, ZEV 2012, 442 (445). Ausführlich hierzu im 7. Kapitel.

892 So *Loose*, DB 2013, 1080 (1082), als Mitglied des II. Senats.

893 Andererseits wird dem II. Senat ein sehr offensives Rollenverständnis vorgeworfen, das auch gezielte Impulse an den Gesetzgeber umfasse, vgl. *Hübner*, DStR 2008, 1357 (1362).

894 Eine Divergenzanrufung ist etwa nur aufgrund einer „ratio decidendi" möglich, § 11 FGO. Vgl. *Ruban*, in: Gräber, FGO, § 11 Rz. 11.

in Bezug auf verdeckte Gewinnausschüttungen keinen Anwendungsbereich.[895] Der mittelbar begünstigte Gesellschafter kann daher eine freigebige Zuwendung an den tatsächlichen Empfänger erbringen.

2. *Keine mittelbaren Leistungsbeziehungen*

In Mehr-Personen-Verhältnissen muss jedoch nicht stets eine mittelbare Leistungsbeziehung vorliegen, wenngleich bei Zuwendungen an nahestehende Dritte regelmäßig davon auszugehen ist. Für die schenkungsteuerliche Betrachtung dieser letztlich „unmittelbaren" Beziehungen wird im Folgenden wieder zwischen Gesellschaftern als Zuwendungsempfänger und Nichtgesellschaftern unterschieden.

a) Gesellschafter als Zuwendungsempfänger

Ist der Empfänger der Zuwendung zugleich Gesellschafter (*Fallgestaltung 2*), ist schenkungsteuerlich einerseits der schon dargestellte Fall einer verdeckten Gewinnausschüttung in einer Einmann-GmbH bzw. mit Kenntnis und Zustimmung der Mitgesellschafter in einer Mehr-Personen-GmbH denkbar.[896] Davon zu unterscheiden sind die Fälle des nicht einvernehmlichen oder sogar widerrechtlichen Handelns, die zu Rückgewähr- oder Schadensersatzansprüchen führen.

aa) Keine Rückgewähransprüche

Die Schenkungsteuerpflicht bei einvernehmlichen Handeln oder quotalen Ausschüttungen wurde bereits untersucht und festgestellt, dass jedenfalls keine objektive Unentgeltlichkeit gegeben ist.[897] Der Tatbestand einer freigebigen Zuwendung nach § 7 Abs. 1 Nr. 1 ErbStG ist daher nicht einschlägig. Es sei jedoch nochmals darauf hingewiesen, dass bei eindeutigen Anhaltspunkten eine mittelbare Leistung des Mitgesellschafters vorliegen kann, die im Verhältnis der Gesellschafter unentgeltlich erfolgt.

bb) Bestehende Ansprüche und Verzicht

Etwas anderes gilt jedoch in den Fällen des nicht einvernehmlichen Handelns. Dort können Herausgabe, Erstattungs- und Schadensersatzansprüche der Kapitalgesellschaft entstehen. Regelmäßig liegt dennoch eine verdeckte Gewinnausschüttung an den tatsächlichen Empfänger vor, wenn die Handlung der Kapitalgesellschaft zuzurechnen ist. Schenkungsteuerrechtlich hindert das Bestehen solcher Ansprüche

---

895 So auch: *Crezelius*, ZEV 2011, 393 (396); *Viskorf/Haag/Kerstan*, NWB 2012, 927 (939); *Stein*, JbFSt 2012/2013, 835 (839).

896 Vgl. das 4. Kapitel.

897 Siehe hierzu im 4. Kapitel unter C.I.4. auf den S. 123 ff.

jedoch den Eintritt einer objektiven Bereicherung i.S.d. § 7 Abs. 1 Nr. 1 ErbStG.[898] Eine schenkungsteuerbare Zuwendung scheidet daher aus.

Es stellt sich dann die Frage, welche Auswirkungen eine Zustimmung des benachteiligten Mitgesellschafters hat.[899] Hiernach entfallen die Ansprüche der Gesellschaft. Im Rahmen der bereicherungsrechtlichen Leistungsbeziehungen wurde bereits festgestellt, dass auch der Verzicht auf Ansprüche oder die hierauf gerichtete Anweisung an den Geschäftsführer einer mittelbaren Leistungsbeziehung über den Anweisenden gleichzustellen ist.[900] Daher könnte die Zustimmung des benachteiligten Mitgesellschafters zu der dahin gehenden Wertung führen, dass der Vorgang so zu betrachten ist, als hätte die Gesellschaft an den Mitgesellschafter geleistet und dieser eine eigene Leistung an den ihm nahestehenden Gesellschafter erbracht. Hiernach würde eine objektiv schenkungsteuerbare Zuwendung zwischen den Gesellschaftern vorliegen, weil die Vermögenverschiebung bei wertender Betrachtung allein in diesem Verhältnis stattgefunden hätte.[901]

Eine freigebige Zuwendung ist jedoch bei gleichzeitiger Gesellschafterstellung des Zuwendungsempfängers abzulehnen. Dies folgt systematisch aus der ertragsteuerlichen Einordnung des Geschäftsvorfalls, die ihrerseits nur die Konsequenz der bereicherungsrechtlichen Leistungsbeziehungen darstellt. Das Ertragsteuerrecht beurteilt den Vorgang regelmäßig als unmittelbare verdeckte Gewinnausschüttung zwischen der Gesellschaft und dem begünstigten Gesellschafter. Liegt eine der Kapitalgesellschaft zurechenbare Handlung vor, kommt es mit Zufluss des Vorteils beim begünstigten Gesellschafter zu Einkünften aus Kapitalvermögen. Eine hierauf folgende Zustimmung des Mitgesellschafters führt weder zu einer weiteren verdeckten Gewinnausschüttung noch dazu, dass die Gewinnausschüttung zugunsten des empfangenden Gesellschafters in eine solche zugunsten des Mitgesellschafters umqualifiziert wird.

Zwar ist eine solche Situation theoretisch denkbar, etwa, wenn Anhaltspunkte vorlägen, die den Schluss zuließen, dass der Mitgesellschafter nachträglich mit der disquotalen Ausschüttung einverstanden ist, weil er seinem Mitgesellschafter „sowieso noch etwas schenken wollte". Dann sollte der Verzicht sowie der gesamte Geschäftsvorfall so behandelt werden, als hätte die Gesellschaft eine Leistung an den Mitgesellschafter erbracht, dieser den Vorteil seinerseits an den tatsächlich begünstigten Gesellschafter weitergereicht und letzterer die ihm gegenüber bestehenden Rückforderungsansprüche der Gesellschaft erfüllt. Eine verdeckte Gewinnausschüttung sollte dann nur im Verhältnis der Gesellschaft zum verzichtenden Gesellschafter angenommen werden. Eine freigebige Zuwendung nur im Verhältnis der Gesellschafter zueinander.

---

898 Siehe im 4. Kapitel unter C.I.2.c) auf den S. 91 ff.

899 Diese Frage wurde schon im 4. Kapitel unter C.I.2.c)cc) auf den S. 118 f. aufgeworfen.

900 Vgl. hierzu unter C.II.1.b)bb)(3)(a) auf S. 171.

901 Vgl. *Fuhrmann/Potsch*, NZG 2012, 681 (688).

Das nachträgliche Einverständnis führt jedoch grundsätzlich nicht zu einer mittelbaren Leistung im Sinne des bereicherungsrechtlichen Dreiecksverhältnisses. Das Geschäft ist vielmehr so zu behandeln, als hätte die Gesellschaft dem begünstigten Gesellschafter eine offene Gewinnbeteiligung zugewendet. Eine solche rechtfertigt sich zumeist aus innergesellschaftlich-wirtschaftlichen Gründen und stellt daher nur eine Leistung der Gesellschaft an den begünstigten Gesellschafter dar und gerade nicht eine solche des Mitgesellschafters. Dieser möchte regelmäßig nichts zuwenden, sondern ist mit der Gewinnverteilung und einer hierauf erfolgten Leistung der Gesellschaft einverstanden. Steuersystematisch liegt die ertragsteuerlich relevante Leistungsbeziehung (und verdeckte Gewinnausschüttung) daher nur im Verhältnis der Gesellschaft zum empfangenden Gesellschafter. An dieser Einordnung hat sich auch das Schenkungsteuerrecht zu orientieren.

Kann der Kapitalgesellschaft eine Handlung ausnahmsweise nicht zugerechnet werden, ergibt sich steuerbilanziell keine Vermögensminderung, weil entsprechende Rückforderungsansprüche diese kompensieren.[902] Eine unmittelbare verdeckte Gewinnausschüttung ist dem begünstigten Gesellschafter erst dann zuzurechnen, wenn aus gesellschaftlichen Gründen von einer Durchsetzung der Ansprüche abgesehen wird. Dagegen liegt eine dem Mitgesellschafter zurechenbare mittelbare verdeckte Gewinnausschüttung regelmäßig nicht vor, weil der Verzicht wiederum wie eine Leistung (oder wie eine offene Gewinnausschüttung) zwischen Gesellschaft und begünstigtem Gesellschafter zu behandeln ist.

Damit ist alleine zu prüfen, ob eine freigebige Zuwendung im Verhältnis der Gesellschaft zum begünstigten Gesellschafter (als tatsächlichem Zuwendungsempfänger) vorliegt, weil nur dort bei wertender Betrachtung eine Vermögensverschiebung stattfand. Die Verwirklichung des objektiven Tatbestands scheitert jedoch an der einkommensteuerlichen Erfassung des Leistungsfähigkeitszuwachses über § 20 Abs. 1 Nr. 1 S. 2 EStG. Es fehlt stets an der objektiven Unentgeltlichkeit im Verhältnis der Gesellschaft zu ihren Gesellschaftern.[903]

b) Nichtgesellschafter als Zuwendungsempfänger

Vorteilzuwendungen eines Fremd-Geschäftsführers an einen Dritten (*Fallgestaltung 1*), von denen der nahestehende Gesellschafter keine Kenntnis hatte, stellen keine verdeckte Gewinnausschüttungen dar.[904] Es verbleibt für die Kapitalgesellschaft bei betrieblich veranlassten Ausgaben.

902 Siehe nochmals unter C.III.2.b)bb)(3)(a) auf den S. 188 ff.
903 Siehe hierzu im 4. Kapitel unter C.I.4. auf den S. 123 ff.
904 Siehe nochmals unter C.III.2.b) auf den S. 182 ff.

aa) Keine freigebige Zuwendung in unmittelbarem Verhältnis zur Gesellschaft

Steht der nahestehende Dritte in Geschäftsbeziehungen zu der Gesellschaft, kann der Geschäftsführer in üblichem Umfang Kundengeschenke an diesen vornehmen.[905] Diese können auf Ebene der Gesellschaft einem Abzugsverbot nach § 4 Abs. 5 S. 1 Nr. 1 EStG i.V.m. § 8 Abs. 1 KStG unterliegen.[906] Auf Seite des Dritten führen sie regelmäßig zu Einkünften. Denn handelt es sich um ein übliches und angemessenes Kundengeschenk, wird dieses durch eine Einkunftsart des § 2 Abs. 1 EStG veranlasst sein. Sollte eine einkommensteuerliche Veranlassung ausscheiden, weil der Dritte weder für die Gesellschaft tätig ist noch in sonstigen geschäftlichen Kontakten zu ihr steht, stellt die Zuwendung des Geschenks dagegen eine offensichtliche Überschreitung der Vertretungsmacht des Geschäftsführers dar. Dann scheidet eine schenkungsteuerbare objektive Bereicherung aus, weil wegen Missbrauchs der Vertretungsmacht Herausgabe- und Rückabwicklungsansprüche gegen den Dritten entstehen, die eine Vermögensmehrung kompensieren.

Ebenso sind Fälle denkbar, in denen der Dritte eine Dienstleistung für die Gesellschaft erbringt und hierfür das dreifache einer marktüblichen Vergütung abrechnet. Verlangt der Dritte grundsätzlich eine höhere Vergütung, also auch gegenüber anderen Vertragspartnern am Markt, so liegt in der Zahlung der Gesellschaft keine gemischt freigebige Zuwendung. Vielmehr ist der gesamte Zufluss durch seine berufliche Tätigkeit veranlasst und unterliegt der Einkommensteuer. Konnte er dagegen nur von der Gesellschaft eine solche – in diesen Fällen gerade nicht marktübliche – Vergütung erhalten, könnte eine gemischt freigebige Zuwendung vorliegen.[907] Eine solche Vereinbarung bzw. Auszahlung wird jedoch wiederum mit einem Missbrauch der Vertretungsmacht einhergehen. Aufgrund der hieraus entstehenden Ansprüche scheidet dann eine objektive Vermögensmehrung i.S.d. § 7 Abs. 1 Nr. 1 ErbStG aus. Allenfalls sollte eine ertragsteuerliche Erfassung erfolgen. Liegt kein grobes Missverhältnis und somit keine offensichtliche Überschreitung der Vertretungsmacht vor, ist ebenfalls allein eine einkommensteuerliche Erfassung zu befürworten.

bb) Freigebige Zuwendung bei gesellschaftlich veranlasstem Verzicht

Steht dagegen fest, dass aus gesellschaftlichen Gründen auf Ansprüche der Gesellschaft verzichtet wurde, sollte der gesamte Vorgang als mittelbare verdeckte Gewinnausschüttung zugunsten des anweisenden/zustimmenden Gesellschafters

---

905 *St. Viskorf*, DStR 2011, 607 (610).

906 *Gosch*, in: Gosch, KStG, § 8 Rz. 230.

907 Wäre der ihm nahestehende Gesellschafter eingebunden, würde der Anscheinsbeweis für eine mittelbare verdeckte Gewinnausschüttung und daher mittelbare Leistungsbeziehung sprechen. Der objektive Tatbestand einer freigebigen Zuwendung wäre zwischen Gesellschafter und nahestehender Person erfüllt.

beurteilt werden.[908] Es besteht aufgrund des Verzichts die „klassische“ Dreieck-Konstellation, weil Leistungsbeziehungen nur zwischen Gesellschaft und Gesellschafter sowie zwischen Gesellschafter und nahestehendem Dritten bestehen. Der Fall ist so zu behandeln, als wendete die Gesellschaft dem Gesellschafter einen Vorteil zu, den dieser an den nahestehenden Dritten weiterleitete, damit der Dritte den ihm gegenüber bestehenden Anspruch erfüllt. Der Verzicht ist daher nicht wie eine Leistung der Gesellschaft unmittelbar an den Dritten zu werten, sondern erfolgt mittelbar über den Gesellschafter. Daher kann eine Vermögensverschiebung sowohl von der Gesellschaft an den Gesellschafter als auch eine Vermögensverschiebung des Gesellschafters an den Dritten begründet werden. Die Zuwendungen sind einerseits entgeltlich im Verhältnis des Gesellschafters zur Gesellschaft und andererseits unentgeltlich im Verhältnis dieses Gesellschafters zum Dritten. Der Unterschied zur Situation der gleichzeitigen Gesellschafterstellung des tatsächlich empfangenden Gesellschafters besteht darin, dass der Mitgesellschafter dort mit seiner Zustimmung gerade keine eigene Leistung erbringen will, sondern mit der abweichenden Gewinnverteilung einverstanden ist. Dagegen ist der Verzicht oder die Zustimmung auf Rückgewähransprüche gegenüber einem Dritten nur denkbar, wenn der Gesellschafter hiermit eine eigene Leistung erbringen will. Dies rechtfertigt es im ersten Fall, eine Leistungsbeziehung nur unmittelbar zwischen Gesellschaft und tatsächlich begünstigtem Gesellschafter anzunehmen; im zweiten Fall dagegen mittelbare Leistungsbeziehungen zugrunde zu legen. Daher sollte bei verdeckten Gewinnausschüttungen an Dritte nur die Schenkungsteuer die Leistungsfähigkeitssteigerung – also die objektiv unentgeltliche Bereicherung – des Dritten erfassen. Sie erfolgt auf Kosten des Gesellschafters.

Im Falle einer Vorteilszuwendung des Fremd-Geschäftsführers als nahestehendem Dritten an sich selbst gelten diese Ausführungen entsprechend. Grundsätzlich kann die erhöhte wirtschaftliche Leistungsfähigkeit durch die Einkommensteuer erfasst werden. Liegt jedoch ein gesellschaftlich veranlasster Verzicht hinsichtlich entstehender Schadensersatz- oder Rückforderungsansprüche vor, sollte der Vorgang als mittelbare verdeckte Gewinnausschüttung an einen Dritten behandelt werden. Im Verhältnis zwischen Gesellschafter und Geschäftsführer ist sodann der objektive Tatbestand des § 7 Abs. 1 Nr. 1 ErbStG erfüllt.

V. Zusammenfassung der Ergebnisse des 5. Kapitels

Ziel dieses Kapitels war die Feststellung, ob und wenn ja, in welchem Verhältnis bei Mehr-Personen-Konstellationen der objektive Tatbestand einer freigebigen Zuwendung erfüllt sein kann. Die Arbeit kommt zu dem Ergebnis, dass allein im Rahmen mittelbarer verdeckter Gewinnausschüttungen und dort nur zwischen mittelbar begünstigtem Gesellschafter und tatsächlichem Zuwendungsempfänger ein

---

908 Vgl. hierzu nochmals die ertragsteuerliche Einordnung des Verzichts unter C.III.2.b)bb)(3)(b) auf den S. 191 ff.

schenkungsteuerpflichtiger Vorgang erfolgen kann. Dagegen ist eine freigebige Zuwendung sowohl im Verhältnis der Kapitalgesellschaft zur nahestehenden Personen als auch im Verhältnis zu ihren Anteilseignern ausgeschlossen.

1. *Mittelbare Leistungsbeziehungen*

Zunächst betrachtete die Arbeit die bereicherungsrechtlichen Leistungsbeziehungen. Dies führte zu der Erkenntnis, dass mittelbaren verdeckten Gewinnausschüttungen stets eine bereicherungsrechtliche Anweisungslage zugrunde liegt.[909] Durch die Anweisung kann dem mittelbar begünstigten Gesellschafter ein materieller Vorteil zugerechnet werden, den dieser sodann an die nahestehende Person weiterreicht. Diese mittelbaren Leistungsbeziehungen sind jedenfalls dann anzunehmen, wenn die Vorstellungen der Beteiligten übereinstimmen.

In einem weiteren Schritt zeigte die Untersuchung, dass die bereicherungsrechtlichen Wertungen der ertragsteuerlichen Beurteilung zugrunde liegen.[910] Das Ertragsteuerrecht „verobjektiviert" jedoch dergestalt, dass bei entsprechenden Indizien (Nahestehen) von einer mittelbaren Leistungsbeziehung und daher einer mittelbaren verdeckten Gewinnausschüttung auszugehen ist. Der materielle Vorteil „fließt" zunächst in das Vermögen des Gesellschafters und unterliegt dort nach § 20 Abs. 1 Nr. 1 S. 2 EStG den Einkünften aus Kapitalvermögen. Auf Ebene der Gesellschaft ist der Geschäftsvorfall korrespondierend hierzu als verdeckte Gewinnausschüttung nach § 8 Abs. 3 S. 2 KStG zu behandeln und hat daher keine Gewinnauswirkung. Zwischen dem Gesellschafter und der nahestehenden Person handelt es sich dagegen grundsätzlich nicht um eine einkommensteuerbare Leistung, sondern um eine bloße Einkommensverwendung.

Auf diesen Ergebnissen aufbauend, beschäftigte die Arbeit sich mit der schenkungsteuerrechtlichen Einordnung.[911] Es wurde herausgearbeitet, dass in den Fällen einer mittelbaren verdeckten Gewinnausschüttung zugunsten des Gesellschafters zwar zunächst eine Bereicherung der nahestehenden Person eintritt, der eine korrespondierende Entreicherung der Kapitalgesellschaft gegenübersteht. Schenkungsrechtlich kann die Kapitalgesellschaft jedoch nicht gleichzeitig die nahestehende Person und den Gesellschafter materiell bereichern. Im Falle einer Rückabwicklung käme es zu einer Verdoppelung des Rückforderungsbetrags. Zudem scheidet steuersystematisch eine mehrfache Erfassung aus, weil andernfalls derselbe Leistungsfähigkeitszuwachs doppelt erfasst würde. Eine entgeltliche verdeckte Gewinnausschüttung zugunsten des Gesellschafters kann nicht zugleich eine unentgeltliche Leistungsfähigkeitssteigerung der nahestehenden Person darstellen. Im Verhältnis der Gesellschaft zum Gesellschafter scheitert eine freigebige Zuwendung dagegen stets an der objektiven Unentgeltlichkeit.[912]

---

909 Siehe unter C.II.1.b) auf den S. 165 ff.
910 Siehe unter C.III.1. auf den S. 175 ff.
911 Siehe unter C.IV.1. auf den S. 195 ff.
912 Siehe unter C.IV.1.a) auf den S. 196 ff.

Demgegenüber liegt im Verhältnis des Gesellschafters zur nahestehenden Person regelmäßig eine freigebige Zuwendung vor.[913] Es erfolgt eine objektiv unentgeltliche Bereicherung „auf Kosten" des Anteilseigners. Zwar ist hierfür aufgrund der engen Anknüpfung[914] des Schenkungsteuerrechts an die bürgerlich-rechtliche Schenkung grundsätzlich eine Minderung der Vermögenssubstanz des Schenkers erforderlich. Denn dem Schenkungsrecht liegt ein statischer, substanzorientierter Vermögensbegriff zugrunde.[915] Die bereicherungsrechtlichen Wertungen zeigen jedoch, dass die Zuwendung der Gesellschaft eine Leistung an den Gesellschafter darstellt. Daher ist eine Gleichstellung mit der offenen Ausschüttung gerechtfertigt. Steht dem Gesellschafter gegen die Gesellschaft eine Forderung zu und zahlt diese „für Rechnung" des Gesellschafters an die nahestehende Person, so erlischt die Forderung im Vermögen des Gesellschafters. Hierin ist schenkungsrechtlich sowie schenkungsteuerrechtlich eine Entreicherung zu sehen. Bei wertender Betrachtung sind diese Fälle der verdeckten Gewinnausschüttungen gleichzustellen. Daher liegt auch schenkungsrechtlich bei mittelbaren verdeckten Gewinnausschüttungen eine substanzielle Entreicherung des mittelbar leistenden Gesellschafters vor. Der Erhalt des materiellen Vorteils und dessen Weitergabe rechtfertigt die Gleichstellung mit einer substanziellen Vermögensänderung.[916]

Darüber hinaus ist zu beachten, dass der Anwendungsbereich der freigebigen Zuwendung in Ausnahmefällen über den der bürgerlich-rechtlichen Schenkung hinausreichen kann. Dies ist damit zu rechtfertigen, dass wirtschaftlich vergleichbare Sachverhalte steuerlich grundsätzlich gleich zu behandeln sind. In den Fällen des „abgekürzten Leistungswegs" ist jedoch eine wirtschaftliche Vergleichbarkeit gegeben. Daher ist jedenfalls der objektive Tatbestand einer freigebigen Zuwendung nach § 7 Abs. 1 Nr. 1 ErbStG erfüllt.[917]

Aus § 15 Abs. 4 ErbStG ergibt sich keine abweichende Wertung, weil die Vorschrift eine bloße Steuerklassenregelung enthält. Sie setzt den Grundtatbestand voraus und kann daher nicht ihrerseits zur Begründung einer freigebigen Zuwendung herangezogen werden. Die Vorschrift hat nach hier vertretener Ansicht für verdeckte Gewinnausschüttungen keinen Anwendungsbereich.

2. Keine mittelbaren Leistungsbeziehungen

In Mehr-Personen-Verhältnissen ist allerdings nicht stets von mittelbaren Leistungen auszugehen. So ist bei gleichzeitiger Gesellschafterstellung des Dritten nur ausnahmsweise eine Leistung „übers Eck" gewollt. Grundsätzlich wird daher nur eine unmittelbare Leistung der Gesellschaft an den nahestehenden Gesellschafter

913 Siehe unter C.IV.1.b) auf den S. 198 ff.
914 Siehe unter C.IV.1.b)aa) auf den S. 198 ff.
915 Siehe unter C.IV.1.b)bb)(1) auf den S. 211 ff.
916 Siehe unter C.IV.1.b)bb)(1)(b) auf den S. 213 f.
917 Siehe unter C.IV.1.b)aa)(3) auf den S. 207 ff. und unter C.IV.1.b)bb)(2) auf den S. 215 f.

vorliegen. Zudem müssen die Vorstellungen der Beteiligten nicht übereinstimmen. Dann ist für die Zweck- und Zielrichtung einer Vorteilszuwendung auf den objektiven Empfängerhorizont abzustellen. Hierbei ist für die Feststellung einer unmittelbaren oder mittelbaren Leistung stets der Einzelfall entscheidend.[918]

Die in einem zweiten Schritt angestellte ertragsteuerliche Betrachtung bestätigte wiederum die Anknüpfung an die zivilrechtlichen Erkenntnisse. Bei gleichzeitiger Gesellschafterstellung liegt regelmäßig nur eine unmittelbare Leistung und daher unmittelbare verdeckte Gewinnausschüttung an den empfangenden Gesellschafter vor.[919]

Als Fallgruppe der abweichenden Vorstellungen der Parteien wurden zunächst die sog. „unbewussten" verdeckten Gewinnausschüttungen untersucht.[920] Die Arbeit kam zu dem Ergebnis, dass das Ertragsteuerrecht insofern verobjektiviert und mittelbare Leistungsbeziehungen vermutet (sofern der Empfänger nicht seinerseits Gesellschafter ist). Den Beteiligten musste bei lebensnaher Betrachtung bewusst sein, dass eine Zuwendung überhöht war. Deswegen ist die ertragsteuerliche Einordnung wiederum nur die Konsequenz der vermuteten zivilrechtlichen Leistungsbeziehungen. Eine unmittelbare Leistung in Höhe des überhöhten Teils der Zuwendung liegt somit nicht vor.

Als weitere Fallgruppe der abweichenden Vorstellungen der Beteiligten sind die Fälle der fehlenden Kenntnis eines Gesellschafters bei Zuwendungen an Dritte anzusehen.[921] Eine diesem Gesellschafter zurechenbare mittelbare verdeckte Gewinnausschüttung scheidet aus. Hatte der Gesellschafter keine Kenntnis von der Zuwendung, ist eine gesellschaftliche Veranlassung auf Ebene der Gesellschaft sowie eine Zurechnung von Einkünften nach § 20 Abs. 1 Nr. 1 S. 2 EStG abzulehnen. Es liegt nur eine unmittelbare Leistungsbeziehung zwischen der Gesellschaft und dem Dritten vor. Dieser konnte und musste nicht annehmen, dass der ihm nahestehende Gesellschafter etwas zuwenden wollte. Es verbleibt für die Kapitalgesellschaft bei betrieblich veranlassten Ausgaben. Der Vermögenszuwachs des Dritten kann dagegen einkommensteuerrechtlich erfasst werden, sofern eine Veranlassung durch Einkünfte nach § 2 Abs. 1 EStG gegeben ist.[922]

Für die im nächsten Schritt vorgenommene schenkungsteuerliche Betrachtung der unmittelbaren Leistungsbeziehungen war alleine im Verhältnis der Gesellschaft zum begünstigten Dritten/Gesellschafter zu prüfen, ob eine freigebige Zuwendung vorliegen kann, weil bereicherungsrechtlich nur dort geleistet wurde. Der objektive Tatbestand scheitert jedoch entweder an der einkommensteuerlichen Erfassung des Leistungsfähigkeitszuwachses (§ 20 Abs. 1 Nr. 1 S. 2 EStG oder Erfassung über eine andere Einkunftsart) und der daher fehlenden objektiven Unentgeltlichkeit. Oder

---

918 Siehe unter C.II.1.b)bb)(4) auf S. 171.
919 Siehe unter C.III.2. auf den S. 179 ff.
920 Siehe unter C.III.2.a) auf den S. 180 ff.
921 Siehe unter C.III.2.b) auf den S. 182 ff.
922 Siehe unter C.III.2.b)bb) auf den S. 184 ff.

es entstehen zugleich Herausgabe, Rückgewähr- oder Schadensersatzansprüche, weshalb bereits eine objektive Bereicherung abzulehnen ist.[923]

Besonderheiten bestehen hinsichtlich der nachträglichen Zustimmung zu einer überhöhten Zuwendung oder eines Verzichts auf diese Herausgabe, Rückgewähr- oder Schadensersatzansprüche.[924] Sofern in einem solchen Verzicht letztlich eine eigene Leistung des nahestehenden Gesellschafters an den Zuwendungsempfänger zu sehen ist, sollte der gesamte Geschäftsvorfall als mittelbare Leistung und mittelbare Gewinnausschüttung sowie in der Folge als objektiv freigebige Zuwendung des Gesellschafters an die nahestehende Person behandelt werden. Ist die nahestehende Person ein unbeteiligter Dritter, so ist grundsätzlich von einer gesellschaftlichen Veranlassung und daher mittelbaren Leistung auszugehen. Ist die nahestehende Person dagegen Gesellschafter, liegt regelmäßig nur eine unmittelbare Leistung und daher eine unmittelbare verdeckte Gewinnausschüttung vor. Der Verzicht des Mitgesellschafters ist dann als bloße Zustimmung zur abweichenden Gewinnverteilung zu werten. Eine mittelbare Leistung und somit eine objektiv freigebige Zuwendung scheidet aus.

923 Siehe unter C.IV.2.a) auf den S. 212 ff.

924 Siehe unter C.IV.2.a)bb) auf den S. 219 ff. und unter C.IV.2.b)bb) auf den S. 222 f.

6. Kapitel: Subjektiver Tatbestand der freigebigen Zuwendung

A. Einleitung

Die bisherige Untersuchung beschränkte sich auf die objektiven Voraussetzungen einer freigebigen Zuwendung. Im folgenden Kapitel soll nun der Frage nachgegangen werden, wie der subjektive Tatbestand zu verstehen ist und wann er in den hier zu untersuchenden Fällen einschlägig ist. Die Arbeit stellt hierbei zunächst die Herleitung sowie die inhaltlichen Anforderungen dar. Anschließend werden die Ergebnisse auf die Fallgestaltungen verdeckter Gewinnausschüttungen übertragen.

B. Herleitung eines subjektiven Tatbestands

§ 7 Abs. 1 Nr. 1 ErbStG verlangt, dass „eine freigebige Zuwendung unter Lebenden" vorliegt. Aus dem Begriff der Freigebigkeit und aus der engen Verknüpfung zum Schenkungsrecht ergibt sich nach allgemeiner Auffassung, dass der schenkungsteuerliche Tatbestand neben objektiven Merkmalen auch ein subjektives Tatbestandselement voraussetzt.[925] Nach Klein-Blenkers bestehe die Notwendigkeit, mittels des subjektiven Tatbestands eine Abgrenzung zur Einkommensteuer zu schaffen, weil es ansonsten zu zahlreichen Überschneidungen beider Steuerarten komme.[926] Zudem würden Sachverhalte erfasst, auf deren Besteuerung das EStG bewusst verzichte (etwa private Veräußerungsgeschäfte oder Lotteriegewinne). Das System der Besteuerung nach den bestimmten Einkunftsarten würde letztlich aufgehoben.[927]

C. Inhaltliche Anforderungen

Strittig ist jedoch die inhaltliche Ausgestaltung der subjektiven „Freigebigkeit". Jedenfalls der neu eingefügte § 7 Abs. 8 S. 2 ErbStG, der eine Bereicherungsabsicht voraussetzt, kann nicht für eine Interpretation des schenkungssteuerrechtlichen Grundtatbestands herangezogen werden. Dies folgt zum einen aus dessen Wortlaut.

---

925 *RFH*, Urteil v. 19.12.1925, V e A 308/25, RStBl. 1926, 126; *Gebel*, in: T/G/J, § 7 Rz. 267; *Meincke*, ErbStG, § 7 Rz. 76 ff.; *Weinmann*, in; Moench/Weinmann, § 7 Rz. 109 f.; *Schuck*, in: V/K/S/W, § 7 Rz. 20; *Götz*, in: Wilms/Jochum, § 7 Rz. 13; *Fischer*, in: F/J/P/W, § 7 Rz. 32; *Griesel*, in; D/H/R, § 7 Rz. 93 ff.; *Petzold*, § 7 Rz. 8; *Gottschalk*, Leistungen an GmbH, S. 407; *Schulte/Petschulat*, IFSt-Schrift Nr. 484, S. 66 f. Siehe zur „objektiven Unentgeltlichkeit" im 4. Kapitel unter C.I.4.a) auf den S. 124 ff.

926 *Klein-Blenkers*, Subjektive Merkmale, S. 89 f. Zudem spreche auch die Entstehungsgeschichte, sowie der Zweck der Schenkungsteuer für ein subjektives Merkmal, vgl. S. 44 f.

927 *Bödecker*, GmbHR 1997, 240 (243).

Hiernach können „auch" die in Bereicherungsabsicht vorgenommenen Zuwendungen schenkungsteuerpflichtig sein, sodass hiermit keine abschließende Regelung in Bezug auf den subjektiven Tatbestand getroffen werden sollte.[928] Zum anderen ergibt sich aus der Entstehungsgeschichte sowie Sinn und Zweck der Norm, dass eine bloße Einschränkung der Schenkungsteuerpflicht verdeckter Gewinnausschüttungen im Konzern geschaffen werden sollte.[929]

I. Rechtsprechung

Der BFH belegte das subjektive Element in der Vergangenheit mir verschiedenen Begriffen wie dem „Willen zur Freigebigkeit"[930], dem „Bewusstsein der Unentgeltlichkeit"[931] oder der heute überwiegend verwendeten Bezeichnung des „Willens zur Unentgeltlichkeit"[932]. Grundlegende Abweichungen ergaben sich aus diesen Begrifflichkeiten nicht. Dennoch zeigt diese Wechselhaftigkeit, dass der II. Senat sich nicht vertieft mit der Frage auseinander zu setzen hatte.[933]

1. Grundsätzliche Anforderungen

Dies änderte sich mit dem Urteil vom 2. 3. 1994, in dessen Begründung der BFH ausführlich den subjektiven Tatbestand einer freigebigen Zuwendung erörterte.[934] Hiernach genüge der einseitige Wille des Zuwendenden zur Unentgeltlichkeit. Dieser Wille liege vor, wenn sich der Zuwendende der Unentgeltlichkeit der Zuwendung derart bewusst sei, dass er seine Leistung ohne Verpflichtung und ohne rechtlichen Zusammenhang mit einer Gegenleistung (oder einem Gemeinschaftszweck) erbringe. Der Zuwendende müsse in dem Bewusstsein handeln, zu der Vermögenshingabe weder rechtlich verpflichtet zu sein noch dafür eine mit seiner Leistung in einem synallagmatischen, konditionalen oder kausalen Zusammenhang stehende Gegenleistung zu erhalten. Hierfür reiche es aus, wenn er den rechtlich-sozialen Bedeutungsgehalt des Begriffs der Unentgeltlichkeit „nach Laienart" zutreffend

---

928 *Winkels*, Tracking Stocks, S. 177.

929 BT-Drs. 17/7524, S. 25 f. Siehe zudem: *Schneider*, StbJb 2011/12, 487 (514 ff.); *Viskorf/Haag/Kerstan*, NWB 2012, 927 (936) und ausführlich im 7. Kapitel unter C. auf den S. 241 ff.

930 *BFH*, Urteil v. 12.7.1979, II R 26/78, BStBl. II 1979, 631 (632); *BFH*, Urteil v. 5.3.1980, II R 148/76, BStBl. II 1980, 402 (403).

931 *BFH*, Urteil v. 5.12.1990, II R 109/86, BStBl. II 1991, 181 (182); *BFH*, Urteil v. 1.7.1992, II R 12/90, BStBl. II 1992, 925 (927).

932 BFH, Urteil v. 2.3.1994, II R 59/92, BStBl. II 1994, 366 (369 f.); BFH, Urteil v. 21.10.1981, II R 176/78, BStBl. II 1982, 83 (84).

933 So auch *Gottschalk*, Leistungen an GmbH, S. 410.

934 *BFH*, Urteil v. 2.3.1994, II R 59/92, BStBl. II 1994, 366 (369 f.). Bestätigt durch *BFH*, Urteil v. 28.10.2009, II R 32/08, BFH/NV 2010, 893 (895).

erfasse („Parallelwertung in der Laiensphäre")[935]. Auf die Kenntnis des genauen Ausmaßes des Wertunterschieds komme es hingegen nicht an.[936] Dagegen sei ein auf die Bereicherung des Empfängers gerichteter Wille im Sinne einer Bereicherungsabsicht („animus donandi")[937] ebenso wenig erforderlich, wie ein „Wille zur schenkweisen Zuwendung"[938].

2. Besonderheiten im geschäftlichen Verkehr

Mit dem Urteil vom 20. 10. 1997 grenzte der II. Senat seine Auslegung der „Freigebigkeit" für den Bereich des Geschäfts- und Wirtschaftslebens jedoch ein.[939] Das subjektive Merkmal könne trotz vorliegender Kenntnis des Zuwendenden hinsichtlich der Umstände der Unentgeltlichkeit entfallen, soweit die Bereicherung des Zuwendungsempfängers objektiv und nahezu ausschließlich auf die Erzielung geschäftlicher Vorteile des Zuwendenden gerichtet sei. Dies folge aus der Erkenntnis, dass im Geschäftsleben regelmäßig danach getrachtet werde, für eine Leistung eine mindestens gleichwertige (Gegen-)Leistung zu erlangen.[940] Deshalb könne auch bei objektiv unentgeltlichen Leistungen subjektiv eine Verfolgung geschäftlicher Interessen des Zuwendenden vorliegen, die das Bewusstsein von der Unentgeltlichkeit seiner Leistung verdränge. Insoweit sei bei der Beurteilung, ob eine Leistung objektiv der Förderung geschäftlicher Interessen dient, nicht nur auf das einzelne Vertragsverhältnis, sondern auf den Geschäftsbetrieb des Zuwendenden insgesamt abzustellen.

II. Finanzverwaltung

Die Finanzverwaltung übernahm diese Kriterien weitestgehend.[941] Nach den Erbschaftsteuer-Richtlinien 2011 muss der Zuwendende die Unentgeltlichkeit subjektiv gewollt haben.[942] Eine Bereicherungsabsicht sei hingegen nicht

---

935 Vgl. *Mößlang*, NWB Fach 10, 479 (480); *Gebel*, in: T/G/J, § 7 Rz. 271; *Schulze-Osterloh*, StuW 1977, 122 (135).

936 *BFH*, Urteil v. 12.7.2005, II R 8/04, DStR 2005, 1770 (1771).

937 St. Rspr. seit *BFH*, Urteil v. 5.3.1980, II R 148/76, BStBl. II 1980, 402 (403); *BFH*, Urteil v. 10.9.1986 II R 81/84, BStBl. II 80 (81); *BFH*, Urteil v. 01.7.1992, II R 70/88, DStR 1992, 1279 (1280); *BFH*, Urteil v. 28.10.2009, II R 32/08, BFH/NV 2010, 893 (895).

938 Der BFH nimmt hiermit Bezug zur Auffassung von Meincke, welche die h. L. prägt, vgl. *Meincke*, ErbStG, § 7 Rz. 78 ff. und nachfolgend unter C.III. auf den S. 232 ff.

939 *BFH*, Urteil v. 29.10.1997, II R 60/94, DStR 1997, 2018 (2020). Hierzu *Viskorf*, Stbg 1998, 337 ff. Aktuell bestätigt durch *BFH*, Beschluss vom 20.9.2010, II B 7/10, BFH/NV 2010, 2280 (2281).

940 Vgl. hierzu schon *RFH*, Urteil v. 6.8.1942, III e 32/40, RStBl. 1943, 93 (94), der entschied, dass besondere Umstände vorliegen müssten, die einem Kaufmann Anlass geben könnten, seinem Geschäftspartner freigebig etwas zuzuwenden.

941 *Weinmann*, in: Moench/Weinmann, § 7 Rz. 114; *Meincke*, ErbStG, § 7 Rz. 91.

942 R E 7.1 Abs. 1 S. 3 ErbStR 2011.

erforderlich.[943] Für die Feststellung des Willens zur Unentgeltlichkeit genüge, wenn der Zuwendende die Tatsachen und Umstände kenne, auf Grund derer eine Zuwendung als objektiv unentgeltlich qualifiziert werden kann.[944] Eine Einschränkung erfolgt dann, wenn Leistungen in Zusammenhang mit einem Gemeinschaftszweck erbracht werden.[945]

Die gleichlautenden Erlasse der Länder vom 14. 3. 2012[946] präzisieren diese Richtlinie für Schenkungen unter Beteiligung von Kapitalgesellschaften. Regelmäßig soll das Bewusstsein des einseitig benachteiligten Vertragspartners über den Mehrwert seiner Leistung bei Unausgewogenheit gegenseitiger Verträge ausreichen. Dabei komme es auf das Bewusstsein der für die Kapitalgesellschaft Handelnden an. Es sei nicht erforderlich, dass den Vertragspartnern das genaue Ausmaß des Wertunterschieds bekannt ist. Zudem würden Ersatzansprüche der Gesellschaft gegen die handelnden Organe oder den veranlassenden Gesellschafter eine Freigebigkeit nicht ausschließen.

III. Literatur

Betrachtet man die Rechtsprechung und die ihr im Wesentlichen folgende Auffassung der Finanzverwaltung, zeigt sich die Tendenz, subjektive Merkmal zurückzudrängen. Dies lässt sich mit den Schwierigkeiten erklären, die notwendigen inneren Vorgänge festzustellen.[947]

In der Literatur vertritt Schulze-Osterloh eine sehr weit in diese Richtung tendierende „objektivierende Theorie". Der konkrete Wille des Zuwendenden sei nicht maßgeblich, weil nur auf diesem Wege eine gleichmäßige Besteuerung gewährleistet werden könne. Der subjektive Tatbestand liege vor, wenn der Zuwendende in Kenntnis der Tatsachen handele, aus denen sich die objektive Teil- oder Unentgeltlichkeit der Zuwendung ergibt.[948] Dies sei nicht im Sinne einer widerlegbaren Vermutung zu verstehen. Vielmehr werde die individuelle Beurteilung des Vorgangs durch den Zuwendenden mittels einer generalisierenden Beurteilung nach den Maßstäben der durchschnittlichen Verkehrsauffassung ersetzt. Demnach ist der Zuwendungstatbestand nach Schulze-Osterloh im Sinne eines reines Wissenselements zu verstehen.[949]

Im Gegensatz hierzu ist nach Auffassung von Meincke sowohl ein Wissens- als auch ein Willenselement erforderlich.[950] Dogmatisch seien drei Merkmale zu

---

943 R E 7.1 Abs. 3 S. 2 ErbStR 2011.

944 R E 7.1 Abs. 3 S. 4 ErbStR 2011.

945 R E 7.1 Abs. 3 S. 1 ErbStR 2011.

946 Gleichlautende Erlasse vom 14.3.2012, BStBl. I 2012, 331 ff., Tz. 2.6.1. Unveränderte Übernahme aus dem Ländererlass vom 20.10.2010, Tz. 6.2, 3-S 3806/75, BStBl. I 2010, 1207 ff. Vgl. auch die Darstellung im 3. Kapitel unter C.IV. auf den S. 66 ff.

947 *Gebel*, in: T/G/J, § 7 Rz. 268.

948 *Schulze-Osterloh*, StuW 1977, 122 (131 f.).

949 *Gebel*, in: T/G/J, § 7 Rz. 268.

950 *Meincke*, ErbStG, § 7 Rz. 76 ff.

unterscheiden, die den sog. „Willen zur Freigebigkeit" kennzeichnen. Zunächst der Wille zur Bereicherung, nach dem der Zuwendende den Bedachten durch die Zuwendung wirtschaftlicher Vorteile begünstigen will.[951] Daneben als zentrales Element und in Übereinstimmung mit der Rechtsprechung der Wille zur Unentgeltlichkeit, nach dem die Zuwendung nicht um einer Gegenleistung willen oder in Erfüllung einer Rechtspflicht erfolgt.[952] Darüber hinaus müsse der Wille zur schenkweisen Zuwendung vorliegen. Dieser sei gegeben, wenn der Zuwendende dem Bedachten die Bereicherung „um der Bereicherung willen" zuwendet und nicht zur Regelung arbeitsrechtlicher, familienrechtlicher oder gesellschaftsrechtlicher Beziehungen.[953] Meincke führt insoweit an, dass auch nach Ansicht des BFH Leistungen auf gesellschaftsrechtlicher Grundlage, auch wenn sie unentgeltlich erfolgten, doch nicht auf der Grundlage einer schenkungsrechtlichen causa, sondern causa societatis erfolgen. Damit werde das über die Unentgeltlichkeit der Leistung hinausgehende Merkmal der schenkungsrechtlichen causa indirekt anerkannt.[954]

Dieser Auffassung schließt sich ein Großteil der Literatur an.[955] Nach Klein-Blenkers kann jedoch auf den Willen zur Bereicherung verzichtet werden. Im unternehmerischen Bereich sei jedoch stets der Wille zur schenkweisen Zuwendung zu prüfen.[956]

Nach Geck können objektiv unentgeltliche Vorgänge im Bereich geschäftlicher Beziehungen trotz vorhandener Kenntnis des Zuwendenden über die Unentgeltlichkeit zum Wegfall des subjektiven Merkmals der Freigebigkeit führen, wenn die Bereicherung objektiv und fast ausschließlich auf die Erzielung geschäftlicher Vorteile des Zuwendenden gerichtet sei.[957] Ebenso vertritt Seer, dass der Wille zur Unentgeltlichkeit zwar genüge. Stehe jedoch das geschäftliche Interesse ganz im Vordergrund, könne der subjektive Tatbestand trotz objektiver Ungleichwertigkeit von Leistung und Gegenleistung entfallen.[958]

Speziell zu disquotalen Gewinnverteilungen sei nach einem Teil der Literatur zudem zu beachten, dass bei fremden Dritten regelmäßig keine Freigebigkeit

---

951 *Meincke*, ErbStG, § 7 Rz. 81.

952 *Meincke*, ErbStG, § 7 Rz. 79.

953 *Meincke*, ErbStG, § 7 Rz. 82.

954 *Meincke*, ErbStG, § 7 Rz. 87.

955 *Fischer*, in: F/J/P/W, § 7 Rz. 300; *Weinmann*, in: Moench/Weinmann, § 7 Rz. 110 und 152; *Götz*, in: Wilms/Jochum, § 7 Rz. 12 und 210; *Seltenreich*, in; P/R/S, § 7 Rz. 464; *Petzoldt*, in: FG Felix, 331 (340 ff.); *Gottschalk*, Leistungen an GmbH, S. 430 ff.; *Bödecker*, GmbHR 1997, 240 (243); a.A. *Gebel*, in: T/G/J, § 7 Rz. 276; *Hartmann*, in: Gürsching/Stenger, § 7 Rz. 96.

956 *Klein-Blenkers*, Subjektive Merkmale, S. 119 f., 123 f., 163 ff.; *ders.*, ZEV 1994, 221 (224); *ders*, ZEV 1994, 347 (350).

957 *Geck*, in: Kapp/Ebeling, § 7 Rz. 16.

958 *Seer*, in: Tipke/Lang, § 15 Rz. 23.

vorliege.[959] Die Einräumung einer inkongruenten Gewinnbeteiligung zugunsten eines anderen Gesellschafters könne nur dann einen schenkungsteuerlichen Vorgang darstellen, wenn der verzichtende Gesellschafter sich ersichtlich bewusst wäre, dem anderen Gesellschafter eine Freigebigkeit zu erweisen. Sei dieses Bewusstsein nicht gegeben, so müsse unterstellt werden, dass der verzichtende Gesellschafter im Gesellschaftsinteresse handelte.[960] Stünden die handelnden Personen dagegen einander nahe, so werde bei Fehlen außerfamiliärer Gründe regelmäßig die Nähebeziehung der Grund für die Einräumung einer erhöhten Gewinnbeteiligung sein. Rose spricht insofern von einem regelmäßig vorliegenden Interessengegensatz unter fremden Dritten und einem Interessengleichlauf unter den zur Familie gehörenden Gesellschaftern.[961] Nur hinsichtlich letzterem könne der Tatbestand einer freigebigen Zuwendung konstruiert werden.[962]

IV. Stellungnahme

Betrachtet man das vorgenannte Meinungsspektrum, so kann eine schenkungsteuerbare freigebige Zuwendung nur vorliegen, wenn jedenfalls der Wille zur Unentgeltlichkeit gegeben ist.[963] Dem Zuwendenden muss bewusst sein, dass er zu der Vermögenshingabe weder rechtlich verpflichtet ist noch eine mit seiner Leistung in einem synallagmatischen, konditionalen oder kausalen Zusammenhang stehende Gegenleistung erhält. Festzustellen ist der wirkliche konkrete Wille des Zuwendenden.[964] Dabei wird mit dem Willen zur Unentgeltlichkeit regelmäßig auch der von der überwiegenden Literatur geforderte Wille zur Bereicherung und der Wille zur schenkweisen Zuwendung vorliegen.[965]

Die Ansicht Schulze-Osterlohs[966] berücksichtigt dagegen nicht hinreichend die Privatautonomie der Beteiligten und kann daher vor dem Hintergrund der besonderen Verknüpfung von Zivil- und Schenkungsteuerrecht nicht überzeugen.[967] Eine rein objektivierte Sichtweise wird dem auch subjektiv geprägten Tatbestand der freigebigen Zuwendung nicht gerecht. Können ungewöhnliche oder persönliche

---

959 *Fuhrmann*, ErbStB 2003, 388 (390); *Geck*, in: Kapp/Ebeling, § 7 Rz. 319; *Rose*, FR 2002, 1 (7 f.).

960 So schon *RFH*, Urteil v. 3.3.1933, V e A 850/32, RStBl. 1933, 1087 (1088).

961 *Rose*, FR 2002, 1 (5 und 7 f.). Ebenso: *Crezelius*, JbFSt 2005/2006, 603 (605); *Peschke*, Gesellschafts- und steuerrechtliche Zulässigkeit disquotaler GA, S. 170 f., der unter fremden Dritten von einem regelmäßigen anderweitigen „Interessenausgleich" ausgeht.

962 *Rose*, FR 2002, 1 (8), jedoch unter Annahme eines Missbrauchs nach § 42 AO.

963 So auch *Holthusen/Burgmann*, in: Tiedtke, § 7 Rz. 55.

964 *Meincke*, ErbStG, § 7 Rz. 91 und 93.

965 *Klein-Blenkers*, Subjektive Merkmale, S. 103 und 352.

966 *Schulze-Osterloh*, StuW 1977, 122 (131 f.).

967 *Meincke*, ErbStG, § 7 Rz. 77; *Holthusen/Burgmann*, in: Tiedtke, § 7 Rz. 53. Kritisch auch: *Klein-Blenkers*, Subjektive Merkmale, S. 139 f. und 160 ff.

Umstände nicht berücksichtigt werden, führt dies im Ergebnis zu einer vom konkreten Willen abweichenden fiktiven Besteuerung.[968]

1. Ergänzungen des Willens zur Unentgeltlichkeit

Dennoch zeigen insbesondere Zuwendungen zwischen Ehegatten oder im geschäftlichen Bereich, dass der Wille zur Unentgeltlichkeit in Ausnahmesituationen einer Ergänzung bedarf.[969] Denn in diesen Fällen kann dem Zuwendenden die Unentgeltlichkeit seiner Zuwendung zwar bewusst sein. Gleichwohl wird man eine schenkungsteuerpflichtige Zuwendung ablehnen müssen, weil der Wille zur schenkweisen Zuwendung nicht vorliegt, wenn nur eine Ordnung der ehelichen Vermögensverhältnisse beabsichtigt war oder Zuwendungen im Interesse des Unternehmens erfolgten.[970] Andernfalls käme es zu einer weitreichenden steuerlichen Erfassung von Sachverhalten im Bereich des Geschäfts- und Wirtschaftslebens, sodass die Schenkungsteuer einer Unternehmenssteuer gleichkäme.[971] Dies stünde indes in Widerspruch zu der allgemeinen Überzeugung, dass die Schenkungsteuer auf private Vorgänge innerhalb der Familie und des Freundeskreises zu beschränken ist.[972] Es sollte nach wie vor der Grundsatz gelten, dass „Kaufleute sich nichts zu schenken pflegen".[973]

Der BFH lehnt eine solche Ergänzung um den Willen zu schenkweisen Zuwendung zwar ausdrücklich ab. Wenn er andererseits jedoch die These vertritt, dass die Verfolgung geschäftlicher Interessen für den Zuwendenden das Bewusstsein von der Unentgeltlichkeit seiner Leistung „verdrängen" könne, so liegt dem letztlich die Wertung des Willens zur schenkweisen Zuwendung zugrunde.[974] Denn das Bewusstsein des Handelns im geschäftlichen Bereich kann den Willen zur Unentgeltlichkeit nicht ausschließen. Vielmehr sind dem Handelnden stets beide Umstände bewusst und überlagern sich.[975] Mößlang sieht hierin die Berücksichtigung von Motiven des Zuwendenden. Es sei daher zu fragen, ob der Zuwendende *neben* der Kenntnis der Unentgeltlichkeit auch die Bereicherung des Empfängers oder die Förderung seines Geschäftserfolgs wollte.[976] Zutreffend beurteilt Weinmann daher die Entscheidung des II. Senats als Eingeständnis, dass der Wille zur Unentgeltlichkeit zu kurz greift

968 *Meincke*, ErbStG, § 7 Rz. 93; *Fischer*, in: F/J/P/W, § 7 Rz. 333.
969 *Klein-Blenkers*, Subjektive Merkmale, S. 119 f., 123 ff., 174 ff.; *Winkels*, Tracking Stocks, S. 182 f.
970 *Weinmann*, in: Moench/Weinmann, § 7 Rz. 112; *Meincke*, ErbStG, § 7 Rz. 83 ff.
971 *Fischer*, in: F/J/P/W, § 7 Rz. 302.
972 *Moench*, in: Weinmann, § 7 Rz. 152; *Schulze-Osterloh*, StuW 1977, 123 (134).
973 Vgl. *RFH*, Urteil v. 6.8.1942, III e 32/40, RStBl. 1943, 93 (94). Kritisch *Gebel*, in: T/G/J, § 7 Rz. 274; *Viskorf*, Stbg 1998, 337 (341).
974 *Meincke*, ErbStG, § 7 Rz. 89.
975 *Winkels*, Tracking Stocks, S. 182.
976 *Mößlang*, UVR 1998, 13 (15 f.).

und einer Ergänzung bedarf.[977] Diese ist letztlich im Willen zur schenkweisen Zuwendung zu sehen.[978]

2. Feststellungslast und verfahrensrechtliche Aspekte

Die Feststellungslast für den subjektiven Tatbestand trägt grundsätzlich die Finanzbehörde.[979] Problematisch ist jedoch, dass subjektive Merkmale wie Kenntnisse oder Beweggründe einer unmittelbaren Feststellung entzogen sind.[980] Daher dürfen keine übersteigerten Anforderungen an den Nachweist des subjektiven Tatbestands gestellt werden. Ansonsten könnte der Zuwendende die Schenkungsteuer mit der Behauptung umgehen, er habe die Zuwendung entgeltlich vornehmen wollen.[981]

a) Widerlegliche Vermutung

Die Finanzbehörde kann jedoch auf die von der Rechtsprechung entwickelten Wissens- und Willensvermutungen zurückgreifen.[982] Die inneren Vorgänge, die zu den tatbestandlichen Voraussetzungen der freigebigen Zuwendung gehören, sind nach der höchstrichterlichen Rechtsprechung „auf der Grundlage der dem Zuwendenden bekannten Umstände nach den Maßstäben des allgemein Verkehrsüblichen" festzustellen.[983] Dies bedeutet, dass die Rechtsprechung grundsätzlich der „objektivierenden Theorie" Schulze-Osterlohs folgt. Dennoch ist zu beachten, dass der II. Senat sich nur auf die verfahrensrechtlichen Probleme des subjektiven Tatbestands bezieht.[984] Dabei geht es allein um die Frage, wann der Nachweis des Willens zur Unentgeltlichkeit als geführt gelten kann. Der entscheidende Unterschied liegt darin, dass der subjektive Tatbestand nicht aufgrund des „Verkehrsüblichen" fingiert, sondern nur widerleglich vermutet wird.[985]

---

977 *Weinmann*, in: Moench/Weinmann, § 7 Rz. 116; ebenso *Fischer*, in: F/J/P/W, § 7 Rz. 302; *Meinke*, ErbStG, § 7 Rz. 89.

978 Eines Willens zur Bereicherung bedarf es daneben nicht. So zutreffend *Klein-Blenkers*, Subjektive Merkmale, S. 119 f., 123 f., 163 ff.; *ders.*, ZEV 1994, 221 (224); *ders*, ZEV 1994, 347 (350).

979 *Gebel*, in: T/G/J, § 7 Rz. 285 f. und 288; *Griesel*, in: D/H/R, § 7 Rz. 102; *Holthusen/Burgmann*, in: Tiedtke, § 7 Rz. 74; *Geck*, in: Kapp/Ebeling, § 7 Rz. 45; *Troll*, DStR 1984, 11 (15).

980 *Gebel*, in: T/G/J, § 7 Rz. 268; *Weinmann*, in: Moench/Weinmann, § 7 Rz. 118; *Klein-Blenkers*, Subjektive Merkmale, S. 157 ff.

981 *Weinmann*, in: Moench/Weinmann, § 7 Rz. 118; *Meincke*, ErbStG, § 7 Rz. 91 f.

982 Kritisch hierzu *Meincke*, ZEV 1994, 17 (22 f.).

983 *BFH*, Urteil v. 12.7.1979, II R 26/78, BStBl. II 1979, 631 (632); *BFH*, Urteil v. 2.3.1994, II R 59/92, DStR 1994, 615 (617).

984 *Meincke*, ErbStG, § 7 Rz. 92; *Weinmann*, in: Moench/Weinmann, § 7 Rz. 120.

985 Vgl. *BFH*, Urteil v. 10.9.1986, II R 81/84, BStBl. II 1987, 80 (81); *Gebel*, in: T/G/J, § 7 Rz. 290; *Weinmann*, in: Moench/Weinmann, § 7 Rz. 118; *Klein-Blenkers*, Subjektive Merkmale, S. 139 ff.

Entkräftet der Steuerpflichtige diese Vermutung, so obliegt es der Finanzbehörde, den subjektiven Tatbestand nachzuweisen.[986]

Die Kenntnis und das Bewusstsein des Zuwendenden hinsichtlich der Umstände, aus denen sich die objektive Bereicherung des Zuwendungsempfängers ergibt, werden bei einem auffallenden Missverhältnis von Leistung und Gegenleistung regelmäßig im Wege des Anscheinsbeweises vermutet.[987] Ab welcher Wertdifferenz dieser greift, wird jedoch unterschiedlich beurteilt. Eindeutige Zifferngrenzen bestehen jedenfalls nicht.[988] So wird einerseits ein auffallend grobes[989] oder deutliches[990] Missverhältnis gefordert, andererseits soll ein offenbares[991] oder erhebliches[992] Missverhältnis genügen.

Zutreffend stellt das FG München fest, dass aufgrund der Berücksichtigung des Verkehrsüblichen keine festen Grenzen bestehen können. Jedenfalls bei einem Missverhältnis zwischen den Verkehrswerten von Leistung und Gegenleistung von 51 % sei jedoch von einem Willen des Zuwendenden zur Unentgeltlichkeit auszugehen.[993] Der BFH ließ bereits eine Abweichung von über 40 % für den Anscheinsbeweis genügen.[994] In der Literatur wird eine Abweichung von ca. 25 % als ausreichend angesehen wird.[995] Die Finanzverwaltung nimmt dagegen ein offensichtliches Missverhältnis schon ab einer Abweichung von 20 % an.[996]

In diesem Zusammenhang sind insbesondere die Ausführungen von Troll[997] beachtlich. Er weist daraufhin, dass es zwar für jeden Gegenstand einen „idealen" oder „richtigen" Wert geben mag, dieser aber zumeist nicht bekannt sei. Im Rahmen der subjektiven Bewertung der Beteiligten würden geschätzte Werte, die um 20 % nach oben oder unten von einem „idealen" Wert abweichen, nach allgemeiner Auffassung immer noch als im Rahmen des Vertretbaren liegend angesehen. Könne die Leistung um 20 % zu niedrig und die Gegenleistung um 20 % zu hoch (oder umgekehrt) geschätzt werden, so wäre es durchaus möglich, dass die Beteiligten von vertretbaren

986 *FG Düsseldorf*, Beschluss v. 6.1.2003, 4 V 5814/02 A (Erb), EFG 2003, 1635 (1636); *Hartmann*, in: Gürsching/Stenger, § 7 Rz. 89; *Gebel*, in: T/G/J, § 7 Rz. 288.

987 *BFH*, Urteil v. 01.7.1992, II R 70/88, BStBl. II 1992, 921 (923); *BFH*, Urteil v. 29.10.1997, II R 60/94, DStR 1997, 2018 (2020); *FG München*, Urteil v. 5.2.2001, 4 V 3339/00, EFG 2001, 701 (702).

988 *Troll*, DStR 1984, 11 (16).

989 *BFH*, Urteil v. 10.9.1986, II R 81/84, BStBl. II 1987, 80 (81).

990 *Gebel*, in: T/G/J, § 7 Rz. 289; *Seer*, in: Tipke/Lang, § 15 Rz. 25 „evidentes Missverhältnis".

991 *Geck*, in: Kapp/Ebeling, § 7 Rz. 51.

992 *BFH*, Urteil v. 20.12.2000, II R 42/99, BStBl. II. 2001, 454 (455); *FG Rheinland-Pfalz*, Urteil v. 2.2.2000, 4 K 3372/98, EFG 2000, 1020 (1021).

993 *FG München*, Urteil v. 5.2.2001, 4 V 3339/00, EFG 2001, 701 (702).

994 *BFH*, Urteil v. 30.5.2001, II R 6/98, BFH/NV 2002, 26 (28) zur Einlage von 100.000 DM gegen Gewähr eines Kommanditanteils im Wert von 176.000 DM.

995 *Geck*, in: Kapp/Ebeling, § 7 Rz. 51.1; *Breier*, Ubg 2009, 417 (424).

996 Gleichlautende Erlasse vom 14.3.2012, BStBl. I 2012, 331 ff., Tz. 3.4.3.

997 *Troll*, DStR 1984, 11 (15 f.).

Verkehrswerten ausgingen, obwohl zwischen den geschätzten Werten von Leistung und Gegenleistung bereits eine Abweichung von 40 % besteht.

Wird jedenfalls in der Literatur eine Abweichung von unter 25 % als nicht ausreichend für den Eintritt der Vermutung angesehen, können in Ausnahmefällen Abweichungen von 50 % noch als im Rahmen des Verkehrsüblichen angesehen werden.[998] Ferner wird zutreffend darauf hingewiesen, dass eine solche Vermutung zu Lasten des Steuerpflichtigen wirkt und daher nur in klaren Fällen greift.[999] Dem Finanzamt verbleibt stets die Möglichkeit, den Willen zur Unentgeltlichkeit tatsächlich nachzuweisen.

b) Geschäftliche Beziehungen

Im Rahmen geschäftlicher Beziehungen kann der Anscheinsbeweis für eine freigebige Zuwendung dagegen nicht ohne Weiteres bei einem deutlichen Missverhältnis von Leistung und Gegenleistung angenommen werden. Verfahrensrechtlich soll insoweit der „Maßstab des Verkehrsüblichen" an die Erfahrungen des Geschäfts- und Wirtschaftslebens angepasst werden.[1000] Hierzu gehöre, dass Kaufleute sich nichts zu schenken pflegen. Somit könne im Einzelfall der Anscheinsbeweis erschüttert werden, wenn der Steuerpflichtige nachweisbar vortrage, dass die Zuwendung ausschließlich geschäftlichen Interessen diente.

Es ist jedoch anzumerken, dass zum einen der Nachweis in der Praxis kaum möglich sein wird.[1001] Zum anderen stellt diese „verfahrensrechtliche Anpassung" in materieller Hinsicht letztlich den Willen zur schenkweisen Zuwendung dar. Denn zutreffend sind Schenkungen im geschäftlichen Bereich eine Ausnahme. Das Handeln im geschäftlichen Bereich ist vom Willen geprägt, einen Vorteil zu erzielen.[1002] Daher muss die Finanzbehörde in jedem Einzelfall genau prüfen, ob der Wille zur schenkweisen Zuwendung vorliegt. Nur wenn dies gelingt (und daneben der Wille zur Unentgeltlichkeit gegeben ist), ist der subjektive Tatbestand einer freigebigen Zuwendung erfüllt.

Dennoch ist auch hier eine Beweiserleichterung in Form des Anscheinsbeweises notwendig.[1003] Dieser sollte im geschäftlichen Bereich jedoch erst ab einem auffällig groben Missverhältnis von Leistung und Gegenleistung (jedenfalls deutlich mehr als 50 %)[1004] und dem Vorliegen weiterer Indizien greifen.

---

998 *Kamps*, Stbg 2006, 107, 324 (325).
999 *Kamps*, Stbg 2006, 107, 324 (325).
1000 *Gebel*, in: T/G/J, § 7 Rz. 290; *Viskorf*, Stbg 1998, 337 (342).
1001 *Weinmann*, in: Moench/Weinmann, § 7 Rz. 153.
1002 Zutreffend *Winkels*, Tracking Stocks, S. 183.
1003 *Klein-Blenkers*, Subjektive Merkmale, S. 174 ff., 179; *Bödecker*, GmbHR 1997, 240 (243).
1004 Insbesondere aufgrund der möglichen subjektiven Bewertungsspannbreite, *Troll*, DStR 1984, 11 (16).

c) Nahestehende Personen

Die Wertungen des unternehmerischen Handelns können dagegen nicht herangezogen werden, wenn es sich bei den Beteiligten um einander nahestehende Personen handelt. Denn in diesen Fällen ist nicht grundsätzlich davon auszugehen, dass der Zuwendende mit dem Willen handelte, eigene Vorteile zu erzielen. Vielmehr spricht die persönliche Verbundenheit für eine privat veranlasste Vermögensverschiebung. Daher erscheint es gerechtfertigt, schon bei Wertabweichungen von 20 bis 25 % und gleichzeitigem Näheverhältnis der Beteiligten, den subjektiven Tatbestand zu vermuten.[1005]

D. Folgen für verdeckte Gewinnausschüttungen

Aus den bisherigen Darstellungen können nunmehr die konkreten Folgen hinsichtlich des subjektiven Tatbestands im Zusammenhang mit verdeckten Gewinnausschüttungen aufgezeigt werden. Eine Schenkungsteuerpflicht scheidet dabei jedenfalls in den Fällen formaler verdeckter Gewinnausschüttungen aus. Dies wurde bereits für den objektiven Tatbestand im Rahmen der objektiven Unentgeltlichkeit festgestellt.[1006] Ein hierauf bezogener Wille zur Unentgeltlichkeit ist nicht denkbar.[1007]

I. Unmittelbare verdeckte Gewinnausschüttungen unter fremden Dritten

Zunächst sollen unmittelbare verdeckte Gewinnausschüttungen einer Kapitalgesellschaft durch Vorteilsgewährung an einen Anteilseigner betrachtet werden, wobei *keine Näheverhältnisse* zwischen den Beteiligten bestehen. Nach dem Ergebnis der bisherigen Untersuchung scheitert eine freigebige Zuwendung im Verhältnis der Gesellschaft zum Anteilseigner schon an der fehlenden objektiven Unentgeltlichkeit. Jedenfalls entfällt eine Schenkungsteuerpflicht aufgrund des subjektiven Tatbestands.

Dabei ist hinsichtlich des Willens oder der Willensbildung zunächst auf den Willen der Kapitalgesellschaft abzustellen. Da diese jedoch weder ein Bewusstsein noch einen eigenen Willen hat,[1008] ist auf ihre Organe abzustellen. Bei einer GmbH geschieht die Willensbildung durch den Geschäftsführer. Bei zustimmungspflichtigen Geschäften durch die Gesellschafterversammlung.[1009] Fraglich ist daher, ob der Wille des handelnden Geschäftsführers oder der Wille der Gesellschafter maßgeblich ist.

1005 A.A. *Winkels*, Tracking Stocks, S. 183; *Kamps*, Stbg 2006, 107, 324 (325 f. und 332 f.).
1006 Siehe im 4. Kapitel unter C.I.4.c) auf. S. 127 f.
1007 *Haubner*, StC 3/2012, 15 (16).
1008 *St. Viskorf*, DStR 2011, 607 (610 f.); *Weinmann*, in: Moench/Weinmann, § 7 Rz. 190.
1009 *Kamps*, Stbg 2006, 107, 324 (333).

Die Finanzverwaltung[1010] sieht nur die Kapitalgesellschaft als Zuwendende an und stellt für ihre Willensbildung auf die für die GmbH Handelnden ab – somit wohl regelmäßig auf die Geschäftsführer.[1011] Handelt es sich um Ausschüttungen einer Kapitalgesellschaft an ihre Anteilseigner, so geht es um die Beurteilung freigebiger Zuwendungen im geschäftlichen Bereich. Der Wert der durch die verdeckte Gewinnausschüttung erhaltenen (gesamten) Zuwendung müsste wesentlich über 50 % des tatsächlichen Werts liegen, damit der subjektive Tatbestand zu vermuten wäre. Die Finanzbehörde wird daher oftmals den Willen zur Unentgeltlichkeit und zur „schenkweisen Zuwendung" konkret nachweisen müssen. Dies wird kaum gelingen. Denn wendet ein Geschäftsführer einem Gesellschafter bewusst einen Vermögensvorteil zu, geschieht dies grundsätzlich mit dem Willen, auf das Gesellschaftsverhältnis zu leisten.[1012] Zudem ist ein Wille zur freigebigen Zuwendung angesichts der fehlenden außerbetrieblichen Sphäre einer Kapitalgesellschaft und ihrer Zwecksetzung in Form des Strebens nach wirtschaftlichem Erfolg kaum denkbar.[1013]

Darüber hinaus kann es auf den konkreten Willen des Geschäftsführers gerade nicht ankommen, denn dieser handelt grundsätzlich außerhalb seiner Zuständigkeit.[1014] Das zeigt die mögliche Haftung des Geschäftsführers, über deren Freistellung nur die Gesellschafterversammlung entscheiden kann. Diese Grundentscheidung führt zu der Erkenntnis, dass der Wille der Gesellschaft allein durch die Gesellschafter gebildet wird.[1015] Sie sind in ihrer Gesamtheit das oberste Willensorgan der GmbH. Für die schenkungsteuerliche Beurteilung verdeckter Gewinnausschüttungen kann es daher nur auf den Willen der Gesellschafter ankommen. Dies entspricht zudem der Ansicht des Gesetzgebers, wie der neu eingefügte § 15 Abs. 4 ErbStG zeigt. Hiernach ist ausdrücklich die Veranlassung durch die Gesellschafter maßgeblich. Der notwendige Wille kann hiernach nicht von der Kapitalgesellschaft gebildet werden.[1016] Dann ist die Kapitalgesellschaft jedoch nicht Zuwendende nach § 7 Abs. 1 Nr. 1 ErbStG, sondern vielmehr nur „Zahlstelle", derer sich die Gesellschafter bedienen.[1017] Somit muss festgestellt werden, ob der Ausschüttung eine private

---

1010 Gleichlautende Erlasse vom 14.3.2012, BStBl. I 2012, 331 ff., Tz. 2.6.2 und 2.6.4.

1011 Vgl. *Hartmann*, ErbStB 2012, 84 (87) unter Hinweis auf § 166 Abs. 1 BGB; *St. Viskorf*, DStR 2011, 607 (610); *Weinmann*, in: Moench/Weinmann, § 7 Rz. 190.

1012 Vgl. *Schneider*, StbJb 2011/12, 487 (499); *Binnewies*, GmbH-StB 2012, 343 (348); *Janssen*, BB 2008, 928 (930).

1013 *Riedel*, GmbH-StB 2013, 246 (250); *Viskorf/Haag/Kerstan*, NWB 2012, 927 (939). Andernfalls wird es sich um eine Untreuehandlung gegen die Gesellschaft und einen steuerpflichtigen Vorgang zwischen Geschäftsführer und Empfänger handeln, vgl. *Riedel*, GmbH-StB 2013, 246 (249).

1014 Eine Ausnahme hiervon sind Kundengeschenke und Spenden in üblichem Umfang mit Bezug zum Unternehmen, vgl. *St. Viskorf*, DStR 2011, 607 (610).

1015 *BGH*, Urteil v. 31.1.2000, II ZR 189/99, NJW 2000, 1571.

1016 *Viskorf/Haag/Kerstan*, NWB 2012, 927 (939).

1017 *Schneider*, StbJb 2011/12, 487 (499); *St. Viskorf*, DStR 2011, 607 (610); *Christ*, ZEV 2011, 11 (13 f.).

Motivation der *Gesellschafter* zugrunde lag. Sollte dies im Einzelfall möglich sein, ist jedoch nicht von einer Zuwendung der Gesellschaft auszugehen, sondern von einer mittelbaren Zuwendung des oder der nicht begünstigten Gesellschafter(s).

Die Steuerbehörde wird für diese Feststellung der mittelbaren Zuwendung wiederrum nur ausnahmsweise auf den Anscheinsbeweis zurückgreifen können. Denn auch hier gilt, dass bei Zuwendungen an einen Anteilseigner grundsätzlich dessen Gesellschaftsverhältnis und kein privates Motiv auschlaggebend war. Daher trägt das Finanzamt regelmäßig die Feststellungs- und Beweislast. Voraussetzung einer mittelbaren Zuwendung durch den Gesellschaft wäre der Nachweis, dass die Leistung durch diesen veranlasst ist, er also einen entsprechenden Willen besaß, seinem Mitgesellschafter etwas schenkweise zuzuwenden.[1018] Hatte er schon keine Kenntnis von der Vorteilsgewährung, scheidet eine mittelbare freigebige Zuwendung aus. Zu beachten ist jedoch, dass ein solcher Wille sodann in einem privat – also durch den Gesellschafter – veranlassten Verzicht der Gesellschaft auf Herausgabe- oder Rückabwicklungsansprüche zu sehen sein kann, wenn durch den Verzicht etwas schenkweise zugewendet werden sollte.[1019]

Konnte der Wille zur schenkweisen Zuwendung nachgewiesen werden, ist auch ertragsteuerlich von einer mittelbaren verdeckten Gewinnausschüttung auszugehen, weil der dortige Anscheinsbeweis für eine unmittelbare verdeckte Gewinnausschüttung an den tatsächlichen Zuwendungsempfänger widerlegt wäre. Denn die schenkungsteuerliche Feststellung, ob eine Vorteilsgewährung von der Kapitalgesellschaft erfolgte oder ausnahmsweise private Motive für eine Zuwendung zwischen den Gesellschaftern maßgeblich waren, stimmen mit der ertragsteuerlichen Veranlassungsprüfung für verdeckte Gewinnausschüttungen im Wesentlichen überein.[1020]

II. Verdeckte Gewinnausschüttungen an nahestehende Personen

Auch im Falle verdeckter Gewinnausschüttungen an nahestehende Personen sieht die Finanzverwaltung[1021] – entgegen der hier vertretenen Auffassung – die Kapitalgesellschaft als Zuwendende an. Der subjektive Tatbestand des § 7 Abs. 1 Nr. 1 ErbStG könnte im Falle einer Zuwendung an einen nahestehenden Dritten dann schon bei Wertabweichungen von 20 bis 25 % zu vermuten sein. Hiermit würde jedoch verkannt, dass der Geschäftsführer für die Gesellschaft handelt. Er verfolgt primär ihre wirtschaftlichen Interessen. Daher ist auf das Verhältnis zwischen der

---

1018 *Kamps*, Stbg 2008, 107, 324 (333).

1019 Ähnlich *Crezelius*, ZEV 2008, 268 (272).

1020 Zu beachten ist jedoch, dass im Ertragsteuerrecht die subjektiven Vorstellungen kaum eine Rolle spielen und insofern eine starke „Verobjektivierung" anhand des Maßstabs eines ordentlichen Geschäftsleiters sattfindet. Vgl. *Gosch*, in: Gosch, KStG, § 8 Rz. 277 und im 5. Kapitel unter C.III.2.a) auf den S. 180 ff.

1021 Gleichlautende Erlasse vom 14.3.2012, BStBl. I 2012, 331 ff., Tz. 2.6.2 und 2.6.4.

Gesellschaft und der nahestehenden Person abzustellen, die sich wie fremde Dritte gegenüberstehen. Der Anscheinsbeweis könnte nur bei Wertabweichungen von weit mehr als 50 % und weiterer Indizien greifen. Dies wird nicht gelingen. Denn unabhängig davon, ob ein dem Dritten nahestehender Gesellschafter-Geschäftsführer handelt oder der nahestehende Gesellschafter keine Kenntnis von der Zuwendung hatte,[1022] erbringt der Geschäftsführer (als Organ der Gesellschaft) die Zuwendung stets mit Rücksicht auf das Gesellschaftsverhältnis und nicht mit dem Willen zur schenkweisen Zuwendung.[1023]

Nach hier vertretener Ansicht ist dagegen nur auf den Willen des oder der Gesellschafter(s) abzustellen. Kann ein privates Motiv zur Vermögensverschiebung festgestellt werden, liegt eine mittelbare Zuwendung des nahestehenden Gesellschafters vor. Insofern ist es gerechtfertigt, den subjektiven Tatbestand schon bei Wertabweichungen von 20 bis 25 % zu vermuten. Hiermit erfolgt eine regelmäßige Gleichbehandlung mit der ertragsteuerlichen Einordnung entsprechender Sachverhalte als mittelbare verdeckte Gewinnausschüttung an den veranlassenden Gesellschafter und der anschließenden Einkommensverwendung durch Weitergabe an den nahestehenden Dritten. Nur auf diese Einkommensverwendung kann das Schenkungsteuerrecht zugreifen.

Sollten Rückabwicklungs-, Herausgabe- oder Erstattungsansprüche gegen den Dritten entstehen, ist in einem Verzicht grundsätzlich der Wille zur schenkweisen Zuwendung zu sehen und daher von einer mittelbaren Zuwendung auszugehen. Ist in diesem Fall der nahestehende Zuwendungsempfänger zugleich Gesellschafter, kann eine dahin gehende Vermutung jedoch nicht greifen. Vielmehr ist regelmäßig das eigene Gesellschaftsverhältnis Grund der Zuwendung und nicht private Motive des Mitgesellschafters. Die Steuerbehörde muss eine mittelbare Zuwendung daher im Einzelfall nachweisen. Gelingt dies, sollte auch ertragsteuerlich von einer mittelbaren verdeckten Gewinnausschüttung an den Mitgesellschafter ausgegangen werden.

E. Zusammenfassung der Ergebnisse des 6. Kapitels

Die freigebige Zuwendung setzt neben den objektiven Tatbestandsmerkmalen auch ein subjektives Element voraus. Dies ergibt sich aus dem Begriff der Freigebigkeit, aus der engen Anknüpfung an das Schenkungsrecht sowie aus steuersystematischen Erwägungen im Vergleich zur Einkommensteuer.

1022 Nach der Finanzverwaltung sind entstehende Ersatzansprüche für eine freigebige Zuwendung i.S.d. § 7 Abs. 1 Nr. 1 ErbStG unbeachtlich, vgl. Gleichlautende Erlasse vom 14.3.2012, BStBl. I 2012, 331 ff., Tz. 2.6.1.

1023 Vgl. *Riedel*, GmbH-StB 2013, 246 (249); *Schneider*, StbJb 2011/12, 487 (499); *Janssen*, BB 2008, 928 (930). Andernfalls wird es sich regelmäßig um eine Untreuehandlung gegen die Gesellschaft und einen steuerpflichtigen Vorgang zwischen Geschäftsführer und Empfänger handeln, vgl. *Riedel*, GmbH-StB 2013, 246 (249).

Inhaltlich umfasst die subjektive Seite jedenfalls den Willen zur Unentgeltlichkeit. Dem Zuwendenden muss bewusst sein, dass er zur Vermögenshingabe weder rechtlich verpflichtet ist noch eine mit seiner Leistung in einem synallagmatischen, konditionalen oder kausalen Zusammenhang stehende Gegenleistung erhält. Wie insbesondere Zuwendungen im geschäftlichen Bereich zeigen, bedarf der Wille zur Unentgeltlichkeit jedoch einer Ergänzung. Andernfalls käme es zu einer weitreichenden steuerlichen Erfassung von Sachverhalten im Bereich des Geschäfts- und Wirtschaftslebens. Dies widerspräche der Überzeugung, dass die Schenkungsteuer auf private Vorgänge innerhalb der Familie und des Freundeskreises beschränkt sein sollte. Die Schenkungsteuer käme einer Unternehmenssteuer gleich. Die notwendige Ergänzung ist daher im „Willen zur schenkweisen Zuwendung" zu sehen, der vorliegt, wenn der Zuwendende dem Bedachten die Bereicherung „um der Bereicherung willen" zuwendet und eben nicht zur Regelung arbeitsrechtlicher, familienrechtlicher oder gesellschaftsrechtlicher Beziehungen.

Zur Feststellung der subjektiven Seite kann auf Wissens- und Willensvermutungen zurückgegriffen werden. Daher werden die Kenntnis und das Bewusstsein des Zuwendenden hinsichtlich der Umstände, aus denen sich die objektive Bereicherung des Zuwendungsempfängers ergibt, bei einem auffallenden Missverhältnis von Leistung und Gegenleistung regelmäßig im Wege des Anscheinsbeweises vermutet. Dennoch sind freigebige Zuwendungen im geschäftlichen Bereich die Ausnahme. Eine Beweiserleichterung im Form des Anscheinsbeweises sollte erst bei einem auffällig groben Missverhältnis von Leistung und Gegenleistung und daher erst bei Wertabweichungen von deutlich über 50 % sowie dem Vorliegen weiterer Indizien greifen. Im Falle eines Näheverhältnisses ist es dagegen gerechtfertigt den subjektiven Tatbestand schon bei Wertabweichungen von 20 bis 25 % zu vermuten.

In einem nächsten Schritt wurden unmittelbare verdeckte Gewinnausschüttungen an einen Anteilseigner betrachtet, wenn *keine Näheverhältnisse* zwischen den Beteiligten bestehen. Dabei kam die Untersuchung zu der Erkenntnis, dass der festzustellende Wille der Kapitalgesellschaft letztlich nur durch ihre Gesellschafter gebildet wird. Das bedeutet jedoch, dass im Falle einer privaten Motivation der Gesellschafter nicht von einer Zuwendung der Gesellschaft auszugehen ist, sondern von einer mittelbaren Zuwendung der oder des nicht begünstigten Gesellschafter(s).

Insofern kann die Finanzverwaltung nicht auf einen Anscheinsbeweis zurückgreifen. Denn grundsätzlich ist bei unmittelbaren verdeckten Gewinnausschüttungen an einen Anteilseigner dessen Gesellschaftsverhältnis und kein privates Motiv maßgeblich. Aufgrund der Erschütterung des Anscheinsbeweises trägt das Finanzamt regelmäßig die Feststellungs- und Beweislast dafür, dass die Leistung durch einen Gesellschafter veranlasst war, er also einen entsprechenden Willen zur schenkweisen Zuwendung besaß. Dieser kann auch in einem privat veranlassten Verzicht der Gesellschaft auf Ansprüche gegenüber dem Anteilseigner zu sehen sein.

Gelingt der Nachweis einer mittelbaren Zuwendung, liegt auch ertragsteuerlich eine mittelbare verdeckte Gewinnausschüttung vor. Denn die schenkungsteuerliche Feststellung, dass eine Vorteilsgewährung von der Kapitalgesellschaft erfolgte oder private Motive ausnahmsweise für eine Zuwendung zwischen den Gesellschaftern sprechen, stimmen mit der ertragsteuerlichen Veranlassungsprüfung im Wesentlichen überein.

In einem zweiten Schritt untersuchte die Arbeit verdeckte Gewinnausschüttungen an nahestehende Personen. Auch dort ist von einer mittelbaren Zuwendung des nahestehenden Gesellschafters auszugehen, wenn ein privates Motiv des Gesellschafters zur Vermögensverschiebung feststeht. Allerdings ist es gerechtfertigt, den subjektiven Tatbestand schon bei Wertabweichungen von 20 bis 25 % zu vermuten. Das führt wiederum zu einem Gleichlauf mit der ertragsteuerlichen mittelbaren verdeckten Gewinnausschüttung, die dem veranlassenden Gesellschafter zuzurechnen ist. Sollten Rückabwicklungs-, Herausgabe- oder Erstattungsansprüche gegen den Dritten entstehen, ist möglicherweise erst in einem Verzicht der Wille zur schenkweisen Zuwendung zu sehen und daher von einer mittelbaren Zuwendung auszugehen.

Die Vermutung des subjektiven Tatbestands ist jedoch widerlegt, wenn der nahestehende Zuwendungsempfänger zugleich Gesellschafter ist, weil regelmäßig das eigene Gesellschaftsverhältnis Grund der Zuwendung ist. Gelingt ausnahmsweise der Nachweis des Willens für eine schenkweise Zuwendung, ist auch ertragsteuerlich von einer mittelbaren verdeckten Gewinnausschüttung an den Mitgesellschafter auszugehen, der den Vorteil schenkweise weiterreicht.

7. Kapitel: Konzernsachverhalte und § 7 Abs. 8 ErbStG

A. Einleitung

Die bisherigen Kapitel der Arbeit beschäftigten sich mit dem Grundtatbestand der freigebigen Zuwendung nach § 7 Abs. 1 Nr. 1 ErbStG. Dabei wurde vereinzelt schon auf die Neuregelung des § 7 Abs. 8 ErbStG eingegangen, der Sonderregelungen zur Vermeidung von Steuerlücken und für Konzernsachverhalte enthält. Im folgenden Teil soll nunmehr der Frage nachgegangen werden, ob die neu geschaffene Norm vor dem Hintergrund der bisher gefundenen Ergebnisse, zu einer anderen schenkungsteuerlichen Beurteilung verdeckter Gewinnausschüttungen führt. Dabei ist zwischen Satz 1 und Satz 2 zu unterscheiden.

B. § 7 Abs. 8 S. 1 ErbStG

Nach § 7 Abs. 8 S. 1 gilt als Schenkung auch die Werterhöhung von Anteilen an einer Kapitalgesellschaft, die eine an der Gesellschaft unmittelbar oder mittelbar beteiligte natürliche Person oder Stiftung (Bedachte) durch die Leistung einer anderen Person (Zuwendender) an die Gesellschaft erlangt. Die Vorschrift führt dazu, dass eine steuerpflichtige Zuwendung zwischen dem leistenden Gesellschafter und dem mittelbar bereicherten Gesellschafter möglich ist, in dem eine überproportionale Einlage des Zuwendenden einer Direktzuwendung an den Mitgesellschafter gleichgestellt wird. Laut der Gesetzesbegründung[1024] reagiert der Gesetzgeber hiermit auf die Rechtsprechung des BFH[1025], der bei disquotalen Einlagen eines Gesellschafters eine mittelbare schenkungsteuerpflichtige Zuwendung an den Mitgesellschafter ausschließt. Diese Besteuerungslücke sei in der „Steuersparbranche" bekannt und werde als Gestaltungstipp empfohlen. Die Gesetzesänderung greife die Grundsätze der Rechtsprechung im Zusammenhang mit Beteiligungen an Kapitalgesellschaften auf und entwickle diese in Richtung einer gleichheitsgerechten Besteuerung von Schenkungen fort.

Für verdeckte Gewinnausschüttungen trifft die Vorschrift jedoch keine Aussage.[1026] Vielmehr wird ausdrücklich nur der umgekehrte Fall der Leistungen des

---

1024 BT-Drs. 17/7524, S. 25 f.

1025 Genannt ist das Urteil des *BFH* vom 9.11.2009, II R 28/08, DStR 2010, 925 ff.

1026 *Schneider*, StbJb 2011/12, 487 (518); *Schulte/Sedemund*, BB 2011, 2080 (2082); *Crezelius*, ZEV 2012, 393 (396); *St. Viskorf* in: Haag/Jehlin, Beihefter zu DStR 12 2012, 53 (56); *Fischer*, in: F/J/P/W, § 7 Rz. 255. Dennoch kann § 7 Abs. 8 S. 1 ErbStG im Zusammenhang mit verdeckten Gewinnausschüttungen in Konzernsachverhalten zur Anwendung kommen.

Gesellschafters oder eines Dritten an die Kapitalgesellschaft erfasst.[1027] Auch lässt sich der Gesetzesbegründung in Bezug auf § 7 Abs. 8 S. 1 ErbStG keine dahin gehende Feststellung entnehmen.

C. § 7 Abs. 8 S. 2 ErbStG

Gemäß § 7 Abs. 8 S. 2 ErbStG sind Zuwendungen zwischen Kapitalgesellschaften freigebig, soweit sie in der Absicht getätigt werden, Gesellschafter zu bereichern und soweit an diesen Gesellschaften nicht unmittelbar oder mittelbar dieselben Gesellschafter zu gleichen Anteilen beteiligt sind. Betrieblich veranlasste Vermögensverschiebungen sind daher nicht erfasst.[1028]

Nunmehr könnte der Gesetzgeber mit Satz 2 eine dahin gehende Regelung getroffen haben, dass verdeckte Gewinnausschüttungen grundsätzlich eine schenkungsteuerpflichtige Zuwendung zwischen Kapitalgesellschaft und Zuwendungsempfänger nach § 7 Abs. 1 Nr. 1 ErbStG darstellen. Insofern hätte er sich vom Grundsatz her der Auffassung der Finanzverwaltung angeschlossen.[1029] Im Folgenden wird daher der Regelungszweck der Norm herausgestellt, um sodann auf die schenkungsteuerlichen Auswirkungen für den Grundtatbestand einzugehen.

I. Regelungszweck

Der Gesetzgeber hatte mit Einführung der Norm Konzernsachverhalte im Blick.[1030] In der Gesetzesbegründung wird auf das Urteil des BFH vom 7. 11. 2007[1031] Bezug genommen, in dem dieser hinsichtlich einer mittelbaren verdeckten Gewinnausschüttung aus zivilrechtlichen Gründen eine freigebige Zuwendung des Gesellschafters ablehnte, eine Schenkung der Kapitalgesellschaft an die nahestehende Person jedoch für möglich hielt. Diese Betrachtungsweise habe in der Praxis zur Sorge geführt, dass auch verdeckte Gewinnausschüttungen im Konzern als schenkungsteuerbar angesehen werden könnten. Die Neuregelung stelle u.a. klar, dass verdeckte Gewinnausschüttungen (und verdeckte Einlagen) zwischen verbundenen Körperschaften grundsätzlich keine freigebigen Zuwendungen seien, sondern nur in den nach § 7 Abs. 8 S. 2 ErbStG definierten Ausnahmefällen.[1032]

Zur Verdeutlichung der Auffassung des Gesetzgebers, wird zunächst auf die in der Gesetzesbegründung dargelegten Beispielsfälle eingegangen und sodann zum Anwendungsbereich der Norm und ihrer Regelungswirkung Stellung bezogen.

1027 *Fischer*, in: F/J/P/W, § 7 Rz. 255.
1028 *Fischer*, ZEV 2012, 77 (82).
1029 Gleichlautende Erlasse vom 14.3.2012, BStBl. I 2012, 331 ff. Vgl. die Darstellung im 3. Kapitel unter C.II. auf den S. 63 ff.
1030 BT-Drs. 17/7524, S. 25 f.
1031 *BFH*, Urteil v. 7.11.2007, II R 28/06, DStR 2008, 346 ff.
1032 BT-Drs. 17/7524, S. 25 f.

1. *Beispielsfall 1*

Als Beispiel wird zunächst folgender Fall gebildet:

Die M-AG ist zu 100 % Gesellschafterin der T1-GmbH und der T2-GmbH (sog. Schwestergesellschaften). Die M veranlasst die T1, der T2 ein Grundstück zu einem Preis deutlich unter dem Verkehrswert (entspricht dem Teilwert) zu verkaufen.

a) Ertragsteuerliche Einordnung

Ertragsteuerlich liegt eine mittelbare verdeckte Gewinnausschüttung im Dreiecksverhältnis vor.[1033] Die Vermögensverschiebung zwischen den Schwestergesellschaften T1 und T2 stellt eine verdeckte Ausschüttung der T1 an die Muttergesellschaft M dar, weil die T2 aufgrund der Beteiligung der M an der T2 eine der M nahestehende Person ist. Die verhinderte Vermögensmehrung ist der T1 nach § 8 Abs. 3 S. 2 KStG außerbilanziell hinzuzurechnen. Die M hat insoweit gewerbliche Bezüge, die jedoch nach § 8b Abs. 1 KStG bei der Ermittlung des Einkommens außer Ansatz bleiben, also steuerfrei sind.[1034] Zudem liegt eine mittelbare (anteilige) verdeckte Einlage der M an die begünstigte Tochtergesellschaft T2 vor, § 8 Abs. 1 KStG i.V.m. § 4 Abs. 1 S. 8 KStG.[1035] Denn der Gegenstand muss nicht unmittelbar aus dem Vermögen des gemeinsamen Gesellschafters M stammen, sondern kann auch aus dem Vermögen einer der M nahestehenden Person zugeführt werden.[1036] Vorliegend ist die T1 aufgrund der Beteiligung der M eine nahestehende Person. Die Einlage ist auf dem Beteiligungskonto der M zu aktivieren und führt zu nachträglichen Anschaffungskosten auf die Beteiligung.[1037] Das bei der T2 zu aktivierende Grundstück und die hiermit eintretende Gewinnerhöhung wird außerbilanziell als verdeckte Einlage nach § 8 Abs. 3 S. 3 KStG neutralisiert und ist nach § 27 KStG im Einlagekonto zu erfassen.

b) Schenkungsteuerliche Einordnung durch den Gesetzgeber

Schenkungsteuerlich scheint der Gesetzgeber aufgrund der von ihm zitierten Entscheidung des II. Senats von einer (gemischt) freigebigen Zuwendung der T1 an die T2 nach § 7 Abs. 1 Nr. 1 ErbStG auszugehen.[1038] Die Beteiligten sind selbstständige

---

1033 Vgl. *Gosch*, in: Gosch, KStG, § 8 Rz. 235 ff.; *Frotscher*, in: Frotscher/Maas, KStG, Anhang zu § 8 Verdeckte Gewinnausschüttung, Rz. 234 ff.

1034 Nach § 8b Abs. 5 KStG gelten jedoch fünf Prozent dieser Bezüge als nichtabziehbare Betriebsausgaben.

1035 Anders ist dies bei nicht einlagefähigen Wirtschaftsgütern. Die Einlage von Nutzungen und Dienstleitungen scheidet daher aus, vgl. *BFH*, Beschluss vom 26.10.1987, GrS 2/86, BStBl. II 1988, 348 (355 ff.) und *Gosch*, in: Gosch, KStG, § 8 Rz. 238.

1036 *Roser*, in: Gosch, KStG, § 8 Rz. 110.

1037 *Gosch*, in: Gosch, KStG, § 8 Rz. 236.

1038 So auch: *Hartmann*, GmbH-StB 2008, 203 (205); *Breier*, Ubg 2009, 417 (421). In diese Richtung konnte auch Tz. 1.6 des gleichlautenden Ländererlasses vom 20.10.2010 verstanden werden, BStBl. I 2010, 1207 ff.

juristische Personen. Leistungsbeziehungen würden nach dieser Betrachtungsweise nur zwischen den Tochtergesellschaften bestehen. Der Rechtsgrund der Leistung wäre nur in diesem Verhältnis zu finden. Der Empfänger wäre nicht der Gesellschafter, sondern eine nahestehende Person. Es könnte daher eine Schenkung oder ein konzernrechtlicher Vertrag sui generis vorliegen.[1039] Nach dieser Betrachtungsweise schafft § 7 Abs. 8 S. 2 ErbStG Abhilfe und nimmt den Vorgang aufgrund bestehender Beteiligungs- bzw. Gesellschafteridentität von einer schenkungsteuerlichen Erfassung aus (M ist zu 100 % an T1 und T2 beteiligt).[1040] Nach der Gesetzesbegründung sei der Vorgang nicht steuerbar, weil weder die T1 noch die M mit dem Willen zur Unentgeltlichkeit handeln würden.[1041]

2. *Beispielsfall 2*

Als Beispiel für ein abweichendes Beteiligungsverhältnis dient der Gesetzesbegründung folgender Fall:

Vater V ist zu 100 % Gesellschafter der T1-GmbH und zu 40 % Gesellschafter der T2-GmbH. Die weiteren 60 % der T2 gehören dem Sohn S. V veranlasst die T1, der T2 verbilligt ein Grundstück zu verkaufen.

a) Ertragsteuerliche Einordnung

Ertragsteuerlich handelt es sich wiederum um eine mittelbare verdeckte Gewinnausschüttung an V als Gesellschafter der T1. Zudem liegt eine verdeckte Einlage des V i.H.v. 40 % *und* eine verdeckte Einlage des S i.H.v. 60 % in die T2 vor.[1042] Dies bedeutet, dass der Vorgang so behandelt wird, als ob V die erhaltene verdeckte Gewinnausschüttung teilweise für eigene Rechnung und teilweise für Rechnung des S weiterreicht. Entsprechend ergeben sich die bereits im ersten Beispiel dargestellten Konsequenzen.

1039 *Fischer*, ZEV 2012, 77 (83), der auf die Vergleichbarkeit mit unbenannten Zuwendungen zwischen Ehegatten hinweist (im Ergebnis aber a.A.).

1040 van *Lishaut/Ebber/Schmitz*, Ubg 2012, 1 (6); *St. Viskorf/Haag/Kerstan*, NWB 2012, 927 (937). Vgl. auch Tz. 4.1 des gleichlautenden Ländererlasses v. 14.3.2012, BStBl. I 2012, 331 ff.

1041 BT-Drs. 17/7524, S. 26. Unklar ist, weshalb die Gesetzesbegründung die Steuerbarkeit nur aufgrund des fehlenden Willens zur Unentgeltlichkeit von T1 und M ablehnt. Auf eine private Motivation oder eine betriebliche Veranlassung kommt es nach § 7 Abs. 8 S. 2 ErbStG bei Beteiligungsidentität gerade nicht mehr an, so auch *Schulte/Sedemund*, BB 2011, 2080 (2082) und *Schneider*, StbJb 2011/12, 487 (513).

1042 Vgl. *Schulte*, in: Erle/Sauter, § 8 Rz. 387; *Schulte/Petschulat*, IFSt-Schrift Nr. 484, S. 34; *van Lishaut/Ebber/Schmitz*, Ubg 2012, 1 (13).

b) Schenkungsteuerliche Einordnung durch den Gesetzgeber

Schenkungsteuerlich soll laut Gesetzesbegründung nach § 7 Abs. 8 S. 1 ErbStG eine freigebige Zuwendung zwischen der T1 und S vorliegen. Die T1 wäre hiernach Zuwendende und nicht V. Zuwendungsgegenstand sei die durch die Vermögensverschiebung im Umfang von 60 % des Vermögensvorteils bewirkte Werterhöhung der Anteile des S. Für die Berechnung der Steuer greife jedoch § 15 Abs. 4 ErbStG, so dass auf das Verhältnis zwischen V und S abzustellen sei. Der Vorgang werde daher so behandelt, als wäre V Schenker.

3. Stellungnahme

Der Gesetzgeber legt die bereits dargestellte „formal"-zivilrechtliche Betrachtung zugrunde. Um jedoch Rückschlüsse für die hier zu untersuchende Frage ziehen zu können, ob § 7 Abs. 8 ErbStG zu einer Neubewertung der bisher gefundenen Ergebnisse führt, muss geklärt werden, welcher Rechtscharakter § 7 Abs. 8 S. 2 ErbStG zukommt, weil die Gesetzesbegründung insoweit nicht eindeutig ist.

a) Steuerbegründender Tatbestand

Zunächst ist es abzulehnen, die Regelung als eigenen steuerbegründenden Tatbestand einzuordnen.[1043] So könnte in Beispielsfall 2) neben einer Schenkung der T1 an S nach § 7 Abs. 8 S. 1 ErbStG „auch" eine Direktzuwendung im Verhältnis T1 zu T2 nach § 7 Abs. 8 S. 2 ErbStG schenkungsteuerbar sein, sofern eine entsprechende Bereicherungsabsicht vorliegt. Es käme daher zu einem doppelten Anfall von Schenkungsteuer. Für diese vom Wortlaut mögliche Interpretation ist die Norm jedoch zu „unvollständig"[1044] und widerspräche der eindeutigen Gesetzesbegründung, die Steuerbarkeit in Konzernsachverhalten einzuschränken.

1043 Vgl. *Korezkij*, DStR 2012, 163 (165); *van Lishaut/Ebber/Schmitz*, Ubg 2012, 1 (7); *Schulte/Petschulat*, IFSt-Schrift Nr. 484, S. 46; *Riedel*, NZI 2011, 577 (579) noch hinsichtlich der Entwurfsfassung; nunmehr wohl a.A. *Riedel*, ErbStB 2012, 302 (305). Anders möglicherweise für (unentgeltliche) Nutzungen, die vom weitergehenden Begriff der „Zuwendung" in § 7 Abs. 8 S. 2 ErbStG umfasst sein könnten. Insofern wäre § 7 Abs. 8 S. 2 ErbStG ein eigenständiger Tatbestand, *Korezkij*, DStR 2012, 163 (165 f.).

1044 *Schneider*, StbJb 2011/12, 487 (515).

b) Steuereinschränkende Funktion

Vielmehr liegt es näher, der Norm sowohl im Hinblick auf § 7 Abs. 1 Nr. 1 ErbStG[1045] als auch auf § 7 Abs. 8 S. 1 ErbStG[1046] eine rein steuereinschränkende Funktion für Konzernsachverhalte zukommen zu lassen.

Doch auch dann kann es zu Ungereimtheiten in der Anwendung kommen. So soll in Beispielsfall 2 eine fiktive Schenkung der T1 an S in Form einer Anteilswerterhöhung nach § 7 Abs. 8 S. 1 ErbStG vorliegen. Wenn man jedoch – wie der Gesetzgeber in Beispielsfall 1 – im unmittelbaren Verhältnis zwischen den Kapitalgesellschaften eine Leistung der T1 an die T2 annimmt, könnte zudem – falls kumulativ Bereicherungsabsicht und keine Beteiligungsidentität gegeben sind – eine freigebige Zuwendung nach § 7 Abs. 1 Nr. 1 i.V.m. Abs. 8 S. 2 ErbStG i.H.v. 60 % der Zuwendung zwischen der T1 und der T2 gegeben sein.

1045 *Viskorf/Haag/Kerstan*, NWB 2012, 927 (936 f.); *Viskorf/Haag*, DStR 2012, 1166 (1169) und Tz. 4.1 des gleichlautenden Ländererlasses v. 14.3.2012, BStBl. I 2012, 331 ff. Vgl. auch *Fischer*, ZEV 2012, 77 (83 f.).

1046 *Korezkij*, DStR 2012, 163 (165 und 169 f.); *Viskorf*, ZEV 2012, 442 (445); *Schulte/Petschulat*, IFSt-Schrift Nr. 484, S. 47. Dieser Sichtweise hat sich die Finanzverwaltung angeschlossen, vgl. *Viskorf/Haag*, DStR 2012, 1166 (1169) und Tz. 4.1 des gleichlautenden Ländererlasses v. 14.3.2012, BStBl. I 2012, 331 ff. A. A. *van Lishaut/Ebber/Schmitz*, Ubg 2012, 1 (6), nach denen fraglich sei, ob Satz 2 eine Sperrwirkung für Satz 1 entfalten könne, wegen des Wortes „auch" und weil Satz 1 eine Freigebigkeit nicht voraussetze, so dass sprachlich kein Bezug zwischen Satz 2 und Satz 1 bestehe.
Die Problematik wird deutlich, wenn nochmals Beispielsfall 2 betrachtet wird. Es stellt sich die Frage, weshalb die ertragsteuerliche verdeckte Gewinnausschüttung nach der Gesetzesbegründung nur hinsichtlich des S schenkungsteuerbar sein soll (60 %). § 7 Abs. 8 S. 1 ErbStG müsste seinem Wortlaut nach auch zu einer steuerbaren Zuwendung der T1 an V führen, vgl. *St. Viskorf*. in: Haag/Jehlin, Beihefter zu DStR 12 2012, 53 (57). Daher soll nach Vertretern der Finanzverwaltung im Rahmen des § 7 Abs. 8 S. 1 ErbStG eine Gesamtbetrachtung anzustellen sein. Zwar würden die Anteile des V an der T2 im Wert steigen, doch trete gleichzeitig eine Wertminderung seiner Anteile an der T1 ein. Insofern sei die Wertsteigerung „erkauft", vgl. *van Lishaut/Ebber/Schmitz*, Ubg 2012, 1 (7) und Tz. 4.2 des gleichlautenden Ländererlasses v. 14.3.2012, BStBl. I 2012, 331 ff.
Das Ergebnis lässt sich jedoch ebenso über eine Anwendung des § 7 Abs. 8 S. 2 ErbStG erreichen, weil eine steuerbare Zuwendung der T1 an V (gemäß § 7 Abs. 8 S. 1 ErbStG) sodann aufgrund der Beteiligungsidentität ausgeschlossen ist. Für eine Schenkung der T1 an S nach § 7 Abs. 8 S. 1 ErbStG wäre Bereicherungsabsicht der T1 erforderlich, § 7 Abs. 8 S. 2 ErbStG, so wohl auch *Korezkij*, DStR 2012, 163 (169 f.). Dieses Ergebnis kann insofern auf die Gesetzesbegründung gestützt werden, als für Beispielsfall 2 – der als Erläuterung des § 7 Abs. 8 S. 2 ErbStG dient – auf § 15 AO hingewiesen wird und der Gesetzgeber hiermit aufgrund des Näheverhältnisses zwischen V und S wohl die Bereicherungsabsicht i.S.d. § 7 Abs. 8 S. 2 ErbStG unterstellt und daher eine Schenkung der T1 an S annimmt.

Erstaunlicherweise enthält die Gesetzesbegründung keine Ausführungen, wie sich die Neuregelungen des § 7 Abs. 8 ErbStG hierzu verhalten. Es ist jedoch davon auszugehen, dass die zweimalige Erfassung desselben wirtschaftlichen Vorgangs nicht beabsichtigt ist. Wenn nach der Gesetzesbegründung daher nur § 7 Abs. 8 S. 1 ErbStG einschlägig sein soll, muss diese Vorschrift den Grundtatbestand einer freigebigen Zuwendung nach § 7 Abs. 1 Nr. 1 ErbStG verdrängen.[1047]

Zutreffend ist daher für die Feststellung, ob § 7 Abs. 8 ErbStG oder § 7 Abs. 1 Nr. 1 ErbStG einschlägig ist, eine Abgrenzung anhand der Willensrichtung des Zuwendenden vorzunehmen.[1048] Es ist zu fragen, ob eine Bereicherung der tatsächlich empfangenden Kapitalgesellschaft gewollt war (§ 7 Abs. 1 Nr. 1 i.V.m. Abs. 8 S. 2 ErbStG) oder vielmehr eine solche der oder des dahinter stehenden Gesellschafter(s) (§ 7 Abs. 8 S. 1 i.V.m. Abs. 8 S. 2 ErbStG). Diese allgemeine Abgrenzung zwischen § 7 Abs. 1 Nr. 1 und § 7 Abs. 8 S. 1 ErbStG scheint auch der Auffassung des Gesetzgebers zu entsprechen, der § 7 Abs. 8 S. 1 ErbStG nur dann als „lex specialis" ansieht, wenn die Zuwendung nicht auf eine originäre Bereicherung der Gesellschaft, sondern auf eine mittelbare Bereicherung der Gesellschafter abzielt.[1049]

II. Auswirkungen auf den schenkungsteuerlichen Grundtatbestand

Nunmehr könnte mit der einerseits steuereinschränkenden Wirkung des § 7 Abs. 8 S. 2 ErbStG jedoch auch der Wille des Gesetzgebers aufgenommen wurden sein, dass verdeckten Gewinnausschüttungen *grundsätzlich* nach § 7 Abs. 1 Nr. 1 ErbStG schenkungsteuerpflichtig sind, die Norm also insofern konstitutive Wirkung entfaltet.

Hierfür spricht zunächst der Wortlaut, der keine steuerbare Zuwendung fingiert[1050], sondern an das Merkmal der Freigebigkeit anknüpft. So sind „auch" Zuwendungen zwischen Kapitalgesellschaften freigebig, soweit die weiteren Voraussetzungen vorliegen. Dies könnte dahin gehend auszulegen sein, dass neben der ausdrücklichen Erfassung konzernrechtlicher Sachverhalte, in den Grundfällen regelmäßig von einer schenkungsteuerpflichtigen Zuwendung auszugehen ist.[1051]

1047 *Schneider*, StbJb 2011/12, 487 (515).

1048 *Viskorf/Haag/Kerstan*, NWB 2012, 927 (936 ff.).

1049 BT-Drs. 17/7524, S. 26. Zu beachten ist, dass der Wille in der Praxis kaum nachweisbar sein wird und eine diesbezügliche Feststellung willkürlich erfolgen dürfte. Daher ist die Einordnung der Finanzverwaltung nachvollziehbar, § 7 Abs. 8 S. 1 ErbStG stets vorrangig anzuwenden, vgl. Tz. 1.4 des gleichlautenden Ländererlasses v. 14.3.2012, BStBl. I 2012, 331 ff. So auch *Viskorf/Haag*, DStR 2012, 1166 (1168).

1050 Vgl. hiergegen den Wortlaut des § 7 Abs. 8 S. 1 ErbStG „Als Schenkung *gilt...*".

1051 Zu dieser Überlegung *Stein*, JbFSt 2012/2013, 835 (839).

1. Leistungsbeziehungen maßgebend

Hiergegen spricht jedoch der Regelungszweck des § 7 Abs. 8 ErbStG, allein in Konzernsachverhalten für eine steuerliche Entlastung zu sorgen. Die Norm soll nur an § 7 Abs. 1 Nr. 1 ErbStG und somit an die zivilrechtliche Einordnung der Sachverhalte anknüpfen und diese nicht neu regeln. Wie bereits gezeigt, ist die Kapitalgesellschaft jedoch nicht als Zuwendende oder Schenker anzusehen.[1052] Daher hätte es einer entsprechenden Fiktion bedurft, die ausdrücklich die Gesellschaft als schenkungsteuerlich Zuwendende festlegt. Eine Ausnahmevorschrift, deren Anwendungsbereich zudem nicht eindeutig ist, kann keine steuerbegründende Wirkung entfalten. Im Steuerrecht, als Eingriffsrecht, ist in besonderem Maße dem Grundsatz der Gesetzmäßigkeit Rechnung zu tragen. § 7 Abs. 8 S. 2 ErbStG hat daher keine Auswirkungen darauf, ob verdeckte Gewinnausschüttungen nach § 7 Abs. 1 Nr. 1 ErbStG schenkungsteuerpflichtig sind.[1053] Eine bloße Klarstellung genügt dem nicht. Nach hier vertretener Ansicht besteht kein gesetzliches Regelungsbedürfnis für verdeckte Gewinnausschüttungen,[1054] weshalb die Regelung jedenfalls insoweit ins Leere läuft.[1055]

a) Beispielsfall 1

Daher gilt für Beispielsfall 1: Entsprechend den Wertungen des Bereicherungs- und Gesellschaftsrechts liegt grundsätzlich keine Leistung der T1 an die T2 vor, sondern vielmehr auf Veranlassung der M eine Leistung der T1 an M.[1056] Die M erbringt wiederum eine eigene Leistung an die T2. Im Verhältnis zwischen der T1 und M liegt sodann eine nicht nach § 7 Abs. 1 Nr. 1 ErbStG steuerbare mittelbare verdeckte Gewinnausschüttung vor. Die mittelbare verdeckte Einlage der M in die T2 stellt ebenfalls keine freigebige Zuwendung an die T2 dar und ist zudem nicht nach § 7 Abs. 8 S. 1 ErbStG steuerbar, weil die zuwendende M keine „andere Person" i.S.d. Vorschrift ist, sondern dieselbe.[1057] Es besteht Beteiligungsidentität zwischen M und der T2.

Dieses Ergebnis lässt sich zudem mit einer wertenden Betrachtung des Konzerngebildes rechtfertigen. Denn ist die M Alleingesellschafterin von T1 und T2 und damit Konzernmutter, ist in schenkungsteuerlicher Hinsicht von einer Einheit des Konzerns auszugehen. Insofern stellen sich Vermögensverschiebungen aus Sicht der M als bloße Umschichtungen und somit gerade nicht als

---

1052 Vgl. aber BT-Drs. 17/7524, S. 27.

1053 Im Ergebnis ebenso: *Viskorf*, ZEV 2012, 442 (445); *Loose*, DB 2013, 1080 (1081).

1054 So auch *Crezelius*, in: Haag/Jehlin, Beihefter zu DStR 12 2012, 53 (60).

1055 *Stein*, JbFSt 2012/2013, 835 (839); *Viskorf/Haag/Kerstan*, NWB 2012, 927 (940). Vgl. auch *Schneider*, StbJb 2011/12, 487 (518); *Fischer*, ZEV 2012, 77 (84).

1056 Speziell zu Konzernsachverhalten: *Cahn*, Kapitalerhaltung im Konzern, S. 23; *Benz/Böing*, DStR 2010, 1157 (1161); *Fischer*, ZEV 2012, 77 (83).

1057 Vgl. *Fischer*, ZEV 2012, 77 (83); *Stein*, JbFSt 2012/2013, 835 (841); *Schulte/Petschulat*, IFSt-Schrift Nr. 484, S. 35.

Leistungsfähigkeitssteigerungen dar, die einer schenkungsteuerlichen Erfassung bedürften.[1058] Die Selbstständigkeit der juristischen Personen wird durch die Herrschaftsbefugnis des herrschenden Unternehmens insgesamt überlagert.[1059]

b) Beispielsfall 2

Für Beispielsfall 2 gilt: Grundsätzlich liegt keine Leistung der T1 an die T2 vor, sondern eine Leistung der T1 an V auf Veranlassung des V. Dieser erbringt sodann eine Leistung an die T2. Im Verhältnis zwischen der T1 und V liegt eine nicht nach § 7 Abs. 1 Nr. 1 ErbStG steuerbare mittelbare verdeckte Gewinnausschüttung vor. Die mittelbare verdeckte Einlage des V in die T2 stellt keine freigebige Zuwendung an die T2 dar. Auf diese Leistung ist jedoch § 7 Abs. 8 S. 1 ErbStG anwendbar, mit der Folge einer schenkungsteuerbaren Zuwendung zwischen V und S i.H.v. 60 % der Werterhöhung der Anteile des S an der T2.[1060] Dann ist V Schenker und nicht die T1.

2. Keine mittelbaren Leistungsbeziehungen

Lassen sich die vorgestellten Fälle somit durchweg als Leistungsbeziehungen im Dreiecksverhältnis einordnen, scheidet diese Beurteilung bei fehlender Veranlassung durch den Gesellschafter jedoch aus. Hat die Muttergesellschaft in Beispielsfall 1 eine vergünstige Abgabe eines Wirtschaftsgut der T1 an die T2 nicht veranlasst, kann es nur auf die Rechtsbeziehung oder den Rechtsgrund im Verhältnis der Gesellschaften zueinander ankommen. Nach Fischer besteht zivilrechtlich ein unentgeltlicher schuldrechtlicher Vertrag zwischen den Tochtergesellschaften, der § 7 Abs. 1 Nr. 1 ErbStG unterliegt, falls nicht betriebliche Gründe den Willen zur Unentgeltlichkeit ausschließen.[1061] § 7 Abs. 8 S. 2 ErbStG wirke jedoch in Höhe der Beteiligungsidentität (60 %) wie eine objektive Steuerbefreiung. In Höhe der Beteiligung des S (40 %) komme es dagegen zur schenkungsteuerpflicht der T2.

Es erscheint jedoch fragwürdig, ob tatsächlich eine freigebige Zuwendung nach § 7 Abs. 1 Nr. 1 ErbStG vorliegt. Zum einen können Rückforderungsansprüche entstehen, die eine schenkungsteuerliche Bereicherung der T2 ausschließen.[1062] Zum

---

1058 *Benz/Böing*, DStR 2010, 1157 (1162); *Stein*, JbFSt 2012/2013, 835 (840); *Jochum*, UVR 2004, 265 (269); *van Lishaut/Ebber/Schmitz*, Ubg 2012, 1 (6); a.A. *Hartmann*, GmbH-StB 2008, 203 (205); *Breier*, Ubg 2009, 417 (424); wohl auch *Tolksdorf*, DStR 2010, 423 (426).

1059 *Stein*, JbFSt 2012/2013, 835 (840) unter Hinweis auf *BFH*, Urteil v. 28.6.2007, II R 21/05, DStRE 2007, 1170 (1171).

1060 *Fischer*, ZEV 2012, 77 (83); *Stein*, JbFSt 2012/2013, 835 (841); *Schulte/Petschulat*, IFSt-Schrift Nr. 484, S. 35.

1061 *Fischer*, ZEV 2012, 77 (83).

1062 Sofern kein Verzicht auf diese Ansprüche vorliegt und sodann von einer mittelbaren Leistungsbeziehung auszugehen ist. Vgl. zum Ganzen im 5. Kapitel unter C.IV.2.b) auf den S. 221 ff. und im 6. Kapitel unter D. auf den S. 239 ff.

anderen wird der Geschäftsführer sich regelmäßig schadensersatzpflichtig machen, und dies einer Entreicherung der T1 entgegen stehen.

Darüber hinaus ist wohl auch nicht der subjektive Tatbestand erfüllt, der ebenfalls im Rahmen des möglicherweise einschlägigen § 7 Abs. 1 Nr. 1 i.V.m. Abs. 8 S. 2 ErbStG festzustellen wäre. In beiden Fällen stellt sich wiederum die Frage auf wessen Willen abzustellen ist. Dies kann letztlich nur der Wille der Gesellschafterin M sein (bzw. der Wille ihrer Aktionäre), die jedoch die Zuwendung nicht veranlasst oder bewusst geduldet hat.[1063] Indirekt bestätigt dies § 15 Abs. 4 ErbStG, der auf den Willen der hinter einer Kapitalgesellschaft stehenden natürlichen Personen abstellt.

D. Zusammenfassung der Ergebnisse des 7. Kapitels

Als Ergebnis lässt sich zunächst festhalten, dass auch in Konzernsachverhalten die Wertungen des Bereicherungs- und Gesellschaftsrechts zu beachten sind, weshalb grundsätzlich mittelbare Leistungsbeziehungen zwischen den Beteiligten vorliegen. Denn § 7 Abs. 8 ErbStG gebietet keine von den bisherigen Ergebnissen abweichende schenkungsteuerliche Beurteilung.[1064]

§ 7 Abs. 8 S. 1 ErbStG trifft hinsichtlich verdeckter Gewinnausschüttungen keine Aussage. Ausdrücklich wird nur der umgekehrte Fall der Leistung an die Kapitalgesellschaft erfasst. Zudem lässt sich der Gesetzesbegründung in Bezug auf § 7 Abs. 8 S. 1 ErbStG kein entsprechender Hinweis entnehmen.

Auch § 7 Abs. 8 S. 2 ErbStG hat keine Auswirkungen darauf, ob verdeckte Gewinnausschüttungen nach § 7 Abs. 1 Nr. 1 ErbStG schenkungsteuerpflichtig sind. Die Regelung läuft insoweit ins Leere. Denn sollte mit § 7 Abs. 8 S. 2 ErbStG der dahin gehende Wille des Gesetzgebers zum Ausdruck gebracht werden, dass verdeckte Gewinnausschüttungen grundsätzlich schenkungsteuerpflichtig sind, wäre dies eine Abweichung von den zivilrechtlichen Gegebenheiten, die einer ausdrücklichen und insbesondere klaren Fiktion bedurft hätte. Zudem scheidet die vom Wortlaut mögliche Interpretation des § 7 Abs. 8 Satz 2 ErbStG im Sinne eines eigenen schenkungsteuerlichen Tatbestands aus. Die Vorschrift soll nach der Gesetzesbegründung sowie Sinn und Zweck allein die Steuerbarkeit in Konzernsachverhalten einschränken. Somit kann auf die bisherigen Erkenntnisse zurückgegriffen werden. Sofern mittelbare Leistungen und daher mittelbare verdeckte Gewinnausschüttungen vorliegen, ist der Vorgang nicht zugleich schenkungsteuerpflichtig.

Dagegen scheiden mittelbare Zuwendungsbeziehungen bei fehlender Veranlassung aus. Eine sodann im unmittelbaren Zuwendungsverhältnis in Betracht kommende freigebige Zuwendung nach § 7 Abs. 1 Nr. 1 ErbStG zwischen den

---

1063 Vgl. nochmals im 6. Kapitel unter D. auf den S. 239 ff.

1064 *Griesel*, in: D/H/R, § 7 Rz. 185; *Loose*, DB 2013, 1080 (1083); *Riedel*, GmbH-StB 2013, 216 (219).

Tochtergesellschaften ist jedoch abzulehnen. Denn einerseits entstehen Rückforderungsansprüche, die eine schenkungsteuerliche Bereicherung des Empfängers ausschließen, andererseits wird der Geschäftsführer sich regelmäßig schadensersatzpflichtig machen, weshalb keine Entreicherung der zuwendenden Tochtergesellschaft vorliegt. Zudem fehlt der allein maßgebliche Wille der dahinterstehenden (Mutter-)Gesellschaft und damit der subjektive Tatbestand, weil die Zuwendung gerade nicht durch sie veranlasst oder bewusst geduldet wurde.

8. Kapitel: Ergebnisse der Arbeit

Im letzten Kapitel der Arbeit sollen die Ergebnisse der Arbeit nochmals zusammengefasst werden. Es bietet sich an, zunächst anhand kurzer Fallgestaltungen darzulegen, wann und in welchen Verhältnissen freigebige Zuwendungen und verdeckte Gewinnausschüttungen zusammenfallen können. Danach erfolgt eine Zusammenfassung der Ergebnisse in Thesen. Schließlich wird noch ein Ausblick auf die künftig zu erwartende Entwicklung gegeben.

A. Ergebnisse in Fällen

Die Ergebnisse sollen durch vier kurze Fallgestaltungen dargestellt werden. Die Begründung ergibt sich aus den nachfolgenden Thesen.

Fallgestaltung 1:
A ist Alleingesellschafter der A-GmbH. Er erhält eine Dienstleistungsvergütung in Höhe von 100.000 Euro. Üblich sind 50.000 Euro.

Auf Ebene der Gesellschaft ist die Zuwendung des Vermögensvorteils an den Gesellschafter als verdeckte Gewinnausschüttung nach § 8 Abs. 3 S. 2 KStG zu beurteilen. Auf Ebene des Gesellschafters liegt eine unmittelbare verdeckte Gewinnausschüttung nach § 20 Abs. 1 Nr. 1 S. 2 EStG vor. Eine freigebige Zuwendung scheidet dagegen aus.

Fallgestaltung 2:
A und B sind Gesellschafter der AB-GmbH (jeweils zu 50 % beteiligt). Beide erhalten Dienstleistungsvergütungen in Höhe von jeweils 100.000 Euro. Üblich sind 50.000 Euro.

Auf Ebene der Gesellschaft ist die Zuwendung der Vermögensvorteile an die Gesellschafter als verdeckte Gewinnausschüttung nach § 8 Abs. 3 S. 2 KStG zu beurteilen. Auf Ebene der Gesellschafter liegt jeweils eine unmittelbare verdeckte Gewinnausschüttung nach § 20 Abs. 1 Nr. 1 S. 2 EStG vor. Eine freigebige Zuwendung scheidet in allen Beziehungen zueinander aus.

Abwandlung 1:
Nur Gesellschafter A erhält eine Vergütung in Höhe von 100.000 Euro. Mitgesellschafter B war hiermit einverstanden.

Auf Ebene der Gesellschaft ist der Geschäftsvorfall als verdeckte Gewinnausschüttung nach § 8 Abs. 3 S. 2 KStG zu beurteilen. Auf Ebene des Gesellschafters liegt eine unmittelbare verdeckte Gewinnausschüttung nach § 20 Abs. 1 Nr. 1 S. 2 EStG vor. Eine freigebige Zuwendung scheidet dagegen – insbesondere auch zwischen den Gesellschaftern – aus.

Abwandlung 2:
Nur Gesellschafter A erhält eine Vergütung in Höhe von 100.000 Euro. Mitgesellschafter B hatte hiervon keine Kenntnis. Durch gemeinsamen Gesellschafterbeschluss verzichtet die GmbH jedoch auf Rückforderungsansprüche gegenüber A.

Auf Ebene der Gesellschaft ist der Geschäftsvorfall als verdeckte Gewinnausschüttung nach § 8 Abs. 3 S. 2 KStG zu beurteilen. Auf Ebene der Gesellschafter liegt eine unmittelbare verdeckte Gewinnausschüttung an B nach § 20 Abs. 1 Nr. 1 S. 2 EStG vor. Eine freigebige Zuwendung scheidet – insbesondere auch zwischen den Gesellschaftern – aus. Der Verzicht ist ohne weitere Anhaltspunkte nicht als Zuwendung des Mitgesellschafters B einzuordnen.

Fallgestaltung 3:
A ist Gesellschafter der A-GmbH. Sein Sohn S ist als freier Mitarbeiter bei der GmbH angestellt. Für seine Tätigkeit erhält S von der GmbH eine Dienstleistungsvergütung in Höhe von 100.000 Euro. Üblich sind 50.000 Euro.

Auf Ebene der Gesellschaft ist die Zuwendung des Vermögensvorteils an die nahestehende Person S als verdeckte Gewinnausschüttung nach § 8 Abs. 3 S. 2 KStG zu beurteilen. Auf Ebene des Gesellschafters A liegen Einkünfte aus Kapitalvermögen nach § 20 Abs. 1 Nr. 1 S. 2 EStG vor. Die nahestehenden Person S erzielt Einkünften gemäß § 18 EStG in Höhe von 50.000 Euro. Daneben fließen ihr in Höhe der verdeckten Gewinnausschüttung keine ertragsteuerlich zu erfassenden Einkünfte zu. Jedoch liegt eine freigebige Zuwendung des Gesellschafters A an seinen Sohn S i.H.v. 50.000 Euro vor.

Abwandlung:
A hatte keine Kenntnis von der Auszahlung. Sie wurde durch den Fremd-Geschäftsführer F vorgenommen. Gleichwohl verzichtet die Gesellschaft durch Beschluss auf Rückzahlungsansprüche.

Auf Ebene der Gesellschaft ist der Verzicht als verdeckte Gewinnausschüttung nach § 8 Abs. 3 S. 2 KStG zu beurteilen. Auf Ebene des Gesellschafters A liegen Einkünfte aus Kapitalvermögen nach § 20 Abs. 1 Nr. 1 S. 2 EStG vor. Die nahestehenden Person S erzielt Einkünften gemäß § 18 EStG in Höhe von 50.000 Euro. Daneben fließen ihr in Höhe der verdeckten Gewinnausschüttung keine ertragsteuerlich zu erfassenden Einkünfte zu. Eine vorherige Erfassung ist zu korrigieren, weil durch den Verzicht eine freigebige Zuwendung des Gesellschafters A an seinen Sohn S i.H.v. 50.000 Euro vorliegt.

Fallgestaltung 4:
A und sein Sohn S sind Gesellschafter der AS-GmbH (beide zu 50 % beteiligt). S erhält eine Dienstleistungsvergütung in Höhe von 100.000 Euro. Üblich sind 50.000 Euro. A war hiermit einverstanden.

Auf Ebene der Gesellschaft ist die Zuwendung des Vermögensvorteils an den Gesellschafter als verdeckte Gewinnausschüttung nach § 8 Abs. 3 S. 2 KStG zu beurteilen. Auf Ebene der Gesellschafter ist grundsätzlich nicht von einer mittelbaren Zuwendung an den Gesellschafter A durch unmittelbare Zuwendung an den Mitgesellschafter S auszugehen, auch wenn sich beide nahe stehen. Vielmehr ist grundsätzlich von einer Vorteilszuwendung durch die Gesellschaft aufgrund der eigenen Gesellschafterstellung des S auszugehen. Eine freigebige Zuwendung scheidet grundsätzlich – insbesondere auch zwischen den Gesellschaftern – aus.

Abwandlung:
A hatte keine Kenntnis von der Auszahlung. Sie wurde durch den Fremd-Geschäftsführer F vorgenommen. Gleichwohl verzichtet die Gesellschaft durch Beschluss auf Rückzahlungsansprüche.

Es ergeben sich keine Abweichungen zu *Fallgestaltung 4*. Der Geschäftsvorfall ist durch den Verzicht grundsätzlich nicht als freigebige Zuwendung des Gesellschafters A an seinen Mitgesellschafter und Sohn S einzuordnen.

B. Zusammenfassung in Thesen

Im folgenden Abschnitt des Kapitels sollen die wesentlichen Schritte, die zu den gerade dargestellten Ergebnissen führen, in Form von Thesen wiedergegeben werden.

I. Verdeckte Gewinnausschüttung als Gegenstand der Untersuchung

1. Die vorliegende Ausgangsfrage, ob Wertabgaben der Kapitalgesellschaft an die Gesellschafter zugleich den Tatbestand der freigebigen Zuwendung erfüllen können, beschränkt sich auf Gestaltungen, die ertragsteuerlich als verdeckte Gewinnausschüttungen einzuordnen sind. Diese stellen das notwenige Korrektiv zur fehlenden außerbetrieblichen Sphäre einer Kapitalgesellschaft dar. Sind Geschäftsvorfälle einer Kapitalgesellschaft daher nicht betrieblich veranlasst, liegt die Veranlassung im gesellschaftlichen Bereich. Eine weitere Sphäre ist daneben nicht denkbar.
2. Diese Sphärenabgrenzung folgt nicht ohne Weiteres aus der Argumentation der BFH.[1065] Weder aus dem Wortlaut des § 8 Abs. 2 KStG noch aus der Entstehungsgeschichte oder systematischen Stellung der Norm lassen sich überzeugende Argumente gegen eine außerbetriebliche Sphäre herleiten. Die entscheidende Wertung ergibt sich vielmehr aus der Eigenart juristischer Personen und ihrem satzungsmäßigen Zweck. Hinsichtlich der Verfolgung dieses Zwecks kann nur auf die dahinterstehenden Gesellschafter abgestellt werden, die letztlich für die Willensbildung der Kapitalgesellschaft verantwortlich sind. Ein eigenes

1065 Siehe im 2. Kapitel unter B.I.3. auf den S. 36 ff.

(außerbetriebliches) Interesse der Gesellschaft ist nicht denkbar, sondern rührt vielmehr aus der Sphäre der Anteilseigner.

3. Die zu untersuchenden Frage ist daher, ob und wenn ja, in welchen Konstellationen die verdeckte Gewinnausschüttung schenkungsteuerliche Folgen auslösen kann. Der Gesellschafter erhält von der Kapitalgesellschaft einen Wert, für den er im Gegenzug nicht unmittelbar eine gleichwertige Gegenleistung erbringen musste. Greift das Schenkungsteuerrecht vom Grundsatz her auf diejenigen Vorgänge zu, die nicht unter eine der sieben Einkunftsarten des § 2 Abs. 1 EStG zu fassen und daher „privat" veranlasst sind, so könnte jedenfalls eine grundsätzliche schenkungsteuerliche Zugriffsmöglichkeit in Bezug auf verdeckte Gewinnausschüttungen bestehen, weil diese als notwendiges Korrektiv die „private" Sphäre einer Kapitalgesellschaft ersetzen.

II. Die unmittelbare verdeckte Gewinnausschüttung an Gesellschafter

1. Kapitalgesellschaften sind als eigene Rechtspersönlichkeiten Erwerber oder Schenker und somit taugliche Steuersubjekte i.S.d. Erbschaft- und Schenkungsteuerrechts.[1066] Weder ist eine Einschränkung der Rechtsfähigkeit aufgrund einer fehlenden Verselbstständigung gegenüber den Gesellschaftern vorzunehmen noch bedarf es einer Einschränkung der Steuersubjektfähigkeit wegen ihres erwerbswirtschaftlichen Unternehmensgegenstands. Zum einen ist die Gesellschaft wie im Bürgerlichen Recht umfassend selbstständig, woran auch das Steuerrecht gebunden ist. Zum anderen käme jegliche Einschränkung einer Anwendung der – im deutschen Recht abzulehnenden – „ultra-vires-Lehre" gleich. Dies bestätigt auch die neu geschaffene Steuerklassenregelung gemäß § 15 Abs. 4 ErbStG, wonach der Gesetzgeber Kapitalgesellschaften als mögliche Beteiligte einer steuerbaren Zuwendung ansieht.
2. Der objektive Tatbestand einer freigebigen Zuwendung setzt voraus, dass eine Zuwendung den Gesamtvermögenswert des Bedachten bei wirtschaftlicher Betrachtung erhöht, wobei zur Bestimmung des Wertzuwachses auf die Bewertungsgrundsätze des Bürgerlichen Rechts zurückzugreifen ist.[1067] Aus dieser Anknüpfung des Schenkungsteuerrechts an die bürgerlich-rechtlichen Vorgaben folgt, dass verdeckte Gewinnausschüttungen nicht nach ertragsteuerlichen Wertungen, sondern anhand des Zivilrechts zu beurteilen sind. Insofern gilt:
   - Verdeckte Gewinnausschüttungen beruhen regelmäßig auf unausgeglichenen schuldrechtlichen Austauschverträgen, wie überhöhten Geschäftsführervergütungen oder vergünstigten Wertabgaben. Dabei ist der taugliche Zuwendungsgegenstand grundsätzlich schon in der Forderung zu sehen. Mit ihrer

1066 Siehe im 4. Kapitel unter C.I.1. auf den S. 77 ff.
1067 Siehe im 4. Kapitel unter C.I.2. auf den S. 91 ff.

Entstehung ist die Zuwendung ausgeführt, § 9 Abs. 1 Nr. 2 ErbStG. Der Wert der Bereicherung bemisst sich bei entgeltlichen Austauschverträgen nach der Differenz des gezahlten Preises zum gemeinen Wert des Zuwendungsgegenstands.[1068]

- Die eintretende Vermögensmehrung kann aufgrund der unterschiedlichen Bewertungsmethoden nur in Ausnahmefällen durch eine entsprechende Minderung des Geschäftsanteils kompensiert werden.[1069] Jedenfalls disquotale Zuwendungen führen jedoch zu einer Bereicherung des empfangenden Gesellschafters, weil ein vollumfänglicher Ausgleich durch eine Minderung des Geschäftsanteils nicht denkbar ist. Eine Vermögensminderung der Gesellschaft wirkt sich stets nur anteilig bei den Gesellschaftern aus.
- Handeln die Gesellschafter hinsichtlich einer Vorteilszuwendung zudem nicht einvernehmlich, können Ausgleichs-, Rückgewähr- und Schadensersatzansprüche gegen den begünstigten Gesellschafter entstehen, die einer objektiven Bereicherung entgegen stehen.[1070]

3. Entreicherung bedeutet, dass der Bereicherung des Bedachten eine Vermögensminderung des Schenkers gegenüberstehen muss. Verdeckte Gewinnausschüttungen führen grundsätzlich zu einer freiwilligen Vermögenshingabe und somit zu einer Vermögensminderung und Entreicherung der Gesellschaft. Entstehen zugleich Herausgabe-, Rückgewähr- oder Schadensersatzansprüche im Sinne eines korrespondierenden Vermögensvorteils, ist für eine Entreicherung der Gesellschaft jedoch kein Raum.[1071]
4. Die Zuwendung muss objektiv unentgeltlich erfolgen. Sie darf daher weder in einem rechtlichen Zusammenhang mit einer Gegenleistung (oder mit einem Gemeinschaftszweck) noch zur Erfüllung einer Verbindlichkeit erfolgen.[1072] Daher gilt:
   - Für verdeckte Gewinnausschüttungen in Form von Austauschverträgen wird oftmals ein wirtschaftlicher Grund für die Vermögensverschiebung existieren, sodass bei Bewertung der ausgetauschten Leistungen kein Wertunterschied besteht und eine gemischt freigebige Zuwendung ausscheidet.[1073] Wegen des tatsächlich fehlenden Wertunterschieds können auch bloß formale verdeckte Gewinnausschüttungen keine Schenkungsteuer auslösen.[1074]
   - Jedenfalls scheitert eine Besteuerung an der gesellschaftsrechtlichen Erfolgsteilhabe. Denn zum einen schließen sich Schenkungen und gesellschaftsrechtliche Zuwendungen gegenseitig aus, zum anderen ist die verdeckte

1068 Siehe im 4. Kapitel unter C.I.2.a) auf den S. 93 f. und dort vor allem C.I.2.a)bb) auf den S. 98 ff.
1069 Siehe im 4. Kapitel unter C.I.2.b) auf den S. 19 ff.
1070 Siehe im 4. Kapitel unter C.I.2.c) auf den S. 112 ff.
1071 Siehe im 4. Kapitel unter C.I.3. auf den S. 120 ff.
1072 Siehe im 4. Kapitel unter C.I.4. auf den S. 123 ff.
1073 Siehe im 4. Kapitel unter C.I.4.b) auf den S. 126 f.
1074 Siehe im 4. Kapitel unter C.I.4.c) auf den S. 127 f.

Gewinnausschüttung wegen der Erfolgsteilhabe steuersystematisch den entgeltlichen Leistungsfähigkeitssteigerungen zuzuordnen. Eine gleichzeitige schenkungsteuerpflichtige Erfassung als unentgeltliche Zuwendung wäre widersprüchlich.[1075]
- Das Merkmal der Freigebigkeit ist nicht von Beziehungen zu Dritten abhängig. Eine Störung des gesellschaftlichen Äquivalenzverhältnisses hat keinen Einfluss auf die Frage, ob eine objektiv unentgeltliche Zuwendung vorliegt.[1076]

5. Eine verdeckte Gewinnausschüttung durch Zuwendung der Kapitalgesellschaft unmittelbar an den Gesellschafter erfüllt daher im Verhältnis der Gesellschaft zum Gesellschafter nicht den objektiven Tatbestand einer freigebigen Zuwendung.

III. Die mittelbare verdeckte Gewinnausschüttung an nahestehende Personen

1. Mittelbaren verdeckten Gewinnausschüttungen liegt stets eine bereicherungsrechtliche Anweisungslage zugrunde. Durch die Anweisung kann dem mittelbar begünstigten Gesellschafter ein materieller Vorteil zugerechnet werden, den dieser sodann an die nahestehende Person weiterreicht. Diese mittelbaren Leistungsbeziehungen sind jedenfalls dann anzunehmen, wenn die Vorstellungen der Beteiligten übereinstimmen.[1077]
2. Die bereicherungsrechtlichen Wertungen liegen der ertragsteuerlichen Beurteilung zugrunde. Das Ertragsteuerrecht „verobjektiviert" jedoch dergestalt, dass bei entsprechenden Indizien (Nahestehen) von einer mittelbaren Leistungsbeziehung und daher einer mittelbaren verdeckten Gewinnausschüttung auszugehen ist. Der materielle Vorteil „fließt" zunächst in das Vermögen des Gesellschafters und unterliegt dort nach § 20 Abs. 1 Nr. 1 S. 2 EStG den Einkünften aus Kapitalvermögen. Auf Ebene der Gesellschaft ist der Geschäftsvorfall hierzu korrespondierend als verdeckte Gewinnausschüttung nach § 8 Abs. 3 S. 2 KStG zu behandeln und hat daher keine Gewinnauswirkung. Zwischen dem Gesellschafter und der nahestehenden Person handelt es sich um eine bloße Einkommensverwendung.[1078]
3. Aufgrund dieser Erkenntnisse scheidet eine freigebige Zuwendung der Gesellschaft stets aus. Die Kapitalgesellschaft kann nicht gleichzeitig die nahestehende Person und den Gesellschafter materiell bereichern. Im Falle einer Rückabwicklung käme es zu einer Verdoppelung des Rückforderungsbetrags. Auch steuersystematisch scheidet eine mehrfache Erfassung aus, weil andernfalls derselbe Leistungsfähigkeitszuwachs doppelt erfasst würde. Eine entgeltliche verdeckte

1075 Siehe im 4. Kapitel unter C.I.4.d)cc) auf den S. 130 ff.
1076 Siehe im 4. Kapitel unter C.I.4.d)dd) auf den S. 137 ff.
1077 Siehe im 5. Kapitel unter C.II.1. auf den S. 163 ff.
1078 Siehe im 5. Kapitel unter C.III.1. auf den S. 175 ff.

Gewinnausschüttung zugunsten des Gesellschafters kann nicht zugleich eine unentgeltliche Leistungsfähigkeitssteigerung der nahestehenden Person darstellen. Im Verhältnis der Gesellschaft zum Gesellschafter scheitert eine freigebige Zuwendung dagegen stets an der objektiven Unentgeltlichkeit.[1079]

4. Im Verhältnis des Gesellschafters zur nahestehenden Person ist regelmäßig eine freigebige Zuwendung „auf Kosten" des Anteilseigners gegeben:[1080]
   - Aufgrund der engen Anknüpfung des Schenkungsteuerrechts an die bürgerlich-rechtliche Schenkung ist grundsätzlich eine Minderung der Vermögenssubstanz des Schenkers erforderlich, weil dem Schenkungsrecht ein statischer, substanzorientierter Vermögensbegriff zugrunde liegt.[1081]
   - Der Erhalt des materiellen Vorteils und dessen Weitergabe durch den anweisenden Gesellschafter ist einer substanziellen Vermögensänderung gleichzustellen.[1082] Die bereicherungsrechtlichen Wertungen zeigen, dass die Zuwendung der Gesellschaft eine Leistung an den Gesellschafter darstellt und daher eine Gleichstellung mit einer offenen Ausschüttung rechtfertigt. Steht dem Gesellschafter gegen die Gesellschaft eine Forderung zu und zahlt diese nunmehr „für Rechnung" des Gesellschafters an die nahestehende Person, so erlischt die Forderung im Vermögen des Gesellschafters. Hierin ist schenkungs- sowie schenkungsteuerrechtlich eine Entreicherung zu sehen. Bei wertender Betrachtung sind diese Fälle der verdeckten Gewinnausschüttung gleichzustellen, denn beiden liegt eine Anweisungslage zugrunde. Daher ist schon schenkungsrechtlich bei mittelbaren verdeckten Gewinnausschüttungen eine substanzielle Entreicherung des mittelbar leistenden Gesellschafters gegeben.
   - Zudem geht der Anwendungsbereich der freigebigen Zuwendung in Ausnahmefällen über den der bürgerlich-rechtlichen Schenkung hinaus. Wirtschaftlich vergleichbare Sachverhalte sind steuerlich grundsätzlich gleich zu behandeln. In den Fällen des „abgekürzten Leistungswegs" ist eine wirtschaftliche Vergleichbarkeit gegeben, weshalb der objektive Tatbestand einer freigebigen Zuwendung jedenfalls nach § 7 Abs. 1 Nr. 1 ErbStG erfüllt ist.[1083]
   - Aus § 15 Abs. 4 ErbStG ergibt sich keine abweichende Wertung, weil die Vorschrift eine bloße Steuerklassenregelung enthält. Sie setzt den schenkungsteuerlichen Grundtatbestand voraus und kann nicht ihrerseits zur Begründung einer freigebigen Zuwendung herangezogen werden. Die Vorschrift hat für verdeckte Gewinnausschüttungen keinen Anwendungsbereich.[1084]

1079 Siehe im 5. Kapitel unter C.IV.1.a) auf den S. 196 ff.
1080 Siehe im 5. Kapitel unter C.IV.1.b) auf den S. 198 ff.
1081 Siehe im 5. Kapitel unter C.IV.1.b)aa) auf den S. 198 ff. und C.IV.1.b)bb)(1) auf den S. 211 ff.
1082 Siehe im 5. Kapitel unter C.IV.1.b)bb)(1)(b) auf den S. 213 f.
1083 Siehe im 5. Kapitel unter C.IV.1.b)bb)(2) auf den S. 215 f.
1084 Siehe im 5. Kapitel unter C.IV.1.b)bb)(3) auf den S. 217 ff.

5. In Mehr-Personen-Verhältnissen müssen nicht stets mittelbare Leistungsbeziehungen vorliegen. Bei gleichzeitiger Gesellschafterstellung des Dritten ist grundsätzlich nur eine unmittelbare Leistung der Gesellschaft an den nahestehenden Gesellschafter gewollt. Auch können die Vorstellungen der Beteiligten voneinander abweichen. Dann ist für die Zweck- und Zielrichtung einer Vorteilszuwendung auf den objektiven Empfängerhorizont abzustellen.[1085]
6. Auch die ertragsteuerliche Einordnung bestätigt die Anknüpfung an die zivilrechtlichen Erkenntnisse. Es gilt folgendes:
   - Bei gleichzeitiger Gesellschafterstellung liegt regelmäßig nur eine unmittelbare Leistung und daher unmittelbare verdeckte Gewinnausschüttung an den empfangenden Gesellschafter vor.[1086]
   - Eine Fallgruppe, in der die Vorstellungen der Parteien voneinander abweichen, sind die sog. „unbewussten" verdeckten Gewinnausschüttungen. Das Ertragsteuerrecht verobjektiviert jedoch und vermutet mittelbare Leistungsbeziehungen (sofern der Empfänger nicht seinerseits Gesellschafter ist). Den Beteiligten musste bei lebensnaher Betrachtung bewusst sein, dass die Zuwendung überhöht war. Deswegen ist die ertragsteuerliche Einordnung wiederum nur Konsequenz der vermuteten zivilrechtlichen mittelbaren Leistungsbeziehungen.[1087]
   - Eine weitere Fallgruppe, in der die Vorstellungen der Parteien voneinander abweichen, sind die Fälle der fehlenden Kenntnis des Gesellschafters von der Zuwendung. Eine mittelbare verdeckte Gewinnausschüttung scheidet dann aus. Denn hatte der Gesellschafter keine Kenntnis von der Zuwendung, ist eine gesellschaftliche Veranlassung auf Ebene der Gesellschaft sowie eine Zurechnung von Einkünften nach § 20 Abs. 1 Nr. 1 S. 2 EStG abzulehnen. Es liegt nur eine unmittelbare Leistungsbeziehung zwischen der Gesellschaft und dem Dritten vor. Dieser konnte und musste nicht annehmen, dass der ihm nahestehende Gesellschafter etwas zuwenden wollte. Es verbleibt für die Kapitalgesellschaft bei betrieblich veranlassten Ausgaben. Der Vermögenszuwachs des Dritten kann dagegen einkommensteuerrechtlich erfasst werden, sofern eine Veranlassung durch Einkünfte nach § 2 Abs. 1 EStG gegeben ist.[1088]
7. Eine freigebige Zuwendung ist alleine im Verhältnis der Gesellschaft zum begünstigten Dritten/Gesellschafter zu prüfen, weil nur dort geleistet wurde. Der objektive Tatbestand scheitert jedoch an der einkommensteuerlichen Erfassung des Leistungsfähigkeitszuwachses (§ 20 Abs. 1 Nr. 1 S. 2 EStG oder Erfassung über eine andere Einkunftsart) und der daher fehlenden objektiven Unentgeltlichkeit. Möglich ist zudem, dass Herausgabe, Rückgewähr- oder

---

1085 Siehe im 5. Kapitel unter C.II.1.a) auf den S. 164 ff. und C.II.1.b)bb)(4) auf den S. 171 ff.

1086 Siehe im 5. Kapitel unter C.III.1.a) auf den S. 176 f.

1087 Siehe im 5. Kapitel unter C.III.2.a) auf den S. 180 ff.

1088 Siehe im 5. Kapitel unter C.III.2.b) auf den S. 221 ff.

Schadensersatzansprüche entstehen, sodass schon eine objektive Bereicherung nach § 7 Abs. 1 Nr. 1 ErbStG abzulehnen ist.[1089]

8. Besonderheiten bestehen hinsichtlich der nachträglichen Zustimmung zu einer überhöhten Zuwendung bzw. eines Verzichts auf diese Herausgabe, Rückgewähr- oder Schadensersatzansprüche.[1090] Im Einzelnen gilt:
   - Ist in dem Verzicht eine eigene Leistung des nahestehenden Gesellschafters an den Zuwendungsempfänger zu sehen, sollte der gesamte Geschäftsvorfall als mittelbare Leistung und mittelbare verdeckte Gewinnausschüttung sowie in der Folge als objektiv freigebige Zuwendung des Gesellschafters an die nahestehende Person eingeordnet werden.
   - Ist die nahestehende Person ein unbeteiligter Dritter, liegt grundsätzlich eine gesellschaftliche Veranlassung und daher eine mittelbare Leistung vor.
   - Ist die nahestehende Person dagegen Gesellschafter, wird regelmäßig nur eine unmittelbare Leistung und daher unmittelbare verdeckte Gewinnausschüttung vorliegen. Der Verzicht des Mitgesellschafters ist als bloße Zustimmung zur abweichenden Gewinnverteilung zu werten. Eine mittelbare Leistung und daher eine objektiv freigebige Zuwendung scheiden aus.

IV. Subjektiver Tatbestand der freigebigen Zuwendung

1. Die freigebige Zuwendung setzt neben den objektiven Tatbestandsmerkmalen des § 7 Abs. 1 Nr. 1 ErbStG auch ein subjektives Element voraus. Dies ergibt sich aus dem Begriff der Freigebigkeit, aus der engen Anknüpfung an das Schenkungsrecht sowie aus steuersystematischen Erwägungen im Vergleich zur Einkommensteuer.[1091]
2. Inhaltlich umfasst die subjektive Seite jedenfalls den Willen zur Unentgeltlichkeit. Dem Zuwendenden muss bewusst sein, dass er zur Vermögenshingabe weder rechtlich verpflichtet ist noch eine mit seiner Leistung in einem synallagmatischen, konditionalen oder kausalen Zusammenhang stehende Gegenleistung erhält.[1092]
3. Der Wille zur Unentgeltlichkeit bedarf im geschäftlichen Bereich einer Ergänzung. Diese ist im „Willen zur schenkweisen Zuwendung“ zu sehen und liegt vor, wenn der Zuwendende dem Bedachten die Bereicherung „um der Bereicherung willen“ zuwendet und nicht zur Regelung arbeitsrechtlicher, familienrechtlicher oder gesellschaftsrechtlicher Beziehungen.[1093]
4. Zur Feststellung der subjektiven Seite kann auf Wissens- und Willensvermutungen zurückgegriffen werden. Der subjektive Tatbestand ist bei einem

---

1089 Siehe im 5. Kapitel unter C.IV.2. auf den S. 212 ff.

1090 Siehe im 5. Kapitel unter C.IV.2.a)bb) auf den S. 219 ff. und C.IV.2.b)bb) auf den S. 222 f.

1091 Siehe im 6. Kapitel unter B. auf S. 229.

1092 Siehe im 6. Kapitel unter C. auf den S. 229 ff.

1093 Siehe im 6. Kapitel unter C.IV.1. auf den S. 235 f.

auffallenden Missverhältnis von Leistung und Gegenleistung im Wege eines Anscheinsbeweises zu vermuten. Die Beweiserleichterung sollte im geschäftlichen Bereich jedoch erst bei Wertabweichungen von mehr als 50 % sowie dem Vorliegen weiterer Indizien anwendbar sein. Im Falle eines Näheverhältnisses ist der subjektive Tatbestand dagegen schon bei Wertabweichungen von 20 bis 25 % zu vermuten.[1094]

5. Der Wille der Kapitalgesellschaft wird nur durch ihre Gesellschafter gebildet. Im Falle einer privaten Motivation der Gesellschafter ist daher nicht von einer Zuwendung der Gesellschaft auszugehen, sondern von einer mittelbaren Zuwendung der oder des nicht begünstigten Gesellschafter(s).[1095]
6. Für unmittelbare verdeckte Gewinnausschüttungen an einen Anteilseigner, wobei *keine Näheverhältnisse* zwischen den Beteiligten bestehen, gilt:[1096]
   - Grundsätzlich ist bei unmittelbaren verdeckten Gewinnausschüttungen an einen Anteilseigner dessen Gesellschaftsverhältnis und kein privates Motiv auschlaggebend. Die Finanzverwaltung kann daher nicht auf einen Anscheinsbeweis zurückgreifen und trägt die Feststellungs- und Beweislast dafür, dass die Leistung durch einen Gesellschafter veranlasst war. Dies kann auch in einem privat veranlassten Verzicht der Gesellschaft auf Rückabwicklungsansprüche zum Ausdruck kommen.
   - Gelingt der Nachweis einer privaten Veranlassung, liegt bereicherungsrechtlich eine mittelbare Leistung und ertragsteuerlich eine mittelbare verdeckte Gewinnausschüttung vor. Die schenkungsteuerliche Feststellung, ob eine Vorteilsgewährung durch die Kapitalgesellschaft erfolgte oder private Motive für eine Zuwendung zwischen den Gesellschaftern sprechen, stimmt mit der Feststellung der ertragsteuerlichen Veranlassungsprüfung im Wesentlichen überein.
7. Bei mittelbaren verdeckten Gewinnausschüttungen an nahe Angehörige ist von einer mittelbaren Zuwendung des nahestehenden Gesellschafters auszugehen, wenn ein privates Motiv der oder des Gesellschafter(s) Anlass der Vermögensverschiebung war. Hierbei gilt:[1097]
   - Der subjektive Tatbestand ist schon bei Wertabweichungen von 20 bis 25 % zu vermuten. Das führt zu einem Gleichlauf mit der ertragsteuerlichen mittelbaren verdeckten Gewinnausschüttung, die dem veranlassenden Gesellschafter zuzurechnen ist.
   - Sollten Rückabwicklungs- und Erstattungsansprüche gegen den Dritten entstehen, ist möglicherweise erst in einem Verzicht der Wille zur schenkweisen Zuwendung zu sehen und daher von einer mittelbaren Zuwendung auszugehen.

1094 Siehe im 6. Kapitel unter C.IV.2. auf den S. 236 ff.
1095 Siehe im 6. Kapitel unter D.I. auf den S. 239 ff.
1096 Siehe im 6. Kapitel unter D.I. auf den S. 239 ff.
1097 Siehe im 6. Kapitel unter D.II. auf den S. 241 f.

- Der Anscheinsbeweis ist widerlegt, wenn der nahestehende Zuwendungsempfänger zugleich Gesellschafter ist, weil regelmäßig das eigene Gesellschaftsverhältnis Grund der Zuwendung ist. Gelingt der Nachweis des Willens für eine schenkweise Zuwendung, ist auch ertragsteuerlich von einer mittelbaren verdeckten Gewinnausschüttung durch den Mitgesellschafter auszugehen.

V. Konzernsachverhalte und § 7 Abs. 8 ErbStG[1098]

1. In Konzernsachverhalten ist grundsätzlich von mittelbaren Leistungsbeziehungen zwischen den Beteiligten auszugehen, weil auch hier die Wertungen des Bereicherungs- und Gesellschaftsrechts zu beachten sind. Sofern daher mittelbare verdeckte Gewinnausschüttungen vorliegen, ist der Vorgang nicht zugleich schenkungsteuerpflichtig.
2. Mittelbare Zuwendungsbeziehungen scheiden bei fehlender Veranlassung aus. Eine freigebige Zuwendung nach § 7 Abs. 1 Nr. 1 ErbStG im unmittelbaren Zuwendungsverhältnis zwischen Tochtergesellschaften ist jedoch abzulehnen. Denn einerseits entstehen Rückforderungsansprüche, die eine schenkungsteuerliche Bereicherung der empfangenden Tochtergesellschaft ausschließen. Andererseits wird der Geschäftsführer sich regelmäßig schadensersatzpflichtig machen, weshalb keine Entreicherung der zuwendenden Tochtergesellschaft vorliegt. Auch fehlt der maßgebliche Wille der dahinter stehenden (Mutter-)Gesellschaft und damit der subjektive Tatbestand, weil die Zuwendung nicht durch sie veranlasst wurde.
3. § 7 Abs. 8 ErbStG gebietet keine abweichende schenkungsteuerliche Beurteilung. Satz 1 dieser Vorschrift trifft hinsichtlich verdeckter Gewinnausschüttungen keine Aussage. Satz 2 läuft dagegen ins Leere. Denn sollte mit § 7 Abs. 8 S. 2 ErbStG der dahin gehende Wille des Gesetzgebers zum Ausdruck gebracht werden, dass grundsätzlich eine schenkungsteuerpflichtige Zuwendung im tatsächlichen Zuwendungsverhältnis vorliegt, so wäre dies eine Abweichung von den zivilrechtlichen Gegebenheiten, die einer Fiktion bedurft hätte. Auch scheidet die vom Wortlaut mögliche Interpretation des Satz 2 im Sinne eines eigenen Tatbestands aus. Die Vorschrift soll nach der Gesetzesbegründung sowie Sinn und Zweck allein die Steuerbarkeit in Konzernsachverhalten einschränken.

C. Ausblick

Mit Spannung ist zu erwarten, wie der II. Senat des BFH den Fall einer mittelbaren verdeckten Gewinnausschüttung entscheiden wird, wenn Empfänger der zu beurteilenden Zuwendung eine dem Gesellschafter nahestehende Person ist, die nicht an der Gesellschaft beteiligt ist.[1099]

1098 Siehe die Gesamtdarstellung im 7. Kapitel auf den S. 245 ff.

1099 Siehe hierzu das anhängige Verfahren *BFH*, II R 54/15. Vgl. zur Vorinstanz: *FG Münster*, Urteil v. 22.10.2015, 3 K 986/13 ERB, BeckRS 2016, 94039.

Die jüngere Entwicklung lässt vermuten, dass der BFH wohl auch eine freigebige Zuwendung im Verhältnis der Gesellschaft zur nahestehenden Person ablehnen wird, weil schon eine ertragsteuerliche Erfassung der Vermögensabgabe beim veranlassenden Gesellschafter erfolgt.[1100] Dann kämen (nach der höchstrichterlichen Rechtsprechung) in den Fällen verdeckter Gewinnausschüttungen keinerlei freigebige Zuwendungen mehr in Betracht. Daher ist zu befürchten, dass insbesondere Familien-Gesellschaften die GmbH zukünftig als Vehikel für Vermögensübertragungen zwischen den Gesellschaftern nutzen werden und der Gesetzgeber diese „Lücke" mittels einer (weiteren)[1101] Fiktion schließen wird. Dass solche Gesetzesvorhaben selten überzeugen, zeigten zuletzt die Neuregelungen der §§ 7 Abs. 8 und 15 Abs. 4 ErbStG.

Die vorliegende Untersuchung belegt dagegen, dass gesellschaftlich veranlasste Vermögensverschiebungen anhand des Grundtatbestands der freigebigen Zuwendung systematisch überzeugend zu lösen sind. Dennoch ist nicht zu erwarten, dass der II. Senat in Zukunft von der Auslegung der substanziellen Vermögensverschiebung abrücken wird. Vor diesem Hintergrund hätte eine Entscheidung für eine freigebige Zuwendung zwischen *Gesellschaft* und nahestehendem Dritten auch etwas Gutes für sich: Das Erbschaft- und Schenkungsteuergesetz bliebe vor weiteren gesetzgeberischen Eingriffen verschont.

1100 Vgl. nochmals *BFH*, Urteil v. 30.1.2013, II R 6/12; DStR 2013, 649 (650 ff.) sowie die Äußerungen der Mitglieder des II. Senats *Viskorf*, ZEV 2012, 442 (444) und *Loose*, DB 2013, 1080 (1082).

1101 Vgl. § 7 Abs. 8 S. 1 ErbStG.

Literaturverzeichnis

Albrecht, Gerd: Grundfragen zur Schenkungsteuer bei Leistungen zwischen Gesellschaften und Gesellschaftern. – In: StbJb 1997/98, S. 385 ff.

Albrecht, Gerd: Keine Schenkung bei verdeckter Gewinnausschüttung. – In: GWR 2014, S. 162.

Bamberger, Heinz Georg / *Roth*, Herbert: Beck'scher Online-Kommentar: BGB. München. Stand: 1.11.2015. Edition: 37 (zit.: *Bearbeiter*, in: BeckOK BGB, § Rz.).

Baumbach, Adolf / *Hueck*, Alfred: Gesetz betreffend die Gesellschaften mit beschränkter Haftung. Kurz-Kommentar. 20. Auflage. München. 2013 (zit.: *Bearbeiter*, in: Baumbach/Hueck, § Rz.).

Benz, Sebastian / *Böing*, Christian: Schenkungsteuer im Konzern? – In: DStR 2010, S. 1157 ff.

Berizzi, Walter / *Guldan*, Andreas: Verdeckte Gewinnausschüttung – neue Brisanz durch Schenkungsteuerpflicht. – In: BB 2011, S. 1052 ff.

Beuthien, Volker: Gibt es eine organschaftliche Stellvertretung? – In: NJW 1999, S. 1442 ff.

Binnewies, Burkhard: Keine Schenkung der Gesellschaft bei Ausschüttungen an Gesellschafter oder nahestehende Personen – Zugleich Anmerkung zum BFH-Urteil vom 30.1.2013 – II R 6/12 –. –In: GmbHR 2013, S. 449 ff.

Binnewies, Burkhard: Schenkungsteuerliche Behandlung von Zuwendungen zwischen Kapitalgesellschaft und Gesellschaftern. – In: GmbHR 2011, S. 1022 ff.

Binnewies, Burkhard: Zuwendungen zwischen Gesellschaft und Gesellschafter. – In: GmbH-StB 2012, S. 343 ff.

Birk, Dieter: Die Erbschaftsteuer als Mittelpunkt der Gesellschaftspolitik. – In: StuW 2005, S. 346 ff.

Birkholz, H.: Die Bedeutung der Rechtsform für die körperschaftsteuerliche Gewinnermittlung. – In: BB 1970, S. 612 ff.

Birnbaum, Mathias: Der Streit um die disquotale Einlage. – In: ZEV 2009, S. 125 ff.

Birnbaum, Mathias: Die verdeckte Gewinnausschüttung wird schenkungsteuerpflichtig. – In: DStR 2011, S. 252 ff.

Birnbaum, Mathias: Eine vGA ist keine Schenkung – Anmerkung zu BFH, 30.1.2013 – II R 6/12. – In: BB 2013, S. 1371 ff.

Birnbaum, Mathias: Leistungsfähigkeitsprinzip und ErbStG. Berlin. 2007 (zit.: *Birnbaum*, Leistungsfähigkeitsprinzip- und ErbStG, S.).

Blümich: Einkommensteuergesetz, Körperschaftsteuergesetz, Gewerbesteuergesetz. Kommentar. Herausgegeben von Bernd Heuermann und Peter Brandis. Loseblatt. 5 Bände. München. 130. Ergänzungslieferung (Oktober 2015) (zit.: *Bearbeiter*, in: Blümich, Gesetz (EStG/KStG/GewStG), § Rz.).

Bödecker, Carsten: Schenkungsteuerpflichtige Zuwendungen im Verhältnis von Gesellschaftern und GmbH – In: GmbHR 1997, S. 240 ff.

Boruttau, Ernst Paul: Grunderwerbsteuergesetz. Kommentar. 17. Auflage. München. 2011 (zit.: *Bearbeiter*, in: Boruttau, § Rz.).

Breier, Ulrich / *Sejdija*, Feriz: Ertragsteuerliche Zurechnung von verdeckten Gewinnausschüttungen. – In: GmbHR 2011, S. 290 ff.

Breier, Ulrich: Schenkungsteuer bei verdeckter Einlage und verdeckter Gewinnausschüttung. – In: Ugb 2009, S. 417 ff.

Briese, André: Rechtssystematische Aspekte der verdeckten Gewinnausschüttung. – In: FR 2009, S. 991 ff.

Buciek, Klaus: Kapitalgesellschaften in der Betriebsprüfung. – In: Stbg 2005, S. 60 ff.

Bunjes, Johann / *Geist*, Reinhold: Umsatzsteuergesetz. Kommentar. 13. Auflage. 2014 (zit.: *Bearbeiter*, in: Bunjes/Geist, § Rz.).

Buyer, Christoph: Verdeckte Gewinnausschüttung bei Verletzung der gesellschafter- und mitgliedschaftlichen Treuepflicht. Zugleich Besprechung des BFH-Urteils vom 30. 8. 1995 – I R 155/94. – In: GmbHR 1996, S. 98 ff.

Cahn, Andreas: Kapitalerhaltung im Konzern. Köln. Berlin. Bonn. München. 1998 (zit.: *Cahn*, Kapitalerhaltung im Konzern, S.).

Canaris, Claus-Wilhelm: Der Bereicherungsausgleich im Dreipersonenverhältnis, in: Festschrift für Karl Larenz zum 70. Geburtstag. Herausgegeben von Gotthard Paulus, Uwe Diederichsen, Claus-Wilhelm Canaris. München. 1973. S. 799 ff. (zit.: *Canaris*, in: FS Larenz, 1973, S.).

Christ, Jürgen: Auswirkungen von unentgeltlichen Leistungen bei Kapitalgesellschaften auf Gesellschafter, Mitgesellschafter sowie nahe stehende Personen. – In: ZEV 2011, S. 10 ff.

Crezelius, Georg: Aktuelle Steuerrechtsfragen in Krise und Insolvenz. – In: NZI 2013, S. 633 ff.

Crezelius, Georg: Anmerkung zu BFH, Urteil vom 17. 2. 2010 – II R 23/09. – In: ZEV 2010, S. (326 ff.) 328 f.

Crezelius, Georg: Die Entwicklung des Erbschaftsteuerrechts in den letzten 100 Jahren. – In: FR 2007, S. 613 ff.

Crezelius, Georg: Die Erbschaftsteuerentscheidung des BVerfG – erste steuersystematische Überlegungen. – In: ZEV 2015, S. 1 ff.

Crezelius, Georg: Disquotale Einlagen und verdeckte Gewinnausschüttung – Bemerkungen zu einem Gesetzesentwurf. – In: ZEV 2011, S. 393 ff.

Crezelius, Georg: Entwicklungslinien bei Vermögens- und Unternehmensnachfolge. IV. Disquotale Beteiligungen bei der Einkommen- und Erbschaftsteuer. – In: JbFSt 2005/2006, S. 605 ff.

Crezelius, Georg: Erbschaft- und Schenkungsteuer in zivilrechtlicher Sicht. Herne/ Berlin. 1979 (zit.: *Crezelius*, Erbschaft- und Schenkungsteuer in zivilrechtlicher Sicht, S.)

Crezelius, Georg: Erbschaftsteuerrecht und Erbschaftsteuerpolitik. – In: Die Steuerrechtsordnung in der Diskussion. Festschrift für Klaus Tipke zum 70. Geburtstag. Köln. 1995. S. 403 ff. (zit.: *Crezelius*, in: FS Tipke, S.).

Crezelius, Georg: Gewinnermittlung vs. Gewinnverwendung. – In: Festschrift 100 Jahre GmbH-Gesetz. Herausgegeben von Marcus Lutter, Peter Ulmer, Wolfgang Zöllner. Köln. 1992. S. 391 ff. (zit.: *Crezelius*, in: FS 100 Jahre GmbHG, S.).

Crezelius, Georg: Keine Schenkungsteuer bei überhöhten Mietzahlungen einer GmbH an ihren Geschäftsführer. – zugleich Anmerkung zu FG Münster, Urteil vom 22. 10. 2015 – 3 K 986/13. – In: ZEV 2016, S. (106 ff.) 107 f.

Crezelius, Georg: Mehrfachbelastungen mit Erbschaftsteuer und Ertragsteuern nach der Entscheidung des BVerfG vom 7.11.2006. – In: BB-Special, Nr. 10 zu Heft 46/2007, S. 1 ff.

Crezelius, Georg: Noch einmal: Disquotale Einlagen und verdeckte Gewinnausschüttungen. – In: Ubg 2012, S. 190 ff.

Crezelius, Georg: Schenkungsteuer bei Gesellschafterleistungen an eine Kapitalgesellschaft. – zugleich Anmerkung zu BFH, Urteil vom 17. 10. 2007 – II R 63/05. – In: ZEV 2008, S. 153 ff.

Crezelius, Georg: Schenkungsteuer bei unentgeltlicher Überlassung von Darlehen. – In: BB 1979, S. 1593 ff.

Crezelius, Georg: Schenkungsteuerrechtliche Beurteilung gemischter Schenkungen. – In: BB 1978, S. 1406 ff.

Crezelius, Georg: Steuerrecht II. Die einzelnen Steuerarten. München. 1994 (zit.: *Crezelius*, Steuerrecht II, S.).

Crezelius, Georg: Unternehmenserbrecht. Erbrecht – Gesellschaftsrecht – Steuerrecht. München. 1998 (zit.: *Crezelius*, Unternehmenserbrecht, S.).

Crezelius, Georg: Unverzinsliches Darlehen und Schenkungsteuerrecht. – In: BB 1978, S. 621 ff.

Crezelius, Georg: Verdeckte Gewinnausschüttung zwischen Zivilrecht, Ertragsteuerrecht und Schenkungsteuerrecht. – In: ZEV 2008, S. 268 ff.

Crezelius, Georg: Verhältnis der Erbschaftsteuer zur Einkommen- und Körperschaftsteuer. – In: Birk, DStJG 1999, S. 73 ff.

Crezelius, Georg: Zusammentreffen von Einkommensteuer und Erbschaftsteuer. – In: BB 1979, S. 1342 ff.

Daragan (*Wohlschlegel*), Hanspeter: Schenkungsteuerliche Behandlung der Vermögensübertragungen zwischen einer GmbH und ihren Gesellschaftern. – In: ZEV 1997, S. 233 ff.

Daragan (*Wohlschlegel*), Hanspeter: Werterhöhung, objektive Bereicherung und freigebige Zuwendung im Schenkungsteuerrecht. – In: DStR 1998, S. 1241 ff.

Daragan, Hanspeter / *Halaczinsky*, Raymond / *Riedel*, Christopher: Erbschaftsteuer und Bewertungsgesetz. Praxiskommentar. 2. Auflage. Bonn. 2012 (zit.: *Bearbeiter*, in: D/H/R, § Rz.).

Daragan, Hanspeter: Wer ist Schenker bei Zuwendungen von Kapitalgesellschaften an nahestehende Personen? – In: DStR 2011, S. 2079 ff.

Dernburg, Heinrich: Das bürgerliche Recht des deutschen Reichs und Preussen. Band 2. Abteilung 2. Die Schuldverhältnisse. Bearbeitet von Leo Raape. Halle a.d.S. Nachdruck der 4. Auflage 1915 (zit.: *Raape*, in: Dernburg, Bürgerliches Recht, §).

Döllerer, Georg: Verdeckte Gewinnausschüttung und verdeckte Einlagen bei Kapitalgesellschaften. 2. Auflage. Heidelberg. 1990 (zit.: *Döllerer*, VGA, S.).

Dorn, Katrin: Quo vadis Schenkungsteuerpflicht der vGA? – In: ZEV 2013, S. 488 ff.

Dötsch, Ewald / *Pung*, Alexandra / *Möhlenbrück*, Rolf: Die Körperschaftsteuer. Kommentar zum Körperschaftsteuergesetz, Umwandlungssteuergesetz und zu den einkommensteuerrechtlichen Vorschriften der Anteilseignerbesteuerung. Loseblatt. 7 Ordner. Stuttgart. 84. Ergänzungslieferung (August 2015) (zit.: *Bearbeiter*, in D/P/M, § Rz.).

Eidenmüller, Horst: Ausländische Kapitalgesellschaften im deutschen Recht. 1. Auflage. München. 2004 (zit.: *Bearbeiter*, in: Eidenmüller, Ausländische Kapitalgesellschaften im deutschen Recht, § Rz.).

Erle, Bernd / *Sauter*, Thomas: Heidelberger Kommentar zum Körperschaftsteuergesetz. Kommentar. 3. Auflage. 2010 (zit.: *Bearbeiter*, in: Erle/Sauter, § Rz.).

Erman, Walter: Bürgerliches Gesetzbuch. Handkommentar. Herausgegeben von Harm-Peter Westermann, Barbara Grunewald und Georg Maier-Reimer. Köln. 14. Auflage. 2014 (zit.: *Bearbeiter*, in Erman, § Rz.).

Ernst & Young: Körperschaftsteuergesetz. Kommentar. Herausgegeben von Ernst & Young GmbH Wirtschaftsprüfungsgesellschaft. Loseblatt. Bonn. 112. Ergänzungslieferung (Oktober 2015) (zit.: *Bearbeiter*, in: E&Y, § Rz.).

Escher, Jens: Steuerliche Liebhaberei und Subjektbezug der Einkünfterzielungsabsicht. Aachen. 2005 (zit.: *Escher*, S.).

Esser, Josef / *Weyers*, Hans-Leo: Schuldrecht. Band II. Besonderer Teil. 7. Auflage. Heidelberg. 1991 (zit.: *Esser/Weyers*, BT/2, §).

Fabricius, Fritz: Relativität der Rechtsfähigkeit. München und Berlin. 1963 (zit.: *Fabricius*, Relativität der Rechtsfähigkeit, S.).

Fehrenbacher, Oliver: Steuerrecht. 5. Auflage. Konstanz. 2015 (zit.: *Fehrenbacher*, Steuerrecht, S. Rz.).

Feine, Hans Erich: Die Gesellschaft mit beschränkter Haftung. Sonderdruck aus: Handbuch des gesamten Handelsrechts, herausgegeben von Victor Ehrenberg. Dritter Band, III. Abteilung. Leipzig. 1929 (zit.: *Feine*, GmbH, S.)

Felten, Christoph: Schenkungsteuerliche Auswirkungen von Leistungen zwischen Gesellschafter und Kapitalgesellschaften und umgekehrt. Neue Brisanz durch gleichlautenden Ländererlass vom 20. 10. 2010. – In: BB 2011, S. 1621 ff.

Fiedler, Stefan: Verdeckte Vermögensverlagerungen bei Kapitalgesellschaften. Köln. 1994 (zit.: *Fiedler*, Verdeckte Vermögensverlagerungen, S.)

Fischer, Michael / *Jüptner*, Roland / *Pahlke*, Armin / *Wachter*, Thomas: ErbStG Kommentar. Komplettes Praxiswissen zur Erbschaftsteuer und Schenkungsteuer mit Bewertungsrecht. Kommentar. 5. Auflage. Freiburg. 2014 (zit.: *Bearbeiter*, in: F/J/P/W, § Rz.).

Fischer, Michael: Die Neuregelung des § 7 Abs. 8 ErbStG durch das BeitRLUmsG. – In: ZEV 2012, S. 77 ff.

Fischer, Michael: Die Unentgeltlichkeit im Zivilrecht. Köln. 2002 (zit.: *Fischer*, Unentgeltlichkeit, S.)

Flume, Werner: Allgemeiner Teil des bürgerlichen Rechts. Erster Band, Zweiter Teil: Die juristische Person. Berlin. Heidelberg. New York. Tokyo. 1983 (zit.: *Flume*, Juristische Person, S.).

Friedrich, Werner: Die Abgrenzung des steuerbaren Einkommens bei Kapitalgesellschaften. – In: FR 1966, S. 297.

Friedrich, Werner: Zur Abgrenzung des steuerbaren Einkommens bei Kapitalgesellschaften. – In: FR 1966, S. 297 ff.

Friz, Fabian / *Grünwald*, Konrad: Disquotale Gesellschafts- und Gesellschafterleistungen im Schenkungsteuerrecht – quo vadis? – In: BB 2012, S. 911 ff.

Friz, Fabian: Das Verhältnis der Erbschaft- und Schenkungsteuer zur Einkommensteuer. Tübingen. 2012/2013 (zit.: *Friz*, Verhältnis der Erbschaft- und Schenkungsteuer zur Einkommensteuer, S.)

Frotscher, Gerrit / *Maas*, Ernst: Kommentar zum Körperschaftsteuer- und Umwandlungssteuergesetz. Praxiskommentar. Loseblatt. 3 Ordner. Freiburg. Stand: 28.7.2014 (zit.: *Bearbeiter*, in Frotscher/Maas, § Rz.).

Frotscher, Gerrit: Korrektur der verdeckten Gewinnausschüttung außerhalb der Steuerbilanz. – In: FR 2002, S. 859 ff.

Fuhrmann, Claas / *Demuth*, Ralf: Verdeckte Gewinnausschüttungen: Neue Rechtsentwicklungen und Beratungsstrategien. – In: KÖSDI 2009, S. 16613 ff.

Fuhrmann, Claas / *Potsch*, Nicolas: Disquotale Einlagen und verdeckte Gewinnausschüttungen im Schenkungsteuerrecht – In: NZG 2012, S. 681 ff.

Fuhrmann, Claas: Inkongruente Gewinnbeteiligung als steuerpflichtige Schenkung? – In: ErbStB 2003, S. 388 ff.

Gebel, Dieter: Bemerkungen zu Teil II der Erbschaftsteuer-Richtlinien. – In: BB 1999, S. 1629 ff.

Gebel, Dieter: Die Bedeutung einzelfallbezogener Klauseln in GmbH-Satzungen für die Erbschaftsteuer (Teil I). – In: DStR 1993, S. 282 ff.

Gebel, Dieter: Die Bedeutung einzelfallbezogener Klauseln in GmbH-Satzungen für die Erbschaftsteuer (Teil II). – In: DStR 1993, S. 325 ff.

Gebel, Dieter: Freigebige Zuwendungen durch Leistungen ins Vermögen einer Kapitalgesellschaft. – In: BB 1998, S. 510 ff.

Gebel, Dieter: Gesellschaftliche Leistungsbeziehungen und Schenkungsteuer. – In: DStR 1996, S. 685 ff.

Gebel, Dieter: Schenkung von Anteilen an der Betriebskapitalgesellschaft im Zuge einer Betriebsprüfung. – In: DStR 1992, S. 1341 ff.

Gehrlein, Markus: Einverständliche verdeckte Gewinnentnahmen der Gesellschafter als Untreue (§ 266 StGB) zu Lasten der GmbH. – In: NJW 2000, S. 1089 ff.

Gerten, Andreas: Angemessenheit und Steuern: verdeckte Einkommensverwendung bei Kapitalgesellschaften im internationalen Vergleich. Frankfurt. 2014 (zit.: *Gerten*, Angemessenheit und Steuern, S.).

Gosch, Dietmar: Anmerkung zum BFH-Urteil vom 14. 7. 1998, VIII R B 38–98. – In: DStR 1998, S. (1547 ff.) 1550 f.

Gosch, Dietmar: Anmerkung zum BFH-Urteil vom 7. 11. 2001, I R 14/01. – In: DStR 2002, S. (667 ff.) 671 f.

Gosch, Dietmar: Körperschaftsteuergesetz. Kommentar. 3. Auflage. München. 2015 (zit.: Bearbeiter, in: Gosch, § Rz.).

Gosch, Dietmar: Rechtsprechung zur Gewerbesteuer. – In: StuW 1992, S. 350 ff.

Gottschalk, Paul Richard: Leistungen in das Gesellschaftsvermögen einer GmbH als freigebige Zuwendung gemäß § 7 Abs. 1 Nr. 1 ErbStG. Berlin. 2001 (zit.: *Gottschalk*, Leistungen an GmbH, S.)

Gottschalk, Paul Richard: Schenkungsteuer durch Verschiebung von stillen Reserven zwischen Geschäftsanteilen an einer GmbH. Zum objektiven Tatbestand einer freigebigen Zuwendung nach dem Urteil des BFH vom 20. 12. 2000, II R 42/99. – In: DStR 2002, S. 377 ff.

Götz, Hellmut: Schenkungsteuer bei verdeckter Gewinnausschüttung an Angehörige – Anmerkung zu BFH, Urteil vom 7. 11. 2007, II R 28/06. – In: ZEV 2008. S. 154 ff.

Götz, Helmut: Schenkungsteuerliche Folgen der verdeckten Gewinnausschüttung. – In: INF 1995, S. 742 ff.

Götz, Helmut: Zuwendungen von Kapitalgesellschaften. – In: ZEV 2015, S. 624 ff.

Gräber, Fritz: Finanzgerichtsordnung. Kommentar. 7. Auflage. München. 2010 (zit.: *Bearbeiter*, in: Gräber, § Rz.).

Grashoff, Dietrich / *Kleinmanns*, Florian: Aktuelles Steuerrecht 2012. Alle wichtigen Steuerarten. Verfahrensrecht. Aktuelle Gesetzesänderungen 2012. 8. Auflage. München. 2012 (*Bearbeiter*, in: Grashoff/Kleinmanns, Kapitel Rz.).

Groh, Manfred: Personen- und Kapitalgesellschaften als Erben und Zuwendungsempfänger. – In: Gedächtnisschrift für Brigitte Knobbe-Keuk. Herausgegeben von Wolfgang Schön. Köln. 1997. S. 433 ff. (zit.: *Groh*, GS Knobbe-Keuk, S.).

Groh, Manfred: Schenkung durch disquotale Einlage? – In: DStR 1999, S. 1050 ff.

Großfeld, Bernhard: Recht der Unternehmensbewertung. 7. Auflage. Köln. 2012 (zit.: *Großfeld*, Recht der Unternehmensbewertung, Rz., S.).

Großfeld, Bernhard: Unternehmensbewertung als Rechtsproblem. – In: JZ 1981, S. 641 ff.

Grunewald, Barbara: Leistungen causa societatis als Sonderfall des Schenkungsrechts? – In: NZG 2011, S. 613 ff.

Gürsching, Lorenz / *Stenger*, Alfons: Bewertungsrecht – BewG/ErbStG. Kommentar. Loseblatt. Köln. 131. Ergänzungslieferung (November 2015) (zit.: *Bearbeiter*, in: Gürsching/Stenger, § Rz.).

Haag, Maximilian / *Jehlin*, Alexander: Bericht zum 7. Münchner Unternehmenssteuerforum: „Verdeckte Gewinnausschüttungen und verdeckte Einlagen zwischen Ertrag- und Schenkungsteuer". Aktuelle Prüfungsschwerpunkte/Neuregelung in § 7 Abs. 8 ErbStG. – In: Beihefter zu DStR 2012, 53.

Habersack, Mathias: Die Mitgliedschaft – subjektives und „sonstiges Recht". Tübingen. 1996 (zit.: *Habersack*, Mitgliedschaft, S.).

Hadding, Walther: Verfügungen über Mitgliedschaftsrechte. – In: Festschrift für Ernst Steindorff zum 70. Geburtstag. Herausgegeben von Jürgen F. Baur. Berlin. New York. 1990 S. 31 ff. (zit.: *Hadding*, in: FS Steindorff, S.).

Hager, Johannes: Der sachenrechtliche Verkehrsschutz als Muster der Lösung von Dreipersonenkonflikten. – In: 50 Jahre Bundesgerichtshof – Festgabe aus der Wissenschaft. Band I. Bürgerliches Recht. Herausgegeben von Claus-Wilhelm Canaris und Andreas Heldrich. München. 2000. S. 777 ff. (zit.: *Hager*, in: FG 50 Jahre BGH, S.).

Hager, Johannes: Die verdeckte Gewinnausschüttung in der GmbH – Ein Beitrag zu den gesellschaftsrechtlichen Sanktionen-. – In: ZGR 1989, S. 71 ff.

Halaczinsky, Raymond: Steuerbare Schenkungen von Kapitalgesellschaften. – In: ZErb 2013, S. 165 ff.

Hartmann, Winfried: Abfindung für Verzicht auf eine Option zum Erwerb einer GmbH-Beteiligung – Gleichzeitig ein weiterer Beitrag zur Beteiligung von Personen- und Kapitalgesellschaften an schenkungsrechtlich relevanten Vorgängen. – In: UVR 2001, S. 93 ff.

Hartmann, Winfried: Causa societatis – Leistungen der Gesellschaft an Gesellschafter. – In: ErbStB 2013, S. 41 ff.

Hartmann, Winfried: Kapitalgesellschaften und Schenkungsteuer: Die Karten wurden neu gemischt. – In: ErbStB 2012, S. 84 f.

Hartmann, Winfried: Kollision von Schenkungsteuer und Einkommensteuer. – In: ErbStB 2003, S. 248 f.

Hartmann, Winfried: Peanuts; ein Beitrag zur Schneider-Pleite aus schenkungsteuerlicher Sicht. – In: UVR 1996, S. 39 ff.

Hartmann, Winfried: Schenkungen einer Kapitalgesellschaft an Nichtgesellschafter. – In: ErbStB 2003, S. 331 ff.

Hartmann, Winfried: Schenkungen unter Beteiligung von Kapitalgesellschaften oder Genossenschaften. – In: ErbStB 2012, S. 209 f.

Hartmann, Winfried: Schenkungsteuer auf verdeckte Einlagen und verdeckte Gewinnausschüttungen. Die neue Rechtsprechung des II. BFH-Senats und ihre ertragsteuerliche Wirkung. – In: GmbH-StB 2008, S. 203 ff.

Hartmann, Winfried: Überhöhte Rabatte einer GmbH an Gesellschafter nahe stehende Personen und nachfolgende Ausgleichsleistungen – ein Anwendungsfall zu R 18 Abs. 4 und 8 ErbStR 2003. – In: UVR 2005, S. 232 ff.

Hartmann, Winfried: Verdeckte Gewinnausschüttung an nahestehende Person. – In: ErbStB 2012, S. 33 f.

Hartmann, Winfried: Vorrang der Schenkungsteuer bei Konkurrenz mit Einkommensteuer? – In: ErbStB 2012, S. 32 f.

Hartmann, Winfried: Zur unterschiedlichen Behandlung von Personengesellschaften und Kapitalgesellschaften im Schenkungsteuerrecht. – In: DB 1996, S. 2250 ff.

Haubner, Tobias: Verdeckte Gewinnausschüttung und Schenkungsteuer. – In: StC 3/2012, S. 15 ff.

Heck, Thomas Leon: Das Prinzip Egoismus. Tübingen. 1994 (zit.: *Heck*, Das Prinzip Egoismus.).

Heger, Karin: Körperschaft- und Gewerbesteuer und objektives Nettoprinzip. – In: Beihefter zu DStR 34 2009, S. 117 ff.

Heinsheimer, Rudolf: Über die Teilhaberschaft: Beiträge zum inneren Recht der Personalgesellschaften. Winter. 1930 (zit.: *Heinsheimer*, Über die Teilhaberschaft, S.).

Heinz, Carsten: Reform der Erbschaftsteuer durch Integration in die Einkommensteuer. – In: ZEV 2004, S. 221 ff.

Heinze, Meinhard: Rechtsnachfolge im Unterlassen. Ein Beitrag zur dogmatischen Struktur des Unterlassungsanspruchs § 1004 I 2 BGB und der Rechtsnachfolge. Tübingen. 1974 (zit.: *Heinze*, Rechtsnachfolge im Unterlassen, S.).

Hendel, Bernhard: Das Erbschaftsteuergesetz vom 10. September 1919. Berlin und Leipzig. 1920 (zit.: *Hendel*, ErbStG 1919, § lit.).

Henssler, Martin / *Strohn*, Lutz: Gesellschaftsrecht. Kommentar. 2. Auflage. 2014 (zit.: *Bearbeiter*, in: Henssler/Strohn, § Rz.).

Herrmann, Carl / *Heuer*, Gerhard / *Raupach*, Arndt: Einkommensteuer- und Körperschaftsteuergesetz. Herausgegeben u.a. von Johanna Hey und Michael Wendt. Loseblatt. Stand: 271. Lieferung (Oktober 2015) (zit.: *Bearbeiter*, in: H/H/R, § Rz.).

Hey, Johanna: BVerfG zur Erbschaftsteuer: Bewertungsgleichmaß und Gemeinwohlzwecke. – In: JZ 2007, S. 564 ff.

Hey, Johanna: Körperschaft- und Gewerbesteuer und objektives Nettoprinzip. – In: Beihefter zu DStR 34 2009, S. 109 ff.

Hommelhoff, Peter / *Lutter*, Marcus: GmbH-Gesetz. Kommentar. 18. Auflage. Köln. 2012 (zit.: *Bearbeiter*, in: Lutter/Hommelhoff, § Rz.).

Hübner, Heinrich: Altes und Neues zu disquotalen Gesellschafts- und Gesellschafterleistungen. – In: DStR 2007, S. 1747 ff.

Hübner, Heinrich: Disquotale Gewinnausschüttungen und Einlagen im Schenkungsteuerrecht – eine unendliche Geschichte. – In: DStR 2008, S. 1357 ff.

Hübner, Heinrich: Leistungen zwischen Kapitalgesellschaften und Gesellschaftern. – In: StbJb 1997/98, S. 397 ff.

Hübner, Heinrich: Verdeckte Zuwendungen im Umfeld von Kapitalgesellschaften – Anmerkung zu den gleichlautenden Ländererlassen vom 15. 3. 1997. – In: DStR 1997, S. 897 ff.

Hucke, Anja: Bleibt die disquotale Einlage in eine Kapitalgesellschaft schenkungsteuerfrei? – In: DB 2001, S. 1932 ff.

Hueck, Alfred: Das Recht der offenen Handelsgesellschaft. 4. Auflage. Berlin. New York. 1971 (zit.: *Hueck*, Das Recht der offenen Handelsgesellschaft, S.).

Hüttemann, Rainer: Abschied vom kommunalen Querverbund. Anm. zum BFH-Urteil vom 22. 8. 2007 – I R 32/06, DB 2007 S. 2517. – In: DB 2007, S. 2508 ff.

Hüttemann, Rainer: Liebhaberei bei Kapitalgesellschaften, in: Festschrift für Arndt Raupach zum 70. Geburtstag. Steuer- und Gesellschaftsrecht zwischen Unternehmerfreiheit und Gemeinwohl. Köln. 2006. S. 63 ff. (zit.: *Hüttemann*, in: FS Raupach, S.).

IDW Standard „Grundsätze zur Durchführung von Unternehmensbewertungen“ (IDW S 1). Herausgegeben vom Institut der Wirtschaftsprüfer in Deutschland e.V. – In: WPg.-Supplement 3/2008, S. 68 ff. (Beilage zur Zeitschrift WPg).

Janssen, Bernhard: Gemischte Schenkung bei vGA an nahestehende Person. – In: BB 2008. S. 928 ff.

Jauernig, Othmar: Bürgerliches Gesetzbuch mit Allgemeinem Gleichbehandlungsgesetz (Auszug). Kommentar. Herausgegeben von Rolf Stürner. 16. Auflage. 2015 (zit.: *Bearbeiter*, in: Jauernig, BGB, § Rz.).

Jochum, Georg: Ist die Schenkungsteuer eine Unternehmensteuer? – Schenkungsteuerrechtliche Behandlung unentgeltlicher Zuwendungen im Konzern –. – In: UVR 2004, S. 265 ff.

Juris Praxiskommentar BGB: Herausgegeben von Maximilian Herberger, Michael Martinek, Helmut Rüßmann und Stephan Weth. Band 2 – Schuldrecht. Kommentar. 7. Auflage. Saarbrücken. 2014 (zit.: Bearbeiter, in: jurisPK-BGB, § Rz.).

Kamps, Heinz-Willi: Schenkungsteuerpflicht verdeckter Gewinnausschüttungen. – In: AG 2004, S. 449 f.

Kamps, Heinz-Willi: Schenkungsteuerpflicht verdeckter Gewinnausschüttungen durch Leistungen der Kapitalgesellschaft an Gesellschafter und nahe Angehörige. – In: Stbg 2006, S. 107 ff.

Kapp, Reinhard / *Ebeling*, Jürgen: Erbschaftsteuer- und Schenkungsteuergesetz. Kommentar. Loseblatt. 68. Ergänzungslieferung (Dezember 2015) (zit.: *Bearbeiter*, in: Kapp/Ebeling, § Rz.).

Kapp, Reinhard: Gegenstand der unentgeltlichen Zuwendung im Erbschaftsteuerrecht –Anmerkung zu BFH-Urteil vom 5.2.1986. – In: DStR 1986, S. 680 f.

Keß, Thomas: Das Verhältnis der Erbschaft- und Schenkungsteuer zur Einkommensteuer: Die aktuelle Rechtsprechung des BFH und ihre möglichen Konsequenzen. – In: ZEV 2015, S. 254 ff.

Keß, Thomas: Eintritt des Besserungsfalls nach Verkauf eines „Besserungsscheins" zum Verkehrswert ohne schenkungsteuerrechtliche Bedeutung. Verhältnis von vGA und Schenkungsteuer. Anmerkung zu BFH, Urteil vom 19. 6. 2007, VIII R 54/05. – In: FR 2013, S. (557 ff.) 560 ff.

Kichhof, Paul / *Söhn*, Hartmut / *Mellinghoff*, Rudolf: Einkommensteuergesetz. Kommentar. Loseblatt. 263. Ergänzungslieferung (Januar 2016) (zit.: Bearbeiter, in: K/S/M, § Rz.).

Kirchhof, Paul: Die Planung der Rechtsnachfolge bei Personengesellschaften am Maßstab des Ertragsteuerrechts. – In: JbFSt 1979/1980, S. 254 ff.

Kister, Jan-Hendrik: Liebhaberei bei Kapitalgesellschaften. Aachen. 2005 (zit.: *Kister*, Liebhaberei, S.).

Klein-Blenkers, Friedrich: Zu den subjektiven Voraussetzungen des § 7 Abs. 1 Nr. 1 ErbStG. – Anmerkung zum BFH-Urteil vom 2. 3. 1994 II R 59/92 –. – In: ZEV 1994, S. 221 ff.

Klein-Blenkers, Friedrich: Zur schenkungsteuerrechtlichen Relevanz kapitalquotenverändernder Kapitalerhöhungen bei einer GmbH. – In: ZEV 1994, S. 347 ff.

Klein-Blenkers: Die Bedeutung subjektiver Merkmale im Erbschaftsteuer- und Schenkungsteuerrecht. Berlin. 1991 (zit.: *Klein-Blenkers*, Subjektive Merkmale, S.).

Klein, Friedrich: Steuerwesen und Rechtsordnung. – In: Finanzarchiv, Band N.F. 14., 1953/54, S. 1 ff. (zit.: *Klein*, FinArch. Bd. 42, S.).

Knobbe-Keuk, Brigitte: Bilanz- und Unternehmenssteuerrecht. Köln. 9. Auflage. 1993 (zit.: *Knobbe-Keuk*, Unternehmenssteuerrecht, S.).

Kohlhepp, Ralf: Verdeckte Gewinnausschüttung im Körperschaft- und Einkommensteuerrecht. Systematik, Ratio Legis und Verknüpfung der Besteuerungsebenen. Wiesbaden. 2006 (zit.: *Kohlhepp*, VGA, S.).

Kohlhepp, Ralf: Verdeckte Gewinnausschüttung. Erkennen, Gestalten, Vermeiden. Stuttgart. 2008 (zit.: *Kohlhepp*, VGA, 2008, S.).

Kohlhepp, Ralf: Zurechnung einer verdeckten Gewinnausschüttung. – In: DB 2007, S. 2446 ff.

Kohlmann, Günter / *Felix*, Günther: Zur Zulässigkeit der Förderung politischer Parteien durch Kapitalgesellschaften. – In: DB 1983, S. 1059 ff.

Kolbe, Stefan: „Schwarz"einnahmen und verdeckte Gewinnausschüttung. – In: StuB 2006, S. 961 ff.

Koppensteiner, Hans-Georg / *Kramer*, Ernst A.: Ungerechtfertigte Bereicherung. 2. Auflage. Berlin/New York. 1988 (zit.: *Koppensteiner/Kramer*, Ungerechtfertigte Bereicherung, §, S.)

Koretzkij, Leonid: Schenkungen unter Beteiligung von Kapitalgesellschaften. Überlegungen und Anwendungsbeispiele zu § 7 Abs. 8 und § 15 Abs. 4 ErbStG. – In: DStR 2012. S. 163 ff.

Koretzkij, Leonid: Schenkungen unter Beteiligung von Kapitalgesellschaften: Die Ländererlasse vom 20. 10. 2010 in Beispielen – Teil 1. – In: DStR 2011. S. 1454 ff.

Koretzkij, Leonid: Schenkungen unter Beteiligung von Kapitalgesellschaften: Die Ländererlasse vom 20. 10. 2010 in Beispielen – Teil 2. – In: DStR 2011. S. 1496 ff.

Köster, Thomas: Keine freigebige Zuwendung (und damit keine Schenkungsteuer) im Verhältnis einer Kapitalgesellschaft zu ihren Gesellschaftern – allenfalls vGA. – In: DStR 2013, 412 f.

Kowalski, André: Der Ersatz von Gesellschafts- und Gesellschafterschaden. Zum gesellschaftsrechtlichen Zweckbindungsgedanken im Schadensrecht. Köln. 1990 (zit.: *Kowalski*, Gesellschafts- und Gesellschafterschaden).

Kuntz, Thilo: Informationsweitergabe durch die Geschäftsleiter beim Buyout unter Managementbeteiligung: zugleich ein Beitrag zur Treubindung der Geschäftsleiter in Aktiengesellschaft und GmbH. Berlin. 2009 (zit.: *Kuntz*, Informationsweitergabe durch die Geschäftsleiter beim Buyout unter Managementbeteiligung, S.).

Kupisch, Berthold: Rechtspositivismus im Bereicherungsrecht. – In: JZ 1997, S. 213 ff.

Lang, Friedbert: Die Zurechnung von verdeckten Gewinnausschüttungen. – In: Ubg 2009, S. 468 ff.

Larenz, Karl / *Canaris*, Claus-Wilhem: Lehrbuch des Schuldrechts. Zweiter Band. 2. Halbband. 13. Auflage. München. 1994 (zit.: *Larenz/Canaris*, Lehrbuch des Schuldrechts, Bd. II/2, §).

Larenz, Karl / *Canaris*, Claus-Wilhem: Methodenlehre der Rechtswissenschaft. 3. Auflage. Berlin. Heidelberg. 1995 (zit.: *Larenz/Canaris*, Methodenlehre, S.).

Larenz, Karl: Methodenlehre der Rechtswissenschaft. 6. Auflage. Berlin. 1991 (zit.: *Larenz*, S.).

Lehmann, Matthias: Zinsswaps der öffentlichen Hand: Vertragswirksamkeit und Beratungspflichten. – In: BKR 2008, S. 488 ff.

Liebisch, Arnold Llewellyn: Das Wesen der unentgeltlichen Zuwendung unter Lebenden im bürgerlichen Recht und im Reichssteuerrecht. Leipzig. 1927 (zit.: *Liebisch*, Das Wesen der unentgeltlichen Zuwendung unter Lebenden, 1927, S.).

Lohaus, Jochen: Zur außerbetrieblichen Sphäre der Kapitalgesellschaft. – In: StuW 1989, S. 358 ff.

Loose, Mathias: Schenkung mittels verdeckter Gewinnausschüttung? – In: DB 2013, S. 1080 ff.

Lorenz, Stephan: Bereicherungsrechtliche Drittbeziehungen. – In: Jus 2003, S. 729 ff.

Lorenz, Werner: Die Frage des bereicherungsrechtlichen „Durchgriffs" in Fällen des Doppelmangels. – In: JZ 1968, S. 51 ff.

Lutter, Marcus: Theorie der Mitgliedschaft – Prolegomena zu einem Allgemeinen Teil des Korporationsrechts –. – In: AcP 1980, S. 84 ff.

Maier, Thomas: Unterliegen freiwillige Zuwendungen von Gesellschaftern an die Kapitalgesellschaft der Schenkungsteuer? – In: DVR 1987, S. 50 f.

Meier, Marianne E.: Zuwendung zwischen Kapitalgesellschaft und Kapitalgesellschafter aus schenkungsteuerlicher Sicht. Teil II. – In: DVR 1986, S. 146 ff.

Meilicke, Heinz: Zuwendungen an politische Parteien aus Mitteln wirtschaftlicher Unternehmen. – In: NJW 1959, S. 409 ff.

Meincke, Jens Peter: Bundesverfassungsgericht zum Verhältnis von Steuerrecht und Zivilrecht. Anmerkung zum Beschluss des BVerfG vom 27. 12. 1991. – In: StuW 1992, S. 186 ff.

Meincke, Jens Peter: Erbschaftsteuer- und Schenkungsteuergesetz. Kommentar. 16. Auflage. 2012 (zit.: *Meincke*, ErbStG, § Rz.).

Meincke, Jens Peter: Erbschaftsteuerrecht und Erbschaftsteuerpolitik, in: Die Steuerrechtsordnung in der Diskussion. Festschrift für Klaus Tipke zum 70. Geburtstag. Köln. 1995. S. 391 ff. (zit.: *Meincke*, in: FS Tipke, S.).

Meincke, Jens Peter: Perspektiven des Schenkungsrechts in den Institutionen Iustinians, – In: Forum historiae iuris. 2010. Einzusehen über die Internetseite: www.forhistiur.de.

Meincke, Jens Peter: Wandlungen in der Rechtsprechung des BFH zur gemischten Schenkung. – In: ZEV 1994, S. 17 ff.

Mellinghoff, Rudolf: Das Verhältnis der Erbschaftsteuer zur Einkommen- und Körperschaftsteuer. Zur Vermeidung steuerlicher Mehrfachbelastungen. – In: Birk, DStJG 1999, S. 127 ff.

Merk, Walther: Reichsgericht und Steuerrecht. – In: Otto Schreiber, Die Reichsgerichtspraxis im deutschen Rechtsleben, Festgabe der juristischen Fakultät zum 50jährigen Bestehen des Reichsgerichts. Band IV. 1929. S. 73 ff. (zit.: *Merk*, in: FG Reichsgericht, S.).

Meßbacher-Hönsch, Christine, Steuerliche Folgen des verbilligten Verkaufs eines Grundstücks einer GmbH an ausscheidenden Gesellschafter. – In: jurisPR-SteuerR 51/2014 Anm. 4.

Michalski, Lutz: Kommentar zum Gesetz betreffend die Gesellschaften mit beschränkter Haftung (GmbH-Gesetz). Band I und II. 2. Auflage. München. 2010 (zit.: *Bearbeiter*, in: Michalski, § Rz.).

Michalski, Lutz: Mißbrauch der Vertretungsmacht bei Überschreiten der Geschäftsführungsbefugnis. – In: GmbHR 1991, S. 349 ff.

Mirre, Ludwig / *Dreutter*, Hans: Das Körperschaftsteuergesetz vom 16. 10. 1934. München. 2. Auflage. Berlin. 1939 (zit.: *Mirre/Dreutter*, KStG, 1939, S.).

Moench, Dietmar / *Weinmann*, Norbert: ErbStG. Erbschaftsteuer und Schenkungsteuergesetz mit Bewertungsgesetz. Kommentar. Stand: 28.10.2015 (zit.: *Bearbeiter*, in: Moench/Weinmann, § Rz.).

Möller, Christian: Erbschaft- und Schenkungsteuer bei Zuwendungen zwischen Gesellschaft und Gesellschaftern. – In: ZErb 2003, S. 141 ff.

Möller, Christian: Keine Schenkung bei verdeckter Gewinnausschüttung. – In: GWR 2014, S. 162 ff.

Mommsen, Friedrich: Beiträge zum Obligationenrecht: Zur Lehre von dem Interesse. Band 2. Braunschweig. 1855 (zit.: *Mommsen*, Beiträge zum Obligationsrecht II: Zur Lehre vom dem Interesse, 1855).

Mößlang, Gerhard: Das subjektive Tatbestandsmerkmal bei der freigebigen Zuwendung. – In: NWB Fach 10, S. 479 ff.

Motive zu dem Entwurf eines bürgerlichen Gesetzbuches für das deutsche Reich. Band 2. Recht der Schuldverhältnisse. Berlin. 1888 (zit.: Motive, Bd. II, 1888, S.).

Mugdan, Benno: Die gesamten Materialien für das Bürgerliche Gesetzbuch für das Deutsche Reich. Band 2: Recht der Schuldverhältnisse. Stockstadt am Main (Nachdruck der Erstausgabe Berlin 1899). 2005 (zit.: *Mugdan*, Die gesamten Materialien des BGB II, 1899, S.)

Münchener Kommentar zum BGB: Herausgegeben von Franz Jürgen Säcker und Roland Rixecker. Band 1, 2, 3 und 6. 7. Auflage. 2013 (Band 6), 2015 (Band 1) 2016 (Band 2 und Band 3). (zit.: *Bearbeiter*, in: MüKo BGB, § Rz.).

Münchener Kommentar zum GmbHG: Herausgegeben von Holger Fleischer und Wulf Goette. Band 1 und 2. 2. Auflage. 2015 (Band 1) und 2016 (Band 2) (zit.: *Bearbeiter*, in: MüKo GmbHG, § Rz.).

Neumann, Ralf: VGA und verdeckte Einlage. Von A-Z. 2. Auflage. Köln. 2006 (zit.: *Neumann*, vGA und verdeckte Einlage, S.).

Nippert, Allit: Die außerbetriebliche Sphäre der Kapitalgesellschaft im Körperschaftsteuerrecht. Aachen. 2006 (zit.: *Nippert*, Außerbetriebliche Sphäre, S.).

Oppenländer, Steffen, Verdeckte Gewinnausschüttung. Köln. 2004 (zit.: *Oppenländer*, VGA, S.).

Palandt, Otto: Bürgerliches Gesetzbuch mit Nebengesetzen. Kommentar. 75. Auflage. München. 2016 (zit.: *Bearbeiter*, in: Palandt, § Rz.).

Paus, Bernhard: Pensionszahlung an „nahestehende Personen" als vGA – Anmerkungen zu dem BFH-Urteil vom 18.12.1996. – In: DStZ 1997, S. 739 ff.

Peschke, Thomas: Gesellschafts- und steuerrechtliche Zulässigkeit disquotaler Gewinnverteilungen bei der GmbH. Frankfurt am Main. 2006 (zit.: *Peschke*, Gesellschafts- und steuerrechtliche Zulässigkeit disquotaler GA, S.).

Petzold, Rolf: Erbschaftsteuer- und Schenkungsteuergesetz. Kommentar. 2. Auflage. Herne/Berlin. 1986 (zit.: *Petzold*, § Rz.).

Petzoldt, Rolf: Zur subjektiven Seite bei freigebigen Zuwendungen. – In: Herausforderungen – Steuerberatung im Spannungsfeld der Teilrechtsordnungen: Festgabe für Günther Felix zum 60. Geburtstag. Köln. 1989. S. 331 ff. (zit.: *Petzoldt*, in: FG Felix, S.).

Pezzer, Heinz-Jürgen: Die verdeckte Gewinnausschüttung im Körperschaftsteuerrecht. Köln. 1986 (zit.: *Pezzer*, Die vGA, S.).

Pezzer, Heinz-Jürgen: Körperschaftsteuerpflichtige Einkünfte jenseits der sieben Einkunftsarten? – In: StuW 1998, S. 76 ff.

Pezzer, Heinz-Jürgen: Verdeckte Gewinnausschüttung durch Geldentnahmen eines GmbH-Geschäftsführers, der Angehöriger eines Gesellschafters ist? Grundsätzlich keine Haftung des Gesellschafters einer GmbH wegen mangelnder Kontrolle des Geschäftsführers. Anmerkung zu BFH, Urteil vom 19. 6. 2007, VIII R 54/05. – In: FR 2007, S. (1157 ff.) 1160.

Piltz, Detlef J.: Die Unternehmensbewertung in der Rechtsprechung. Düsseldorf. 3. Auflage. 1994 (zit.: *Piltz*, Die Unternehmensbewertung in der Rechtsprechung, S.).

Pinger, Winfried: Was leistet der Leistungsbegriff im Bereicherungsrecht? – In: AcP 1979, S. 301 ff.

Preißer, Christian / *Rödl*, Christian / *Seltenreich*, Stephan: Erbschaft- und Schenkungsteuer. Kompakt-Kommentar. 2. Auflage. Stuttgart. 2013 (zit.: *Bearbeiter*, in: P/R/S, §, S.).

Prinz, Ulrich: Grundfragen und Anwendungsbereiche des Veranlassungsprinzips im Ertragsteuerrecht. – In: StuW 1996, S. 267 ff.

Protokolle der Kommission für die zweite Lesung des Entwurfs des Bürgerlichen Gesetzbuchs. Im Auftrag des Reichs-Justizamts bearbeitet von Achilles, Gebhard, Spahn. Band II: Recht der Schuldverhältnisse, Abschnitt II, Titel 2 bis 20, Abschnitt III, VI. Berlin. 1898 (zit.: Protokolle, Bd. II, 1898, S.).

Pruskowski, Wolfgang: Das Merkmal der Zuwendung im Tatbestand der Schenkung. Köln. 1987 (zit.: *Pruskowski*, Das Merkmal der Zuwendung im Tatbestand der Schenkung).

Prütting, Hans / *Wegen*, Gerhard / *Weinreich*, Gerd: BGB. Kommentar. 10. Auflage. Köln. 2015 (zit.: *Bearbeiter*, in P/W/W, § Rz.).

Raupach, Arndt: Darf das Steuerrecht andere Teile der Rechtsordnung stören. Zur Eigenständigkeit des Steuerrechts und deren Grenzen. – In: Die Steuerrechtsordnung in der Diskussion. Festschrift für Klaus Tipke zum 70. Geburtstag. Köln. 1995. S. 105 ff. (zit.: *Raupach*, in: FS Tipke, S.).

Reiß, Wolfram: Das Steuerrecht als Erkenntnisquelle des Gesellschaftsrecht und des Untreuestrafrechts am Beispiel der verdeckten Gewinnausschüttung? – In: StuW 1992, S. 233 ff.

Reiß, Wolfram: Verdeckte Gewinnausschüttung und Steuerbilanzgewinn. – In: StuW 2003, S. 21 ff.

Reuter, Dieter / *Martinek*, Michael: Handbuch des Schuldrechts. Band 4: Ungerechtfertigte Bereicherung. Tübingen. 1983 (zit.: *Reuter/Martinek*, Ungerechtfertigte Bereicherung, §, S.).

Riedel, Christoph: Geplante Änderung des Erbschaft- und Schenkungsteuerrechts: Ein Sanierungshindernis? – In: NZI 2011, S. 577 ff.

Riedel, Christopher: GmbH und Schenkungsteuer: § 7 Abs. 8 ErbStG Inhalt und Anwendung der Vorschrift. – In: ErbStB 2012. S. 302 ff.

Riedel, Christopher: Segen oder Fluch? – Das BFH-Urteil vom 7.11.2007, II R 28/06. – In: ZErb 2008, S. 227 ff.

Riedel, Christopher: VGA und Schenkungsteuer: eine Standortbestimmung (Teil 1). BFH contra Finanzverwaltung: Folgen für Zuwendungen an Gesellschafter. – In: GmbH-StB 2013, S. 216 ff.

Riedel, Christopher: VGA und Schenkungsteuer: eine Standortbestimmung (Teil 2). BFH contra Finanzverwaltung: Zuwendungen an dem Gesellschafter nahestehende Personen. – In: GmbH-StB 2013, S. 246 ff.

Rittner, Fritz: Unternehmerspenden an politische Parteien, in: Festschrift für Alexander Knur. Herausgegeben von Werner Flume und Richard Hamm. München. 1972. S. 205 ff. (zit.: *Rittner*, in: FS Knur, S.).

Röder, Erik: Verkehrswertnahe Bewertung von Betriebsvermögen: Vermeidung einer systemwidrigen Doppelbelastung mit Einkommensteuer und Erbschaftsteuer. – In: ZEV 2008, S. 169 ff.

Rose, Gerd: Zur steuerlichen Beurteilung einvernehmlicher inkongruenter Gewinnverteilungen in Personen- und Kapitalgesellschaften. – In: FR 2002, S. 1 ff.

Roser, Frank / *Schrepp*, Klaus: Die Schenkungsteuer als Unternehmenssteuer eigener Art. Zugleich schon erste Bemerkungen zu dem koordinierten Ländererlaß vom 15. 3. 1997. – In: GmbHR 1997, S. 393 ff.

Roth, Günther H. / *Altmeppen*, Holger: Gesetz betreffend die Gesellschaften mit beschränkter Haftung (GmbHG). Kommentar. 7. Auflage. München. 2012 (zit.: *Bearbeiter*, in: Roth/Altmeppen, GmbHG, § Rz.).

Rowedder, Heinz / *Schmidt-Leithoff*, Christian: Gesetz betreffend die Gesellschaften mit beschränkter Haftung (GmbHG). Kommentar. 5. Auflage. München. 2013 (zit.: *Bearbeiter*, in: Rowedder/Schmidt-Leithoff, § Rz.).

Rüd, Eberhard: Kapitalgesellschaft und Liebhaberei. – In: DStR 1994, S. 1874 ff.

Schall, Alexander: Abrüstung der Bereichungsdogmatik im Dreipersonenverhältnis. – In: JZ 2013, S. 753 ff.

Schanz, Georg: Studien zur Geschichte und Theorie der Erbschaftssteuer. – In: Finanzarchiv 1901, Band Jg. 18 Bd. 2, S. 53 ff. (zit.: *Schanz*, Finarch. Jg. 18 Bd. 2).

Schmidt, Karsten: Gesellschaftsrecht. 4. Auflage. Köln. 2002 (zit.: *Karsten Schmidt*, GesR, §, S.).

Schmidt, Karsten: Ultra vires doktrin: tot oder lebendig? – in: AcP 184 (1984), 529 ff.

Schmidt, Ludwig: Einkommensteuergesetz. Kommentar. Herausgegeben von Heinrich Weber-Grellet. 34. Auflage. München. 2015 (zit.: *Bearbeiter*, in: Schmidt, § Rz.).

Schnauder, Franz: Die Rechtsnatur der Anweisung. – In: JZ 2009, S. 1092 ff.

Schneider, Dieter: Zur Rechtfertigung von Erbschaft- und Vermögensteuer. – In: StuW 1979, S. 38 ff.

Schneider, Norbert: Schenkungsteuerrisiken bei Leistungen zwischen Kapitalgesellschaften und ihren Gesellschaftern. – In: StbJb 2011/12, S. 487 ff.

Schneider, Stefan: Verfassungsrechtliche Grundlagen und Grenzen des objektiven Nettoprinzips. – In: Beihefter zu DStR 34 2009, S. 87 ff.

Schneider, Uwe H.: Unentgeltliche Zuwendungen durch Unternehmen. – In: AG 1983, S. 205 ff.

Schnitger, Arne / *Fehrenbacher*, Oliver: Körperschaftsteuer. Kommentar. 1. Auflage. Berlin und Konstanz. 2012 (zit.: *Bearbeiter*, in: Schnitger/Fehrenbacher, § Rz.).

Scholz, Franz: Kommentar zum GmbH-Gesetz mit Anhang Konzernrecht. Band I, II und III. 11. Auflage. Köln. 2012 (Band I), 2014 (Band II), 2015 (Band III) (zit.: *Bearbeiter*, in Scholz, § Rz.).

Schön, Wolfgang: Die zivilrechtlichen Voraussetzungen steuerlicher Leistungsfähigkeit? – In: StuW 2005, S. 247 ff.

Schuck, Stephan: Veranlassung und Privatsphäre im Körperschaftsteuerrecht. – In: FR, 1992, S. 537 ff.

Schulte, Wilfried / *Petschulat*, Katharina: Disquotale Einlagen und verdeckte Gewinnausschüttungen im Schenkungsteuerrecht. 2013. ifst-Schrift 484 (zit.: *Schulte/Petschulat*, IFSt-Schrift 484, S.).

Schulte, Wilfried / *Sedemund*, Jan: Geplante Änderungen des Erbschaftsteuergesetzes im Zuge des Beitreibungsrichtlinie-Umsetzungsgesetzes (BeitrRLUmsG). – In: BB 2011, S. 2080 ff.

Schulte, Wilfried: Ist die Erbschaftsteuer reformierbar? Die Problematik der Besteuerung der Unternehmensnachfolge. – In: FR 2007, S. 309 ff.

Schulze-Osterloh, Joachim: Der Bereicherungswille bei der freigebigen Zuwendung im Schenkungsteuerrecht. Ein Beitrag zur Bestimmung subjektiver Besteuerungsmerkmale und zur Auslegung der Vorschriften § 7 Abs. 1 Nr. 4, Abs. 5 bis 7 ErbStG 1974. – In: StuW 1977, S. 122 ff.

Schulze-Osterloh, Joachim: Die verdeckte Gewinnausschüttung bei der GmbH als kompetenzrechtliches Problem. – In: Festschrift für Walter Stimpel zum 68. Geburtstag am 29. November 1985. Herausgegeben von Marcus Lutter, Hans Joachim Mertens, Peter Ulmer. Berlin. 1985. S. 487 ff. (zit.: *Schulze-Osterloh*, in: FS Stimpel, S.).

Schwedhelm, Rolf / *Binnewies*, Burkhard: Anmerkung zum BFH-Urteil vom 25. 5. 2005, VIII R 4/01. – In: GmbHR 2005, S. 65 f.

Schwedhelm, Rolf / *Binnewies*, Burkhard: Nochmals: Rückgängigmachung verdeckter Gewinnausschüttungen. Zur Replik von Prof. Dr. Franz Wassermeyer zu unserem GmbHR-Kommentar zu BFH vom 25. 5. 2004 – VIII R 4/01. – In: GmbHR 2005, S. 151.

Seeger, Siegbert F.: Betriebssphäre, Betriebsausgabe und verdeckte Gewinnausschüttung. – In: Körperschaftsteuer, internationales Steuerrecht, Doppelbesteuerung: Festschrift für Franz Wassermeyer zum 65. Geburtstag. Herausgegeben von Rudolf Gocke, Dietmar Gosch und Michael Lang. München. 2005. S. 81 ff. (zit.: *Stolterfoth*, in: FS Kruse, S.).

Seer, Roman: Die neue Erbschaft- und Schenkungsteuer auf dem verfassungsrechtlichen Prüfstand. – In: StuW 1997, S. 283 ff.

Seer, Roman: Erbschaft- und Schenkungsteuergesetz nun erneut auf dem Prüfstand des BVerfG! Anmerkung zum Vorlagebeschluss des II. Senats des BFH vom 22. 5. 2002 – II R 61/99. – In: GmbHR 2002, S. 873 ff.

Siegel, Theodor: Die aufgedeckte verdeckte Gewinnausschüttung als Darlehensgewährung – Zur Beseitigung einer fundamentalen Fehlanwendung des KSt-Rechts und zur Abhilfe beim Divergenzeffekt – . – In: DB 2009, S. 2116 ff.

Siegel, Theodor: Verwandlung von Gewinn in Aufwand. Anmerkung zur Divergenz zwischen Fiedler und Hartung. – In: BB 1995, S. 2207 ff.

Soergel, Hans Theodor: Bürgerliches Gesetzbuch mit Einführungsgesetz und Nebengesetzen: Kommentar, begündet von Hs. Th. Soergel, neu herausgegeben von W. Siebert. 10 Bände. 13. Auflage. 2000 (Band 1), 2014 (Band 7). (zit.: *Bearbeiter*, in: Soergel, § Rz.).

Solomon, Dennis: Der Bereicherungsausgleich in Anweisungsfällen. Tübingen. 2004. (zit.: *Solomon*, Bereicherungsausgleich, S.).

Stein, Jürgen: Entwicklungslinien bei Vermögens- und Unternehmensnachfolge. III. Querverbindungen zwischen EStG und ErbStG. 2. Disquotale Einlagen und verdeckte Gewinnausschüttungen. b) Verdeckte Gewinnausschüttungen. – In: JbFSt 2011/12, S. 729 ff.

Steinhauff, Dieter: Unterschlagung eines GmbH-Geschäftsführers als verdeckte Gewinnausschüttung. Anmerkung zum BFH-Urteil vom 19. 6. 2007 – VIII R 54/05. – In: NWB 2008, Fach 4, S. 5233 ff.

Stimpel, Walter: Zum Auszahlungsverbot des § 30 Abs. 1 GmbHG. Die Befreiung vom handelsbilanziellen Denken und die Unzulässigkeit von Vermögenszuwendungen an Gesellschafter gegen hinausgeschobene schuldrechtliche Ausgleichsverpflichtungen. – In: Festschrift 100 Jahre GmbH-Gesetz. Herausgegeben von Marcus Lutter, Peter Ulmer, Wolfgang Zöllner. Köln. 1992. S. 391 ff. (zit.: *Stimpel*, in: FS 100 Jahre GmbHG, S.).

Stolterfoth, Joachim N.: Die „Privatsphäre der Körperschaftsteuersubjekte – unternehmensbezogene oder unternehmensträgerbezogene Sicht? – In: Festschrift für Heinrich Wilhelm Kruse zum 70. Geburtstag. Herausgegeben von Walter Drenseck und Roman Seer. Köln. 2001. S. 485 ff. (zit.: *Stolterfoth*, in: FS Kruse, S.).

Streck, Michael: Körperschaftsteuergesetz. Kommentar. 8. Auflage. München. 2014 (zit.: *Bearbeiter*, in: Streck, § Rz.).

Strnad, Oliver: Die verdeckte Einlage als zivilrechtliche Schenkung. – In: NZG 2004, S. 28 ff.

Thiel, Jochen / *Eversberg*, Horst: Die Privatsphäre der Kapitalgesellschaft – das Atlantis des Körperschaftsteuerrechts – Zugleich Besprechung des BFH-Urteils vom 24. 3. 1993 – I R 131/90 –. – In: DStR 1993, S. 1881 bis 1887.

Tiedtke, Klaus: ErbStG. Erbschafsteuer- und Schenkungsteuergesetz. Kommentar. 1. Auflage. Berlin. 2009 (zit.: *Bearbeiter*, in: Tiedtke ErbStG, § Rz.).

Timm, Herbert: Entwicklungslinien in Theorie und Praxis der Erbschaftsbesteuerung während der letzten hundert Jahre. – In: Finanzarchiv. Band 42. 1984. S. 553 ff (zit.: *Timm*, FinArch. Bd. 42, S.)

Tipke, Klaus / *Lang*, Jochim: Steuerrecht. Begündet von Klaus Tipke, fortgeführt von Joachim Lang. 22. Auflage. Köln. 2015 (zit.: *Bearbeiter*, in: Tipke/Lang, Steuerrecht, § Rz.).

Tipke, Klaus: Die Steuerrechtsordnung. Band II: Steuerrechtfertigungstheorie, Anwendung auf alle Steuerarten, sachgerechtes Steuersystem. 2. Auflage. Köln. 2003 (zit.: *Tipke*, StRO (II), S.).

Tipke, Klaus: Die Steuerrechtsordnung. Band III: Steuerrechtswissenschaft, Steuergesetzgebung, Steuervollzug, Steuerrechtsschutz, Steuerreformbestrebungen. 2. Auflage. Köln. 2012 (zit.: *Tipke*, StRO (III), S.).

Tipke, Klaus: Wissenschaftsorganisatorische, systematische und grundrechtlich-rechtsstaatliche Grundlage. 2. Auflage. Köln. 2000 (zit.: *Tipke*, StRO (I), S.).

Tolksdorf, Herbert: Schenkungsteuer bei disquotalen Einlagen und Gewinnausschüttungen. – In: DStR 2010, S. 423 ff.

Tries, Hermann-Josef: Verdeckte Gewinnausschüttung im GmbH-Recht. Köln. 1991 (zit.: *Tries*, VGA, S.)

Troll, Max / *Gebel*, Dieter / *Jülicher*, Marc: Erbschaftsteuer und Schenkungsteuergesetz. Kommentar. Loseblatt. München. 48. Ergänzungslieferung (Oktober 2014) (zit.: *Bearbeiter*, in: T/G/J, § Rz.).

Troll, Max: Ermittlung des Unternehmenswerts zur Feststellung einer steuerpflichtigen Schenkung. – In: DStR 1984, S. 11 ff.

Ulmer, Peter / *Habersack*, Mathias / *Löbbe*, Marc: Gesetz betreffend die Gesellschaften mit beschränkter Haftung (GmbHG). Großkommentar. Band I und II. Tübingen. 2. Auflage. 2013 (Band I) und 2014 (Band II) (zit.: *Bearbeiter*, in U/H/L, § Rz.).

v. Caemmerer, Ernst: Bereicherungsansprüche und Drittbeziehungen. – In: JZ 1962, S. 385 ff.

van Lishaut, Ingo / *Ebber*, Bodo / *Schmitz*, Stefan: Die schenkung- und ertragsteuerliche Behandlung disquotaler Einlagen und disquotaler Gewinnausschüttungen. – In: Ubg 2012, S. 1 ff.

van Lishaut, Ingo: Schenkungsteuer auf verdeckte Gewinnausschüttungen. – In: FR 2013, S. 891 ff.

van Lishaut, Ingo: Zuwendungen von oder über Kapitalgesellschaften – Erwiderung auf Götz ZEV 2015, 624. – In: ZEV 2016, S. 19 f.

Vangerow, Friedrich: Erläuterungen zur Rechtsprechung zur Einkommen- und Körperschaftsteuer. – In: StuW, Sp. 605 ff.

Viskorf, Herman-Ulrich: Aktuelle Rechtsentwicklungen im Schenkungsteuerrecht bei Zuwendungen im betrieblichen Bereich. – In: Stbg 1998, S. 337 ff.

Viskorf, Hermann-Ulrich / *Hübner*, Heinrich / *Knobel*, Wolfgang / *Schuck*, Stephan: Erbschaftsteuer- und Schenkungsteuergesetz, Bewertungsgesetz (Auszug). Kommentar. 3. Auflage. Herne. 2009 (zit.: *Bearbeiter*, in: V/H/K/S, § Rz.).

Viskorf, Hermann-Ulrich / *Knobel*, Wolfgang / *Schuck*, Stephan / *Wälzholz*, Eckhard: Erbschaftsteuer- und Schenkungsteuergesetz. Kommentar. 4. Auflage. Herne. 2012 (zit.: *Bearbeiter*, in: V/K/S/W, § Rz.).

Viskorf, Hermann-Ulrich: Anmerkung zu BFH, Urteil vom 15. 3. 2007 – II R 5/04. – In: ZEV 2007, S. (285 ff.) 291 ff.

Viskorf, Hermann-Ulrich: Kann die Werterhöhung eines im Vermögen vorhandenen Gegenstandes schenkungsteuerrechtlich zur objektiven Bereicherung führen? – In: DStR 1998, S. 150 ff.

Viskorf, Hermann-Ulrich: Schenkungsteuer bei Leistungen zwischen einer Kapitalgesellschaft und ihren Gesellschaftern oder Dritten – In: ZEV 2012, S. 442 ff.

Viskorf, Stephan / *Haag*, Maximilian / *Kerstan*, Thomas: Verdeckte Einlagen und verdeckte Gewinnausschüttungen im Schenkungsteuerrecht. – In: NWB 2012, S. 927 ff.

Viskorf, Stephan / *Haag*, Maximilian: Schenkungsteuer bei Leistungen an Kapitalgesellschaften. Zum gleichlautenden Erlass der obersten Finanzbehörden der Länder vom 14. 3. 2012 unter besonderer Berücksichtigung von Sanierungsfällen. – In: DStR 2012, S. 1166 ff.

Viskorf, Stephan: Keine freigebige Zuwendung der Kapitalgesellschaft im Rahmen einer verdeckten Gewinnausschüttung. Anmerkung zum koordinierten Ländererlass vom 20. 10. 2010. – In: DStR 2011, S. 607 ff.

von Jhering, Rudolf: Der Zweck im Recht. Erster Band. 2. umgearbeitete Auflage. Leipzig. 1884 (zit.: *v. Jhering*, Zweck im Recht, 1884, Bd. 1, S.).

von Staudinger, Julius: Kommentar zum Bürgerlichen Gesetzbuch. Zweites Buch: Recht der Schuldverhältnisse, §§ 812 bis 822 (Ungerechtfertigte Bereicherung). Neubearbeitung von Stephan Lorenz. Berlin. 2007 (zit.: *Lorenz*, in: Staudinger, BGB, § Rz.).

von Staudinger, Julius: Kommentar zum Bürgerlichen Gesetzbuch. Zweites Buch: Recht der Schuldverhältnisse, §§ 516 bis 534 (Schenkungsrecht). Neubearbeitung von Tiziana J. Chiusi. Berlin. 2013 (zit.: *Chiusi*, in: Staudinger, BGB, § Rz.).

Wälzholz, Eckhard: Schenkungsteuerliche Behandlung von Vermögenstransfers zwischen der GmbH und ihren Gesellschaftern. – In: ZEV 2008, S. 273 ff.

Wälzholz, Eckhard: Schenkungsteuerpflichtige Zuwendungen zwischen GmbH und Gesellschaftern. Der koordinierte Ländererlass vom 20. 10. 2010. – In: GmbH-StB 2011, S. 340 ff.

Wassermeyer, Franz: Die verdeckte Gewinausschüttung rechtssystematisch gesehen. – In: StVj 1993, S. 208 ff.

Wassermeyer, Franz: Einige grundsätzliche Überlegungen zur verdeckten Gewinnausschüttung. – In: DB 1987, S. 1113 ff.

Wassermeyer, Franz: Liebhaberei bei Kapitalgesellschaften. – In: Steuerrecht und Gesellschaftsrecht als Gestaltungsaufgabe: Freundesgabe für Franz Josef Haas zur Vollendung des 70. Lebensjahres. Herausgegeben von Georg Crezelius. Herne. Berlin. 1996. S. 401 ff. (zit. *Wassermeyer*, in: FG Haas, S.).

Wassermeyer, Franz: Verdeckte Gewinnausschüttungen in Form von verhinderten Vermögensmehrungen. – In: Gesellschaftsrecht. Rechnungslegung. Steuerrecht. Festschrift für Welf Müller zum 65. Geburtstag. Herausgegeben von Peter Hommelhoff, Roger Zätzsch und Bern Erle. München. 2001. S. 397 ff. (zit.: *Wassermeyer*, in: FS Müller, S.).

Weber-Grellet, Heinrich: Fairneß, Aufklärung und Transparenz – Wege zu einer leistungsgerechten Besteuerung. – In: StuW 1999, S. 311 ff.

Weber-Grellet, Heinrich: Maßgeblichkeitsgrundsatz im Lichte aktueller Entwicklungen. – In: BB 1999, S. 2659 ff.

Weck, Jochen / *Schick*, Michael: Unwirksamkeit spekulativer Swap-Geschäfte im kommunalen Bereich. – In: NVwZ 2012, S. 18 ff.

Werner, Eginhard: Kompensation einer vGA durch Bilanzberichtigung. Rechtsprechungsgrundsätze und Begründungszusammenhänge. – In: StBW 2010, S. 504 ff.

Wicke, Hartmut: Gesetz betreffend die Gesellschaften mit beschränkter Haftung (GmbH-Gesetz). 3. Auflage. München. 2016 (zit.: *Bearbeiter*, in: *Wicke*, GmbHG, § Rz.).

Wiegand, Christiane: Das Schenkungsversprechen im Erbschaftsteuer- und Schenkungsteuerrecht. München. 2011 (zit.: *Wiegand*, Das Schenkungsversprechen im ErbStG, S.).

Wieling, Hans Josef: Sachenrecht. 5. überarbeitete Auflage. Berlin/Heidelberg. 2007 (zit.: *Wieling*, Sachenrecht, §, S.).

Wilms, Heinrich / *Jochum*, Georg: Erbschaftsteuer- und Schenkungsteuergesetz mit Bewertungsgesetz und Grunderwerbsteuergesetz. Kommentar. Loseblatt. Stand: 79. Ergänzungslieferung (November 2015) (zit.: *Bearbeiter*, in: Wilms/Jochum, § Rz.).

Windscheid, Bernhard/ *Kipp*, Theodor: Lehrbuch des Pandektenrechts unter vergleichender Darstellung des deutschen bürgerlichen Rechts. Aalen. 9. Auflage (Neudruck der Ausgabe Frankfurt am Main). 1906 (zit.: *Windscheid/Kipp*, §, S.)

Winkels, Günter: Gesellschafts- und steuerrechtliche Behandlung von Tracking Stocks bei Personen- und Kapitalgesellschaften. Göttingen. 2013 (zit.: *Winkels*, Tracking Stocks, S.)

Woerner, Lothar: Verfassungsrecht und Methodenlehre im Steuerrecht – Auf den Spuren von Heinrich Beisse. – In: FR 1992, S. 226 ff.

Wolf, Ernst: Allgemeiner Teil des Bürgerlichen Rechts. Köln. Berlin. Bonn. München. 1982 (zit.: *E. Wolf*, Allg. Teil des Bürgerlichen Rechts, S.).

Zacher, Thomas: Beschränkungen und Mißbrauch der Vertretungsmacht des GmbH-Geschäftsführers. – In: GmbHR 1994, S. 842 ff.

Ziemons, Hildegard / *Jaeger*, Carsten: Beck'scher Online-Kommentar: GmbHG. Stand: 1.6.2014. Edition: 19 (zit.: *Bearbeiter*, in: BeckOK GmbHG, § Rz.).

Zimmer, Daniel: Internationales Gesellschaftsrecht: das Kollisionsrecht der Gesellschaften und sein Verhältnis zum internationalen Kapitalmarktrecht und zum internationalen Unternehmensrecht. Heidelberg. 1996 (zit.: *Zimmer*, Internationales Gesellschaftsrecht, S.).

Zimmermann, Andrea: Spenden als verdeckte Gewinnausschüttungen. Berlin. 2011 (zit.: *Zimmermann*, Spenden und vGA, S.).

Zimmermann, Peter: Die verdeckte Gewinnausschüttung an die nahe stehende Person und die Schenkungsteuer. – In: DB 2005, S. 1650 ff.

Zimmert, Peter: Das Ende der freigebigen Zuwendung. Zugleich Anmerkung zu BFH, Urteil vom 30. 1. 2013, II R 6/12. – In: DStR 2013, S. 1654 ff.

Forum Unternehmens-, Steuer- und Bilanzrecht
Deutsche, europäische und internationale Rechtsfragen
Herausgegeben von Oliver Fehrenbacher / Michael Stöber

Band 1 Patrick Hoor: Verdeckte Gewinnausschüttung und freigebige Zuwendung einer GmbH. 2016.

www.peterlang.com